玩转移动平均线 3

——攻击通道与爆发点

刘 卫 著

地震出版社
Seismological Press

图书在版编目(CIP)数据

玩转移动平均线. 3，攻击通道与爆发点 / 刘卫著
. -- 北京：地震出版社，2023. 2
ISBN 978-7-5028-5487-4

Ⅰ. ①玩… Ⅱ. ①刘… Ⅲ. ①股票投资—基本知识
Ⅳ. ①F830. 91

中国版本图书馆 CIP 数据核字(2022)第 178255 号

地震版 XM5241/F(6314)

玩转移动平均线 3——攻击通道与爆发点

刘 卫 著

责任编辑：李肖寅

责任校对：凌 樱

出版发行：地震出版社

北京市海淀区民族大学南路 9 号　　邮编：100081

发行部：68423031　68467991

总编室：68462709　68423029

证券图书事业部：68426052　68470332

http://seismologicalpress.com

E-mail:zqbj68426052@163.com

经销：全国各地新华书店

印刷：大厂回族自治县德诚印务有限公司

版(印)次：2023 年 2 月第一版　2023 年 2 月第一次印刷

开本：710×1000　1/16

字数：436 千字

印张：28. 75

书号：ISBN 978-7-5028-5487-4

定价：98. 00 元

前　言

我在股市中沉浮多年，从中悟得三个技术博弈之道：一个是“分层级”，技术是分层、分级但相互影响的；一个是“循环”，技术是分层、分级相互影响着循环的；一个是“利用”，天下万事，皆为我利，天下万物，皆为我用。

利用，是境界最高的博弈之道。利用一切可利用之工具，利用一切可利用之因素，利用一切可利用之风险与机会。

这种理解和领悟，来自市场，但高于市场；来自技术，也高于技术；来自实战，更高于实战。它不仅揭示了价格与技术之间的关系，同时也赋予我们对博弈理念、交易手段等更高的认知。

本书是一本博弈思维与交易逻辑相融合、价格波动与技术规律相结合，风格俊逸的书。酝酿多年，断断续续写了近5年，期间三次推倒重写，自叹如履薄冰、诚惶诚恐，自始至终怀着一颗炽热之心。尽管如此，本书或许仍难免有糟粕之处，但确实是精诚力耕之作。

本书将多年来我对市场的感悟、技术博弈要诀，以及在实战交易中总结出的精髓，经涅槃般的淬火和升华之后，从相对更高的技术博弈思维角度出发，阐述了对移动平均线技术的新应用与探索。

本书与《玩转移动平均线：扭线原理及实战应用》和《玩转移动平均线2：趋势框架线》在讲述方式上有明显的不同。本书中理论性的内容占比较少，主要篇幅围绕着辨识实战交易中各种各样的交易环境，技术判断点，博弈逻辑链条，机会与风险如何权衡把握，价格的波动和多空交易行为会对持仓管理有哪些影响，市场资金对价格的不同调控手段和意图目的，以及不同的技术、技巧、技法使用时的关键点，交易心理以及心态的调控等。书中对这些交易者常常遇到的现实问题，进行了细致的、精炼的、拓展性的梳理和解析。

本书是以移动平均线系统中的“攻击通道”为主线展开的。这是因为“攻击通道”是移动平均线技术中最容易辨识，也最具威力的一种“武器”。从认识“攻击通道”的威力，到“短期系统攻击通道、中期系统攻击通道、长期系统攻击通道”以及均线系统中七条攻击通道各自的技术特性与价格之间的相互影响，以及在交易中的应用技巧、信号辨识、判断逻辑等实战要点，一步步由浅入深，娓娓道来。

然后，又从一个立体的、多维的、多层级的技术交易思维角度，将多年来提炼出的“多层级通道技术联动关系”奉献给大家。这个章节短小精悍，拥有颇多精华，沉淀了我多年来对移动平均线技术在市场交易中很多规律性的总结，很具实战性，可以帮助大家建立起新型移动平均线技术的多级联动立体思维模式，相信对大家的交易亦会起到很大助益。

书中第三章“七个攻击通道实战要点”阐述了实战中提炼出来的攻击通道中七个最常见的技术现象。在交易中，交易价格会对攻击通道的运行状态和走向产生影响。在这些影响里，有些是能够改变攻击通道发展的，而有些则不会改变攻击通道的发展。

那么，什么情况下，会改变攻击通道的趋势延伸和发展？

什么情况下，不会改变攻击通道的趋势延伸和发展呢？

书中从不同的交易角度，做了详尽的解析，并细致地梳理了相对应的交易判断点和技术逻辑链。

“五招六式”和“爆发点技术”是本人在多年实战交易中总结、提炼出的两套实战交易技法，于这本书中首度对外公开。立足于实战、立足于速判速断，相信会让大家耳目一新，收获良多。

书中第四章“五招六式”是攻击通道在实战交易应用中的基础技法，是以“趋势框架线”（注：可参看《玩转移动平均线2：趋势框架线》）系统为基础，对攻击通道简化之后，在进行实战交易应用时，最为简洁、明快，也更容易掌握和使用的一套启动技术。

在多年鏖战市场中，我发现价格启动上攻前，常常会在移动平均线系统上形成五种启动方式，分别是“顺势启动、单交叉启动、双交叉启动、三交叉启动、聚拢交叉启动（分为A，B两型）”，遂将其归纳为“五招六式”。这样，大家在学习掌握和使用时，就比较容易明晰多方攻击力量强弱的不同，表现为哪一种启动方式；而且这些启动方式，在技术上也具有各自的规律性特点。

技不在多，而在精。“五招六式”实战技法，虽然总结出了“五种招式、六个模式”，但并不是说每一种招式、模式都要学习与掌握。每个人可以根据自己的交易特点和对技术应用时的领悟力，选择其中的一或两种招式重点学习、熟悉、掌握，以求“专一”和越来越精炼。这样，对于快速融入实战，是一条捷径。

书中在讲解“五招六式”时，是定位在分钟级别上来讲的，但“五招六式”是可以应用在任何级别上的一套技法。比如，若你想应用“五招六式”中的“顺势启动”在市场中博取更大空间的机会，则可以选择定位在更大的级别上（如日级、周级、月级、季级、年级等）来用。如果用小级别上的“顺势启动”机会，博弈大级别上的大机会，则可能会出现“有利不收反成亏”的结果。

书中第五章“爆发点技术”则讲了一种“模块化技术”。既可以单独使用，也可以镶嵌入任何一种技术战法之中来使用（注：包括融入你自己的一些技术战法中）。“爆发点技术”对捕捉价格在不同节点处的价格爆发攻击，有着独特的解析角度和博弈逻辑链条。

“爆发点技术”将移动平均线技术中的“攻击通道”、系统循环、MACD技术指标、价格循环运行、量能配合等等，在多个层级上的技术运行，组合成一组立体的、多层级的技术交易环境。

“爆发点技术”的技术逻辑链是：同则顺、顺则强、强则爆发。即：同步——形成顺势；顺势——形成强势；强势——产生爆发。爆发力越大，技术强势越强，上攻的持续性也越强；上攻的持续性强了，不是龙头也会成为龙头，不是热点也会成为热点。

“爆发点技术”来自3个“指标爆发点”、6个“均线爆发点”。最后综合、归纳、提炼出了在交易中最常见到的“12个爆发点”。为了大家能够比较准确地掌握这些“爆发点技术”，书中还专门解析了将这12个“爆发点动作”归纳到一起后，形成的一条有着先后发展顺序的“爆发点路径规律”。

“爆发点技术”表面上是在讲价格与均线系统、攻击通道之间的变化关系；实际上是在精确剖析“多空双方、资金力量相互博弈中的强弱变化，以及其中蕴含着的大量博弈机会”。

“爆发点技术”是一种新型的、多层级、立体化交易技法，已经与常见的各种“单级(别)、单(画)面”技术交易套路战法有了颠覆性的区别，相信大家对其会有耳目一新之感。

为了大家更容易学习、掌握并尽快应用于实战，我将“爆发点技术”中的一些交易要点、判断要点，编成口诀形式，化繁为简。这样，易学、易记、易用，在实战交易中可以更迅速地识别和决断。

价格变动带动技术趋势，而技术变动反映价格趋势。

第六章“五步四级”中的“五步四级交易口诀”和“爆发点秒断口诀”是为了使大家用更简洁、更易懂的方法，学习、掌握好“爆发点技术”而进一步提炼出来的技术要点与精华，为其“点睛”之用。

善变者，利于生；善用变者，利于存。

技术交易手段是不断进步的，博弈思维逻辑也是不断演变的。我们必须在不断学习和进步中，去除糟粕、提炼新智、与时俱进，才不会被市场淘汰。本书中的内容，是我这些年里自身不断努力、不断奋进、不断前行中的一份答卷。或许，这份答卷并不优秀，但一定是我尽心尽力、满怀真诚完成的。若能对大家在技术的精进、交易的完善、思维的升华上有点滴助益，我心即慰。

由于本人的学识、能力有限，书中难免存在不足和疏漏之处，敬请读者朋友不吝指正，在此先行致谢！

真诚感谢万博新经济研究院张海冰先生的鼎力支持与协助！

特别感谢地震出版社郑义先生倾情助力！

E-mail：ddxdnl@163.com

中金财经号博客：http://blog.cnfol.com/ddxdnl

刘　卫

2022年10月13日于海南海口

目　　录

第一章　通道的威力

移动平均线技术，在实战交易中，什么最重要？回答是攻击通道。

天下武功，唯快不破。

技术博弈，唯强不破！

价格攻击力量越强，攻击通道的层级越小；价格攻击能量持续时间越长，攻击通道的持续性就越强。通过价格与攻击通道之间关系的变化，捕捉价格在强弱变化中的博弈机会。这是攻击通道最基本的实战应用标准。

在移动平均线技术中，攻击通道通常由两条相邻的周期均线组合而成，是股价在攻击过程中所依托的一条“周期平均成本通道”，也是快速判断股价攻击强度大小、短线攻击速度快慢，以及某个周期的攻击能量是否保持等最直观的信号之一。

攻击通道在实战博弈中，通常也就成为我们“监控、分析、判断”价格能不能持续攻击的一个重要技术因素。

价格与均线通道的关系，就像“舟与水”的关系，舟行于水之上，水能载舟，亦能覆舟。舟能行多远？与水的状态密不可分。不同的水势、水形，会产生不同的支撑和推动力量，对这个趋势的延伸也有着不同的影响。

顺水行舟，力半功倍；逆水行舟，力倍功半。

简言之：通道阻断，攻击震荡；通道扭转，攻击扭转；通道保持，攻击延续。

我们在做交易时，攻击通道的运行和延伸状态变化，势必与价格的走向和运行状态密切相关。要想跟随价格的强势，首选必是均线通道扭转为多头支撑，或者攻击通道多头状态能够持续保持的股价攻击状态之时，因为这种价格攻击的能量一直在延续，价格的攻击强度也得以延续，价格的攻击延续性就会很强。

比如，在实战交易中，经常会遇到价格下破支撑均线的情况。此时是继续持仓，还是应该卖出？这种价格回撤下破支撑线的时候，是不是一次短线买入的时机？这些很实际的问题，在作出判断时，必须严谨。

“扭线技术”提出了“靠而不交，方向延伸”的技术现象。但在实战应用中，很多人还是用不好，原因是多方面的，但主要问题出在很多人难以摆脱一条均线与价格的关系，另一条均线与价格的关系。用这种“分裂”的价线思维来做实战中的分析判断，无形中增加了均线与价格之间关系的复杂性。

这样做价线关系的分析判断，必然会形成层层叠叠、矛盾重重的技术关系，反而使得交易者无所适从。

正确做法是做“减法”——将均线组合成“攻击通道”，然后以“价格+通道”的技术关系来解析价格的攻击强度+技术系统的攻击强度，其两者的协调关系就可以“化繁为简”，抓住均线交易中的重点。

用攻击通道(而不是一条均线)与价格形成组合关系后，来做这个时间点上的判断，就容易多了。

只需要坚守一条标准：当价格下破攻击通道，但攻击通道两线不死叉，说明多头的攻击强度还保持着，攻击的条件还保持着，攻击状态就还会延续，价格就还会回升。

操作上，继续持仓，不急于卖出；或者当价格再次返上攻击通道时买入。下面看个股实例。

图1-001中惠伦晶体出现了几个不好的技术现象和信号：①价格连续两天下破了10日线（也就是下破了510通道），并收盘在510通道之下，这是一个短线典型的价格破位现象。②下方的2148通道里，还存在着八爪线乖离(“八爪线”，是指两条相邻的均线之间出现了形似“爪子张开”的汉字“八”的现象，是两条均线间出现了乖离率的技术表现。出现“八爪线”后，后面必定会以两线收拢动作来化解这个乖离率。“八爪线”是“38个均线技术基础动作”之一)，需要价格下来化解。③MACD指标已经率先出现了死叉现象。

实战中遇到这种情况时，该怎么判断？卖出，还是继续持有？或者，会不会是一次买入的机会？

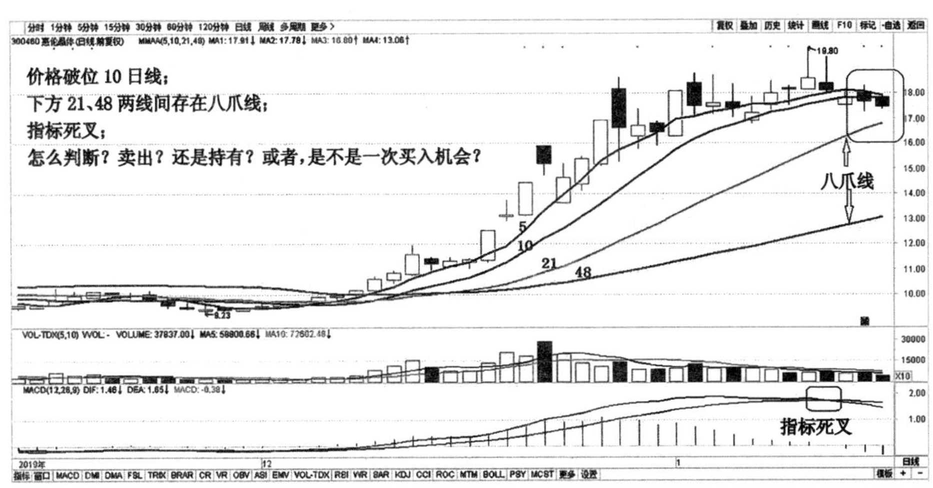

图1-001

如果仅仅从“价线关系”+指标死叉等情况来判断，很容易做出短线该股将继续下跌，回撤化解2148通道里的八爪线的结论，从而做出卖出避险的合理操作。

但是，在这个分析判断中，忽略了一个重要问题：510攻击通道的状态能否保持？

攻击通道多头状态能够保持，说明了这个周期(510通道，自然是指2周内的周期)里的价格攻击的强度还在延续。价格的攻击强度保持延续，自然说明多头攻击力量还在延续，虽然价格回撤动作说明遇到了一些阻力或获利回吐的压力。所以，攻击通道状态，来自某周期里价格的攻击强度，而这个攻击强度是否能够延续下去，看攻击通道可以一目了然，比较简单迅速易辨别。

该股的价格虽然下破了510通道，但510通道还没有出现死叉封闭，这在实战中，是价格和技术走到了一个技术节点位置上时的典型现象。

技术节点是指在技术上运行到了一个比较关键的价线(价格+通道，也是一样)技术变化点处。这个变化点，可能会继续走坏，但也存在重新走好的机会，两者各占一半概率。

技术节点的出现，在实战交易中，通常是决断交易之处。继续持有，卖出，或买入？必须在三个选择中做出决断。

实战中遇到这种情况时，正确的做法是等待这个技术节点的变盘动作出现。

如果变盘向下——执行卖出操作；如果变盘向上——继续持股，并且在变盘向上的当天盘中，还可以择机执行买入操作。

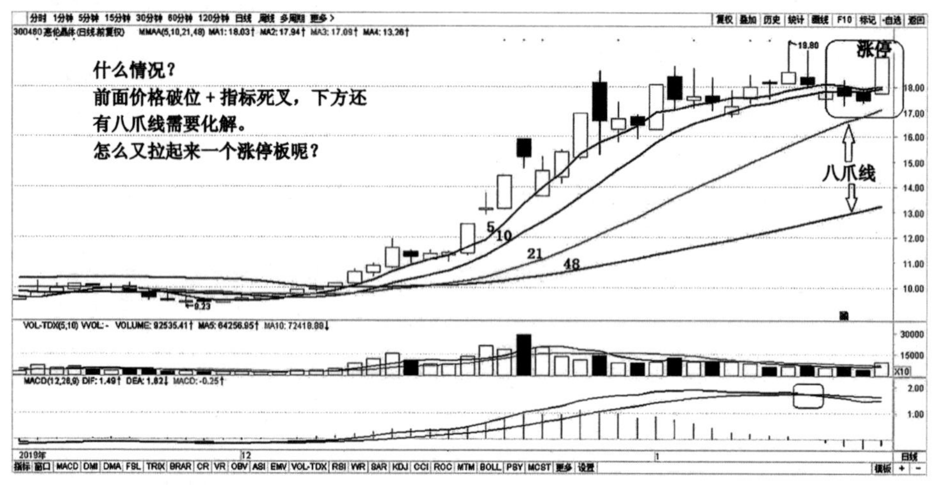

图1-002

见图1-002。惠伦晶体次日，不但在这个技术节点处变盘向上，而且还拉了一个涨停板+放量。

其实，最关键的在于，510通道没有出现死叉封闭，短线攻击状态得以延续，短线的价格强势状态也在延续。该股的短线攻击能量还没有释放完——这一点均从最短的510通道能够继续保持，就可以客观印证。

那么，下方2148通道里的八爪线比较明显，为什么就不下来化解呢？

原因也很简单：攻击动作一旦开始，通常短线的攻击能量要先释放完，价格才会进入震荡或下跌里运行。

当短线的攻击能量没有释放完之前，下方2148通道里的八爪线乖离，就先不会进行化解。因为价格的攻击动能还很强劲，这时，价格都是先以攻击释放掉这种能量为主来运行。只有当这种短线的攻击能量释放完了，多方力量开始衰落，空方力量才会强于多方。价格才会回撤、回落，下跌下来化解下方的八爪线乖离(也就是进入震荡或者下跌里运行)。

问：到那时，这个2148通道里的八爪线乖离可能已经很大了？

答：是的，所以，那时形成的高点顶级别，自然就会从小级别顶部升级到大级别顶部。这就和“小病不治、积成大病”一个道理。

比如，到那时，也许就不只是2148通道里有八爪线了，可能4889通道里，或者89144通道里都会出现八爪线乖离。所以，价格冲击出来的高点顶的性质，自然就会升级到中期调整级别。

当然，我们只是截取了这一小段，说明510通道在上攻运行途中，出现技术节点时的临场判断，攻击通道的重要性。

这种情况，在实战中常常会遇到。特别是当几个技术现象或技术信号都出现的时候，很多人找不到做判断的关键点，以致在判断上出现偏差，做出不正确的操作。

图1-003是该股后面的走势。

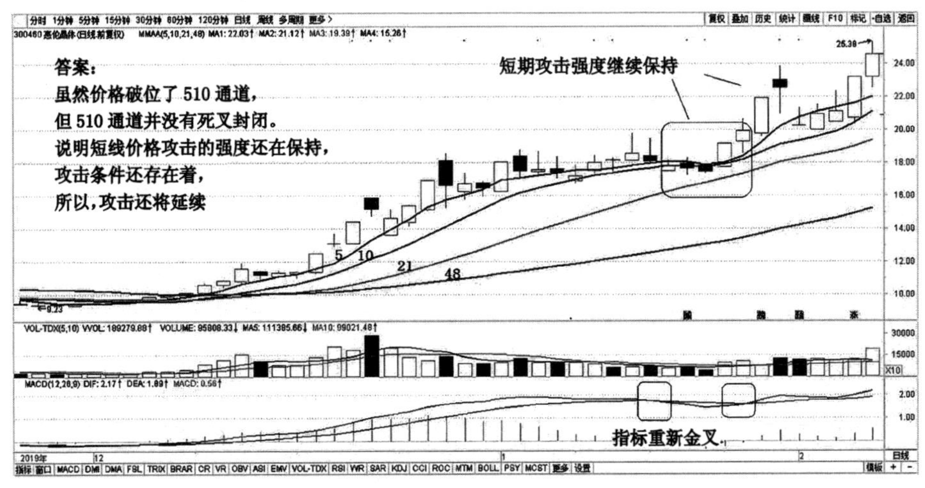

图1-003

此个股实例，很好地诠释了“价格与攻击通道”在实战交易中的重要作用。不过，这只是一种单层级上简单的实战应用方式。攻击通道在实战交易中，本身存在着多层级联动影响。

问题就在于，很多时候，攻击中的价线关系，可能并不是这么简单。

我们再看个股实例。

图1-004中，再升科技在日级上，也是连续2天价格收盘下破了510通道+下跌放量+510通道，死叉封闭+MACD指标也死叉+2148通道里存在八爪线。

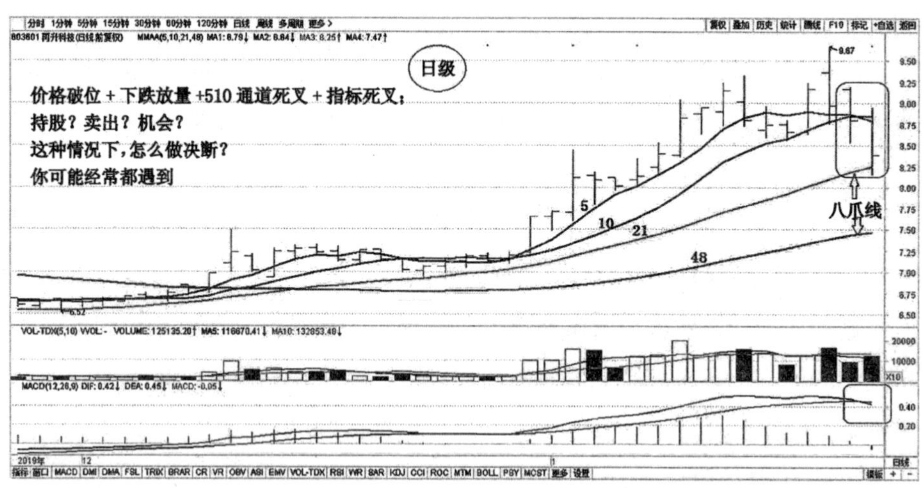

图1-004

出现这么多技术上的同步走坏现象和信号，相信很多人在临场判断时，都会做出该股短线将继续下跌的判断。卖出规避短线风险，是唯一正确的操作。

特别是，和前面的个股实例(510通道始终保持)相比，这只股的510通道已经死叉封闭了，短线继续上攻的最短通道被封闭，短线攻击自然就结束了。

但是，我们接着看该股次日的走势。

见图1-005，次日，再升科技怎么突然又放量上攻了？伴随攻击的量能也

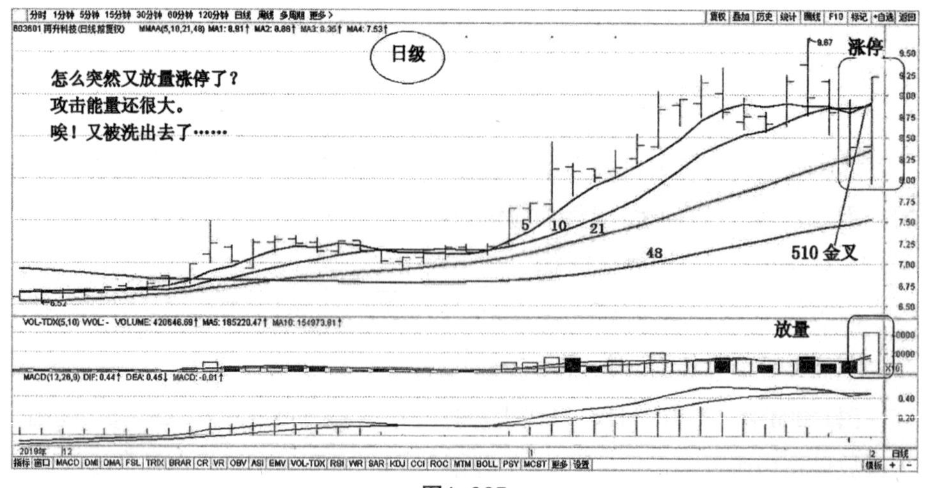

图1-005

放的很大，并且还涨停？510通道也重新拐上金叉。

没道理啊，骗线，肯定是骗线。主力太狡猾了。

更让人气疯的是，从这一天开始，该股就像插上了翅膀，飞得越来越高……

唉！一只大牛股就这样从手中飞走了。

见图1-006该股后面的走势，就像什么都没有发生过一样，510通道重新金叉，MACD指标重新金叉，量能持续放大，价格连拉4个涨停板。当时的担忧和那些风险信号，都“消失”得无影无踪。

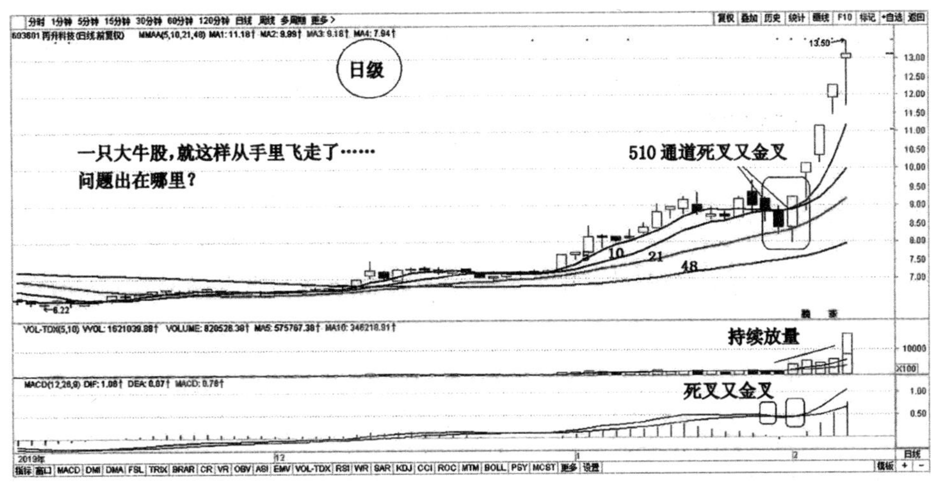

图1-006

关键是，为什么会错呢？

在股市中做技术博弈时，所看到的电脑屏幕，是二维图像。久而久之，不知不觉，就会以低维度的平面思维模式做交易判断。

实际上，交易的价格与技术之间的关系，并不是二维的、平面的，而是三维的、立体的相互影响关系。

这个世界本就是这样相互关联运行发展的。即使很多事物看上去好像根本没有什么关联性，但它们之间确实有着一些相互关联的路径，只是有些路径很明显，有些路径很隐秘，甚至中间会经过多个不同层级上的节点之后，才会在另一个事物上反映出来。哲学和宗教思想中把这些相互关联、彼此影响的现象，称为“因果关系”。“因果关系”是促进世界万物运行发展的最基本的关系之一。

有因果，必然有循环；有循环，必然有层级；有层级，必然有维度；有维度，必然有进阶；有进阶，必然有升华；有升华，必然就会进入新的“因果、循环、层级、维度、进阶、升华”中。

很多人在使用技术工具进行实战博弈时，存在一个认识上的误区：“天然”地认为——技术是单一的，单纯的，单个级别、(二维)平面的。这种认识是错误的。

技术的真实面目是：任何技术工具的运行都是多层级的、立体的、相互影响的、不断循环的，攻击通道也是如此。就像图1-006中的个股实例，日级上，短线出现了这么多的技术破位、走坏的现象和信号，为什么后面还可以继续走强？就在于日级上的技术现象和信号，还需要比它小的级别上的技术现象和信号来进行确认，才可以在实战交易中，做出更加准确、正确的判断。

图1-007是再升科技同时间里的60分级图（相对日级，这就是小级别了)。在图中，可以看到：虽然日级上的最短通道(510通道)死叉封闭了，但同步时间里，比日级小的60分级上，虽然价格也下破了最短通道（2148通道)，但该通道却一直都保持着，没有出现死叉封闭动作。

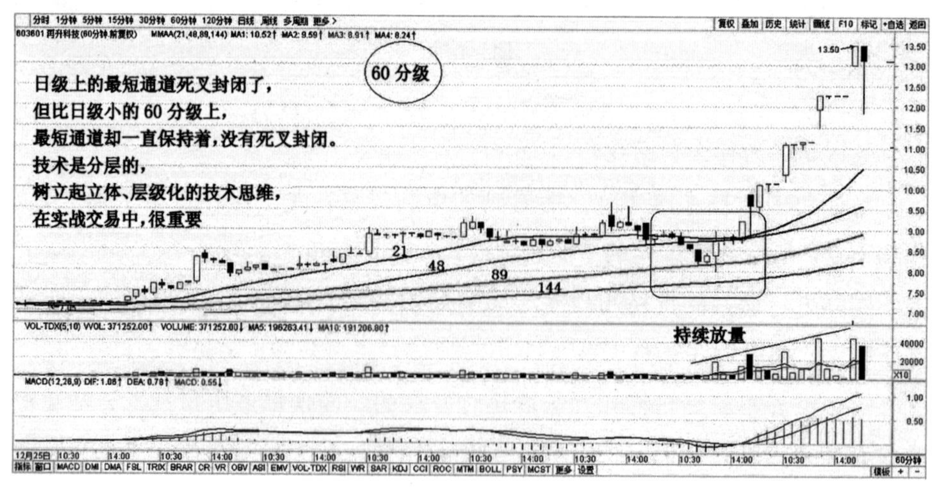

图1-007

（插一句：日级上的510通道，在60分级上对应的是2148通道。为什么？后面会讲到日级上各通道与其他级别上通道的对应关系。）

按理来说，小级别上波动敏感性强，通常都是提前一步走出价格的方向性。但此次，小级别上的强势保持却明显高于大级别。按照强度越高，级别越小的技术规律，该股短线技术风险本没有在小级别上体现出来，因此，继续持股没有问题。并且还可以等待，当价格重新拉起来时，还会出现盘中买入机会。

该股的60分级图与日级上的技术关系，应用了“双级别联动关系”的多层技术结构思维。在两个相邻的级别上，相互确认一下：如果大小相关联的两个层级上都走坏、破位，自然可以做出卖出规避风险的判断操作；如果大小相关联的两个层级上，一个走坏、破位，一个却没有出现，通常，你至少都需要多观察一下，不要急于做出操作判断。

特别是，如果大级别上出现破位、走坏信号，而小级别上却没有同步出现时，往往说明该股的原有攻击状态还会延续。

为什么？技术逻辑是：大小级别相互影响、联动运行。当多头力量出现问题时，小级别相比大级别的信号敏感性更高，价格也更容易打破支撑，小级别的技术更容易，通常也会最先走坏。

在实战中，最常遇到的是：小级别上价格走势破位、走坏了，而大级别上还保持着攻击状态。这是大级别的时间属性更宽大、对价格波动的容忍幅度更大一些而造成的客观情况。

小级别上价格的敏感性高，更容易走坏。大级别上价格的敏感性要迟缓一些，所以，小级别先走坏，之后当小级别上价格形成持续下跌动作时，大级别上才会出现走坏现象。

回到图1-007中的个股实例上，它的日级上短线出现了破位、走坏的现象和信号之后，为什么又能够重新走强起来呢？

现在，大家应该明白了，答案就在它的小级别上。

一个重要的技术思维理念：技术是分层级的。树立起立体化、多层级、循环的技术思维，这在实战博弈中，很重要！

多层级联动的技术关系，在不同层级上的攻击通道延续和保持，只有组合起来做判断，其在实战交易中的准确性、精确性，才会更高。

即使是在同一个级别（比如常用的日级别）上，不同层级的攻击通道与价格之间的关联关系也代表了不同的博弈路径。

总结起来就是，价格要形成短、中、长强势的持续攻击，就必须得到相应的通道线的支持。我在这里把它们归为四类，详述如下。

1. 价格要形成短线波段性强势的持续攻击，必须要得到510通道，或1021通道的有力支撑，才可以形成。

图1-008中，浙江仙通在20个交易日，上攻幅度达到64.6%，而价格的上攻动作始终依托的是510攻击通道的支撑（注意看低位510通道金叉之后，该通道在价格上攻过程中一直都保持着，没有死叉封闭，直到价格冲击出高点顶）。

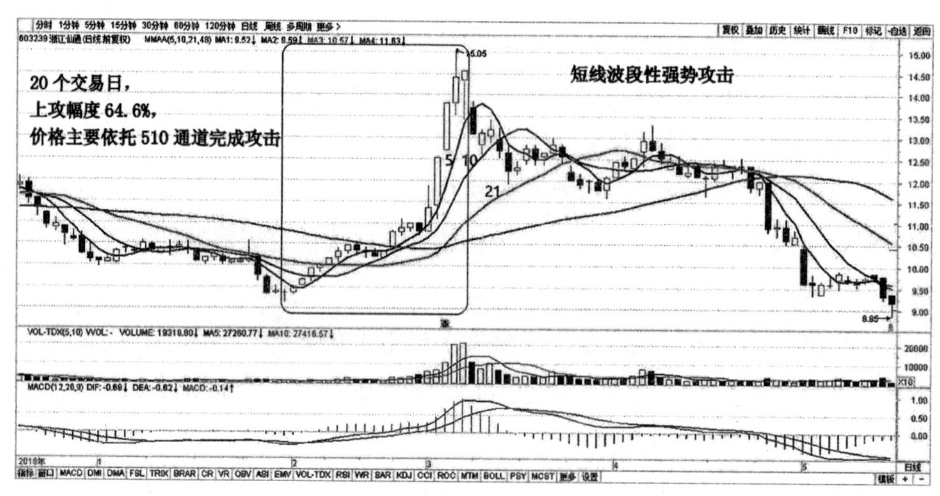

图1-008

但是，通常不会只有510通道支撑价格上攻，还会有1021攻击通道作为辅助性的支撑力量，伴随着510通道一起上攻。

在实战中，当价格上攻，只有510通道和1021通道形成支撑力量时，通常都属于短线波段性的攻击动作。短线波段性攻击，一般持续时间比较有限，最长不会超过一个月的交易日。

至于价格涨幅的大小，主要是看攻击时的资金推动力量大小。

2．价格要形成阶段性强势的持续攻击，不但要得到510通道、1021通道的支持，还必须要得到2148通道的有力支持。

图1-009中，中飞股份46个交易日，上攻幅度93%。510通道在上攻途中死叉、封闭过。那么，支撑价格上攻的最短通道就是1021通道。

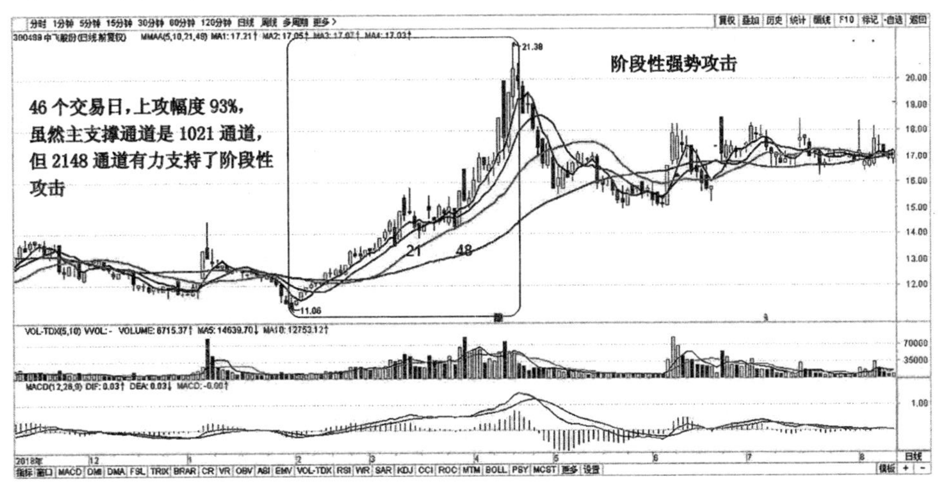

图1-009

但要特别提示一下：该股能够上攻持续时间达到2个多月，并且上攻幅度接近一倍，与2148通道在低位金叉扭转后，对价格的上攻起到辅助性的支撑力量有关。

也就是说，510通道(最短通道)在上攻途中，由于要清洗跟风获利筹码而用死叉、封闭的破坏动作，使得该通道无法始终保持。但1021通道(这个通道容易被人忽视)却在默默地始终保持着攻击状态，支撑着价格的上攻持续性。但这一切，若没有2148通道在低位的扭转，形成阶段性支撑力量，仅仅依靠510通道和1021通道，攻击是无法持续这么长时间的。所以，2148通道的重要作用，是制造了一个有利于价格持续上攻的技术小环境。

反之，如果2148通道处于压制着510通道和1021通道状态，这两个小层级的攻击通道的攻击环境就处于“逆势”的小环境中，价格攻击的持续性降低就是必然。

所以，当看任何一条攻击通道的状态延伸时，都需要看看其所在的技术环境（也就是其他大层级的攻击通道发展状态）是什么样的，也就能够对于价格攻击的延续性和时间的宽度，有更为客观的掌握。

3. 价格要形成中线趋势性强势的持续攻击，除了要得到短期四线（也就是“短期趋势框架线”5、10、21、48）的有力支持，还必须要得到“中期趋势框架线”系统的扭转和支持。

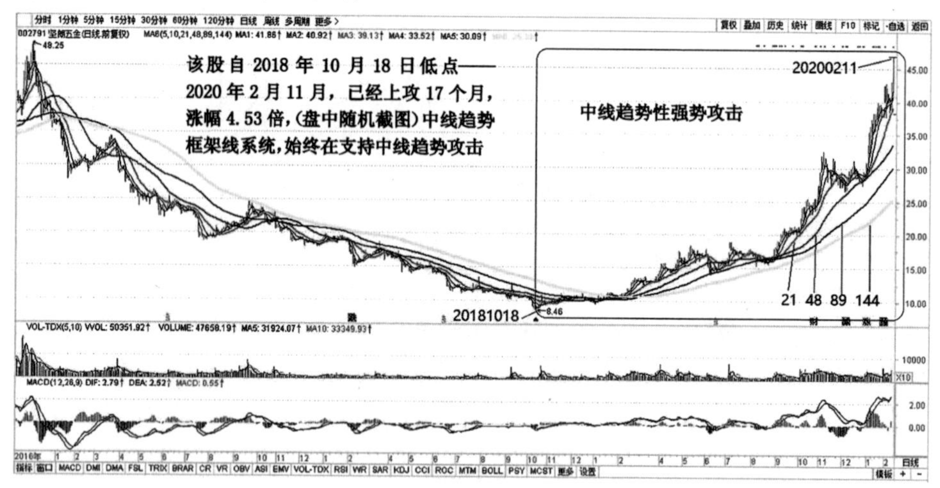

图1–010

图1-010中，坚朗五金自2018年10月18日打出最低点，在完成低位扭转后一直上攻到2020年2月11日，连续上攻17个月，涨幅4.53倍。

（注：该股后期继续上攻，在2020年8月6日最高冲击到171.64元，涨幅高达19倍多。）

从图中可以看到，从低位扭转能够一直保持的攻击通道，是4889通道。而中期趋势框架线系统始终形成一个技术环境，在支撑着价格的这个中期攻击延伸行为。4889通道是这个中期上攻趋势中的很重要的支撑通道，而89144通道也成为其重要的辅助性支撑力量。

4. 价格要形成长线趋势性强势的持续攻击，就必须是“短期、中期、长期”三个层级上的趋势框架线共同有力支持才可以形成。

图1-011中，贵州茅台自2014年1月8日低点以来到截图时（2020年2月11日），已经上攻了74个月（6年多）的时间，价格涨幅高达23倍多（51.44元至1241.61元）。在这么长时间的上攻趋势中，虽然价格也有短期的强势攻击表

现，也有中期的强势攻击表现，但是，延续、支撑着价格形成这么长时间的大趋势性攻击的，是长期趋势框架线系统，更准确地说，是长期系统中的288576通道，从价格在低位扭转+长期系统在低位扭转之后，一直到现在，288576通道始终保持着支撑价格延伸攻击的多头状态。

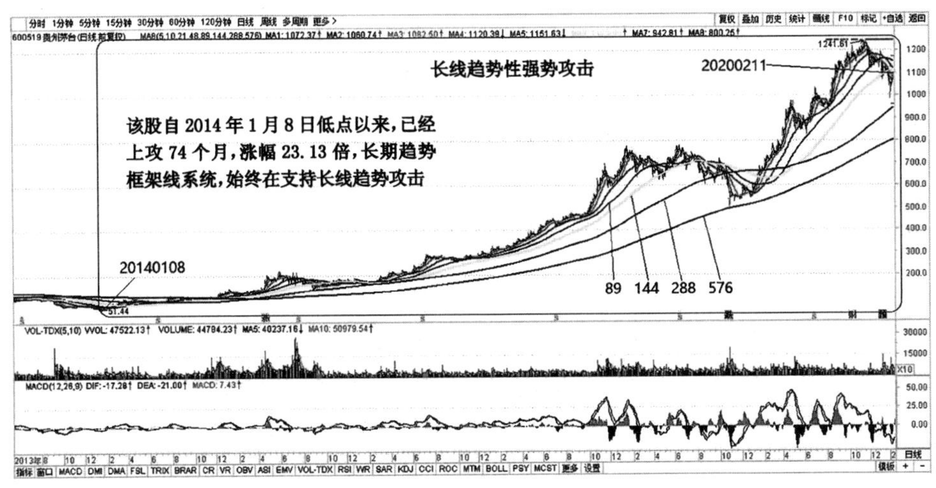

图1-011

也就是说，如果一只个股的长期系统没有扭转过来，对价格形成一个支撑其延伸攻击的技术环境，那么，价格的攻击延伸范围，就不可能形成长期趋势框架下的攻击，而只能够局限在中期系统的环境内，或者短期系统的环境内。

从空间的角度看价格的波动，其波动范围要视所在的技术环境不同而不同。

依据以上这几个例子中的技术层级划分（通过攻击通道来划分就比较简单、明了），在实战中，就可以很清晰地监控到某次的价格攻击行为：是强是弱？是否具有延续性？在什么样的技术环境中延伸？

这个攻击是具备短线条件、波段条件、中线条件，或者具备长线条件？

价格攻击的强度是否与相关周期的通道形成一致性？价格攻击的“姿势”是否与最短通道之间出现偏差（乖离）？攻击是否会结束？这些价格与技术系统之间的关系问题，都就有了答案。

想了解价格的攻击意图，也可以通过均线通道的不同状态来进行诠释。这就有利于我们比较快速而准确地判断出这个价格攻击的基本技术属性和攻击的层级，从而拿出相适应的策略进行博弈。

在“筹码浮动、成本控制、资金准备”等具体交易策略制定上，有了技术的判断点、执行点，剩下的交易细节，就只是根据实际情况中的细节变化，做相应的修正和调整。

当熟悉了攻击通道与价格之间的变化关系之后，准确预判的能力必然会大幅度提高，就像“摸着价格波动(技术波动)的脉搏节奏在做交易”，对于提高交易的获胜率也有很大的助益。

从均线的技术应用交易来讲，与价格关系最密切、最重要的，不是单纯的某根均线，而是均线组合的“攻击通道”。

这是均线技术实战里，从基础的价线理论逻辑升级到价线交易逻辑的必经之门。

因为，攻击通道，是与市价波动的空间层级关系最密切的最为简洁、直观的方法之一；

因为，攻击通道，是划分市价波动层级最为简洁的方法之一；

因为，攻击通道，是把你的实战技术思维提升到多级别联动应用，最为简洁的方法之一。

当用通道的思维去“看”一条条均线与价格的关系变化时，交易的路径才会更加清晰、简洁；

价格的攻击强弱转化也更加明显，并具有持续性；攻击通道的威力才会在交易中显现。

第二章　攻击通道

八条线，七通道。

一条均线，组成不了攻击通道；两条均线才能组成一条攻击通道；均线是组成攻击通道的基础。

“扭线原理技术”中通常设置八条周期均线，涵盖了“短期系统、中期系统、长期系统”三个子系统的趋势运行、变化、发展、循环。这八条线代表的就是全系统的运行状态情况。“攻击通道”划分如下：

①5日、10日攻击通道，简称为“510通道”（短期系统通道）；

②10日、21日攻击通道，简称为“1021通道”（短期系统通道）；

③21日、48日攻击通道，简称为“2148通道”（短期系统通道）；

④48日、89日攻击通道，简称为“4889通道”（中期系统通道）；

⑤89日、144日攻击通道，简称为“89144通道”（中期系统通道）；

⑥144日、288日攻击通道，简称为“144288通道”（长期系统通道）；

⑦288日、576日攻击通道，简称为“288576通道”（长期系统通道）。

全系统八条均线，“天然”产生七条攻击通道。七条攻击通道中包含三条“短期系统通道”、两条“中期系统通道”、两条“长期系统通道”。

一、短期系统通道

短期系统通道包括：510、1021、2148三条攻击通道。

如图2-001所示，九鼎新材短期系统攻击通道共有三条：5线与10线组成510攻击通道；10线与21线组成1021攻击通道；21线与48线组成2148攻击通道。

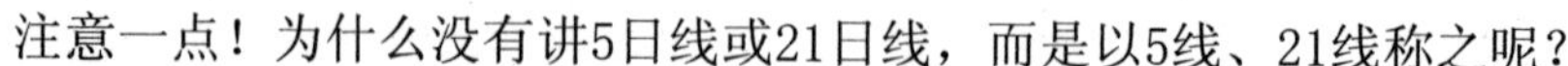
注意一点！为什么没有讲5日线或21日线，而是以5线、21线称之呢？

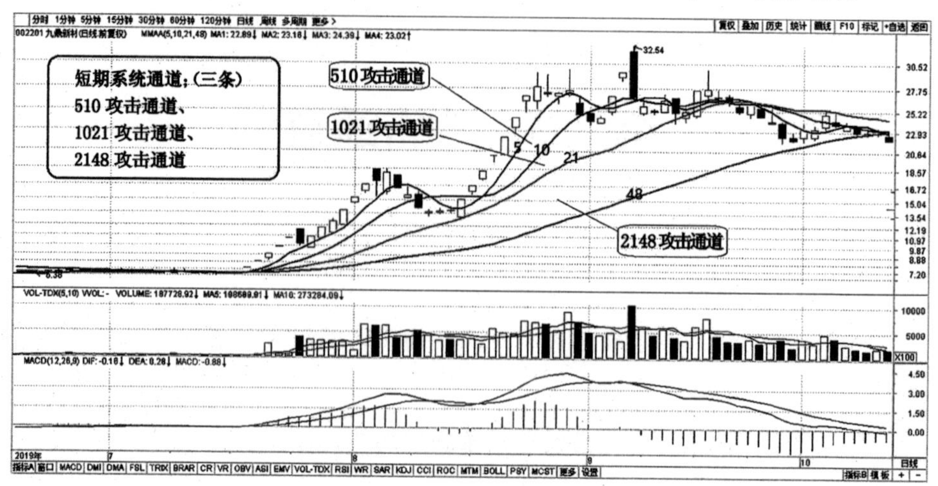

图2-001

因为，攻击通道应用于所有的级别之上。当应用在30分钟级别上时，也称之为2148通道；当应用在周级上时，也称之为2148通道；其他级别亦是。这样在实战交易中，更能够体现攻击通道在各级别上通用、简洁的特点。

“短期系统通道”，表现的是短期趋势框架系统的运行状态，运行的时间通常是在一两个月。这三条短期通道，是距离价格最近的通道，受价格的波动影响更明显，因此，此三个通道，与价格攻击时的强弱状态变化密切相关。

记住一点：如果你想知道一只个股，目前价格攻击状态是强还是弱，首先要看这三个短期通道目前的状态和变化。

图2-001中，价格的上攻和回撤动作，都是在短期系统通道内进行的。这一波高达3.89倍的上攻过程，主要是依托510通道的攻击进行的，期间只有一次回撤震荡动作，依托了1021通道的支撑。

从技术角度讲，该股的强势，是以依托短期系统中的两条最短通道(510通道、1021通道)来完成整体的上攻阶段。也就是说，价格的攻击强度高不高，要看价格攻击时，以及回撤震荡时，所依托的日级上的攻击通道层级短不短。越短，强度越高！

问题来了：是不是价格攻击所依托的日级通道是中期或长期的攻击通道，

就说明该股的攻击强度不高呢？

严谨地讲，是价格的短期攻击力量强度不高。因为，价格依托短期系统里的通道进行攻击，说明该股的短期攻击力量强。如果依托中期系统里的通道进行攻击，说明该股的中期攻击力量强，但短期攻击力量不强。如果此时，你持守该股，或者选择介入该股进行博弈的话，就要明白一点：这个博弈过程需要耐心等待，等待该股的价格升级到依托短期系统里的攻击通道进行上攻时，短线该股的表现才会让你赚得很爽。

所以说，价格依托哪个系统层级里的攻击通道进行上攻，本身就说明了价格短线的攻击力量强不强的问题，与从中期、长期来看，该股好不好，是不是值得介入，不是一个简单的联系。

看看自己手里现在持有的个股，或者准备介入的目标品种，目前价格在依托着哪个系统层级里的通道在做震荡，或攻击。要配合相适应的交易心态来进行博弈，不要错配。

错配了，你急着想赚钱，但你手中的个股还没有升级到短期通道支撑价格上攻，你急也没用。

错配了，你准备把这只股好好拿着中线持有，但该股却属于价格依托着510通道在强势上攻，一旦攻击幅度过大，出现高点顶后，价格回落震荡的过程可能会比较长，你就会坐“过山车”。也不行。

厘清攻击通道与价格的关系，目的是理出价格的攻击力量强度。

交易决策、交易行为，本质上是在利用价格的攻击力量变化。

(一)510攻击通道

510通道形成多头或个股保持上升趋势，说明短线已经在强势中。

这个通道也是系统中最短的、最强势的通道。因此，只要股价以该通道为主支撑运行，通道保持不封闭，就是一种最强势攻击力量的表现。

由于价格与510通道的关系非常密切，所以，还可以进一步细化出三种攻击行为：“脱线攻击”“贴线攻击”“震荡攻击”。

其中，“脱线攻击”是所有价格攻击中最强的。通常都是以连续的大阳、涨停方式、脱离来最短的5日线依托，悬空进行攻击。“贴线攻击”则是依托着（贴着）5日线(最短均线)进行攻击。价格攻击强度比“脱线攻击”弱一些。

“震荡攻击”则是以510通道为支撑、依托，进行攻击。价格攻击强度相比“贴线攻击”弱一些。

脱线攻击：股价加速脱离5日线进行悬空攻击。

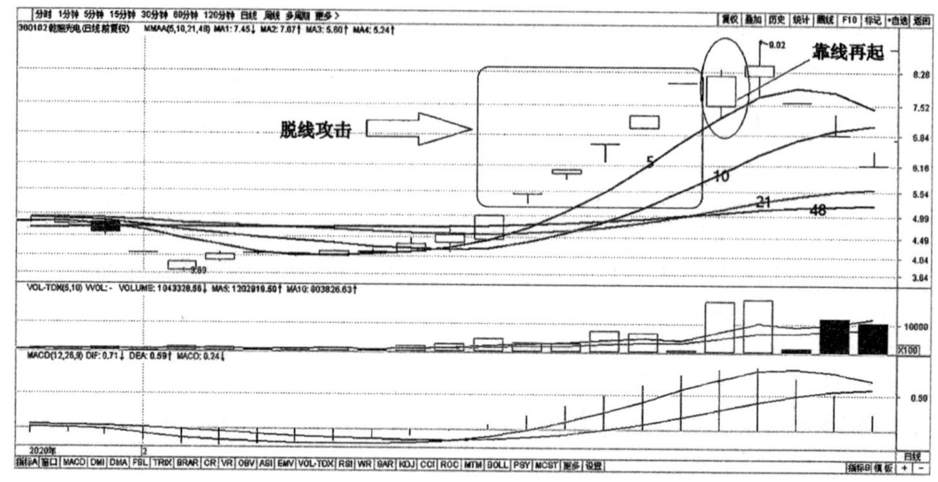

图2-002

见图2-002，乾照光电“脱线攻击”出现高点回落时，股价或者靠5日线再起（靠线再起，还有新高），或下破5日线回到5日、10日通道中寻求支撑再起(通道支撑再起，可能有新高)，或下破5日、10日通道，寻求21日线的支撑再起(5日、10日通道被封闭概率大，再起5日、10日通道必须金叉)。

由于“脱线攻击”是价格攻击力量最强势的释放现象，因此，一旦价格连续多日“脱线攻击”后，出现攻击遇阻现象，虽然短线价格还可能会再冲一下新高，但由于多方力量损耗过大，很容易出现高点顶。“盛极而衰”即是如此。

实战交易中，很多人总是幻想着后面价格还会再现前面的凶猛之势。但攻击力量的连续集中释放，本身就是一种警示信号。

此时，收利为先，不贪后利，是正确做法。

贴线攻击：股价以5日线为主支撑，沿着5日线攻击运行。

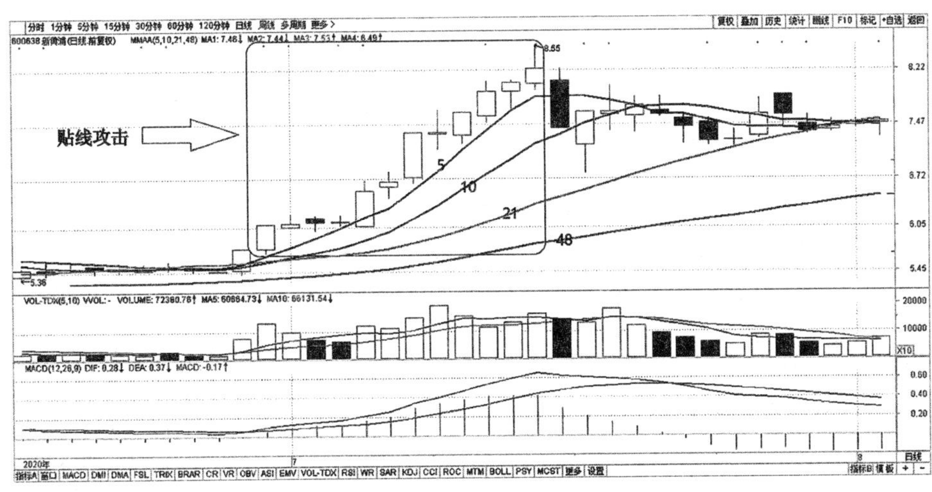

图2-003

“贴线攻击”仅次于“脱线攻击”的价格攻击强度，也属攻击力量很强的一种表现。所以，在实战交易中，有很多个股都是以“贴线攻击”完成攻击目标，而直接见顶扭转的。图2-003中的新黄浦就是此种典型。

“贴线攻击”如果再加速，就会转为“脱线攻击”。

“贴线攻击”有两种加速方式：一种是顺势加速变为“脱线攻击”。一种是要先震仓，再加速为“脱线攻击”。

震仓时，5日、10日通道不死叉封闭时，会形成“回震”动作（价破线不破），震仓时通道死叉封闭后再金叉的，会形成“破位震”动作。

“震荡攻击”：股价以510通道为支撑、依托，进行攻击。

“震荡攻击”不仅仅只会发生在510通道中，也会发生在其他攻击通道上，见图2-004中的康龙化成。

当然，发生510通道上的“震荡攻击”，无疑也是价格短线处于强势攻击状态的一种表现。虽然价格的攻击力量强度，相比“脱线攻击”和“贴线攻击”要弱一些，但却会比价格依托其他攻击通道进行“震荡攻击”的力量强度要高。

毕竟，510通道是系统中最短的攻击通道。这个攻击通道在价格攻击中能够保持住不死叉、封闭，就是短线攻击力量强的表现。

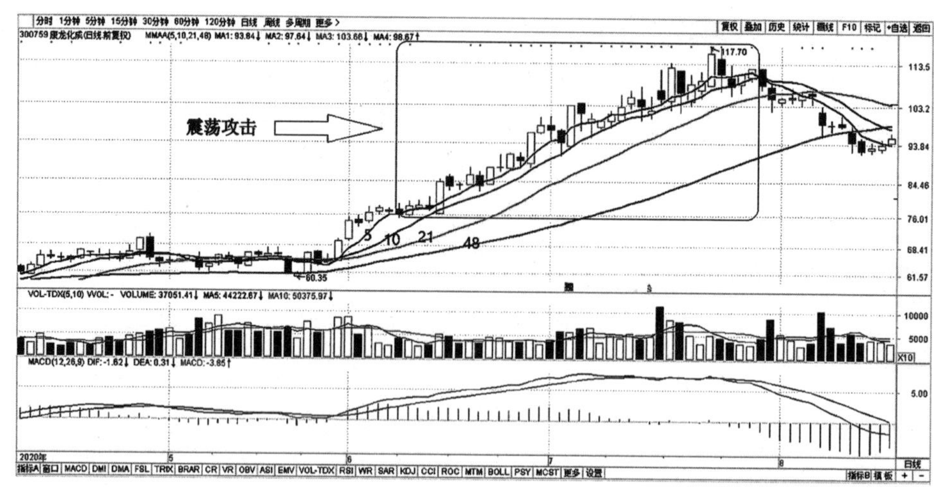

图2-004

“震荡攻击”时，若攻击力量再升级，价格攻击就会进入“贴线攻击”或“脱线攻击”中。这种情况，通常会发生在价格攻击力量聚集起来，进行“最后一冲”之时。

“震荡攻击”中，价格回撤、回打动作比较多，其中通常包含两种资金运作手段。

一种，上攻一下，清洗一下。

这种资金运作手段，通常发生在价格的空间中低位区域里。此时，主力资金的运作目的，是以收集筹码+清洗跟风为主。但若发生在价格空间的高位区域时，则刚好反过来，主力资金的运作目的，是以派发筹码+吸引接盘进场为主。所以，同样的表现，会因为价格在空间中的位置不同，而大相径庭。

另一种，资金循环滚动，推动价格上攻。

这种资金运作手段具有很强的隐蔽性。有时，很难辨别其原因是什么，但通常都与主力资金的资金掌控量级有关。可能是其资金本就属于短期周转性资金所致，也可能是其善于做盘内循环的一种表现，但这种情况，一般也是为了节约使用资金量。

总之，“震荡攻击”是一种夹杂了很多因素的价格攻击方式。

在实战交易中，对于价格与510通道之间的技术关系，还需进一步进行辨别之后，选攻击力量强势较为明显的品种为佳。

比如，短期系统通道中的510通道，与价格的距离紧密度在七条通道中，是最高的。所以，在辨别价格攻击的强度级别上，也就最准确。

也可以这样讲：短线价格攻击的强度有多高，看510通道的运行状态就可以一目了然。

比如，510通道运行得越流畅，就说明短线价格攻击的强度越高。反之，如果510通道运行得曲曲折折、歪歪扭扭，就说明短线价格在攻击中的小回撤、小震荡动作太多，并且，每天收盘之间的高低差比较大，才会造成“均线的平均值”忽高忽低，而均线（就是把这些平均值的价格点连成的线）自然也就高低曲折，不流畅了。

为什么会这样？

有很多因素造成，但主要是“人为”因素，因为即使有突发利空因素的冲击，也不可能每天都有突发的利空和利好频繁冲击影响收盘价格。

但就算是这样曲曲折折地运行，510通道还能够保持住多头而不死叉封闭，这也再次证明每天价格收盘的“人为”控制在起作用，在影响着价格的攻击节奏。其目的只是将“攻击、收集、清洗”融合在一起行事。

如果你是做中线博弈的，这种比较短线的细节情况，可以不在意，因为它最终并不影响中线行情的发展。

如果你是做短线博弈的，这种运行方式的个股，你可以“乐在其中”，去做盘内循环博利；也可以放弃掉它，而另选短线510通道走势流畅的强势品种、走势流畅的个股。短线通常会成为市场里的明星品种，会在比较短的时间里，赚取更多的利润。关键是，技术上比较以辨别其强弱。

下面看两种510通道的上攻走势。

图2-005中，雅本化学的上攻之路，虽然510通道一直是保持着的，但510通道走得曲曲折折，价格频繁的突然回打，收盘价忽高忽低，跟随这种走势操作，必须要有很大的忍耐力。

关键是，这种价格依托510通道的“震荡攻击”走势，你很难辨别主力资金的意图和目的时，就应警惕，操作时以保护交易资金为主。比如，像图2-005中的个股实例，价格已经冲起来后，总是以高开低收的阴线打回来，就说明该股主力资金推起价格的目的，有可能是为了抛售筹码。所以，遇到此类个股，宜早撤离。因为，毕竟有些潜在的不利因素，只有主力资金能够掌握到。

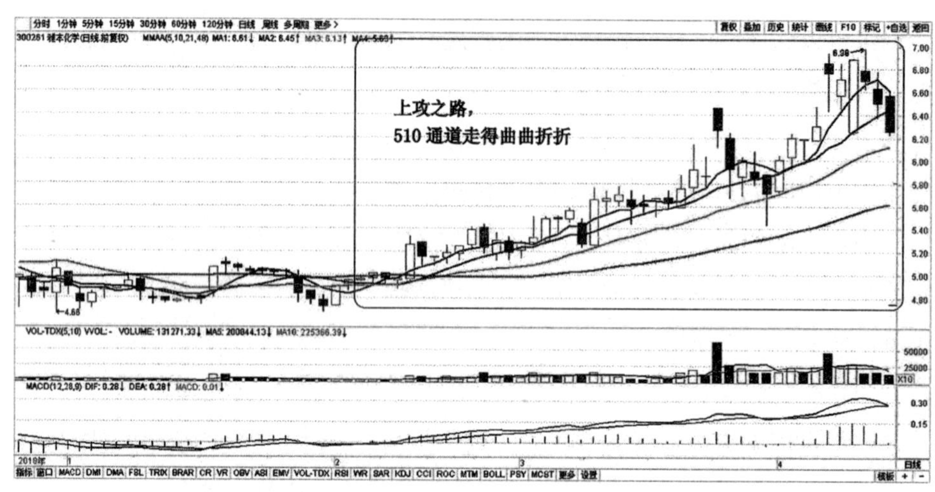

图2-005

总之，牛股之所以牛，就是因为它各方面的表现都会很牛。而牛不起来的股，必有难言之隐。

再看个股实例。

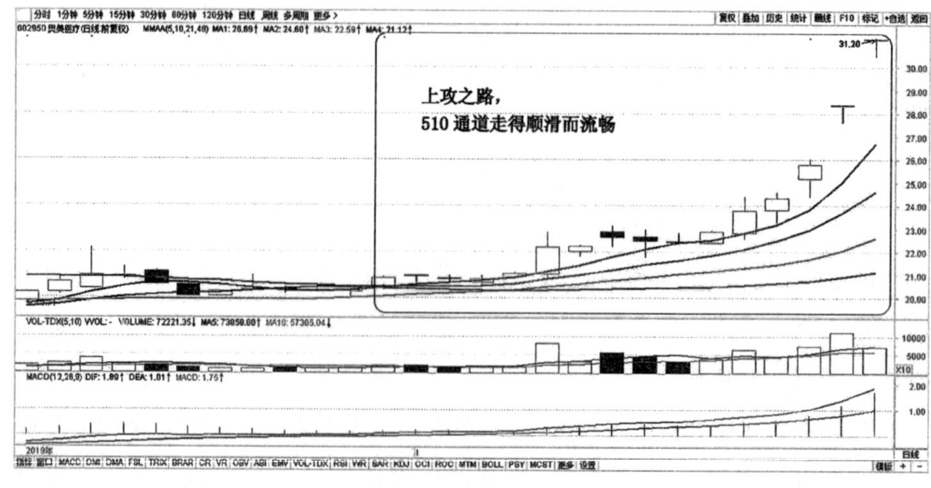

图2-006

图2-006中，奥美医疗同样也是价格依托510通道的上攻，但价格攻击强度就明显很高，价格上攻凶猛，跟随这种路径简单、简洁的个股进行操作，稍有些耐心的人，都可以轻松获大利。

所以，同样都是价格依托510通道进行上攻，但图2-005中的个股实例，510通道攻击得曲折，图2-006中的股例510通道攻击得简洁顺畅，攻击通道“姿态”不同，选哪一个？不言自明。

类似的情况，不仅仅局限在510通道上，在其他攻击通道上，也是如此。

510通道之所以在短期系统通道里具有重要的识别博弈机会作用，还有一个原因：如果510通道总是难以长时间持续性保持多头的运行，每当价格回撤的时候，就会下破10日线，造成510通道两线的死叉和封闭现象发生（这种情况偶尔出现也是正常的小波段攻击节奏），并且出现的相隔时间比较短、频繁出现，就说明该股目前还并没有完成“短期系统攻击通道”的整体梳理动作。此时参与博弈，只能够博弈比较小的利差机会，想“大口大口吃肉”赚利润，还不是时候。

通常，这种情况与短期系统里的另外两条通道还没有完成扭转，或者完成扭转了，但它们自身存在着八爪线乖离，需要化解有很大关系。

比如，价格若要进行波段以上的阶段性趋势攻击，没有2148通道的支持是难以持续运行的。特别是2148通道自身的八爪线乖离若没有化解掉，这个攻击也难以长时间持续下去。

当然，把510、1021、2148这三条通道作为短期博弈的一个整体来看，三条通道中，无论哪一条通道里出现了八爪线，都会影响价格持续上攻的持续性。

但有时，也会出现一种情况：就是2148通道里已经出现了明显的八爪线乖离，但510通道的多头保持得挺好，没有八爪线，这时，价格总是继续沿着510通道的支撑持续性上攻，为什么不打下来化解2148通道的八爪线之后，再行上攻呢？

这就是“强攻不回、见顶才回”的现象。

在价格短期的强势攻击能量没有释放之前，只要510通道没有明显的八爪线乖离，价格就会继续延续上攻强势。直到把短期的攻击能量释放完之后，价格冲击高点顶，才会拐头下来化解下方的八爪线。

看个股实例。

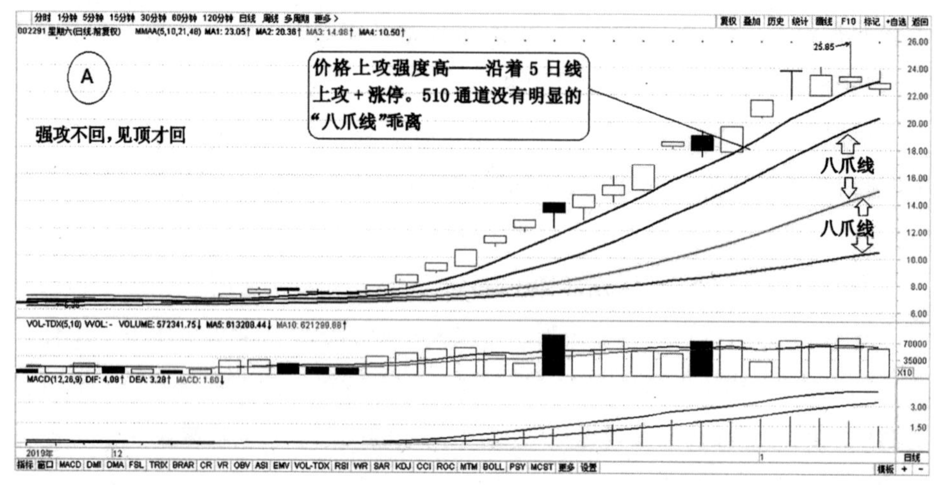

图2-007

在图2-007中，星期六短线不但价格沿着5日线上攻，还不时出现涨停板，这说明攻击强度很高，连续涨升达到了2.8倍多。

由于短时间里持续强攻，必然会造成1021通道和2148通道里出现八爪线。一般正常的上攻过程中，出现八爪线，价格就会马上回撤下来进行化解，化解之后，再接着上攻。此时就要特别注意一下510通道的"姿态"了。如果510通道也出现了八爪线，说明价格随时可能会冲击高点后回落下来，至少要化解掉510通道和1021通道里的八爪线之后，才会再接着上攻。

（注意！如果还要接着下跌去化解2148通道里的八爪线，就说明阶段性震荡已经开始了。强势能量释放完之前，一般最多只化解510通道和1021通道里的八爪线。）

如果510通道没有出现明显的八爪线乖离（即使1021通道里有八爪线），强攻能量旺盛中的价格，就会继续接着上攻。剧烈震荡一下的动作是可能的，但上攻步伐不会停止，即使连续涨幅已经很大。

就像战场上的勇士"杀红眼"时，一定要把全身的力气都释放完，才会停手。

看看该股后面的走势。

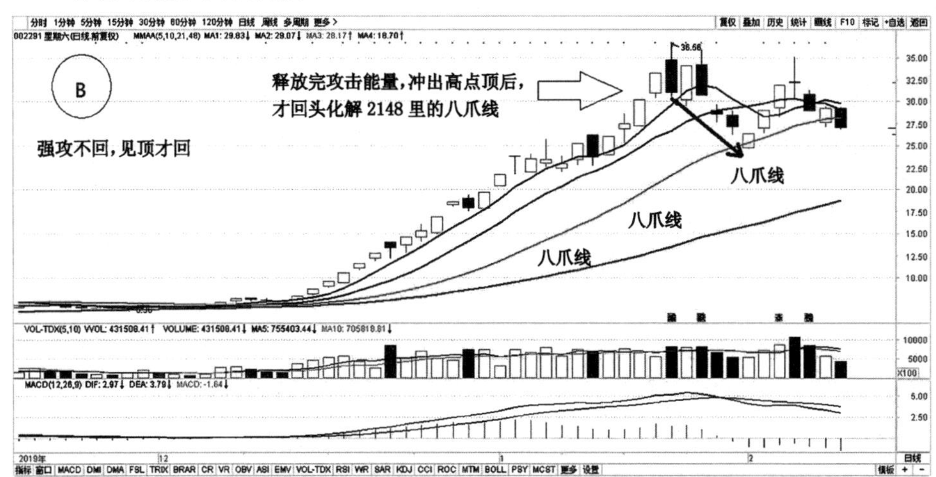

图2-008

在图2-008中，星期六就在价格“压线”强势震荡3天后，又接着加速上攻了41%，才冲出高点顶36.57元(从启动到见顶“一口气”连续上攻高达4.47倍)。

此时，2148通道里的八爪线已经越来越大了，当然，这也说明该股冲出的这个高点顶级别很高，至少是阶段性的顶部，并且不排除还会构筑成一个中期性质的顶部。

为什么？因为价格涨幅大，由于价格攻击猛，自然就会缩短价格上行的时间期，这种“短时间+涨幅大”的现象，无论什么时候出现，都必然会带动和加大中期系统里各线之间的八爪乖离——中期系统里出现八爪线就是必然的。

一旦价格的攻击能量释放完，回落下来(无论是以快跌方式还是震荡慢跌方式下来)时，就不仅仅要化解2148通道里的八爪线，还需要化解中期系统里的八爪线。想想，如果价格回落下来，跌到中期系统4889通道里，或者89144通道里，需要下跌多少幅度？就马上会明白后面的价格回落风险会有多大了。

所以，对于这种2148通道里已经出现了明显八爪线乖离，而又“强攻不回”的股，上攻的持续性一般没有什么问题，但要提前警惕一点：价格一旦冲击见顶后，其扭转下跌动作可能会比较快，下跌的幅度也可能会比较深。那么你的“锁利”就绝不能心软、手软，并且，最好能够比别人提前一步开始分批锁利。否则，你吐回去的，可能比你赚进来的还要多！

延伸一下，有利于大家在实战中的技术思维连贯性。

如果在冲出顶后，择机卖出(或减仓)之后，什么时候可以再买回来呢？

首先，可以肯定一点，如果2148通道里有明显的八爪线存在，那么价格必然会有下破21线的动作。

一般来说，对于这种“强攻不回、见顶才回”走势的超高强度攻击，在下破21线之后，就会出现一个短暂的买入机会。但这个机会，可靠性也不是很高。

具有一定可靠性的“低买回”位置，通常是在价格下破48线后，价格才进入阶段性回落的探底企稳区域(注意！这是以阶段性回落来讲的，不是中期性回落。若中期性回落，价格就要下跌到89144通道区域，才能看探底企稳的支撑位置)。

总之，价格冲出高点顶之后，价格回落化解任何一条通道里的八爪线时，这个八爪线乖离空间越大，价格回打幅度也就越深。这是一种价格在空间中的平衡现象。

(二)1021攻击通道

价格攻击要形成持续性，需要有能够支撑价格持续攻击的条件；510通道由于周期短，掉头快，一般是第一条扭转过来支撑价格形成持续上攻的通道；1021通道则会是第二条扭转过来支撑价格形成持续上攻的通道；2148通道是第三条扭转过来支撑价格形成持续上攻的通道。

510通道只能支撑价格进行小波段、短时间的持续上攻，通常在月内；1021通道就可以支撑价格进行更大一些、时间可以达到一个月以上的波段性持续攻击；2148通道则可以支撑价格进行长达几个月的趋势性持续攻击。

注意一个现象：在短期的三个通道里，510通道与1021通道是关系比较亲密的一对“兄弟”，价格强劲而持续攻击，至少都要在1021通道扭转过来形成多头支撑时，才会具备大波段攻击条件、增强攻击力量的持续性。

没有1021通道扭转过来形成支撑的价格攻击，在只依托510通道形成的攻击，只属于短线小波段攻击。

特别是在下跌趋势、横向区间震荡中，1021通道不出现金叉扭转（参与）的价格攻击，通常都比较短暂，难以形成持续性的攻击波。

但事情都具有两面性——正因为1021通道（注：其他通道也是如此）可以增强价格攻击的持续性，所以，反而在1021通道两线出现金叉的前后，也是最容易出现股价短线见顶之时。

实战中发现，通常在1021通道两线金叉时，如果1021通道出现比较明显的八爪线乖离时，短线出现价格高点的概率较高。

看个股实例。

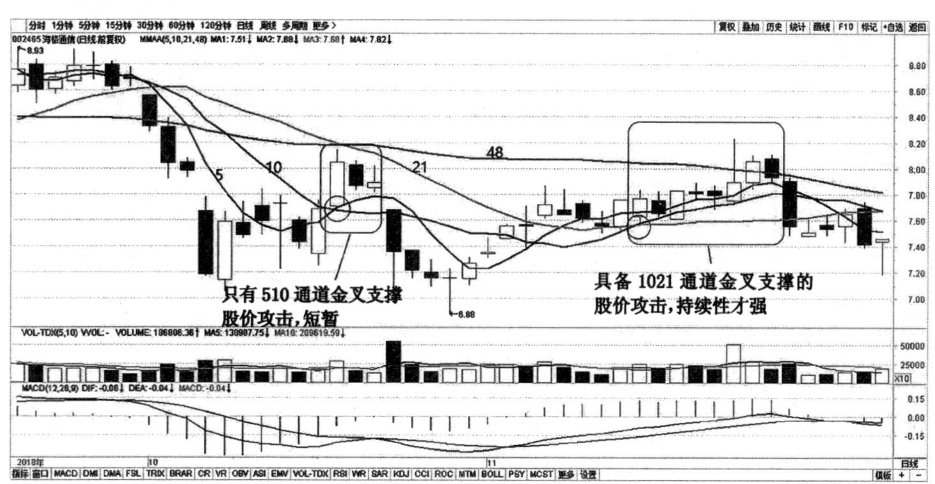

图2-009

1．图2-009中，海格通信在前一次出现510通道金叉时，只是单纯的510通道出现金叉，这种情况下，价格的攻击一般会比较短暂。在实战交易中，不是跟进的好时机。

2．图2-009中，海格通信在510通道第二次金叉扭转之后，1021通道也跟随着出现金叉扭转。

注意！此时510通道没有八爪线，1021通道也没有八爪线，所以，1021通道的金叉扭转，增强了价格的短线攻击力量，这个攻击波就被延长了。

与前面相比，交易性的机会很明显，第一次，只有510通道金叉，交易性机会很不稳定。第二次，在510通道金叉之后，1021通道也随之金叉扭转，这时，交易性机会就开始有了，虽然博弈的空间并不一定很大，但价格的攻击持续性开始有了。

在实战交易中，跟进、介入某只个股时，特别是做短线操作时，其中的细节，还是要注意区别一下。

当交易机会确定性低时，交易风险自然就会变大。

1. 见图2-010，智光电气在下跌趋势中，510通道虽然金叉，但1021通道两线靠拢而没有金叉，因此，价格的反弹很短暂，就再次开始加速下跌。

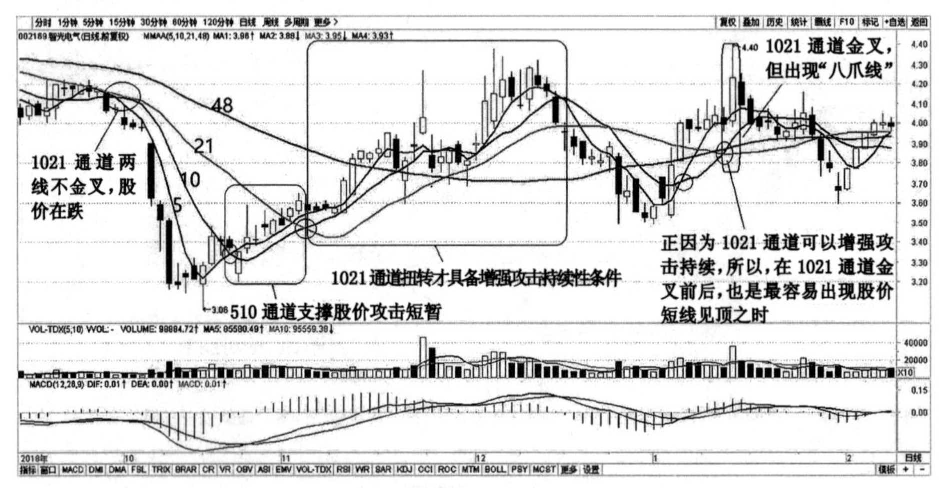

图2-010

2. 当价格探出低点3.06元后反弹起来时，刚开始，价格的攻击只是依托510通道的支撑。当1021通道也金叉扭转之后，价格的反弹攻击才从一个反弹动作“升级”到一个攻击波。

此后，在510通道和1021通道的共同支撑下，价格进行了半个月时间的攻击之后，2148通道也金叉扭转“加入”到这个攻击波里，这个攻击波又“升级”延续了近一个月时间。

从这次比较长的攻击波中，可以很清晰地看到，价格的攻击延续性与短期系统通道的“接力接续、共同努力”是密切相关的，而其中的1021通道金叉扭转，则是一个关键节点。

也可以这样看——如果技术运行到那一个通道的扭转点处，如果该通道不金叉扭转参与攻击中，就说明价格的攻击力量还欠缺，攻击就无法进一步延续。

3．图2-010中，智光电气后来还出现过一次1021通道的金叉扭转动作，但价格却见顶了。这是因为，当1021通道金叉后，如果出现比较明显的八爪线乖离时，就应当提高警惕。这种现象不仅会出现在1021通道上，在其他通道上出现时，也是要警惕价格短线见顶。像图中出现的这样——1021通道金叉了，价格反而在次日冲出短线高点，见顶了。

只看1021通道两线的发展，就会发现在两线金叉之后，由于价格的加速上攻动作，加大了1021通道两线的八爪线乖离。

这说明，1021通道虽然金叉扭转了，但自身难以进行持续性的支撑作用——内在的解读是，最近两周（10天）内，短线获利盘累积太多，随时会出现获利回吐、价格回撤。

当然，在1021通道金叉之时，21线也死叉了48线，这说明短期系统里的三个通道间出现了“矛盾”的走势，短期技术不顺，还需要在此区域中进一步进行梳理。此后的走势也证实了这一点，该股进入一段时期的“横向区间震荡”中。

4．就价格与短期系统里的通道之间关系看，当短期系统里的通道进入“横向区间震荡”时，短期系统里的通道会常常出现“你金叉、我死叉”的不同步、不协调现象，这就说明短期系统中的通道还需要再梳理，等梳理顺之后，才会凝聚成一股劲，齐心协力支撑价格的持续攻击动作。

5．通过此个股实例可以看到，1021通道“夹”在510通道和2148通道之间，在价格的攻击中，起着延续攻击波的重要“桥梁作用”。

实战中，短线价格的攻击能不能进一步延续？很多人会对510通道很关注，但1021通道的状态才更重要。1021通道若不“参与”扭转，价格的攻击就只局限在短暂的510通道中。若1021通道参与价格的攻击，才会进一步“升级和延长”。

而就实战中对强势个股的技术解析来看，所有的连续攻击强势股，都必须获得1021通道的“参与”，才会形成更具持续性的攻击。因此，1021通道也可以视为诞生短线牛股的“大本营”。

了解了这一点，也就会理解，为什么有些善于抓短线强势龙头股的技术高手，会将1021通道（注：与1020通道相同）的金叉扭转动作，视为一只个股能否在短线转强的一个最先关注的技术信号，而并不是很多人所关注的510通道。

当然，当1021通道扭转过来以后（2148通道也是一样），价格继续上攻时，短线的技术关注点，还是要回到510通道上。

有了1021通道的支持、支撑，价格上攻的力度和时间持续性就会更强，因为价格短线回撤时的支撑力量、支撑位置均增加了资金回转的空间，有力化解短线空方压力筹码的抛出冲击。

在“短期系统通道”的三个通道中，1021通道做的事情最多，但受到的重视不够，有点任劳任怨、低调不张扬。

上面有510通道与“价格”关系紧密，打得火热；下面有2148通道与“短期趋势”走向息息相关；因为1021通道的10线是510通道的，21线是属于2148通道的，1021通道“夹”在这两个通道之间，经常被人们所忽视，处境有点尴尬。

正因如此，1021通道就“天生”身兼了两个重任。

第一个：“支持、支撑”510通道的攻击，特别是攻击中的价格回撤动作。

每次510通道形成的攻击动作一旦出现持续性（注意！是510通道的攻击动作，而不是指价格的），都是发生在1021通道金叉之后，才会具备展开的条件。如果1021通道不出现金叉动作，510通道的攻击都只是局限在21线的压制之下的短暂反弹和震荡动作而已。

当510通道扭转上攻时，特别是当价格短线出现回撤动作时，有时不可避免地会下破510通道，此时，1021通道就会起到支撑住价格回撤动作，“保护”510通道继续保持攻击状态的重要作用。

因此，有些人就干脆用1021通道的金叉扭转、攻击动作，来界定是否具备短线展开持续性的波段攻击的一个技术信号。

看一个1021通道“支持、支撑”510通道持续攻击的典型个股实例。

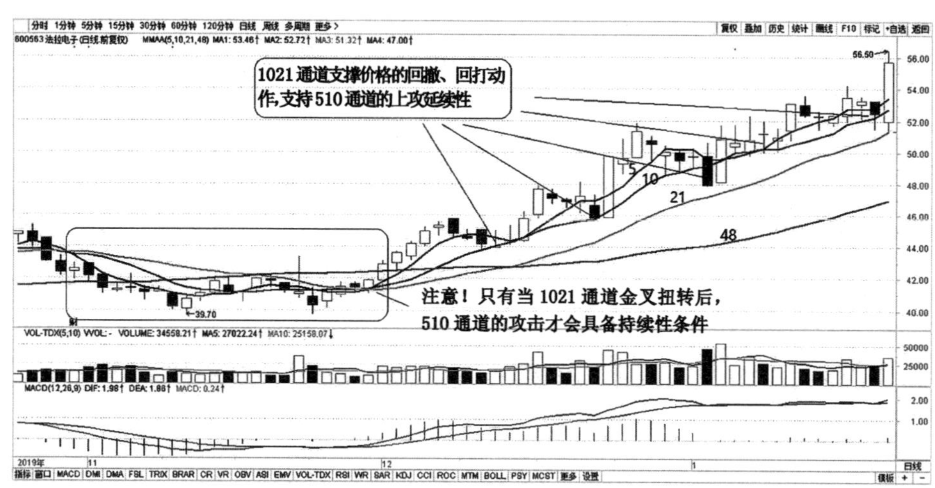

图2-011

图2-011中，法拉电子在启动上攻之前，510通道有过两次金叉扭转的动作，第一次，只有单独的510通道金叉扭转，1021通道、2148通道都没有参与扭转，所以，价格攻击很短暂。

而第二次510通道再金叉扭转时，是与1021通道一同金叉扭转的。虽然，此时2148通道还没有金叉扭转，但并不妨碍价格的启动上攻。

另外，在该股上攻过程中，由于是“震荡攻击”，价格回撤、回打的次数就多一些。在此过程中，有时价格会出现下破510通道的动作（当然，有可能是为了破位清洗一下跟风盘），此时，默默无声的1021通道就承担着支撑这种短线破位清洗中的支撑力量。

第二个：“平衡”510通道在攻击过程中，与2148通道之间的乖离偏大问题。

这种情况的发生，是由于510通道上攻速率太快、太猛，必然会拉开与2148通道之间的空间乖离，而这个八爪线的出现，就反映在1021通道自身出现了八爪线乖离现象。

一般出现这种情况后，510通道，即使自身没有出现八爪线，也会暂时放缓攻击脚步，出现短线的震荡动作，价格也会出现一个短线高点，回撤下来到1021通道内，以此化解510通道与2148通道之间的八爪乖离（也就是在化解1021通道自身的这个八爪线）。化解之后，510通道与2148通道两个通道之间的乖离消除了，价格才会再次继续上攻。

所以，监控1021通道的八爪线乖离大小，其实也就是在监控510通道与2148通道之间的乖离空间大小变化。

只有当2148通道里也出现了明显的八爪线乖离时，技术化解乖离空间的重点，就“移步”到2148通道里，这时，无论1021通道自身有没有八爪线乖离，都难以“平衡”510通道和2148通道了，因为这超出了1021通道所承担的任务范围。

再看一个1021通道出现八爪线的典型个股实例。

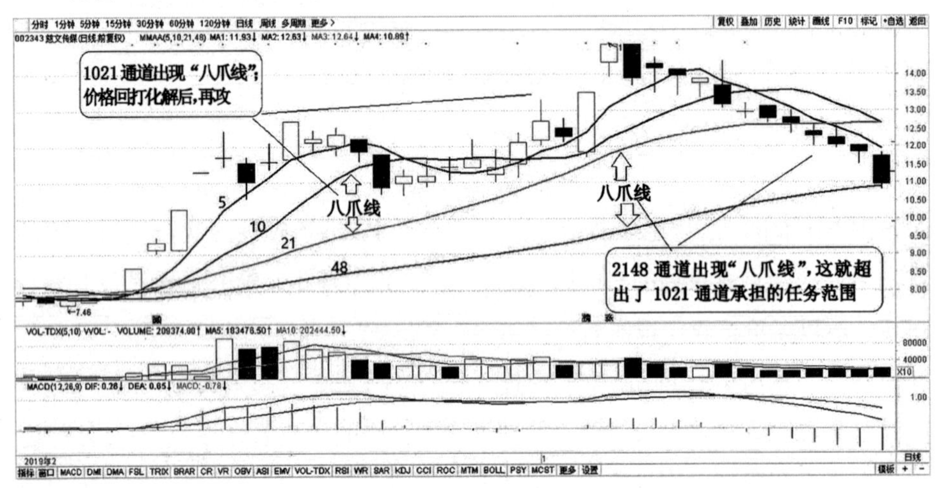

图2-012

图2-012中，慈文传媒前一波上攻价格比较快、猛，510通道上攻速率快，拉开了与2148通道之间的空间乖离——造成1021通道出现了八爪线。

实战中，要记住一点：在价格上攻比较强势的时候，也许510通道出现了一些八爪乖离，或者2148通道出现了一些八爪乖离，都不一定会马上回撤来化解。但若是1021通道出现了八爪线，价格基本都会马上回撤下来化解。

因为1021通道出现八爪线，就意味着510通道跑得太快了，2148通道跟不上，如果不马上回撤来化解一下的话，价格强撑着上攻，就会随时见顶。

特别是主力资金在价格即将要加速攻击之前，大多都会把1021通道两线收拢一下，然后再加速。这样，可以迟缓价格在后期的连续、快速上攻中，

1021通道就很快出现八爪线的现象（实际上，还是延迟510通道与2148通道两个通道之间出现八爪线乖离的时间），影响股价上攻拓展的空间。

再看一个这种价格加速攻击前，价格回压一下，收拢1021通道两线的个股实例。

图2-013中，精准信息在价格加速上攻之前，小幅横向震荡了一段时间，收拢了1021通道两线。注意！此震荡期间，510通道死叉又金叉，但始终保持了1021通道不死叉，然后才开始加速上攻。

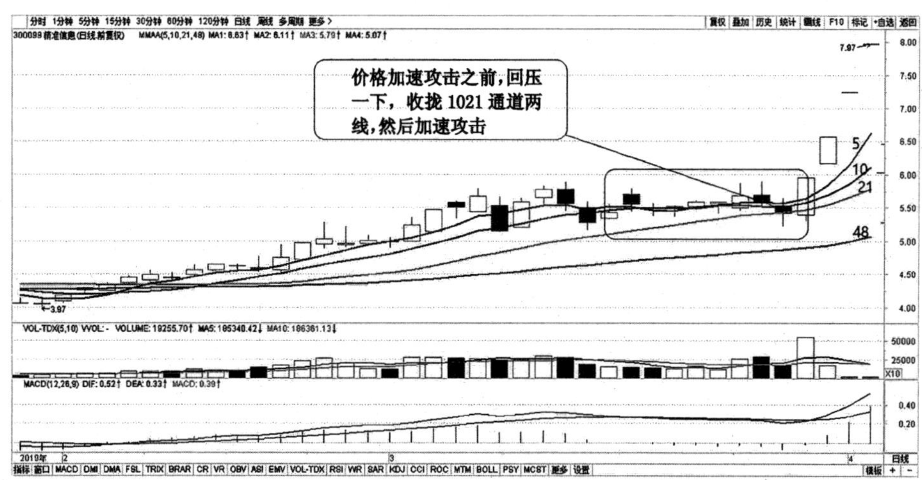

图2-013

如果你仔细点看，就会发现一个问题：在价格加速攻击前，其实2148通道里的八爪乖离，要更加明显一些，但为什么只震荡收拢了1021通道两线，就加速上攻了呢？

这种情况与后面的价格加速攻击时间期有一些关联。

如果价格加速上攻前，价格回压、收拢的是1021通道，就说明价格加速起来后的连续上攻时间期，约10天（注：如果是在其他级别上，就是10个交易单位左右）。

如果价格加速上攻前，价格回压、收拢的是2148通道，就说明价格加速起来后的连续上攻时间期，约一个月。

但需说明，这些上攻时间期，只是一种参考性数据。

这只股，在价格加速攻击起来后，连续上攻了9个交易日冲出高点顶（涨幅超过130%）。

看该股的后市上攻图。

通过图2-014可以看到，精准信息在收拢了1021通道之后，加速上攻，是以最强势的连续9个涨停“脱线攻击”方式展开的。这就是攻击力量最后的强攻动作。

价格攻击遇阻见顶后，成交换手异常放大到3天时间115%的换手率。此时，反而很多人认为这是买盘力量强大的表现。

一定要冷静地看待获利盘的巨大幅度、获利群体的庞大，以及短时间里的空间价差利润巨大的客观现实。

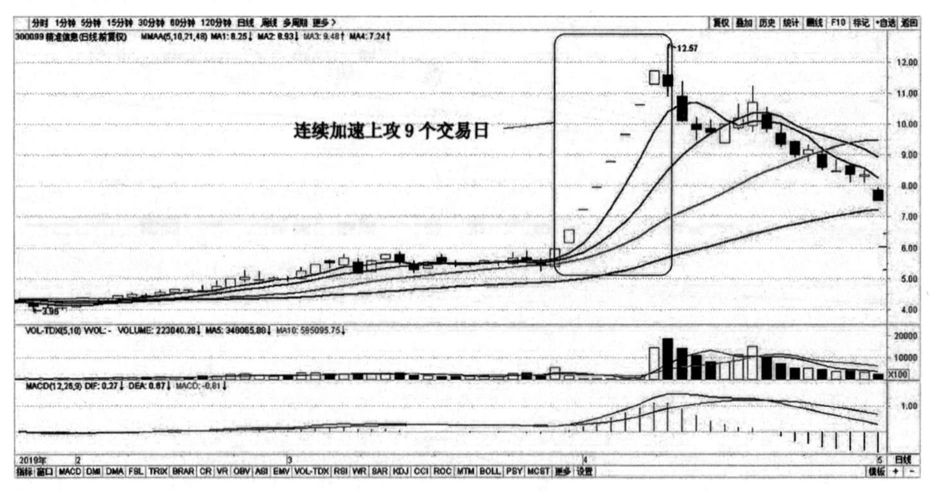

图2-014

还有技术上，价格见顶时，510通道、1021通道、2148通道中均出现了明显的八爪线乖离现象。价格的回落化解这些八爪线乖离是必须的路径。

关键是，要看看价格回落到什么位置，才能够化解这三个通道里的八爪线？

再测算一下，如果不在高位价格遇阻时及时高卖的话，将要承担多大的价格回落、利润回吐，甚至被套(如果进场晚的话)的风险。

很多人认为设立“止损位”是最好的控制交易风险的做法。其实，在实战交易中，控制风险的最佳方法，是最好永远不要用到“止损位”，而应该是“主动止盈”在价格与通道关系出现新变化的时候。

再看一个在价格加速上攻前，收拢了2148通道两线的个股实例。

图2-015中，星期六在价格加速上攻前，波段性回撤震荡，收拢了2148通道两线，然后才开始加速上攻。

这种在上攻前收拢2148通道做法的个股，其展开攻击的时间期通常都会更长一些。

看一下该股后面上攻的状态。

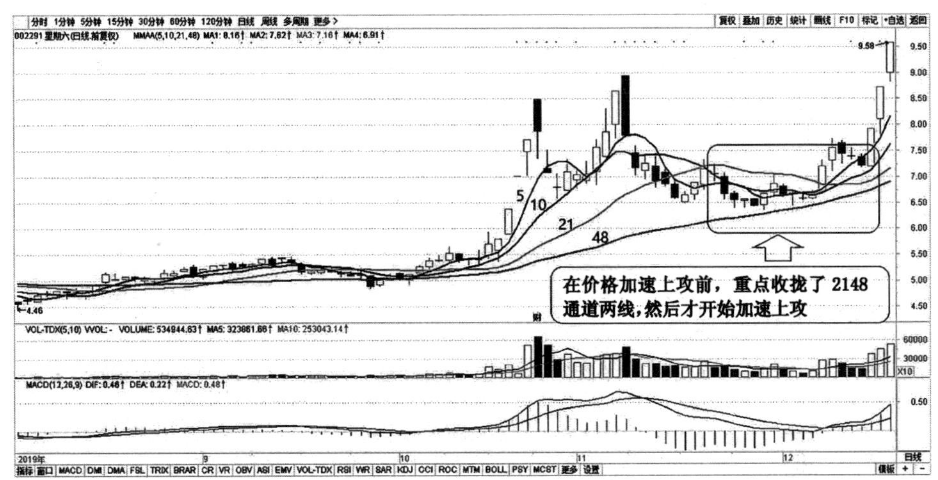

图2-015

如图2-016，星期六价格连续上攻25个交易日，涨幅超过400%。

从实战交易机会来总结：价格加速上攻前，都会有回压、收拢一下某个短期系统通道两线(无论这个短期系统通道中的哪一个)的动作出现，而此时，往往都是一个很好的买入博弈点。

不过，很多人忽视了一点，收拢不同的攻击通道，其后面价格展开的攻击强度，特别是攻击的时间期，会有明显的不同。

另外，具体到买点介入时机的选择上，最好是等回压动作(促使某个短期系统通道两线)出现收拢之后，价格重新又回到收拢的通道两线之上时，交易的确定性会更高一些。

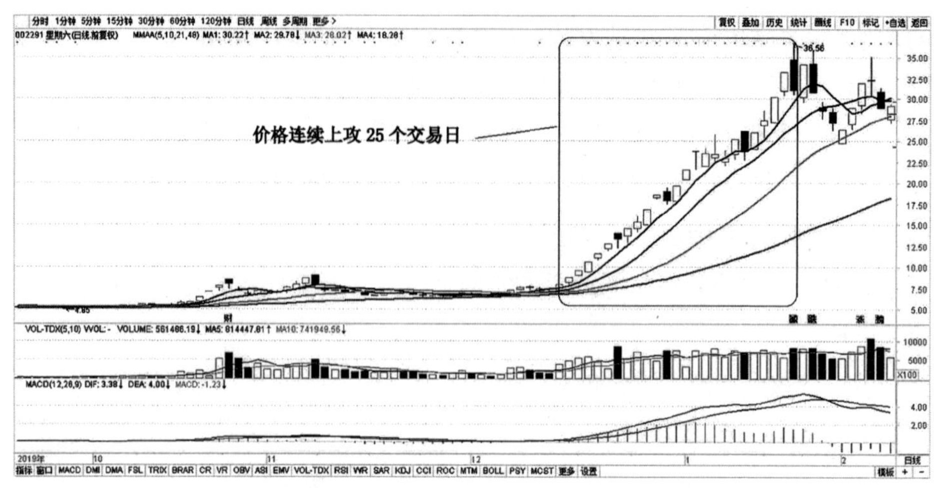

图2-016

简单说：收拢哪个通道，就等价格回到这个通道之上时(可以是在当日盘尾)，再择机介入，交易的确定性会高一些，交易的风险性会低一些。

(三)2148攻击通道

2148通道形成多头、并能够持续支撑价格上攻(注：不一定必须要2148通道亲自支撑价格，只要价格不破2148通道就可以)，通常成为价格转强、趋势转强时很重要的技术“分水岭”。

2148通道是均线周期里股价中期强势支撑转向短期强势支撑的重要过度通道。也就是讲，中期牛股的加速，必须升级到以这个通道为主支撑之上来，才能够顺利进入短期牛股的级别里。所以，价格能不能升级到这个中期强势与短期强势的“分水岭通道”上，是实战交易中，区别短线强势股和中线强势股最重要的一个技术识别点，很关键，却容易被人忽视。

用最直白的话来讲：如果你想在市场中找到买进之后，很快就能够涨起来，或者短线涨了还能够继续再涨的个股，至少在技术上，个股价格的每次回撤、回打、回落的支撑位置，都必须得到2148通道的强力支撑，2148通道必须始终保持着。这样，说明该股的价格波动已经处于阶段性的强势之中了，这是最基本的判断条件之一。

因此，2148通道，在技术攻击强度上，属于“阶段性攻击行情”的范围。

也就是说，一只股，如果价格没有得到2148通道的支撑支持，这样的价格攻击就只属于短线的强势攻击动作。

而当2148通道扭转金叉+价格运行在其之上时，该股的攻击，就从短线的攻击动作，升级到了“阶段性攻击行情”中。

只有当价格进入“阶段性攻击行情”中时，价格短线的攻击才会进入具有至少一个月的攻击延续状态中。

一般来讲，当价格具备了“阶段性攻击行情”的技术条件后，价格一个波段的攻击幅度，才有可能超过30%，甚至超过50%。

即使是在下跌趋势的中长期系统压制下，也是如此。

但有一点，就是2148通道在扭转金叉之时，要分清此时的价格，是已经短线攻击了一段了，还是才刚开始攻击。

这一点，在实战中很重要！

因为，如果当2148通道扭转金叉时，价格已经短线攻击了一段了，此时的2148通道的金叉动作，反而很可能是价格短线攻击结束的信号——“交叉见顶”。

而如果当2148通道扭转金叉时，价格才刚开始形成攻击，那么，这种攻击就会具有明显的“阶段性攻击行情”特点，通常会持续至少一个月的时间。但攻击的空间高度，则要看上面压制的中、长期系统均线的位置，当然，你也可以用30分、60分级别上的见顶信号来判断阶段性行情的结束。

看个股实例。

图2-017中，中兵红箭在下跌趋势中，一直受到中长期系统的压制。

图中第一次出现2148通道扭转金叉时，价格已经提前先反弹攻击了一段，并受到89线的明显压制。此时，2148通道的金叉，反而成了“交叉见顶”，结束短线攻击的信号。

图中的第二次2148通道扭转金叉动作出现时(也就是图中“A”处)，短线价格也是已经先攻击了一段，但这次突破了89线的压制，因此，在2148通顶金叉之后，价格又进行了第二个小波的反弹，但也只是延长了19天时间。

要特别注意的是，这里的反弹过程中，整体均线系统都处于“发散状态”，这种均线系统的“发散状态”本身，就说明这里只可能是一次反弹机会，而难以形成低位的扭转动作。

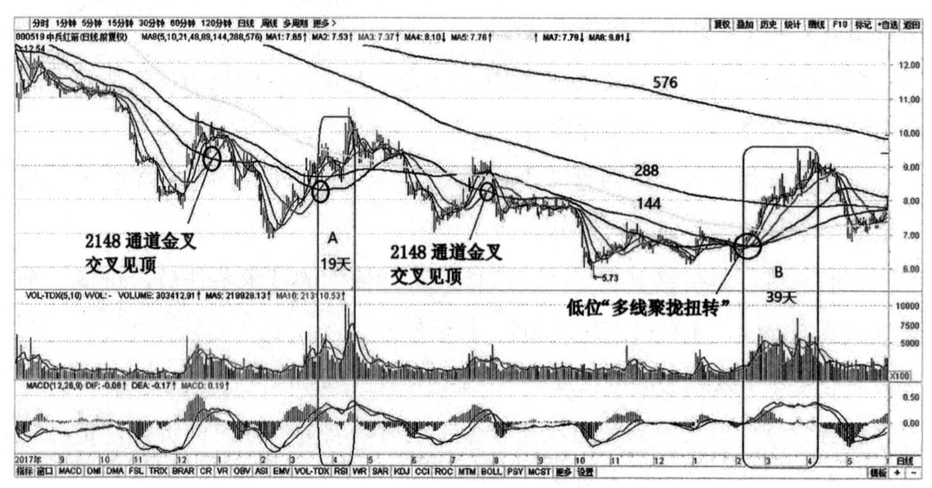

图2-017

一般来讲，只有在低位出现均线系统“多线聚拢”时（至少也应该是短期、中期两个系统多线聚拢在一起时），才具备低位扭转的技术条件。

所以，图中的这第二次2148通道金叉动作之后，价格又再攻击了一波，虽然看着有利润，但“掐头去尾”之后，盈利的空间还是比较小，从风险和利润的比例来看，此时伸手去博弈，风险大于利润。我遇到此类情况时，通常都会放弃。

接着看，图中第三次2148通道出现金叉之时，还是处于下跌趋势。并且，又是价格先反弹一段，然后2148通道才金叉，这种情况，又是一次“交叉见顶”。

图中第四次出现2148通道金叉时（也就是图中“B”处），与前几次有一个最大的不同之处，就是均线系统中的短、中期两个系统中的多条均线（5、10、21、48、89五条线），此时出现了低位的“多线聚拢”扭转交叉动作。

特别是，这一次当2148通道金叉的时候，股价才开始向上攻击。从博弈机会的确定性条件来讲，这是最佳的博弈机会点了。

从图中也可以看到，该股从此处开始，进行了39天的持续上攻过程（大约一个半月），盈利空间达到了40%多。

看了图中这几次不同的2148通道金叉动作与博弈机会的判断差异，应该已经明白了2148通道金叉所引发的“阶段性攻击行情”的博弈机会在哪里。

在实战中，不是看到均线金叉，就一定会出现好的博弈机会，而是要厘清均线交叉时，价格是否已经提前走完了一段攻击，还是才刚开始攻击。这两种情况的细节区别，往往会造成博弈的结果大相径庭。

其他通道均线金叉时，也是一样的逻辑。

为什么要将2148通道定位为“分水岭通道”？

2148通道里组合的两条周期均线，一条21线，属于“短期系统”里的均线；另一条48线，则属于“中期系统”里的均线。

这条通道到底应该属于“短期系统”范围里的通道，还是属于“中期系统”范围里的通道？

对于这个问题，我也曾经斟酌过一段时间。最后，还是以多次实战中的总结为准，将它划归到“短期系统通道”的范围里。

其中有个最重要的原因是：在实战中总结发现，每当价格上攻（或下跌）能够形成“波段趋势”级别，或者“中期趋势”级别的攻击时，2148通道必然会扭转为多头状态进行伴随。特别是，在这种级别的攻击中，当股价回撤(或反弹)时，最大的回撤(或反弹)都是以该通道为一个重要支撑(或压制)完成而结束的。

为什么会这样呢？

第一个，是时间因素的影响。

21线的周期时间属性，在日级上代表着“一个月的交易日”(通常一个月交易日在21～23天)，而在绝大多数情况下，一波(波段性质)的攻击动作，如果连续强攻一个月的话，势必会加大21线与48线之间的八爪线乖离空间，这就会造成这一个月里参与该股攻击的短线资金筹码产生非常丰厚的利润累积。

而大多数短线博弈资金的回转周期都在(隔夜)1天至2周(10个交易日)之内完成，这就会影响价格的持续攻击状态，一旦超过2周时间而不进行清洗，短线博弈资金的利润获取率会远远超过短线客的预设盈利目标，这部分筹码，就会成为价格上攻过程中的“潜在抛压盘”。

特别注意：“线线关系”变化中，当价格持续攻击的时间，超过某条均线自身周期的一半时间时，通常，这条均线就会开始与其相邻周期均线之间产生八爪线乖离现象。

比如，当价格持续攻击超过11天之后(超过21天线的一半时间)，一个是，价格与21线之间就会产生“脱线乖离”现象（注：这个“脱线乖离”，是指价格远离21线的空间差，其实就是21天前买了该股的股民的平均成本与现在交易价格之间的利润差。如果处于下跌状态，就是亏损差)；一个是，21线与(运行比它缓慢的)48线之间也会产生“八爪乖离”现象(注：其他均线之间的这种现象规律也是如此)。所以，2148这条通道的两线之间，出现八爪线乖离现象，就必然会在技术上形成越来越强烈的价格回撤（或反弹)来化解此越来越扩大的八爪线乖离的要求。如果你再结合KDJ或RSI等这些短线敏感指标的见顶信号或顶背离信号表现，这一点就会表现得很清楚。

这段讲解，是基于价格进行上攻（或下跌)时，2148通道已经完成了低位扭转，已经进入到上攻趋势中而进行的。

如果价格开始上攻时，2148通道还没有发生扭转，那么，就要从2148通道发生扭转之时，开始起算这个价格持续上攻的时间。

看个股实例。

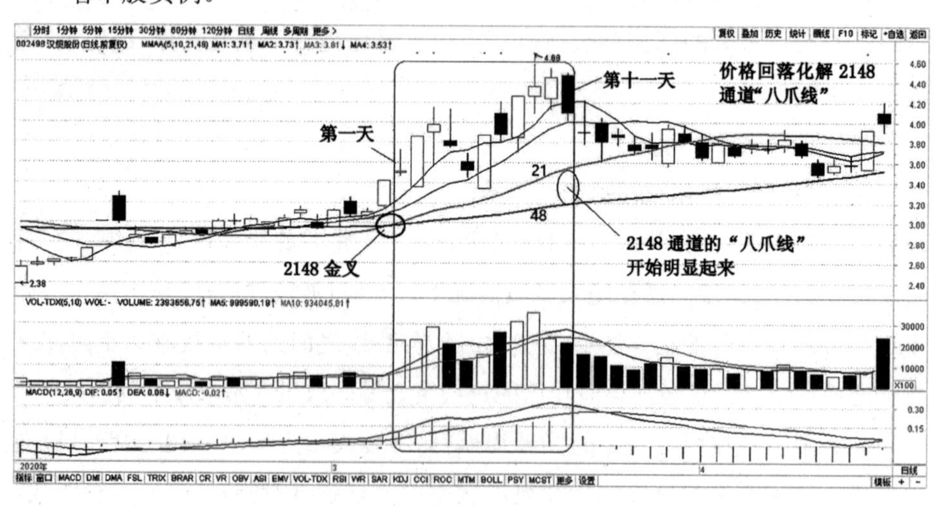

图2-018

图2-018中，汉缆股份在2148通道金叉之后，上攻到第11天时（有时也可

能会更长一些，但通常会在超过10天之后)，价格开始回落了。

此时，2148通道的八爪线乖离，就开始明显起来。该股随后一路震荡回落下来，直到化解了2148通道之后，又再次开始上攻。

但是，也不是说，在2148通道金叉之后，价格都会在上攻超过10天后，就马上会回落下来化解2148通道的八爪线。

因为有些股短线的上攻能量很强，在这股攻击能量释放掉之前，即使2148通道的八爪线乖离开始越来越大，也不一定会马上结束上攻，回落下来化解。

可能有些人会有这个疑惑：那我怎么知道，在2148通道金叉之后，价格上攻超过了10天后，价格会不会结束攻击，拐头下来化解2148通道的八爪线呢？

有一个小窍门：就是当2148通道的八爪线乖离开始明显起来时(现在你已经知道从金叉开始起算超过10天后)，你可以多关注该股小级别上的技术走势异动（就是见顶信号)。因为短线攻击能量强，是表现在日级别上的；但如果攻击能量减弱，必然是先从小级别上出现见顶信号开始的。

问题又来了：到底哪个级别算“小级别”呢？这个没有定式，要与该股日级上的上攻强度相挂钩来看。一般来讲，日级上价格冲高回落，回破5日线时，在分钟级上，就要特别注意30分级的见顶信号。通常情况下，只要多关注30分级、60分级上的见顶信号，都是可以抓到日级上攻击结束时的出局机会的(注：关于这些分钟级别上的通道细节上的技术内容，在后面的“爆发点技术”中，也会有讲解)。

还有一种情况，如果在2148通道已经处于多头（或空头)情况下，价格穿上（或穿下)21线之后，再开始发动持续攻击，那么，其持续攻击的时间，应从价格穿上(或穿下)21线之日起计算。

再看个股实例。

图2-019中，华资实业的2148通道提前已经金叉过了，只是价格没有启动起来（这有时与主力的启动时机选择有关)。当价格下破2148通道时，该通道的多头一直保持着“价破线不破，拐点必出现”，只要2148通道多头一直能够保持，价格最终还是会回到该通道之上来。因此，不管是主力震仓也好，洗

盘也罢，在价格下破2148通道4天之后，突然一个涨停板，价格穿上21线，冒头上来了。

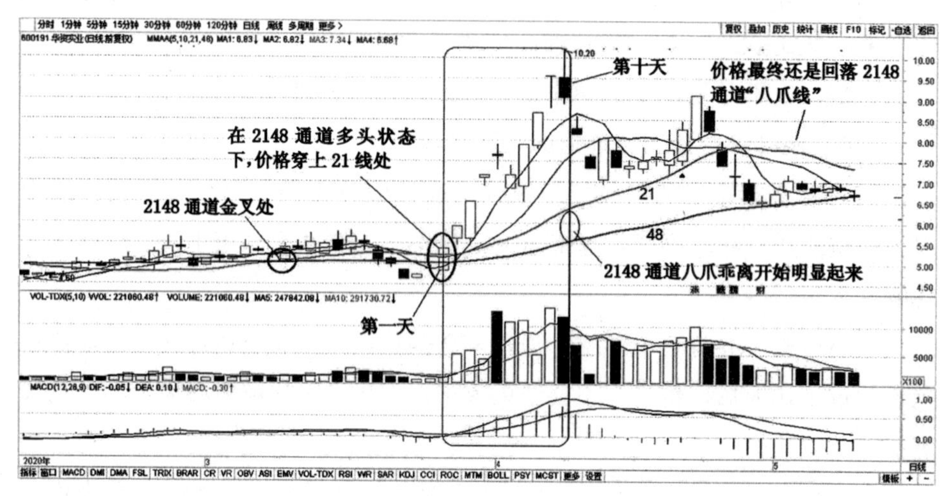

图2-019

注意：计算2148通道未来八爪线开始出现的时间，就从这一天起算，而不是以前面2148通道金叉那时起算。图中该股自此开始，连续强势上攻了10天，第10天冲高回落出现高点，结束了这一波的攻击(也可以看作是短线的攻击能量基本都释放了)。而此时(第10天开始)，2148通道的八爪线乖离开始明显起来，但因为乖离还没有很大，所以，价格短线回落后，又冲了一下。这第二次上攻时，2148通道的八爪线已经非常明显地变大了，因此，最终价格还是回落到2148通道的“肚子”里来化解这个八爪线乖离。

第二个，是价格空间差的影响。

前面的两个例子，虽然都是在短线持续攻击10天后，回落化解2148通道的，但是，这并不能说，一旦价格连续攻击10天后，就肯定会回落化解2148通道的八爪线。

这里面有一个最大的原因是，价格连续上攻10天后，2148通道的“八爪乖离”才开始放大，如果价格在这一波的攻击能量还远远没有释放完，而短期系统里(注：5、10、21三线)均线之间还没有出现比较明显的八爪线时，就说明这是一种“缓攻”状态的攻击。

通常，缓攻攻击，都是“先缓而后急”，就是先缓攻一段，然后再加速急攻一下，冲出这个波段的高点。把这一波的攻击能量释放完之后，价格才会回落化解2148通道里的八爪线(那时，这个“八爪乖离”当然已经明显偏大了)。

而价格“缓攻”时，通常价格并不远离最短均线(比如日级上的5日线)，同时，510通道、1021通道里也不出现明显的“八爪乖离”现象，通道均线就像两条“轨道”，向上延伸。

在“缓攻”过程中，没有“脱线”(或者如果哪天上攻幅度大了一些，就会马上在次日回落“靠线”来化解，不累积“脱线乖离”)，也不出现明显的八爪线，价格每天的上攻幅度不大。这种看似“不强”的上攻，却具有很强的攻击延伸性。

这种情况下，有些股可以持续上攻一两个月的时间，价格都不会下破21日，直到最后“由缓攻转急攻”，加速冲击；或者，当2148通道里的八爪线经过比较长时间的上攻而累积出比较大的乖离时，才会冲出这个波段的高点，扭转下来化解2148通道里的八爪线。

持续性的“缓攻”，虽然每天的上攻幅度不大，但天长日久，累积下来的获利空间幅度通常也不小。

从技术上讲，获利空间累积得越大，至少2148通道里的八爪线乖离也会累积得越来越大。价格见顶回落的概率自然就会升高。

看个股实例。

图2-020中，华微电子自2148通道金叉+价格开始上攻起，到这个波段冲出高点，价格持续攻击了48天，累积涨幅52%。

前期38天均为“缓攻”动作，“缓攻”期间，价格不出现连续“脱线”现象，每天价格的上攻幅度都不大，大多为2%上下幅度，最大的一次单日涨幅，也没有超过5%。但最后出现大阳加速时，单日均超过了5%的涨幅。一个涨停板都不拉，就上攻了52%的幅度，可见其做盘之耐心，价格上攻之平缓。

即使是这样“平缓”的持续攻击，不“脱线”，不“八爪”(短期系统里)，但当累积的阶段性盈利幅度比较大时，价格也会“主动”回落下来，“借助”化解2148通道八爪线的机会，清洗一下阶段性的获利盘。

关键是，阶段性回落2148通道，得到该通道的支撑后，价格还会再创新高。该股后面即是如此。

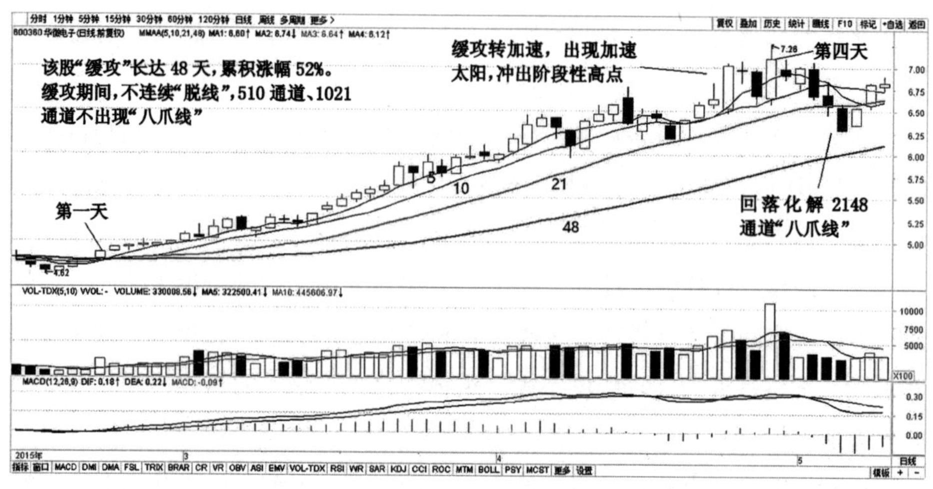

图2-020

见图2-021，华微电子前一个波段是“缓攻”，48天，涨幅52%，平均每天上攻幅度1.08%。

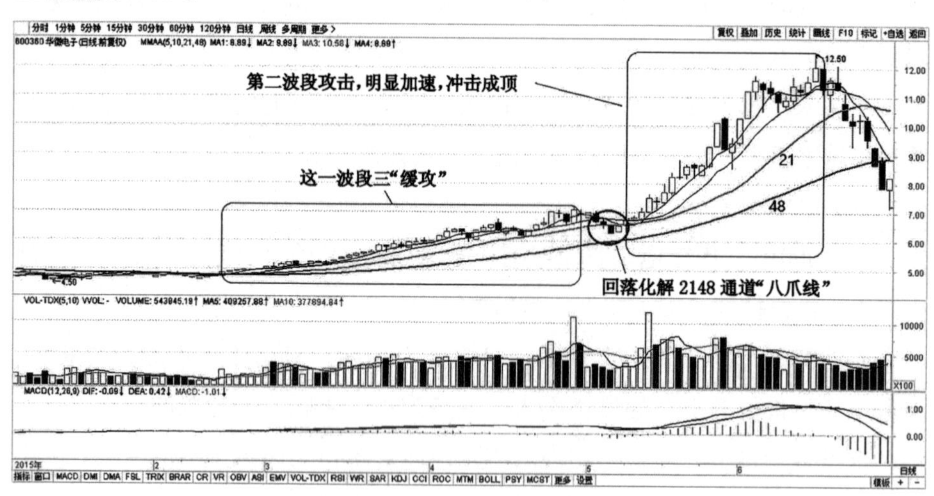

图2-021

在经过回落化解2148通道八爪线（借机清洗获利盘）后，第二个波段上攻明显就加速了，上攻角度也更陡峭，26天冲出顶，这一波累积涨幅91%，平均每天上攻幅度提高到3.5%。

从图中也可以看到，随着价格上攻速度、幅度的加大，1021通道、2148通道的八爪线要明显比第一波段“缓攻”时的乖离大了很多。这也是形成更大级别高点顶的技术特点。所以说，价格什么情况下会回落2148通道来化解八爪线，与“时间和价格空间差”这两个因素的影响密切相关。

另外，从一个中期性行情的整体趋势来看，2148通道，往往是价格在上攻过程中，阶段性休整的最佳位置通道。

每当价格在完成一次“阶段性攻击行情”之后，均会梳理一下短期与中期两个系统之间的“八爪乖离”——而这个区域，刚好就是2148通道内区域。

如果不梳理(或者讲，短期系统不与中期系统进行一下收拢)，不仅仅是阶段性的获利盘太丰厚，会对后面的价格上攻形成强大的“潜在抛压力量”，而且还会缩短价格上攻的行情期限。

比如，短线一直上攻，就会造成“以空间换时间”的现象出现，从而缩短该股中期行情的延续时间，把半年或几个月的走势，在比较短的一两个月时间里一次性就走完了。这种冲击出的高点顶，实质上就不是一个“阶段性行情”的高点顶，而是具有中期行情顶的性质。

看个股实例。

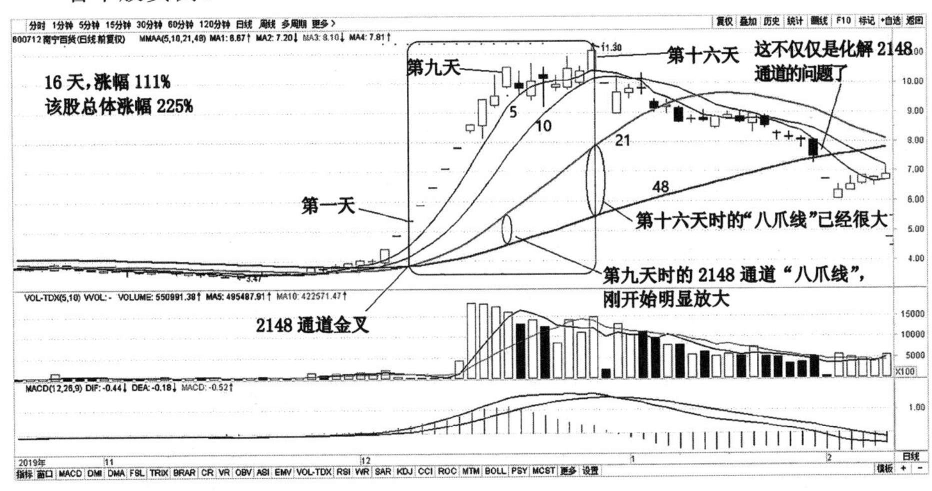

图2-022

图2-022中，南宁百货是价格先开始上攻，然后2148通道才出现金叉的。从这个金叉起算，到最后价格冲击最高点，共计16天时间，涨幅111%，平均每天涨幅6.94%，典型的“一波到顶”走势(注：如果一段时间里，平均每天的涨幅超过5%幅度，均属于强势的加速上攻速率)。

前面我们讲了自2148通道金叉起算，10天后2148通道乖离就会开始变大，这种情况，在“缓攻”的时候，并不会表现得很明显，但在这种强势连续加速上攻时，就会表现得很明显。

注意看图中该股上攻的第九天之时，价格是最后一次封板动作，这说明多方攻击能量释放达到了极端，从第十天开始，价格就开始不好好上攻了。虽然，之后第十六天在新高中冲出了这一波上攻的最高点顶，但攻击能量在第九天之后就开始减弱，这是一个客观现实现象。

第十六天当价格冲击见顶11.30元时，2148通道的八爪线乖离已经很大，价格在这么短的时间里(16天时间)，上攻幅度很大(16天，涨幅111%；总体涨幅225%)。这种冲击出的高点顶级别，往往就会高于“波段性行情”顶，成为“阶段性调整”，甚至“中期性调整”的风险都会很高。因此，当后面价格回落下来时，化解2148通道八爪线是必须的一步。那么，会不会去化解下方中期系统通道里的八爪线，比如4889通道，或者89144通道里的八爪线？这要看48线处的支撑力量强弱，如果2148通道的支撑力量比较弱，价格难以重新启动起来的话，价格就必然会再次下跌到下方中期系统里去寻找支撑。

实战中，要特别记住一点：当价格回落难以得到2148通道的支撑时(这个问题，不一定要等价格回落到2148通道时才能判定，而是在价格冲出顶时，看看2148通道的下方有没有中期通道的八爪线就可以判断出来)，通常，该股最强的状态，也都是进入中期性的区间震荡平台中波动(做横向震荡平台)。而做判断时，则需要以该股已经形成中期顶来做判断，对于交易中的及时锁利，是最有益处的。

也就是说，如果你在实战中遇到这种股，价格在高位徘徊震荡时，择机锁利，通常是最明智的选择。因为即使该股未来还会再创新高，那么，也要先回落化解2148通道的八爪线，甚至化解4889通道，或89144通道里的八爪线，你后面还会有更好的低位机会再买回来，而没有必要死守不动，任凭赚到手里的利润再被“吐”出去——这种“利润的牺牲”并不是一个好选择。

因此，技术应用在实战交易中，要有一定的灵活性，如果价格的上攻，一口气把半年的饭都吃完了，你还想着死守中线，这不是主力“狡猾”的问题，而是你的技术交易思维太过僵化的问题。切记！

在实战中，通常一个波段的持续攻击的时间，大都会在一个月左右的交易时间内，必须要进行(至少)一次的短线清洗动作，而回撤(或反弹)的目标均线，至少是21线，即使击破21线的支撑(或压制)，以48线为支撑(或压制)也是合理的。

很多人认为是主力太“狡诈”，总是不断地清洗短线获利盘。但也要明白，这种情况，也是技术运行和价格运行中需要保持一定“弹性”的必要措施(就像短期、中期、长期三个系统之间的收拢、发散运行节奏)，才不至于把价格“顶死”。

如果把价格往极端做，而没有了技术“弹性”，也往往只说明一点——该主力要撤了。

因此，一只中线持守的好股，技术上、价格上一定要有“弹性”，有“弹性”，才说明主力资金把技术乖离、价格乖离，都会及时化解掉。价格的攻击就会延续更长的时间，价格攻击的空间幅度也会随之扩大。

记住一句话：波段盈利确定性的起始，通常都来自2148通道的扭转和支撑。

二、中期系统通道

(一)中期系统通道概述

中期系统通道，包括4889攻击通道、89144攻击通道，两条都是攻击通道。

中期通道，顾名思义，是由三条中期均线(48、89、144三线)所组成的两个通道(4889通道、89144通道)，通常担负的是中期性质价格运行的发展和延续走势。

在实战交易中，由于中期通道与价格的密切度没有短期通道紧密，因此，中期通道在多数时间里，都属于对行情起辅助性判断，以及当价格波动范围超出短期系统时的支撑和压制作用。

这里先要厘清价格为什么会在波动时，有时会超出短期系统范围的问题。

从多年实战经验总结看，交易价格在70%的情况下的波动，都与短期系统关系更为紧密些；还有20%是与中期系统发生关系；而剩下的10%就是与长期系统产生关系。

虽然交易价格与中期系统发生关系的时间期，在三个系统中只占20%的份额，但却有一个另外的经验总结：短期系统与中期系统的关系密切度却是相当的高。

也就是说，在短期系统所出现的任何一次攻击和回撤(或反弹)都受到了中期系统运行状态的影响。在价线关系方面，价格与中期系统之间的直接影响若只占20%的话，那么，在线线关系(就是短期系统与中期系统的均线与均线之间)方面，其相互影响度则几乎可以达到100%。

这是因为，短期系统的每一次扭转、震荡纠缠动作的出现，不仅仅会受到价格的影响，同时也会受到中期系统不同状态“环境”的影响。毕竟，短期系统的趋势发展，都是在中期系统趋势的“肚子”里进行的。

因此，在实战中，要对中期系统通道的技术行为进行判断，必须要把短期系统通道的运行状态结合起来，共同进行判断，才可以提高技术判断的准确性。

反过来，在实战中，当对短期系统通道的技术行为做判断，也需要把中期系统通道的运行状态结合起来一同判断，对短期系统通道的运行变化准确性才会更高。

短期系统通道与中期系统通道，当在同一个级别上进行运行时，短期系统通道属于小层级通道，中期通道是大层级通道。

层级——是在同一个时间级别上的大小层次区别。

级别——是不同时间级别的技术级别区别。

比如，日级别上的短期系统与中期系统，是同一个级别上的不同技术层次区别；而日级上的短期510通道与周级上的510通道，是不同时间级别上的技术级别区别。

小层级通道的运行动作，受制于大层级通道；小层级通道又会带动大层级通道。

大层级通道会牵制、压制小层级通道；大层级通道也会支撑、跟随小层级通道。

打个比方：相对于稳重、宽厚的中期通道来讲，短期通道就像是个调皮的孩子，活泼、好动，喜欢在中期系统里穿上穿下。

在图2-023中，510通道、1021通道、2148通道，这三条攻击通道，均属于“短期系统通道”。

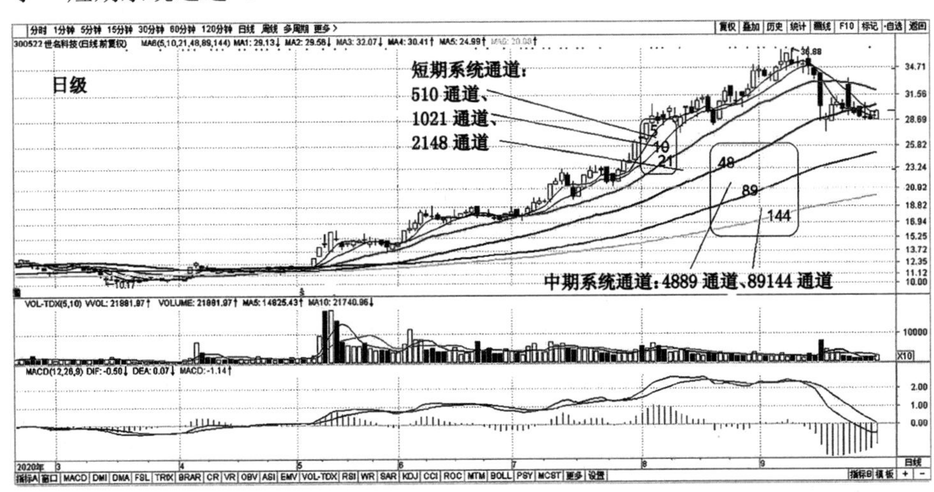

图2-023

4889通道、89144通道，这两条攻击通道，则属于“中期系统通道”。

4889通道、48线，属于双月周期；89线，属于季度周期；89144通道、89线，属于季度周期；144线，属于半年周期。中期系统里的通道，大于月级周期，又小于年周期。

“中期系统通道”表现的是中期趋势框架系统的运行状态，运行的时间通常在半年以上。这两条中期通道，主要承支撑担波段攻击、波段性回撤，以及中期行情延伸、发展的支撑作用。

比如，凡是发生在“三线内”（注：三线内，是指21、48、89、144四条均线所组成的中期趋势框架线系统，在《玩转移动平均线2：趋势框架线》里有阐述)的攻击和回撤动作，都会被这两条中期通道所包容。

(二)4889攻击通道

4889通道形成多头，或保持多头，是中期攻击保持强势的典型信号。

在实战中，该通道还有一大作用，就是在短线震荡剧烈清洗中期筹码时，以封闭该通道来迫使中期获利筹码离场或进行一次抬高成本的换手，以清洗中期获利盘。一般来讲，中期获利筹码，都是指沉淀了一个季度以上的获利筹码。

当市场价格下跌低于4889通道之时，价格必然已经低于89线的季度周期线，那么，该季度之前进场的沉淀筹码，其账面盈利自然会被大幅度回吐掉，同时，还会有本季度内进场的沉淀持筹群体中，起码超过一半的人处于亏损被套之中，进而引发此周期的持筹出现动摇，不安和恐慌情绪上升，规避风险的心理加重，从而达到清洗此周期前后场内获利、浮亏筹码的目的。

但是，由于市场价格波动比较敏捷、灵活，有时，也会出现一种情况：当价格先期下跌到4889通道里时，4889这个通道才会开始收拢，此时该通道并不会马上死叉封闭。

当价格下破89线后，上面的48线会转为平行(与上移的89线进行收拢)，通常，若价格很快能够返回到89线之上来，后面价格重新回到48线之上的概率就会很高；反之，若价格难以返回站稳在89线之上，则后面价格再下跌的概率就会高。

虽然价格有清洗季度周期筹码的动作，但4889通道在没有封闭之前，股价还有机会拉起来到该通道之上，因此，此处并不是转弱走势，反而是在清洗之后的进一步转强现象，这就是“价破线不破、运行方向延伸”的表现。

通常，这种清洗季度周期筹码的动作出现之后，价格均会上一个台阶，有时候，也会成为启动新攻击波段(区别于“震荡波段”)清洗震仓动作。

看个股实例。

图2-024中，蓝英装备在中期系统通道4889通道和89144通道支撑下，进行了两次清洗动作。图中第一个方框处的这次清洗，价格下破4889通道，但随后，上方的48线并没有因为价格破位89线，而拐头下行，而是转为了平向

运行。

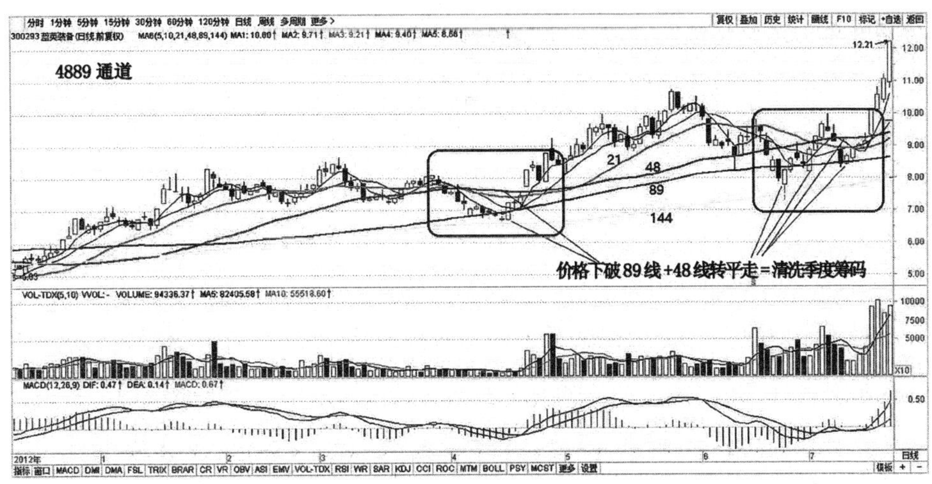

图2-024

关键是，价格在下破89线之后，很快就返回来到89线之上，并站稳在4889通道里。这种情况，通常是4889通道支撑力量比较强的一种表现。所以，后面价格就很容易再回到4889通道之上“冒出头”来。能够从“坑”里冒头出来的股，启动新一波攻击的条件自然也就很高。

从图中地第一个方框处的细节来看，此时，短期系统里的510通道、1021通道、2148通道均已经死叉，并下破48线。如果按照一般的技术判断，这种短期系统三个通道都拐头向下破位48线的动作，必然是阶段性技术被破坏的典型现象。此时，不仅仅会是短期筹码会匆忙撤出，由于市场价格也下破了89线(季度周期前后筹码的持筹平均线)，就连季度性的沉淀筹码都会产生恐慌和出局避险的动作，而主力要的就是这个清洗季度性筹码(当然，也包括了短期阶段性的筹码群体)的恐慌现象发生。

但之后市价却在一片恐慌出逃后，重新又回升起来，并且又上了一个台阶。

这里的关键点，就是“价破线不破，拐点必出现”。

虽然价格下破了4889通道，但48线却并没有去死叉89线。不仅仅没有死叉89线，就连想死叉的“意思”都没有，因为48线是转平走的，而不是拐头向下(如果是拐头向下，48线死叉89线的可能性自然很高)。因此，在实战中，只是盯着市场价格的动作来做交易，常常容易被主力“甩掉或诱惑”。因此，还要结合着看均线的动作，要看价格的动作是否影响了均线通道的动作变化。如果没有影响，就不要太担心。如果影响了，就要小心。这也可以避免此类误判的发生。

图中第二个方框处，是又一次清洗动作。这次更凶狠，价格不但下破了4889通道，也下破了89144通道，也就是价格直接下破了半年线的支撑。

对于一些只关心“价线关系”的均线技术博弈者来讲，这种价格破位动作，是很具有“杀伤性”的。恐慌出局会成为大多数参与者的首选决定。

要学好均线技术的实战交易，只学习掌握“价线关系”，是单腿走路；必须还要学习掌握“线线关系”(通道技术，就是最将“价线关系+线线关系”形成组合应用的典型方式)，才是双腿走路，才能够走好路！

这第二次清洗，清洗的不仅仅局限于季度周期内外的筹码群体了，还顺带着清洗了一把半年周期内外的筹码群体。但注意！与前一次相同的是，4889通道还是不死叉封闭，这就说明此处还是以清洗季度周期筹码为主要目的，顺带快速清洗了一下半年周期里的沉淀筹码。

从多年实战经验总结：若要清洗半年周期里的沉淀筹码，其价格的下跌、打压幅度，在短期里都不会小，出现恐慌盘是大概率的事情。

关键是，价格下跌到144线上下(或破一下)后，还能够再拉起来的个股，大多数都是“启动前的最后一洗”。特别是价格下破144线，但中期系统里的第一层攻击通道(4889通道)还能够保持住不死叉封闭，则价格从“坑”里直接启动起来的概率是很大的，其中蕴藏着很多博弈良机。此时，实践“别人恐慌，我贪婪”这句名言，才是正确的时机。图中该股就在此次清洗之后，启动了新的加速上攻波。

不过，也有一个细节问题：为什么价格都下破了89线(甚至144半年线)了，而48线却并没有拐头下来死叉89线呢？

这又涉及均线运行“半周期变化”的问题，在前面讲2148通道的时候就讲过这个问题——当价格下破某条周期均线之后，如果价格在该均线之下运行时间达到和超过该均线周期数的一半的时候，该均线就会出现拐头下行的变化，这是“价线之间时间因素”的影响。

注意看，图中虽然两次价格都下破了89线(第二次甚至下破144线)，但价格在48线之下待的时间并不多。第一次清洗，价格在48线之下，一共只运行了13天就回到了48线之上来，所以48线虽然有所下沉，但并不拐头下行(或者说，是还来不及拐头下行，价格就回来了)。第二次清洗时，价格自下破48线之后，一共运行了17天，而且其中还有3天的收盘价是在48线之上的，所以，这一次，48线连下沉的动作都没有了，最后只是转平行而已。同样“价线关系”，在其他任何一条均线上，都是如此。

但也有另一种情况，就是价格下跌空间过大时，就会产生一种“空间换时间”的现象——此时，虽然在时间上，价格没有达到下破该均线的一半周期数，但由于价格下跌空间太大，会把该均线的移动平均值大幅度“拉拽下来”，而“提前”出现拐头下行的现象。这种情况，绝大部分都会出现在行情的高位顶部出现后的大幅下跌之时。所以，当价格已经经过了一大段上攻行情，累积了比较大的涨幅之后，中期行情结束，从高位下跌时，价格下破4889通道，那时，就不要还是天真地认为，价格还会回到48线之上，后面还会再涨起来。这时，就是下跌趋势行情中的事情了。

怎么区别呢？简单讲，涨幅已大+顶部信号+大级别八爪线=中期上攻行情结束，将要循环到中期下跌或者中期震荡行情中。

再看个股实例。

图2-025中，轴研科技在上攻时，明显是得到中期系统通道4889通道和89144通道的支撑。特别是在图中第一个方框处的清洗时，与前一个股实例相同，也是价格下跌破了4889通道，但48线只是转平走，4889通道没有死叉封闭，后面股价又再次回升上来，并展开了加速上攻波。

图中第二个方框处，则是在价格上攻冲出顶后，从高位倾泻而下，再次下破4889通道，这种就与前面的价格下破4889通道不一样了，这是上攻行情转为下跌行情时的价格下破4889通道动作，此时，该股经过2年的上攻趋势发展，累积涨幅已有3.2倍。

特别是，这次见顶之后的扭转下跌，对于短期系统通道的支撑力量、中期系统的通道支撑力量，都是一扫而过，直奔寻找长期系统里的通道支撑力量。

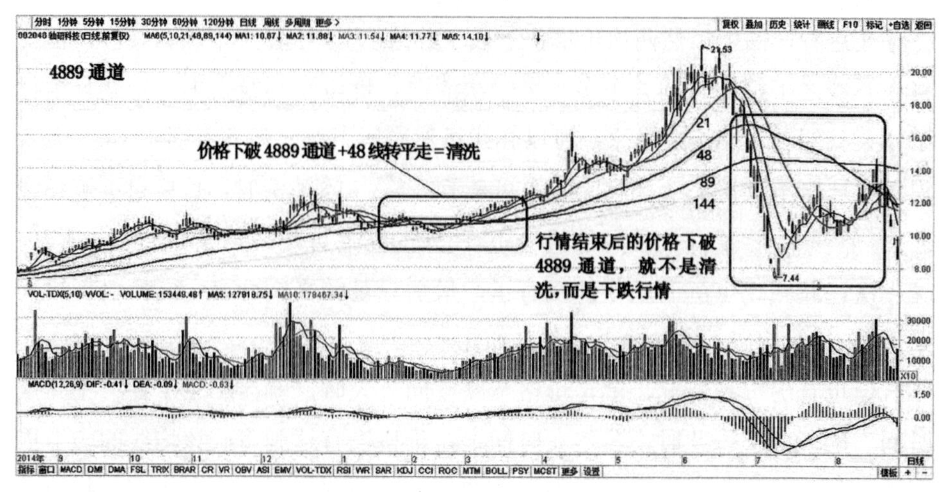

图2-025

此时，应以规避市场风险来应对。因为，短中期两个系统的趋势都被价格切断、破坏掉了，即使中期系统里的通道，一时半会儿还没有死叉封闭，但价格下跌幅度太大，反弹的高度必然会受层层压制，想延续前面的中期趋势发展，就会难上加难。

趋势被破坏的个股，一般来讲，除了长期的战略性资金筹码还可以驻守其中之外，其他短期、中期资金的参与筹码都会以撤出为首要交易策略。价格的反弹机会，恰恰会成为这些资金难得的撤离机会。大势已去，保本为先。

那是不是所有的个股，走势都是这样的“简单、单纯”呢？说上涨，就上涨；说涨完，就涨完；说下跌，就下跌。如果市场这么简单，那岂不是人人都可以当大富翁了？市场个股在技术上的复杂性，就在于：同一条道，可以走出不同的“人生”来。

再看个股实例。

图2-026是云赛智联在完成长期系统低位扭转之后，进入中期型震荡平台走势的典型走势。在288线金叉576线后(这是长期系统完成扭转的一个技术节点)，上攻扭转段的走势就结束了，由于是长期系统的扭转，不同于中期系统的低位扭转，仅仅只是这一次阶段性上攻，就如同完成了一次中期行情的上

攻(因为中期系统在支撑上攻)。

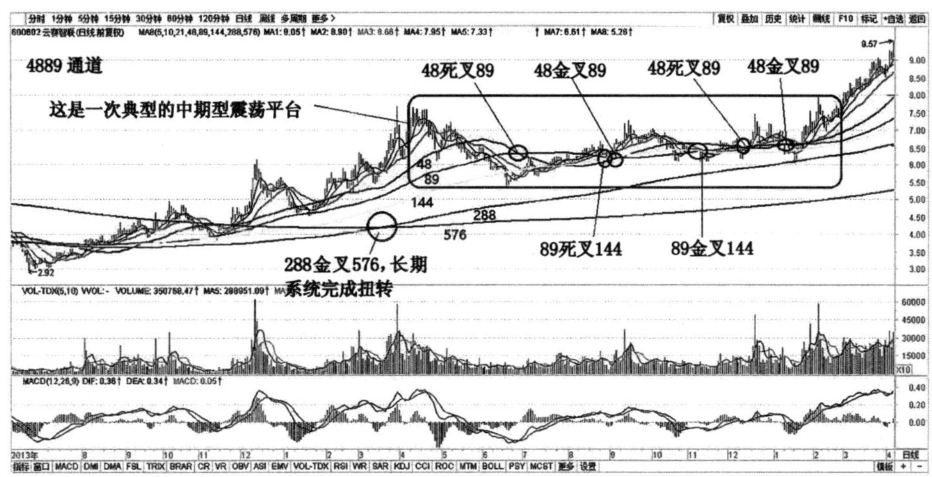

图2-026

在技术上，可以很明显地看到，该股“穿线”动作，是以4889通道为主支撑通道来进行的。这种情况，通常都是长期系统低位扭转+中期系统进行“穿线”的一种走势。

与其他个股不同，该股在完成“穿线”(也就是完成长期系统扭转)之后的震荡平台中，主支撑通道不是中期系统里的通道，而是长期系统里的144288通道，在支撑着这个震荡平台里的价格+系统纠缠、震荡过程。

因为在长期系统里，中期系统通道成了小层级通道，而短期系统通道，就变得更小了。是不是感觉周围什么都“变大”了？就像到了“大人国”一样。但无论是中期系统通道还是长期系统通道来支撑这个震荡平台的运行过程，这个平台的运行、震荡、清洗、梳理过程和规律，却都是一样的，这就是技术上“变与不变”的现实写照。

图中方框处是中期型的震荡平台，价格见顶与中期行情高位见顶是一样的。之后价格转为下跌，并跌破了144线，之后，价格进入中期区间震荡波动。在此期间，4889通道有两次死叉、金叉动作，形成震荡中的纠缠状态，这时无法以4889通道来做技术判断，就连89144通道也出现了一次死叉、金叉动作。不过，当89144通道重新金叉的那个时刻，你就应该知道，这只股后期还会再创新高。为什么？

因为当时下方的144288这个长期通道是多头支撑着89144中期通道，如果后期行情要向大级别的下跌行情转移，89144通道死叉之后，就不会再金叉上来——也就是说，下方在有144288通道支撑的情况下，小一个层级的89144通道死叉之后，还能够再金叉上来，本身就说明此处价格的运行总体重心是横向波动，而非向下波动。这就是典型的横向区间震荡平台的技术走势特点。

既然是横向震荡平台(虽然是中期型的)在长期通道低位扭转后的支撑，当震荡结束后，价格再次向上拓展新空间的概率必然会很大。所以，当89144通道重新金叉的时候，就已经可以判断出该股后期还会再创新高。

再则，当89144通道重新金叉之后，长期系统四线(89、144、288、576)就再次处于多头理顺状态了，那么只要把更小层级(短、中期系统里)的通道理顺后，价格就会飞升而起，这是技术系统在震荡平台中梳理、理顺的必然路径。

最终，该股展开了一波新的上攻行情(当然，是又一次的中期上攻行情)，也是顺理成章之事。

(三)89144攻击通道

89144通道是中期行情的标志性运行通道。

我们常讲的中期上涨(牛市)行情、中期下跌(熊市)行情、中期震荡行情，可以这样讲：89144通道空转多的扭转动作，是产生中期趋势行情低位扭转的必备条件；89144通道多头支撑支持中的上攻行情，是中期趋势行情运行的必备条件；89144通道参与的横向纠缠、震荡走势，是中期型震荡平台的必备条件；89144通道空头压制下的下跌延伸行情，是中期下跌趋势行情的必备条件。

实战中在低位扭转时，有时会遇到这样一种情况：89144通道在低位区域里，出现2次(或以上)的低位(金叉)扭转动作。这说明该股在这个低位区域里的低位扭转，并不是一次中期系统的扭转，而是一次更大层级系统里的扭转，也就是在等待形成长期系统的低位扭转。

我们看个股实例的两幅图，图2-027里是短中期系统的低位扭转动作；图2-028里是带有长期系统低位扭转动作。

把这两幅图对比在一起看，就会看到一个有趣的现象。

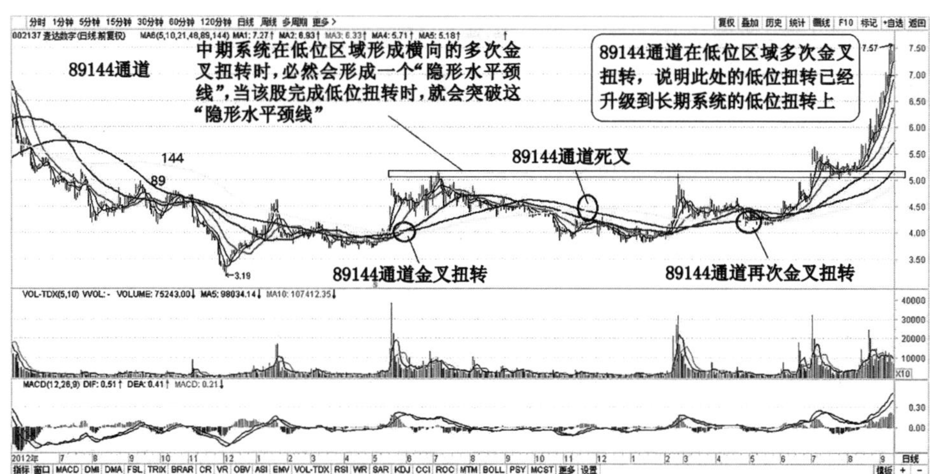

图2-027

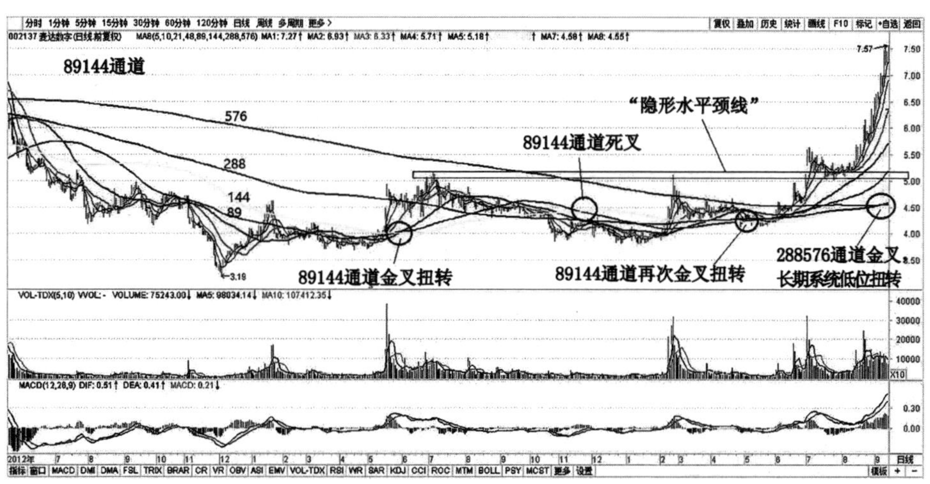

图2-028

在图2-027中，麦达数字的89144通道在低位区域形成了两次金叉扭转动作和一次死叉动作。

一般来讲，如果只是中期系统低位扭转的行情走势，89144通道在低位区域里只会出现一次金叉扭转(无论是“多线聚拢”的交叉扭转，还是“井字形”交叉扭转)，若89144通道出现超过一次的金叉扭转动作，只能说明，该股在此处的低位扭转动作，并不是以中期系统的低位扭转为主，而是系统升级的低位扭转动作为主——也就是升级到长期系统(288576通道金叉扭转)低位扭转上了。中期系统在此次低位扭转中，变成了长期系统“肚子里”的小层级，所以出现多次扭转动作是正常的。

所以在图2-028里，当加上长期系统均线之后，就一下子很清晰了。

另外在两幅图中，还有一条共同的“隐形水平颈线”，这是由于长期系统低位扭转过程时间跨度大，在此期间中期系统反复金叉、死叉，纠缠震荡，价格必然会形成区间震荡的波动特点，因此很容易形成一条“隐形水平颈线”。

如果是中期系统的低位扭转时，这条“隐形水平颈线”通常都是由短期系统的某波反弹高点，或两次以上的反弹波高点形成的。技术规律的内核都是一样的，只是表象的系统周期层级不同而已。

在实战交易中要善于发现这条“隐形颈线”。这条“隐形颈线”的形成说明，未来当长期系统完成低位扭转时，必然就会突破这条“颈线”，所以可以作为一个技术启动突破动作的界定信号。同理，也可以将此位置视为一次“跟随介入”的机会点。

不仅如此，有了这条“隐形颈线”之后，再加上在长期系统中看该股的低位扭转动作，就会对价格和系统的低位扭转过程，一步步了解得清清楚楚(看图2-028)。对于一些资金量级比较大的博弈者，这条“隐形颈线”会有利于“界定、切分”出分批布局筹码，以及控制持仓成本的“分界线”。

也可以这样理解，如果你的持仓成本高于这条“隐形水平颈线”的价位，就肯定是偏高了。

对于89144通道的实战应用，更主要的是体现在当价格回落下破89144通道，对半年内沉淀筹码进行清洗时的判断上。前面也讲过这种清洗筹码的个股实例，但那是在清洗季度性沉淀筹码时，顺带着清洗了半年周期的沉淀筹码。所以4889通道还是一种保持，不死叉封闭。但实战中还有一些个股，清洗的目标就是半年周期里的沉淀筹码群体。所以4889通道是会死叉封闭的，只留下89144通道不死叉封闭。

比如一直没有大涨起来而震荡缓攻潜伏着的牛股，在大涨之前通常都要进行一次比较彻底的清洗(挖坑)过程。此时会选择在89144通道已经处于多头状态后，再将股价打回到这个通道，或短时间下破这个通道。这种带有比较“吓人”的破坏性，看似无缘无故的价格猛烈下跌，都可以达到清洗中期性质沉淀筹码的目的，特别是用“价破线不破”的方式进行清洗，既能达到清洗中期性丰厚获利筹码的目的，又能保持该通道不出现死叉封闭，中期系统的趋势行情在技术上还会延续。

因此很多主力都喜欢采用这种在中低位区域里，针对中期沉淀筹码的清洗方式。关键就在将89144通道作为此类清洗的一个最佳“诱空清洗通道”。

看个股实例。

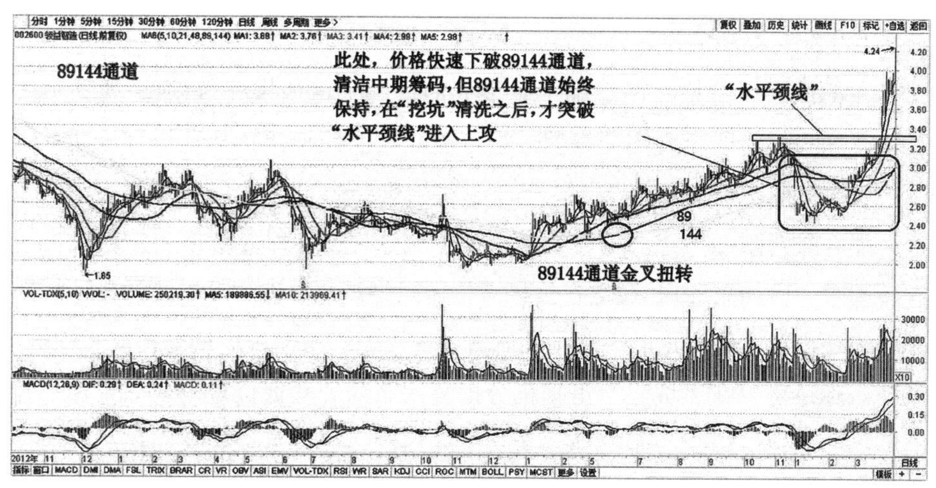

图2-029

图2-029中，领益智造在中期系统89144通道完成低位扭转后，在启动上攻之前进行了一次清洗中期沉淀筹码的动作。

图中方框处，价格以快速迅猛之势，短时间内直接下破了89144通道，从下跌时的成交量看，很明显引发了恐慌盘的纷纷涌出。不但如此，价格还在89144通道的下方，震荡洗盘了31天(一个多月时间)，萎缩的换手说明这是一段“坑底里的洗盘动作”。

实战中遇到这种情况时很多人会一下被打蒙，不知道该怎么办。

此时有两个问题需要特别关注。

①该股这种快速下破89144通道的动作不是发生在中位或高位上，前面的价格涨幅也并不很大—从最低点起算，最大涨幅只有79%。从价格空间看，虽然中期系统完成了低位扭转，但从价格空间的位置上看还处于低位区域空间，因此属于低位区域里的清洗动作。

任何的博弈都是为了利益。没有累积起足够的利益，主力不会轻易半途而废。除非该股基本面遇到了非常坏的突发状况。通常情况下当价格在历史性低位区域里波动时，一般的利空只会给主力创造收集筹码或清洗筹码的好机会。

②当价格下破89144通道支撑后，要特别注意这个被价格破掉的通道，会不会发生死叉封闭动作。

在低位区域价格波动涨幅不是很大的情况下，如果89144通道死叉封闭了，就像我们前面个股实例讲的，很可能此处的低位扭转是升级到长期系统上的，而中期系统成为“小层级”的震荡纠缠走势。

那么只要耐心一点，等待长期系统形成低位扭转时，价格自然就会再次扭转起来。而如果89144通道在价格破位后始终没有出现死叉封闭动作，特别是89线还出现了转平走的现象，此时就说明这是一次清洗中期筹码的“挖坑”动作。你还可以在“坑底”里择机分批分次布局一些低位筹码。如果你还是有些担心，也可以耐心等价格重新穿上89线时，择机盘中跟随布局，因为价格打下来后还能再拉回来，本身就说明只是在“挖坑清洗”。

图中该股价格在89144通道的下方震荡徘徊了31天时间，因为还没有达到89日线的一半周期数(45天)，因此89线是会转平走的(如果超过了一半周期就要警惕89线拐头向下)。只要在此时间之前价格重新回到89线之上，89144通道自然就不会死叉封闭，危机也就渡过了。

很多人可能还会有一个问题：为什么有些股票在低位扭转后会清洗中期的沉淀筹码，而有些股票只是清洗阶段性或季度性的沉淀筹码呢？

这个问题既有主力控盘方面的影响，也有技术方面的影响。

①主力控盘方面：我们大多数人看一只个股的技术面时，总会被“扭转动作”首先吸引，但从主力控盘方面讲，在扭转动作之前的一大段时间里，主力的布局和控盘工作早就已经开始了。

扭转动作出现时，往往是该股主力已经把扭转前的第一阶段“筹码收集、清洗”等工作做完之后的第二阶段了。

很多股民也会在扭转前就早早介入布局这只股票，但相信很多人知道其中的“苦楚”，贪图价格低廉，付出的却是身心和时间上的煎熬。少数人能够熬出头，更多人却熬不出，低价进场，低价出场，赚点小钱小利。久而久之很多人自然就会变得聪明起来——你不扭转，我不进场。

所以在不同个股上，就自然会出现有些股在系统扭转前进场的股民持筹多，有些股则是在系统扭转后进场的股民持筹多。

作为主力资金，对自己控盘的个股筹码分布是什么情况，参与该股的群体中哪个时间周期里沉淀的筹码群体是多少，哪类资金群体的持筹成本沉淀在哪一层价格区间等等情况，都是清楚的。因此有些股在系统扭转后只需要进行阶段性或季度性的清洗工作，而有些股就必须要在系统扭转后进行针对中期持筹的清洗工作。做完这些工作之后，才能开始启动价格进入上攻阶段。

②技术方面：技术方面与主力控盘虽然是分开来讲，但两者又是紧密联系的。因为主力控盘时对技术系统的把控和利用是其基本功之一，有些时候刻意加大或减小价格波动的幅度，就可以影响到均线系统中出现某个周期内的筹码群体获利盘升高或降低。

这些手段反映到均线通道上，就会是某个周期的攻击通道出现明显的八爪线乖离现象，或者死叉金叉等动作。

控盘手往往是利用、借用这些技术上需要修复的规律要求，进行针对某个或某几个周期内持筹的清洗工作，以达到稳定基本盘的目的。当然关键还是降低自己的持筹成本。如果基本盘不稳，贸然启动价格上攻阶段，不但会增加资金顶接获利抛盘的负担和资金损耗，也会影响对盘面的掌控程度。因此主力资金对某些周期内持筹群体所进行的调控措施，就必然导致这个周期里的均线与均线之间产生八爪线乖离。

要这样来看这个问题的逻辑：不是说主力资金是为了促成这个周期里产生八爪线乖离而去做工作，而是它做工作的时候，在此周期内的技术系统上必然会出现被影响而生成的这些技术现象。

比如要对短期筹码群体进行清洗，就可以先借助某个消息的刺激，快速连续猛拉几天股价，这样短期系统里自然就会出现八爪线。

价格短线的猛拉动作必然会造成短期系统周期里的持筹群体产生利润积累现象，短期系统里也必然会出现八爪线。有了利润积累就有了清洗的条件，而从技术上看有了八爪线就要回落来化解。所以在主力资金眼里是清洗获利盘，而在技术者眼里是要化解技术上的短期乖离率。两者对盘面的视觉感受不同，但异曲同工。

而在清洗时，可以视盘面筹码的变动换手情况采用不同的手法。

比如当短期获利筹码对价格的回打动作不为所动时，还可以采用向下破位的手法，打出恐慌心理(刻意打过头)，以达到清洗短线筹码群体的目的。至于是否期间需要夹杂着一个跌停或大幅度低开低走低收盘，或盘中突然连续几个大单砸盘等，都只是一些细节上的不同手法而已，可根据盘面的不同情况随机应变来用。

目的再好，戏份要足，也就是要能吸引关注度。无论是想拿、想卖、想买的，都要能吸引过来使其看到这种清洗中的恐慌场面。

人是感性动物，只要关注到，就会对各种动向产生出不同的感受和心理反应。

有了感受和心理反应，遇到喜悦的事就会有抑制不住的迎合心态；遇到悲伤恐惧的事，就会有自然而然的躲避逃离心态。

人性是珍贵的，人性也是软弱的。

通常，处于恐慌事件中的人只有一半(50%)能抵抗住第一次恐慌，剩下的一半人中又只有一半(25%)可以抵抗住第二次恐慌，再剩下的25%人中，还是只有一半(12.5%)能抵抗住第三次恐慌。所以从普通概率讲，通常只要某只股有过三次恐慌之后，能够坚持持有该股筹码的人就非常少了。

而这些能坚守的人中可能还有很多人是出于各种各样的原因，根本就没有关注到此次价格的恐慌动作。

而这也说明了一个问题：如果你越关注盘面恐慌，你就越难以坚守住筹码，这是人性软弱的通病。如果你没有关注盘面恐慌，你就在不知不觉中守住了筹码，但这只是一种巧合。所以很多自我感觉心理比较脆弱的人，都不约而同地尝试远离盘面。这种做法在做中线博弈的人群中很普遍。

有没有什么办法能够解决这个困局，既可以监控盘面，又能够抵抗住人性的软弱？有。

说起来也简单：不要扭曲自己的人性。

恐慌的时候也没必要为卖不卖而纠结不休，可以跟随恐慌卖，但关键是要敢于纠错。敢于纠错不是人性的问题，而是修养的问题。

跟随恐慌卖了，但过后发现89144通道虽然被价格下破，却能够始终保持而不死叉封闭时，就要敢于纠错，再把筹码买回来。即使成本被抬高了一些也没关系，可以通过后期做循环交易，把持仓成本降低下来。

在市场中，有很多股民沉迷于这些主力千变万化的控盘手法中，希望一窥其中的规律，能为自己的博弈盈利，这是被“万千相”吸引的一种跑偏思维。

求其相，虚也；求其本，实也。

记住一个重点：主力控盘，控的是价格的空间位置与筹码换手的空间位置以及两者之间的循环平衡点。而这些核心应用均线技术都可以监控到，因为均线系统本身就属于空间循环技术。

控盘手最主要的工作就是应用各种手段，反复不停地针对不同周期内获利或亏损的筹码群，进行循环清洗、收集、派发。

有一个基本路径：价格在低位时以清洗、收集为主，在中位时以清洗、换筹为主，在高位时以推高、派出为主。

在实战中还有一种情况，不但会发生在89144通道，也会发生在任何一条攻击通道上，这就是“通道型的先震后洗攻”现象。

什么意思呢？就是89144通道在价格前一次下跌清洗时会发生死叉现象，而在后一次下跌清洗时，却不会再死叉了。

这种“先震后洗攻”现象多发生在短期系统均线上。因为从操控者的角度讲，周期越短越容易操控。但有时也会出现在中期系统的均线上，而做这种大周期长时间的“先震后洗攻”运作时，耗费资金多、操控难度也大。但优点也是明显的，能够切实抬高短中周期里的各种筹码群体的持仓成本，并且还能够延伸该股的价格空间辐射范围。

看个股实例。

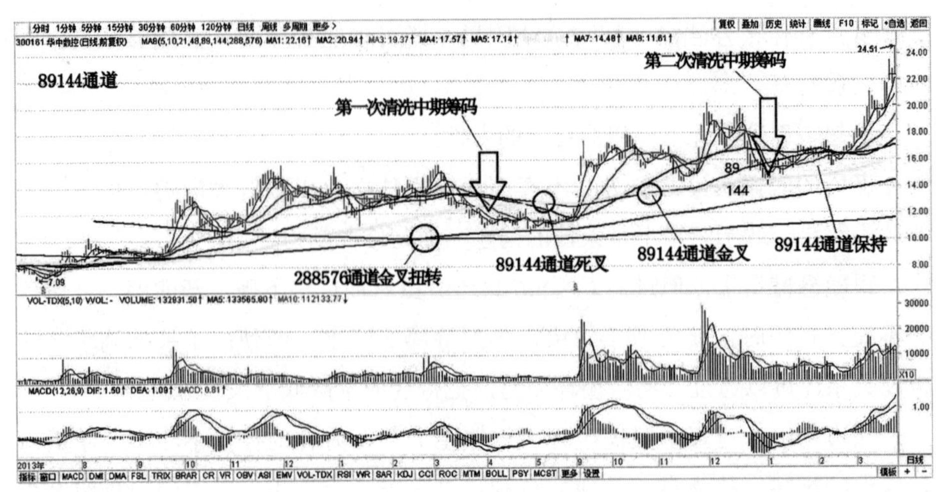

图2-030

图2-030中，华中数控是一个长期系统的低位扭转动作，在完成扭转(288金叉576)之后，价格第一次下破89144通道，出现了对中期筹码进行清洗的动作。

注意一个细节变化：这里价格破位89144通道后，也是在该股通道下方徘徊震荡了一段时间(价格在144线下方总共待了43天)，但是在第32天的时候，89线就死叉了144线，89144通道死叉封闭了。

而在前一个股实例中，当价格下破89144通道后也是待了32天的时间，上面的89线却是转平走的。同样的破位，同样的时间，这两只个股为什么会出现不同的情况呢？这里有一个“价格在空间里运行速度”的问题。这个问题常常被很多人忽视。

关于“价格在空间里的运行速度”，举个简单例子：比如，当5元的价格用5天时间上涨到8元，和5元的价格用15天时间上涨到8元，对均线的走势和状态影响是不同的，反之下跌时也一样。

同样涨幅用时短时，均线的“滞后性”(或称为运行惯性)会在短时间里无法跟随价格马上形成顺势或顺向发展。但如果用时长一些，价格的路径与均线的路径就会产生同步现象。这就是快涨、快跌时，均线与价格之间的紧密度不高，出现“脱线”现象的技术反应。而慢涨、慢跌(也就是震荡上涨或震荡下跌)时，均线与价格之间紧密度就会很高，两者就很容易出现同步、同向运行的现象。所以，这是价格与均线在运行空间速度上的区别所形成的一种常见的技术现象。

如果把前一个股实例中的价格破位89144通道(是短时间快速破位的)，与图2-030中该股的价格破位89144通道相比较(是震荡下跌、缓慢下跌破位的)，就很容易发现两者破位时的价格运行速度上的区别。

需要说明的是，两只股的这段下跌幅度基本相当，都在30%上下。因此，图2-030中该股的第一次下跌破位，价格以慢速下跌带动了89线向下拐头死叉144线。

但在这次89144通道死叉封闭后，价格并没有进一步下跌。从图中可以看到，此时288576通道已经完成低位扭转后的多头支撑状态，刚好支撑着价格，然后价格再次回升起来，89144通道也重新金叉变为多头状态。

在89144通道重新金叉的2个月后，价格再次出现第二次下跌破位89144通道动作。这次价格虽然下破了144线，但很快就拉回来在144线之上震荡运行，所以89144通道没有出现死叉，是必然的。

需要注意到的是：前面第一次价格下破89144通道时，89144通道出现了死叉封闭现象；

而第二次价格再次下破89144通道时，89144通道却不再死叉封闭了。这种技术现象就是中期系统里的通道型“先震后洗攻”现象。

通常在实战中遇到这种情况，是可以加仓的，因为它是该股技术强度升级的一种典型现象。

这里的最佳介入时机，一是当出现通道型“先震后洗攻”后，通常价格的攻击强度都会升级到短期系统上。此时一旦短期系统出现理顺+股价冒头时，都是短期博弈的一个最佳介入时机。

第二个最佳介入时机，则是价格突破“隐形水平颈线”之时，也就是第二次下跌时的高点一线。

(四)中期系统攻击通道的应用技巧

在实战交易中，关于中期系统攻击通道的应用还有几点需要注意。

(1)价格在攻击途中出现回撤动作时，只回撤到48线附近就转为再攻击的，说明这是一个阶段性的回撤动作，股价回撤震荡后再创新高的概率比较大；反之如果价格回撤下破了48线支撑，就说明这是一次大波段回撤动作，是价格回撤深入寻找中期系统通道里有力支撑的行为。

通常这种情况的出现与中期系统通道(4889通道和89144通道)里出现了明显的八爪线乖离，需要价格回撤来进行化解有密切关系。

有些人可能会说：等价格回撤打到中期系统通道里时，我已经被套在高位了，这不是“马后炮”吗？要先理解其中的技术影响与交易决断的关系，其中存在着时间和空间差。

比如，中期系统的通道里为什么会出现八爪线乖离？

有两个原因：第一，时间短+涨幅大。价格在一个波段里出现了连续性的大幅上涨，就会造成中期通道里开始出现八爪线。比较典型的例子就是“一波到顶”，通常这种一个攻击波段的上攻涨幅，不会小于1倍。但有一点，这种时间短+涨幅大所造成的中期系统里攻击通道出现八爪线的情况，在价格见顶之时会具有一定的隐蔽性。也就是说，当价格攻击见顶时，通常短期系统里的攻击通道八爪线会比较大、比较明显，而中期系统攻击通道里的八爪线此时才刚开始扩大，相比并不是很大、很明显，所以在实战中很容易被人们所忽视，而只去关注短期系统通道中八爪线需要化解的问题。而随着价格见顶后的一步步下跌(也就是时间的推移)，中期系统攻击通道里的八爪线才会变得越来越大。

看个股实例。

图2-031中，国农科技12天时间，价格依托510通道连续攻击，涨幅达123%。时间短+涨幅大，会快速加大中期系统里出现八爪线现象。

第二，时间长+累积大。价格在比较长的时间里累积出了比较大的涨幅时，中期系统通道里也必然会出现八爪线。这种情况大家就比较好理解了。

一般一只股用超过一个季度的时间上涨了一倍或几倍的幅度，其中期系统通道，甚至长期系统的通道，都会出现八爪线现象。

请看图2-032。

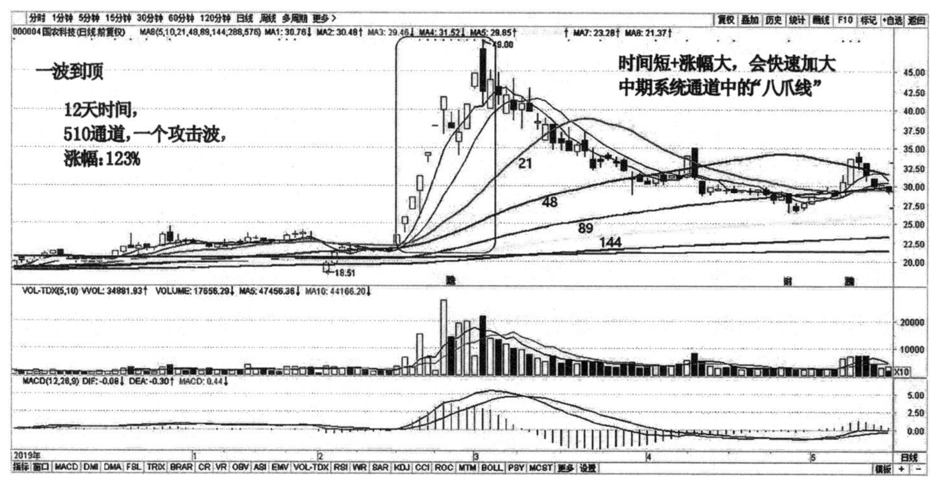

图2-031

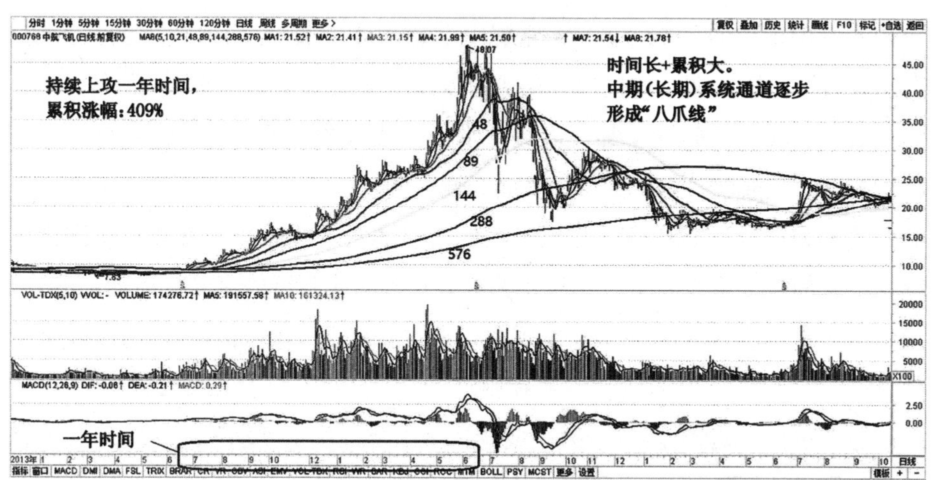

图2-032

图2-032中，中航飞机持续上攻1年时间，累积涨幅高达409%。

攻击时间长+涨幅累积大，必然会导致中期系统里的各个通道甚至长期系统里的通道都会出现比较大的八爪线乖离，所以价格一旦见顶扭转下来，其下跌趋势的延续时间也会比较漫长。

无论是哪一种，通常当价格出现了一段持续性的攻击，造成季度以上周期内的获利群体不断累加时，这种空间价差的加大具体到均线系统技术上，就会表现为中期系统(甚至长期系统)攻击通道中出现乖离率(形成八爪线)。这是空间价差波动在技术上的必然表现。

关键是这种情况出现的时候，价格并没有开始下跌，而是在上攻遇阻后价格还处于高位时，中期系统通道里的八爪线乖离(甚至长期系统通道里的八爪线乖离)就已经开始显现了。只是当时很多人还沉浸在兴奋和对利润不断加大的憧憬中，忽视了技术上这颗雷的危险性。因此当价格攻击到高位，出现上攻遇阻而徘徊时，首先就要看中期(或长期)系统攻击通道里是否已经开始出现八爪线偏大现象，从而在价格还没有下跌前就可以预判出：一旦价格下跌回撤，下跌的深度和幅度有多大？已经赚取的盈利要回吐多少？

这个下跌是短线的(化解短期里510通道或1021通道里的八爪线)，还是阶段性的(化解2148通道里的八爪线)，还是中期性的(即使是做一个中期震荡平台，下跌的深度也不会小)，要化解中期4889通道或89144通道里的八爪线，甚至是要去化解长期系统里144288通道或288576通道里的八爪线，等等。

这些很现实的问题，都可以通过掌握均线系统技术上的变化规律，在价格扭转下跌之前就“看”到、把握到、测算到。

比如如果只有4889通道出现了比较明显的八爪线乖离，就要意识到价格回撤下来的深度至少要下破48线，并且有打到89线附近的风险；而如果89144通道也出现了比较明显的八爪线乖离，就要意识到价格回撤下来的深度至少要下破89线支撑，有可能打到144线附近。

通常价格回撤幅度超过20%，或者价格出现二次下跌动作时，市场就很容易出现恐慌性抛盘。

而很多持筹者只会在出现了恐慌性抛盘后，才匆忙改变乐观预期。此时利润大幅回吐已经不可避免。

(2)当价格在高位出现攻击遇阻时，提前测算一下股价冲出的最高点价格，与中期系统中出现的八爪线通道之间的空间价差有多大的回撤幅度。若下跌幅度超过这波攻击涨幅的一半，在未来下跌过程中就必然会出现恐慌性时刻。

从交易角度讲，在出现恐慌时刻之前，是不可以把筹码低买回来的。

问：有什么办法可以在价格还处于高点顶部时，就提前准确预判未来中期系统里的攻击通道八爪线必然会越来越大呢？

有一个很简单的小技巧，就是当价格攻击见顶后，垂直同步地看下面中期系统4889通道中的48线位置在什么价位。通常情况后期价格下跌探出低点的位置，就在此价位上下的区域。

问：如果价格见顶后只是阶段性下跌，又会下跌到哪里呢？

阶段性下跌，通常都与化解2148通道里的八爪线有关，就以价格见顶后垂直同步地看下面短期系统2148通道中的21线位置来测定。

问：如果价格见顶后的下跌是中期趋势结束，价格又会下跌到哪里呢？
中期趋势结束后的价格下跌，垂直同步地先看144线价位在哪里。

特别提示：上面所讲的在价格见顶后“垂直同步“看的这几条均线位置，主要是看它们当时所处的空间价格位置，不要错误地认为后期当价格下跌到该均线时，是该均线支撑住价格，因为其中测算的是空间价差的平衡现象。

看个股实例。

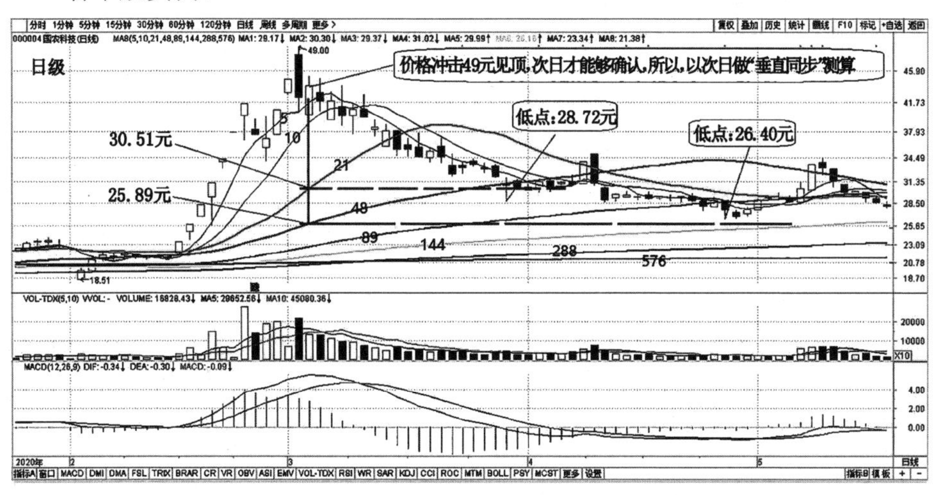

图2-033

图2-033中，国农科技12天时间上涨了1.23倍，这是很多短线牛股的一个典型走势。只借助510通道的支撑就一口气完成了大幅度上涨。时间短+涨幅大。

图中当该股上攻遇阻见顶后，此时必须要有警惕性，首先看哪个攻击通道有八爪线，因为它往往预示着后期价格回撤回打下来时的价格位置区域。

该股此时2148这个通道里的八爪线最大、最明显，因此未来价格回撤时第一步下跌目标，必然是化解2148通道的八爪线。

该股价格冲击49元见顶回落的当日，通常难以确定这个高点会成为顶，只有次日价格下沉回落，才会确定49元的高点顶。因此就以49元见顶后的次日为基准，垂直同步地向下先看21线的位置此时在什么价位上。

图中已显示，当日的21线所在价位是30.51元。

由于此时2148通道里的八爪线也已经比较明显，所以首先可以预判该股即使是一次阶段性回落，价格也会回落下跌到30元上下。

高点价格是49元，阶段性回落位置在30.51元上下，空间价差38%。

关键的一点：该股这一波是从18.51元低点开始上攻的，(18.51元+49元)÷2=33.76元。

33.76元就是这波价格空间攻击价差的中间位(一半位置)。

若价格后期下跌到30元上下，也就意味着价格将回落(回吞掉)超过这波涨幅的一半。这种情况下必然会引发恐慌时刻。

此时自己就要算一算了：若后期价格回落到30.51元，还会剩下多少利润？或者会被套住多少幅度，会亏损多少？而这个时候价格还没有开始下跌，权衡一下利弊，做出自己的交易决定(这个决断要自己计算所承担的博弈风险后，自己来做)。

以上还只是以阶段性下跌来测定的未来价格下跌位置。若是以未来价格回落下跌到中期系统通道里寻找支撑来测定，则需要以48线来进行测定。

看图中显示，在价格冲击出49元高点顶后的次日，48线的价位在25.89元处。也就是说后期价格若是下跌到中期通道里化解八爪线+寻找支撑，价格起码要下跌到25.89元上下。(49元-25.89元)÷49元=-48%。空间价格下跌幅度将高达48%。

那么此时，价格还在高位的40元之上区域时，你就需要好好计算一下自己未来能不能承担这种价格下跌所带来的利润大幅回吐，甚至亏损加大等风险。

很多人，当刀没有砍到身上的时候，豪气冲天，什么都不怕；当刀真正砍到身上的时候，才痛苦地意识到自己根本承受不了。一个做博弈的人，可以预见不到最终会赚多少，但一定要能够预见到自己能承担多大的风险。

看图中该股后期的走势，价格一路下跌，在打出28.72元低点后，才开启了第一次反弹。

需要说明的是，这28.72元是当日开盘后，价格在盘中快速下探后又快速拉起来而形成的长下影线探底动作，当日收盘位置在30.83元。与前面测定价格见顶后21线的位置30.51元，差距并不大。

这个反弹波的出现与一个技术现象密切相关——化解2148通道八爪线。也就是“阶段性下跌”这个动作已经完成了。

如果该股后期要再涨起来，那么就必须要保持住2148通道的多头状态。但是从图中可以看到，当价格反弹起来时21线已经拐头下行到距离48线比较近的地方，这说明除非价格以极强之势(比如连续拉涨停板)快速上涨，才有可能扭转21线下行去死叉48线，否则最终21线死叉48线已经难以避免。

这种现象引出了后面的价格走向——价格会再次下跌，到中期系统去寻找支撑力量。

前面已经测定过，价格上攻见顶后的48线位置在25.89元。图中显示该股再次下跌打出26.40元低点后，再次展开反弹。此低点与前面测点的25.89元价位相差也比较小，都在同一个空间价位区域里。

图中该股的“跌跌不休”，与该股前面12天里大幅上涨1.23倍，也存在密切的因果平衡关系。前面涨得爽，后面也跌得狠。

还可以把“八爪线化解“与这种“垂直同步测定”的方法结合起来使用。

比如有些个股，当上涨时间长，累积涨幅大的情况下，通常中期系统和长期系统里的攻击通道中，必然会有某个攻击通道的八爪线是最大、最明显的，那么就可以将这个通道的两条均线，按照见顶后的垂直同步测定法分别进行测定，以测出后期价格一旦扭转下跌时的主要下跌目标区域。这样做可以帮助自己做“高卖出+低买入”的循环交易。

再看个股实例。

图2-034中，中航飞机上涨行情持续了2年半，累积涨幅6.2倍。是典型的“时间长+累积大”。

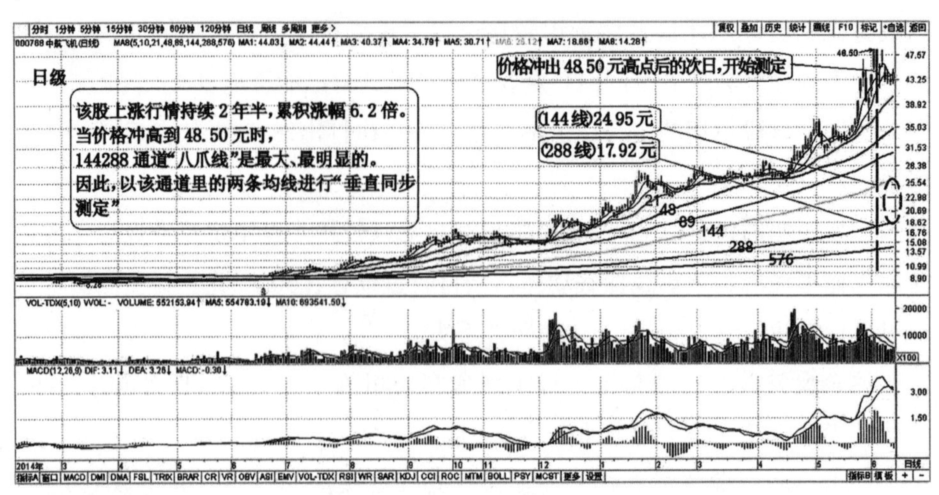

图2-034

不同于前一个例子那样在短时间内涨得很猛，这种震荡波段性上攻个股的强势，是以更具耐力的持久性来表现的。

由于时间和空间双重因素的积累，每当价格见顶时，这种股的中、长期通道出现八爪线都是必然的。

当价格攻击到48.50元高位出现攻击遇阻震荡时，该股144288通道的八爪线就特别显眼，是所有系统攻击通道中最大、最明显的八爪线。一旦价格在此高位区域形成顶部扭转，后期价格下跌的目标就会直指144线和288线的价位区域。

在价格冲出48.50元高点的次日，垂直同步看144线的位置在24.95元。这个价位的区域，在未来价格下跌时将作为一个重要的低点反弹参考区域。

再垂直同步看288线的位置，此时在17.92元。这个价位的区域也将在未来价格下跌时，作为一个重要的低点反弹参考区域。

通常当股价在高位攻击遇阻，震荡徘徊时，很多人都是兴奋地等待价格再次上涨创新高。但从技术上讲，一旦在高位出现攻击遇阻现象，就说明多方的力量开始"变弱"了，就要警惕顶部的出现。

特别是此时首先要看该股的中长期系统里，有没有八爪线出现。如果有，就要小心警惕，做出锁定利润、降低持仓成本、规避未来潜在下跌风险的准备。因为后期下跌时的价格目标，通常都是冲着这些八爪线去的。

看一下该股后期的走势。

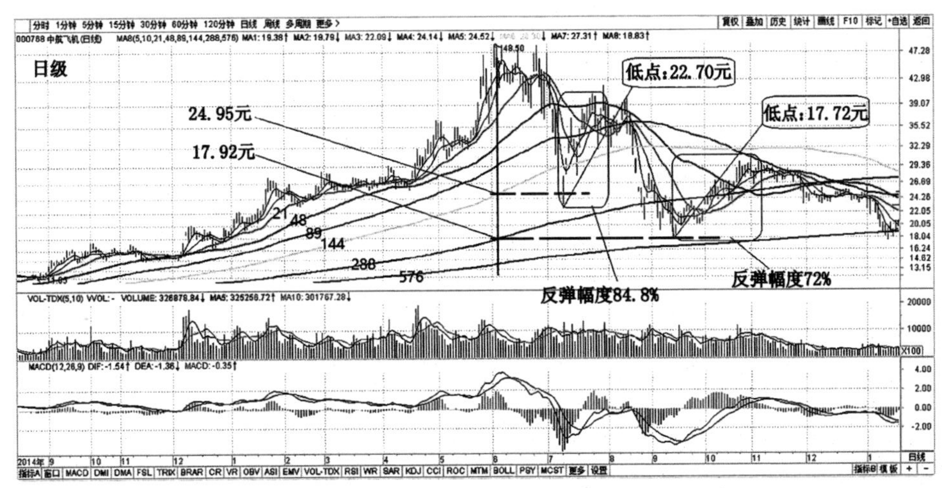

图2-035

见图2-035，当价格从高位扭转下跌后，中航飞机一路连续下破48线、89线、144线，打出低点22.70元后扭转反弹。这22.70元低点，是当日在跌停板开盘后留下的短线下跌低点，当日以涨停板27.74元收盘，而前一日的跌停板收盘价是25.22元。

前面在价格见顶48.50元后垂直同步测定144线的价位是24.95元。

这一波反弹幅度为84.8%，可见这个反弹机会还不错。

在完成反弹之后，该股再次扭转下跌。一路连续下跌，直到下破288线，在探出17.72元低点后才再次出现反弹波。

前面在价格见顶48.50元后的垂直同步测定288线时的价位是17.92元，与实际价格探出的第二波下跌低点17.72元几乎一样。

在实战交易中，当有些股在冲击涨幅已经很大，价格冲出高点顶，高位遇阻徘徊时，用“垂直同步测定法”预判潜在的博弈风险，对做出理性决断有一定的帮助。

(3)有人可能还会有疑问：为什么我做的这只股也是这种情况(4889通道，或者89144通道里出现了明显的八爪线)，但价格却没回撤多少，而是回撤到

48线就止跌企稳，然后又猛烈地创新高攻击了一段呢？这就是前面讲的“分水岭通道(2148通道)”对价格上攻形成强大支撑的一种表现。

“分水岭通道”在趋势上攻中，起着非常重要的支撑短期攻击力量形成攻击延续的重任。

如果主力资金的预期空间攻击目标还没有达到，特别是此时正处于主升段里时，2148通道就会强力阻断回撤抛压的力量。

主力资金在这个通道区域里会预伏重兵资金，目的是维持住短期强势的攻击状态。只化解掉2148通道里的八爪线，对于下方中、长期系统里的八爪线暂时并不急于化解，留待完成行情的攻击任务后，再扭转下跌去化解。

遇到这种情况时，可以用一个简单的判断方法：MACD指标回0轴而不破0轴+2148通道收拢而不死叉封闭=还会再次金叉，继续上攻新高。

2148通道的上攻延续性在上攻阶段里是有很重要的技术地位的。

虽然有些股为了破坏技术走势延伸性，刻意用价格把2148通道快速打断、死叉、封闭，但价格却在下破48线后，很快重新回到前高位价格附近来(这点很重要，价格能够很快重新回到高点顶区域，是价格攻击的强势还没有释放完的一种表现)。

比如2148通道死叉封闭，只保留4889通道，但是价格在下破48线+MACD指标下破0轴后，价格会比较快回升到前高点的价格附近，这说明这种2148通道死叉封闭+MACD下破0轴的动作，带有很大的诱空目的。很多人就这么被闪掉了。但没关系，也没必要追着再买。因为这种走势的后面往往还需要一个均线系统再梳理的过程：2148通道死叉了，在重新金叉后，通常还需要将价格回压下来，化解一下2148通道两线的八爪线(多头形成的)乖离，这就必然会有一个比较明显的2148通道两线相互收拢的过程(需要时间)。在理顺短期系统内的三条攻击通道，形成收拢性的多头排列后，价格才会再次启动，突破“水平颈线”(就是前高点顶阻力)，展开新一波的上攻动作。

看个股实例。

图2-036中，中核科技从扭转上攻开始，虽然89144通道、144288通道都有八爪线现象，但上面的2148通道强力支撑着价格延续上攻走势。下方的MACD指标一直都是回0轴而不破0轴，与2148通道形成同步强势状态。

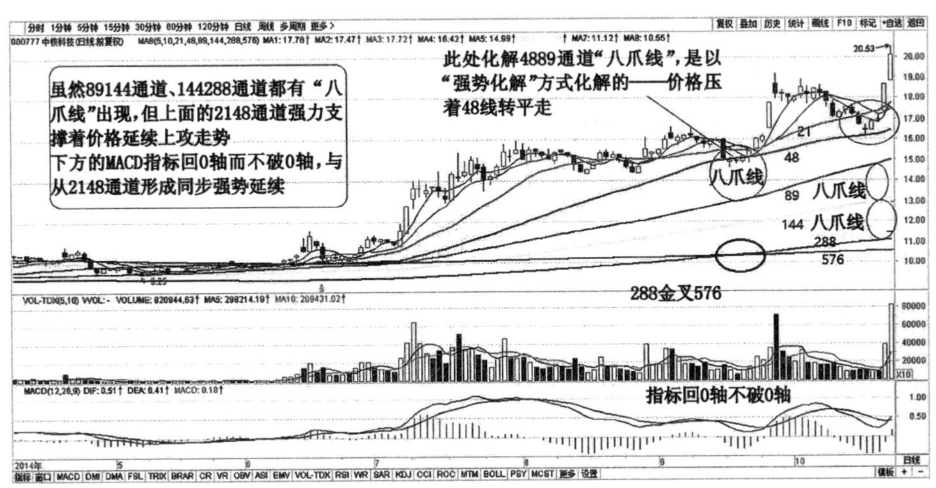

图2-036

图2-036中，在化解4889通道的八爪线时，是以"强势化解"方式化解的，就是价格压着48线转平走，来收拢与89线之间的八爪乖离，完成化解。

再看该股后面走势。

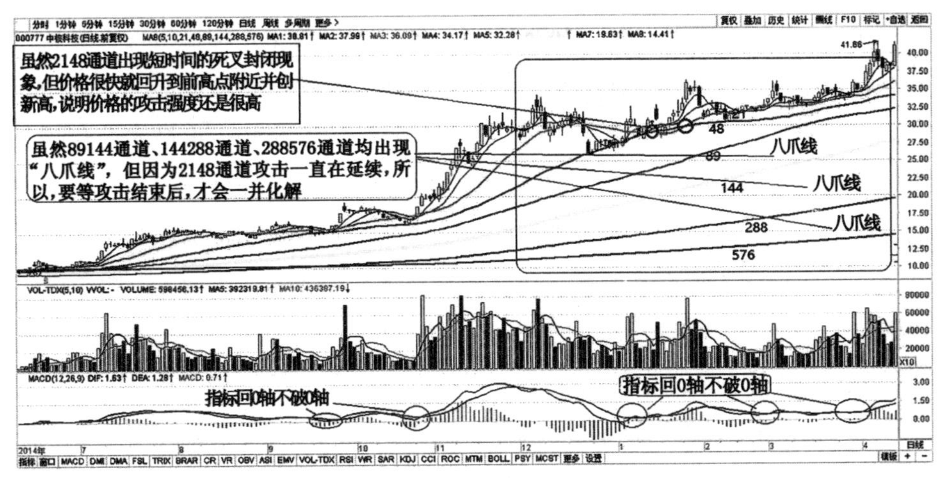

图2-037

见图2-037，中核科技在上攻一波后，价格再次回打到2148通道里，化解八爪线+清洗工作。这一次价格回打震荡中，虽然该股的2148通道出现了短时间的死叉封闭现象，但要注意到，此处的价格在下破48线之后能够很快回升到前高点价格附近，并创新高，这就说明此时的价格攻击强度还是很强，始终保持着短期价格只围绕短期系统进行震荡清洗的节奏。

但在二次创新高后，容易形成“顶背离”现象。

注意看该股走势，在价格创出新高出现“顶背离”后，虽然价格也有回打震荡的动作，但是2148通道却始终保持着对价格的强势支撑，2148通道反而不再出现死叉、封闭的情况了，而且还形成了一个价格依托1021通道进行缓攻的走势。

别小看这一段依托1021通道进行缓攻的过程，它在技术上既可以保持住价格和技术的短攻强势，化解掉此区域形成的“顶背离”，更关键的是梳理了21、48、89三条均线之前的纠缠震荡状态，成为多头排列的攻击状态，并且让它们形成收拢之势，为后面再次启动加速上攻奠定了有利的技术条件。

假设该股在这个“顶背离”后扭转为下跌走势，就不会有这一段的2148通道+4889通道的“缓攻”梳理过程。这个细节在实战交易时，是特别需要注意区别的地方。

此时下方的89144通道、144288通道、288576通道中，均已出现了明显的八爪线现象，完全是由于主力资金维持住了短期系统2148通道(分水岭通道)强力支撑价格的多头攻击状态，才阻断了价格的向下扭转，价格才没有回落来化解这些通道里的八爪线。但是，这些通道里的八爪线最终还是会被下跌的价格来化解。这就像一颗“埋着的雷”，要等价格的攻击能力释放完，行情结束。届时价格不但会转跌下来化解，还有可能会跌得比较凶——因为空间平衡现象。

再看看该股后期的走势。

图2-038为中核科技的后期走势。当价格冲击出54.65元高点顶之后，攻击行情结束。价格在高位的扭转动作也比较快，加上2015年6月市场出现了暴跌冲击，该股一口气直接下跌到576线附近，一次性化解了短期、中期、长期通道里的多层八爪线后，才探出低点，扭转反弹。

(4)我们常常讲某条通道的两线之间出现了明显的八爪线乖离现象，其实讲的并不仅仅是技术现象，而是对交易决断具有实际帮助的重要问题。

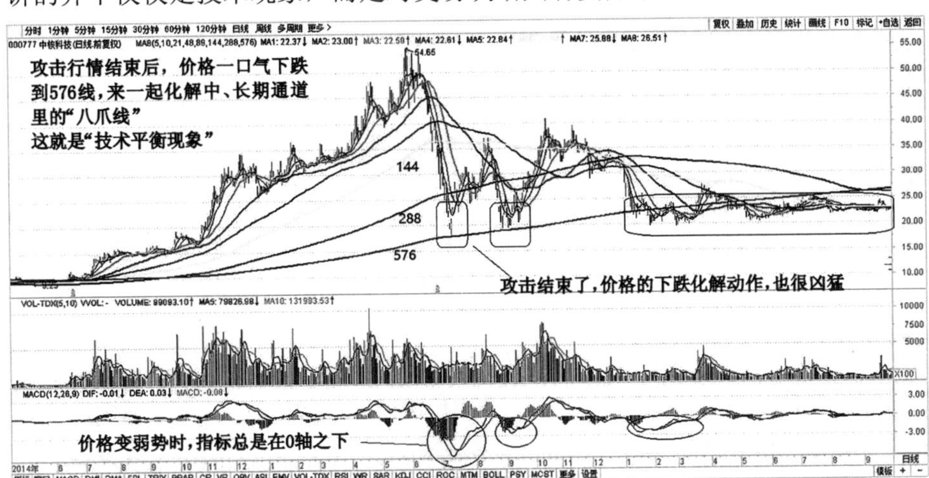

图2-038

中期系统通道里出现了明显的八爪线乖离(无论是4889通道，还是89144通道)，价格最终肯定是要回撤下来化解。但是，什么时候才会回撤下来化解八爪线呢？当然要先把股价短线攻击积蓄的强势力量释放完之后。此时一旦遇到技术阻力，获利筹码抛压加大之时，攻击力量衰减，压制力量加大，股价必然就会扭头回落。

此时日级上的MACD趋势类指标由于指标惯性的滞后反应，可能不会很及时地反映出价格出现高点顶的信号。但是你的技术思维要拓展，比如拓展到小级别的分钟级别上，这样在小级别上MACD指标的见顶信号(如顶背离信号)，就会表现得很明显。

这就像你感冒了，抽血化验一下你体内的某些血象指标，就可以确诊。

任何一种技术指标在大小不同级别上对交易判断最好的帮助，就是通过这种技术判断方式，可以对价格“微观上的提前异变动作”进行准确的捕捉和判断——关键是，这种判断往往会在日级的价格和技术出现被破坏动作之前，就可以做出。

MACD指标如此，KDJ、RSI、均线的攻击通道等，任何一种技术指标和工具，都可以通过这种方式消除掉它们的技术滞后性缺点。所以说世界上任何一种工具的使用，关键在人。

怎么用是人的问题，工具没有“罪过”。

三、长期系统通道

(一)长期系统通道概述

长期系统通道包括144288、288576两条攻击通道。

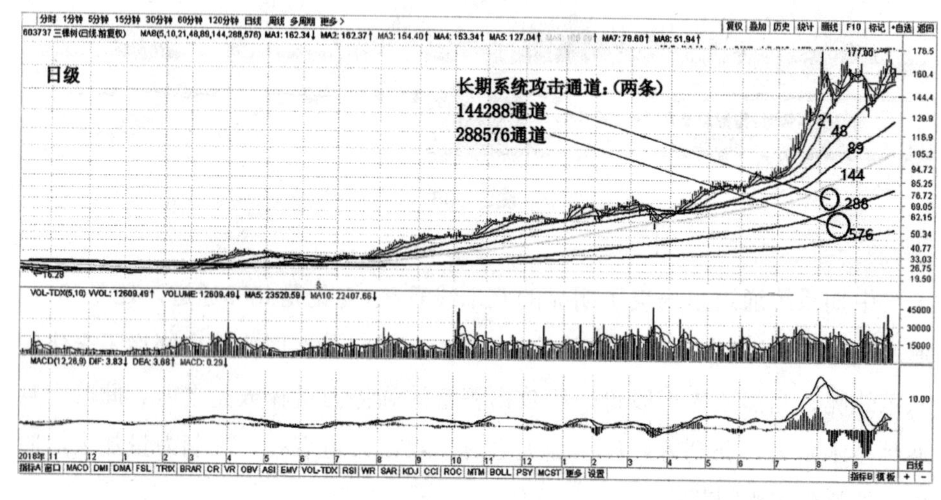

图2-039

如图2-039所示，三棵树长期系统攻击通道共有两条：144288攻击通道和288576攻击通道。144288通道是半年线+年线组成的攻击通道；288576通道是年线+双年线组成的攻击通道。

长期系统攻击通道虽然由144288通道以及288576通道组成，但从多年实战的总结来看，288576通道的地位更为重要。这是因为在我国股市中，无论个股还是市场指数，288576通道都承担着牛熊市行情切换循环的重任。所以，长期系统攻击通道是大趋势系统框架循环的技术切换通道。

再看一张沪市走势图。

我们来看一下沪市自1990年开市以来的走势图(图2-040)。图中除了1996年之前市场经历的一段初创波动期之外，从1996年至今，沪市一共出现了三次典型的"牛市行情"(图中三个方框区)。

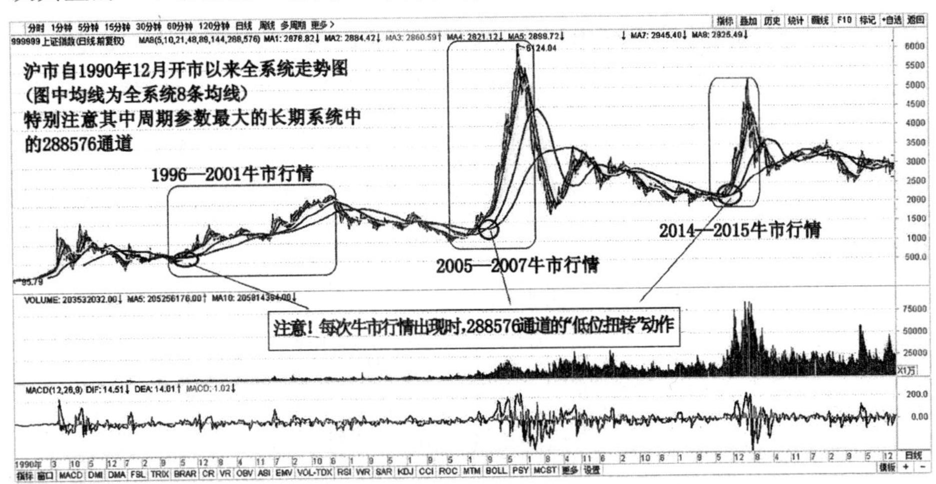

图2-040

第一次是1996年—2001年的行情，运行时间长达5年半，从最低点512点到最高点2245点，总体涨幅338%。

有很多人并不把这波行情视为"一个"牛市行情，而是把其分为两个牛市行情。最主要是原因就是在这波行情中，曾出现过一个长达两年时间(1997年5月—1999年5月)的大型震荡平台。但我认为这个大型震荡平台，在技术上也属于这一个牛市行情中的一部分。

原因之一，288576通道在这个大型震荡平台期间，一直保持着多头状态(虽然两线有收拢较近的动作)而没有出现死叉封闭动作，所以这个大趋势的框架系统一直延续着。

原因之二，若从大级别的技术通道延续性来看，周级的89144通道一直保持着；月级的2148通道也一直保持着。多级别的共同技术趋势延伸状态都可以印证，这个大型震荡平台的过程，也是这个牛市行情中不可分割的一部分。

虽然后面的两次牛市(2005年—2007年以及2014年—2015年两次行情)中，再没出现过这种大型震荡平台走势，但其行情运行在周级和月级上的通道延续级别(就是周级89144通道和月级2148通道)都是一致的。

不过也有一个"对称性"的印证走势，就发生在2001年行情见顶扭转，进入下跌趋势的运行过程中，2004年288576通道，曾经也出现过一次两线收拢非常近，但最终还是没有出现金叉，而是延续了通道空头下跌的状态。这是由于市场在2002年—2004年走的也是一个(下跌趋势途中)大型震荡(反弹)平台走势，其间夹杂着三波比较明显有力度的反弹动作而造成的288576通道两线出现收拢动作，但最终还是没有金叉，指数再次下跌，直到998点探出最低点。

从图中可以清晰地看到，除了图中三处画框的行情外，这么多年市场其他上攻行情，均无法与这三次行情的技术走势相提并论。

在这三次大行情之外的时期，虽然也出现过几次行情，但用均线系统来界定，它们均为中期系统低位扭转而形成的中期性质行情。可以很清楚地看到，这些中期性质行情均没有长期系统的低位收拢、扭转的伴随，而是都发生在长期系统发生纠缠震荡下跌的趋势中。这就说明，凡是没有长期系统参与的低位扭转而出现的循环行情，其技术空间的延伸延展均是以中期系统的循环行情来运行。

战略性长期投资市场的资金群体，或者那些具备了市场战略意识的各类市场基金组织，通常都会选择在长期系统处于低位扭转过程时，进行大规模深层次的战略布局。因为要等到一次这种大趋势多级别共振循环低位，通常要相隔5到7年时间，一个成年人在一生的股市博弈中，有几个7年循环博弈点？屈指可数，错失一次就少一次。

那么为什么每次牛市行情的出现，都与长期系统的循环有关呢？这说明了一个什么问题？说明市场上交易价格的细微波动，是随机的。但市场每次的牛市行情却并不是随机出现的。因为它需要政策环境、资金环境、市场指数的技术环境，以及绝大部分个股的技术环境等多方面因素形成共振，市场才会出现“牛市行情”。而这一切归根到底都会反映到技术面，促进了长期系统趋势的循环运行，并形成启动牛市行情的技术条件。这就是技术上的“大趋势”格局！

这个问题不仅仅表现在日级这一个级别上，每次牛市行情出现时，日级、周级、月级上都会出现同步的、协调一致的技术扭转走势。而日级的长期系统通道在低位形成收拢、扭转之势，是每个人都可以看到的，只是很多人忽视了这种技术现象。

也许有人想问，那下一波牛市行情什么时候出现呢？

其实已经告诉你了：日级上的288576通道+周级上的89144通道+月级上的2148通道，同步协调性地出现“低位扭转”之时，就是下一波牛市行情启动之时。

我们也许不知道下一波牛市行情会因为什么样的基本面因素影响而出现，但我知道，它出现时的技术面表现是什么，这对技术性交易博弈来讲，已经足够了。

因为只要有行情出现，技术上的这些规律和信号就必然会出现。

也许有人担心，这些启动行情的技术现象我都讲出来后，在下一波牛市行情出现时，有些人会刻意打乱这些规律和现象。我认为这种可能性不大。因为如果要启动一波行情，无论是用“偷袭战术”还是用“声东击西战术”，最终都要回归到一个原点——技术上最终都会形成扭转上行的趋势来。这是技术的“战略规律”，是用“阶段性的战术”打破不了的技术规律。就像5元的股价要涨到50元，总会影响到技术出现扭转、上攻、清洗、震荡等动作过程，而这些过程必然会形成趋势的切换，这是谁也打破不了的技术规律。

价格的波动变化，虽然在细节上可以千变万化，但在大趋势和大框架的切换和运行上，却有着同样的运行规律！

(二)长期系统攻击通道的实战技术要点

1．如果长期系统通道出现低位收拢扭转现象时，一个新行情出现的概率会非常高。

图2-041是卧龙电驱自2002年上市以来18年的全景走势图。在这18年里，每当长期系统通道出现“低位金叉、扭转”时，都会产生一波大的上攻行情走势。图中“A”圈处，为144288通道金叉扭转动作；图中“B”圈处，为288576通道金叉扭转动作；图中“C”圈处，为144、288、576三线多线聚拢金叉扭转处。

该股在这18年中，出现了四次大趋势框架线系统的循环(其中最近一次正处于第四次循环中)。从交易博弈的大机会与大风险循环来看，每当长期系统进入扭转上攻的循环时，参与进去做中线博弈的成功率会非常高。

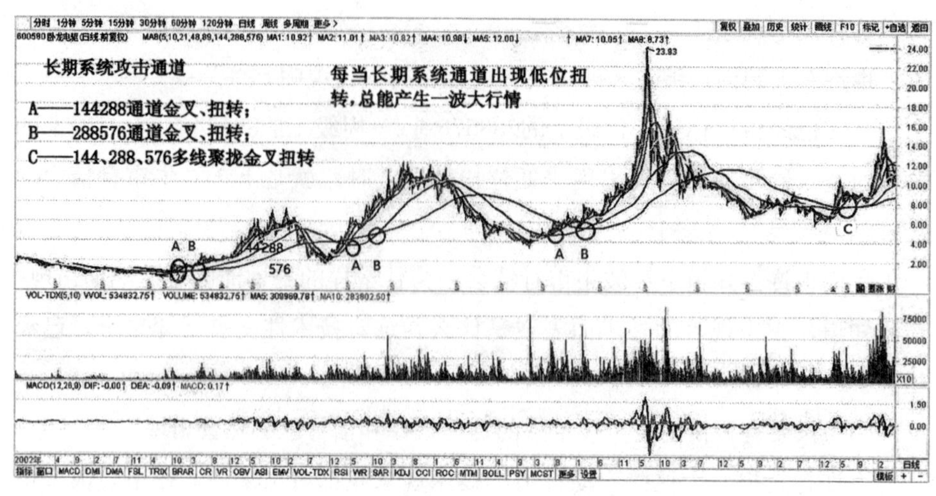

图2-041

可能有人会说：我也是在这时候进场做短线博弈的，为什么不赚反亏？这是因为你可能陷入了一个博弈误区。

很多人都认为既然市场在技术面系统趋势大框架上已经扭转进入一个上攻趋势行情的循环中，那么无论我做中线，做波段，还是做短线，都肯定会赚钱的。

这种想法听着很有道理，却是错的。错在哪儿？错在没有树立起分层分级循环的技术思维。

虽然(日级)长期系统在低位扭转了，但中期系统(此时相比长期系统，属于小层级)此时正在长期系统的“怀抱”中，做着一个震荡平台纠缠的循环；而更小层级的短期系统，正处于小波段的价格见顶、高位扭转下跌的循环中。也就是说，三个系统(短、中、长期)的步调并不一致。此时该股的博弈机会自然也就会有区别。做短线、波段博弈，也许会赚，但利润幅度不是很大；做中线，此时由于中期系统处于横向震荡平台中，账户里的资产增值就不断反复。

为什么日级上中期系统会进入震荡平台中？可能是大级别的周级或月级上，短期系统中出现了八爪线乖离，需要价格回撤震荡来化解而已。技术上的原因，也许就这么简单。

虽然日级上的长期系统扭转进入到上攻行情的循环中，但这只是一个大循环系统的走势，在这个大循环系统中，小层级的中期系统有时会与长期系统的大循环步调一致，有时则会相反。这是很自然的现象，因为中期系统层级小。而当中期系统与长期系统不同步，步调不一致的时候，短期系统有时可能会与中期系统的走势同步同向，有时又会出现相反的走势来。这也是大小层级循环中的正常现象。

问题是：你选择在什么情况下进场博弈呢？

这么说也许你就明白了：当长期系统的循环走势与中期系统、短期系统的循环走势形成同步、步调一致的同向运行时。

这时你进场，无论做短线还是做波段，还是做中线，才都会赚钱，这是肯定的。

除此之外就要视具体情况，区别捕捉短、中线的博弈机会。

技术上的“确定性机会”，其原理就在此中。

那么只有长期系统和中期系统循环出现同步的时候，可以进场做博弈吗？可以，但你最好不要以短线博弈思维来进行布局和监控技术系统的走势。这样，你的技术思维才是顺势的。

那么什么时候可以做短线和波段博弈呢？必须等到短期系统在下跌波之后，出现短期系统低位扭转之时(也就是2148通道金叉扭转)，才可以进场做短线博弈或波段博弈。

当然，如果想提高交易机会的“确定性”，最好能够是短期系统与中期系统出现同步同向运行之时。

总之，有什么样(层级)的技术条件，就做什么样(层级)的技术博弈。或者就耐心等到符合自己设定的技术条件时再出手，成功率自然就会很高，而不是只靠感觉去碰运气。再多的运气也有用完的一天。

这才是做“顺势交易”的正确做法，而不仅仅只是一个高谈阔论中的技术理念。

2. 如果长期系统通道中出现了比较明显的八爪线现象时，一个上攻趋势行情随时都可能结束。

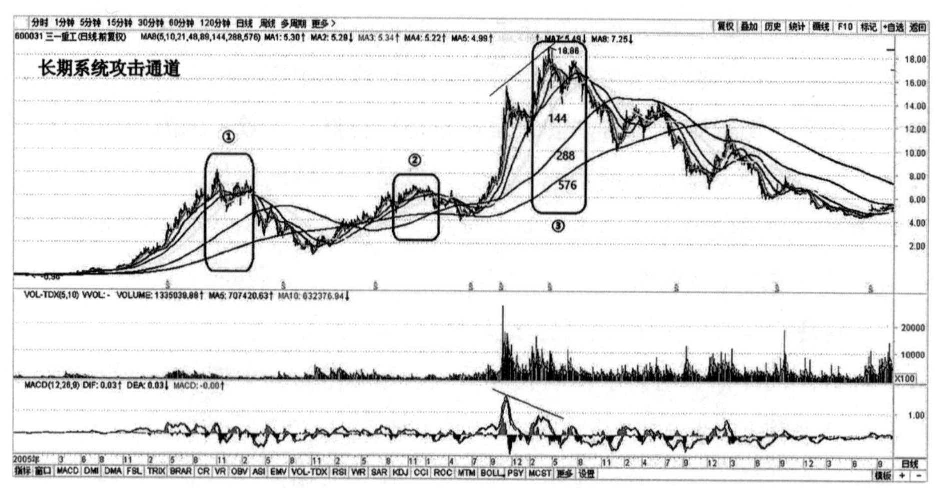

图2-042

图2-042中，三一重工曾经出现过三次大的上攻行情，但注意：图中①、③框处行情见顶时，很明显长期系统里的144288通道和288576通道都已经出现了非常明显的八爪线。

虽然长期系统攻击通道在上攻行情中出现比较明显的八爪线乖离，价格并不一定马上就会冲击见顶形成顶部(这是因为小层级的中期系统通道和短期系统通道还会支撑价格攻击一段，把攻击能量释放完才会扭转下跌)，但在实战中，此时你必须开始警惕起来。

警惕什么呢？警惕一旦价格攻出高点，形成高位顶部构筑动作，这个形成的顶部将会是长期系统循环中上攻行情的结束顶。这种顶部就是大级别的顶部，价格回落通常都会回到前面扭转起涨的位置区域。如果再有其他利空因素影响，还有可能创出新低。

此时很多人由于账户盈利累积大，赚钱效应好，心理处于兴奋状态中，常常会只注意价格和短期系统的变化——也就是关注点过于局部，而忽略了此时正是大系统循环中的风险来临之际。对价格在高位的震荡筑顶行为视为短期技术的修复和调整动作，从而错失高位顶部的锁利卖出机会。

正确的技术交易思维应该是：如果是短期系统在低位扭转形成上攻行情，就要警惕短期系统通道出现八爪线时，价格在高位攻击遇阻而转为震荡的见顶风险；如果是中期系统在低位扭转形成上攻行情，就要警惕中期系统通道出现八爪线时，价格在高位攻击遇阻而转为震荡的见顶风险；如果是长期系统在低位扭转形成上攻行情，就要警惕长期系统通道出现八爪线时，价格在高位攻击遇阻而转为震荡的见顶风险。

因为不同层级系统里的攻击通道所形成的技术循环中的博弈机会期，都会局限在本层级系统里。这是一种价格循环所形成的必然现象。虽然不同层级的循环之间互相有影响，但从交易成功率讲，这次博弈操作是以哪个层级的博弈机会来操作的，当这个层级完成上攻阶段循环时，你就必须要“顺势退出局”。

下次交易是下次的事，不要与这次的操作混淆在一起。若混在一起，你的技术交易思维就会出现混乱，进而使你的操作也出现“跨层级交易”的混乱。

特别是你就必然要“承担”一段该层级进入下跌段的循环过程。这样你的交易风险自然就会出现，账户盈利“回吐”现象或者亏损都是常见的事。问题是这种循环中的下跌风险段有时可能不大，但有时会比较大，很可能把你前面(上攻段)的盈利全部吐出来，甚至有可能使账户从盈利到亏损。

实战中很多人犯的都是这种错，陷入价格循环中难以自拔。问题在于很多人只有当账户的盈利减少或消失，或变为亏损，或被迫“带伤”离场之后，才会意识到自己错了。

那怎么避免犯这种技术性错误呢？

解决办法：只赚某个级别、某个系统、某个层级循环过程中，上攻过程中的利润，并且要懂得主动止盈。这也是技术思维、技术交易要有“根”的重要问题。

坚持这点可以提高每次操作的成功率，可以保住每一次操作的盈利，还可以将盈利逐步累积起来。

再看该股图2-042中②框处，也出现了一次上攻行情。但要注意的是这次行情中，长期系统里的288576通道并没有先完成金叉扭转，而是在这波行情结束时才完成金叉扭转动作(交叉见顶，开始下跌)。

那么这一次上攻行情，主要是依托什么层级的系统支持呢？

没有长期系统的扭转支撑，自然只有依靠中期系统的扭转，形成一次中期上攻行情走势。

而从长期系统的大趋势循环来看，这次中期行情只是长期系统扭转过程中的一次价格转强+(长期)系统扭转时所形成的行情。

因此，这波行情很明显要比后来的图2-042中③框处的上攻行情要小一些。因为后面的上攻行情是在长期系统扭转过来之后产生的真正上攻行情。

因此要理清：一个是长期系统在扭转过程中，中期系统产生的行情；一个是长期系统扭转后产生的行情。两者在技术上存在着明显的区别。

3. 如果一个上攻趋势行情结束时，长期系统通道中出现了比较明显的八爪线乖离现象，价格的下跌技术目标位置均会是该长期系统通道。当价格下跌到该八爪线通道中间区域，或者短时间里快速下破该通道时，价格会出现一个低点，产生的反弹动力也会很强。

图2-043中，三一重工见顶时下方的长期系统里144288通道和288576通道均出现很明显的八爪线。当价格扭转为下跌时，什么时候才会产生比较好的“反弹博弈机会”呢？

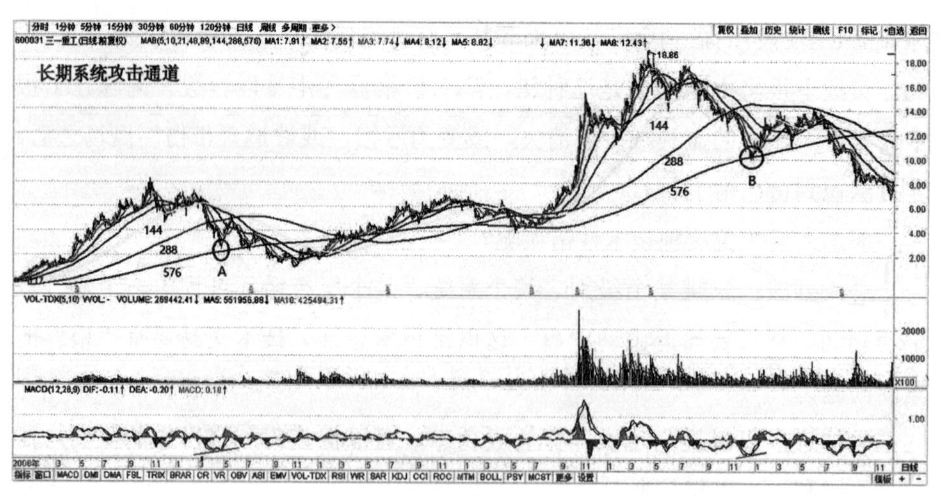

图2-043

答案是，在化解长期系统里的288576通道八爪线时，也就是图2-043中“A、B”两处画圈处。

可能会有一个疑问：长期系统里的144288和288576这两个攻击通道中都出现了很大的八爪线，为什么价格会一路持续下跌越过144288通道八爪线，直接打到288576通道的八爪线里才探出低点反弹呢？原因是144288通道虽然也出现了大的八爪线需要化解，但由于更大周期层级的288576通道同时出现了大八爪线，这种情况下，价格通常都会一路下跌穿过上面的144288通道(八爪线区域)，直接去化解下面更大层级里的八爪线。这种情况是“双八爪线(多层八爪线)”在化解时的一个技术规律：多层八爪时，化解最大的八爪。

上下八爪时，化解下层的八爪。化短不化中，攻击将延续。化中穿过短，下跌陷震荡。

什么意思呢？

“多层八爪时，化解最大的八爪”：当出现有多层级的八爪线现象时，其中最大的那一层通道中的八爪线，是价格主要化解的目标区域。

“上下八爪时，化解下层的八爪”：当出现有上下层八爪线时，价格通常会直接化解下层通道里的八爪线。

“化短不化中，攻击将延续”：当短期系统和中期系统里都出现八爪线时，如果价格只回打化解短期系统中的八爪线后，就快速拉回到前高点区域里，而不去化解中期系统里的八爪线，这种现象说明价格原有的攻击趋势还将延续。

“化中穿过短，下跌陷震荡”：当短期系统和中期系统中都出现了八爪线，如果价格下跌穿过了短期系统里的八爪线，而直接去化解中期系统里的八爪线，价格将陷入下跌+震荡的运行状态中，交易风险会比较高。

图2-043中，当价格在高位见顶时，下方长期系统里的两个攻击通道都已经出现了很明显的八爪线，所以，价格的下跌目标位置，就会以下方(层级最大)288576通道里的八爪线化解为主。

另外，图中“A”处当价格下跌到288576通道里的576线附近时，没有下破576线就探出低点，展开反弹波；而图中“B”处价格却在下破576线之后，才探出低点展开反弹波，这又是什么原因呢？

这个问题与当时价格下跌到靠近576线时的筹码“恐慌时刻”有密切关系。从多年的实战经验总结，在实战中90%的“恐慌时刻”都与主力资金诱发有关，只有10%的比例是其他因素突发冲击下形成的“恐慌时刻”。

从价格波动的空间区域来讲，价格下跌靠近576线和下破576线，站在空间区域的角度看并没有什么区别，只是技术细节上的差异而已。

实战中如果想抓住这个价格靠近576线时探出低点扭转，或者下破576线后探出低点扭转的机会，即可以用日级MACD的“底背离”+RSI指标的“底背离”动作来捕捉，也可以把监控跟踪价格“打底扭转”的级别“降级监控”调整到分钟级别上捕捉。

但要注意：“降级监控”的时机，应该是等价格下跌到288576通道中的时候再开始。如果过于提前“降级监控”，由于小级别上下跌+反弹的“杂波”太多，反而容易引发错误交易行为。

还有一点：如果价格下跌化解了长期系统里的八爪线，当价格“打底扭转”后产生的反弹波通常都比较强烈，阶段性价格反弹幅度也会比较大，博弈机会的确定性也比较高。

从实战经验看，反弹波的高点通常都会与144线死叉288线后的下跌压制，或288线的扭转压制有密切关系。所以288576通道里的八爪线乖离越大，反弹空间也就越大。

图2-043中“A”处的反弹幅度是1.3倍左右，这个反弹中价格最终是被288线扭转压制而结束的。

“B”处的反弹幅度是42%左右，这个反弹结束，与144线死叉288线后下移下来压制了价格的反弹有很大关系。

4. 长期系统通道没有形成扭转(金叉)前，如果价格依托中期系统通道上攻幅度比较大，在长期系统通道金叉前后，价格结束这个中期上攻行情的概率会很高。

图2-044中，通富微电自2018年1月最低点6.92元开始，到2019年2月价格见顶33.89元，运行一年时间，整体涨幅达到3.9倍。这一波上攻行情主要是依托中期系统的扭转支撑来完成的，并不是依托长期系统，所以本质上这是一次中期趋势行情。

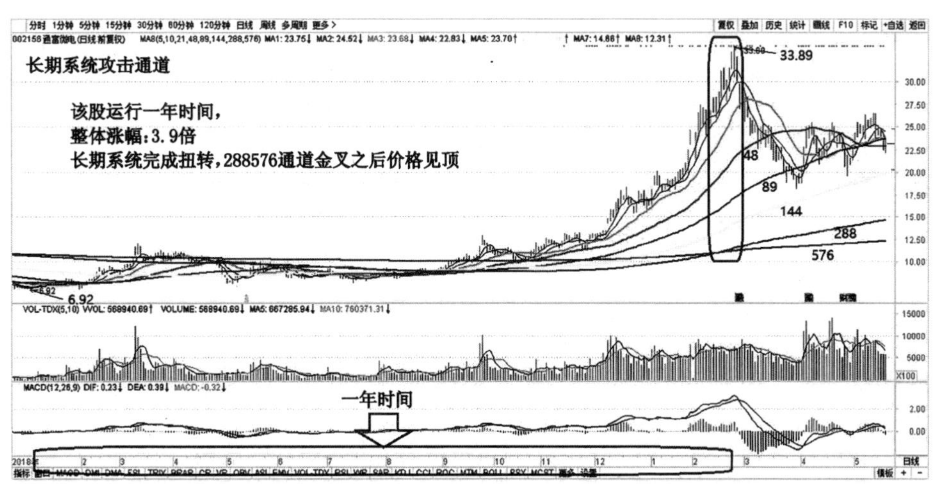

图2-044

当长期系统完成扭转(288576通道金叉扭转)之后，中期系统这一波上攻循环就见顶了(注：这也是“交叉见顶”的技术现象)。这就是大小级别循环没有形成同步时的一个典型技术现象。

该股后期若再有上攻行情出现，就会转变升级为长期系统扭转支撑下的趋势行情。哪怕下一波上攻行情，依然是依托中期系统来进行的，但由于此时长期系统已经扭转过来了，所以长期系统+中期系统这两个大小系统层级，就开始进入共同循环的阶段中。从价格的潜在拓展空间来讲就会大很多。

要理清技术系统上的这种变化。

再细看一点：图中该股价格是在288576通道金叉之后一周才见顶的。在实战中有些个股可能会在288576通道金叉之前的几天，或者就在金叉发生当日价格就见顶。

从技术上讲，288576通道两线由于是大周期的长期系统均线，技术的“弹性空间差”相比短期系统里的均线自然就会大一些。相对应地，288576通道两线的金叉死叉动作，与市场价格之间的“弹性时间差”也会大一些。所以在实战中，短期系统中2148通道两线出现金叉+价格见顶时，均线金叉与价格见顶之间的时间差可能只有前后两三天之差。但在288576通道中两线出现金叉+价格见顶时，均线金叉与价格见顶之间的时间差，就可能会有前后一周左右。

这就需要我们有一个先期的警惕性，在前期价格已经大幅度上攻的情况下，当288576通道两线相互越来越近，即将出现金叉时，就要提前特别注意价格冲击见顶，或者高位顶部震荡、技术构筑完成的情况发生。这样就可以比较准确地捕捉到价格“交叉见顶”时的价格冲顶、扭转动作。

还有，当288576通道即将金叉之前，也要看看其他中长期系统里的通道是否已经出现比较大、比较明显的八爪线乖离现象。如果有就更要特别警惕，价格冲出高点顶之后，一旦扭转进入下跌，288576通道八爪线区域才是价格探出低点，扭转反弹的区域。

当然，如果当288576通道金叉之前价格并没有出现已经大幅上涨，整体还处于“低位区域”的转强过程中，就不需要太紧张。

任何资金来市场都是为利，若没有利，谁也不愿半途而废。而有没有利，价格的位置就能说明。因此若288576通道两线出现金叉时价格还处于“低位区域”里，本身就说明“利不大”，利不大，价格见顶走下跌趋势的概率就小。

即使有些股在288576通道金叉(长期系统低位完成扭转)后，又再次打破288576通道的支撑，也不过是由于其他一些原因，增加了该股在低位区域里的折腾过程而已。

再加上现在很多资金都变得越来越聪明，你打他就跑，你拉他就跟，就像牛皮糖，甩也甩不掉。迫不得已主力资金就总是要用破坏技术支撑，突然拉涨停板、突然打出跌停板、大幅度高开低开等这些比较极端的方式来“驱赶”此类跟盘资金群体(通常这些资金群体的资金量级并不小)。而有意思的是大象打架殃及蚂蚁，很多散户总以为主力是针对自己才这样做的。

各人有各人的难言之隐。其实解决的办法很简单：别管别人怎么做，把自己的事做好就好。

有时，太关注主力资金怎么做，太关注大资金群体怎么做，太关注机构、基金、私募、游资怎么做，唯独忽视了自己应该怎么做。这是典型的“跟风跑博弈心理”。这种博弈群体有时也会吃上些肉，但由于没有自己的“根”，多少年后还是在股市里飘荡，像一片落叶，无根无定。

再看该股，在288576通道金叉+价格见顶时，4889通道、89144通道以及144288通道里的八爪线乖离都很明显。虽然短线价格下跌在下破89线后就出现了反弹，但由于2148通道死叉封闭，4889通道也死叉封闭，144288通道里的八爪线乖离反而还在进一步扩大。这就说明，该股后期还是需要化解144288通道的八爪线。

因此在实战中，遇到这种情况并想再买回来，或建立中线仓位，还需要耐心等到化解掉144288通道的八爪线+梳理好中期系统后，才能考虑择机介入的问题。

若是心急怕被“甩掉”，而在这些技术问题还没解决之前就匆忙追买，很容易出现买后被套的情况。

记住一点：当价格强势消失后，一定要等技术上再次启动的条件具备后，才能再进场博弈。

（上面这段对该股的技术剖析基于2020年5月底之前的走势，此后8月底价格最终还是回打到144288通道里，化解了这个通道里的八爪线。有一点必须提一下，价格打下来化解144288通道里的八爪线，但上面89144通道两线却始终没有死叉封闭，并走出了一个“细脖子”。因此该股后面就存在价格重新回到89144通道之上的技术条件。而价格重新拉起来的动作，也很可能是新的上攻启动展开动作。）

那么有没有在同样的技术情况下，价格不跌反涨的呢？

还真有。但是有一个很“严苛”的判断标准：2148通道（分水岭通道）一直保持+MACD指标回0轴——说明该股短期强势还保持着，价格还有上攻再创新高的条件和能量。

看一个这种强势的个股实例。

图2-045中，坚朗五金在长期系统288576通道出现金叉扭转时，涨幅已经达到284%，此时不但4889通道里有明显八爪线，下方144288通道里的八爪线也比较明显。但为什么价格不但没有出现“交叉见顶”（288576通道金叉扭转）转为下跌，反而还能再创新高？

关键就在2148通道（分水岭通道）在价格高位震荡中始终保持着多头状态，没有死叉和封闭。同步地，MACD指标也只是在价格震荡中从高位回到0轴附近，而没有下破0轴。2148通道保持+指标回0轴而不破0轴，就是短线价格的攻击强势继续保持的典型技术现象。

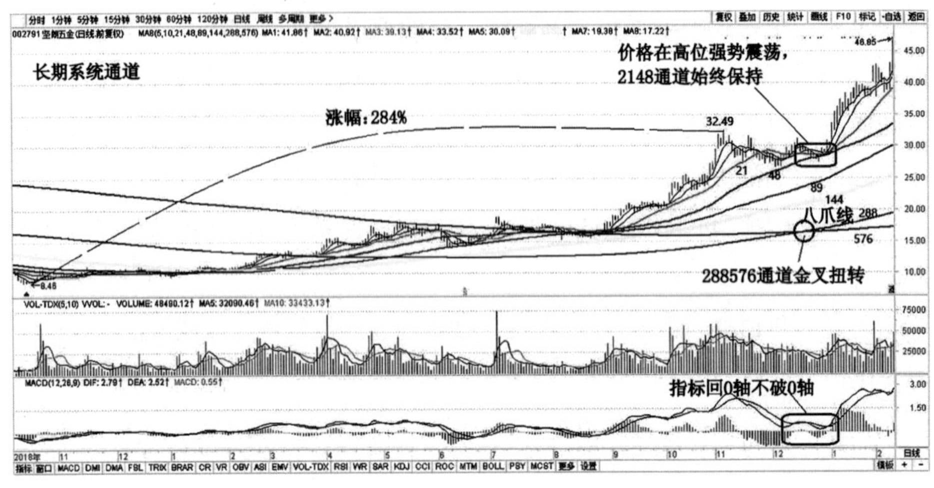

图2-045

短期价格攻击强势继续保持，说明该股技术上的上攻条件还是继续具备，而这里的短线震荡也属于强势震荡，所以后面再创新高就符合技术强势延续的特点。

还有一点：此处4889通道虽然也出现了比较明显的八爪线，但化解这个八爪线的方式是我们讲的三种化解八爪线方式中的“强势化解”。

“强势化解”八爪线时，价格会“压”在八爪线通道上面的这条均线(48线)上，即便有短暂下破，也会马上拉回来，还是属于压着的动作。

压制上行的48线，会迫使48线上行速度放缓，甚至有转平的迹象，这样下方继续上行的89线就会和放缓或转平的48线两线形成收拢之势，八爪线乖离就可以被化解掉。

这种“强势化解”方式，本身就说明价格还处于强势攻击状态中，攻击能量还没有释放完，所以后面价格再创新高，形成新的上攻波就是必然的。

在价格强势化解4889通道八爪线的同时，上面2148通道能一直保持不死叉封闭+指标回0轴不破0轴，就进一步印证了此处价格强势状态的延续。

这一点在该股同时间的周级(相比日级属于大级别)也有同步表现——周

级510攻击通道也一直保持，没有死叉封闭，并且同步的周级MACD指标此时段也没有出现死叉动作。

因此实战中技术工具的状态变化，都是在表现价格攻击力量的强与弱。当价格攻击力量还处于强势，没有释放完时，通过技术工具(包括很多技术指标)就可以发现。

由此是否明白了做交易的核心?

价格波动也好，技术变化也罢，一切都是在表现博弈双方的力量变化。

做多也好，做空也罢，关键是要能辨别双方力量的强弱变化，要始终跟随强势力量去搏。

辨力、顺力、搏力，赢才是确定的。

5. 在实战交易时，如果是以长期系统通道的“扭转上攻、扭转下跌”为技术交易信号时，最好把更大级别上的技术扭转信号结合起来，进行交易判断，其精确性会大幅度提高。

比如，当你观察到某股日级长期系统通道出现“低位(收拢)扭转”动作，应该把周级的中期系统通道和月级的短期系统通道“低位(收拢)扭转”共同结合起来，一起做技术判断，这样得到的技术扭转判断会更准确。

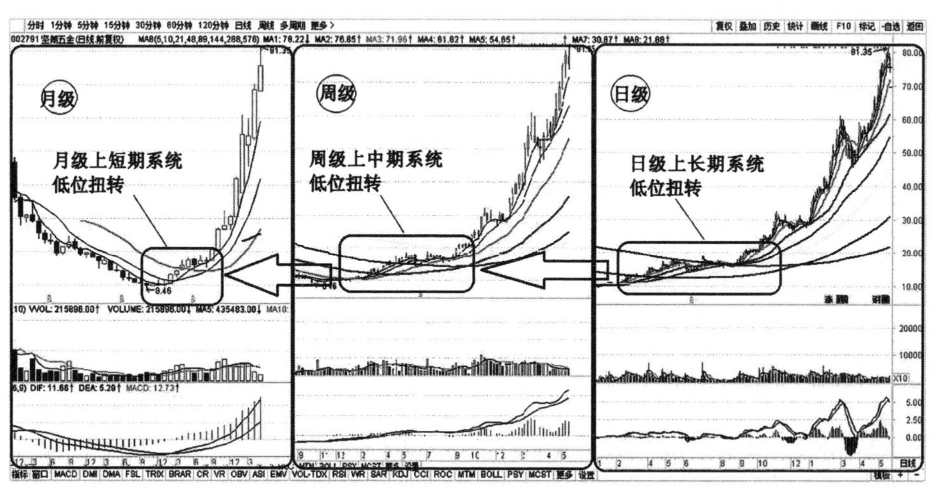

图2-046

图2-046中，坚朗五金当日级长期系统进行低位扭转时，同步地，周级的

中期系统才在做低位扭转，同时间月级的短期系统也在做低位扭转。这就是“三级别同步共振扭转”的典型技术现象。

可能有人还是有疑问：虽然是三个时间周期级别，但反映的价格上涨和下跌波动都是一样的价格，三级别走势相同，当然是一样的了，怎么可以作为技术判断的条件之一呢？

先想明白一个问题：同一级别的价格波动与技术系统循环会同步一致地进行，这很常见。但不同级别的价格与技术系统循环却很难出现同步，一致性难得一见。

“三级别同步共振扭转”现象，不仅仅包含着价格同步性，更重要的是在不同级别上“技术系统的循环”在某个时间段里也形成了同步、同向的共振运行现象。这种情况其实很难得。在大级别的系统循环中，通常好些年才会出现一次。

可以这样讲，不同级别的技术系统循环趋势，由于时间周期不同，总是会出现“你在向上，而我在向下”的“错拍运行”现象。

同一个价格低点，在这个级别上是一个低位扭转点，而在别的级别上却可能只是一个下跌趋势中的反弹低点。

同一个价格高点，在这个级别上是被系统压制着的反弹高点(比如“顶线”或“冲线”动作)，而在别的级别上却可能是突破系统压制扭转动作中的一个高点(比如“穿线”动作的高点)。

还有，在上攻阶段中当价格出现一个高点而回撤、回落，在这个级别的系统中是一个阶段性调整，而在另一个级别则可能只是一次510通道中的横向震荡而已。

根据多年实战经验总结，只有当价格的攻击力量强度(无论是向上还是向下)变得非常强，才会把不同级别循环系统的步调往一个节拍上运行，才会出现不同级别(不单单是价格)的系统趋势出现同步、同向的共振现象。

其中价格的强弱力量起着重要的“技术系统趋势循环节奏”作用。但技术系统本身，也有着自己的“运行惯性”。就像你有你的做事习惯，我有我的行事风格，要两者相得益彰形成顺势一体化，并不是一件容易的事。不仅需要一个扭转空间，更需要时间聚合才能形成。

因此在实战交易中，特别在选择目标个股时，要重视这种“不同级别的价格与技术系统趋势，形成一体化循环时”的最佳博弈时机。

从博弈获利的确定性来讲，这种博弈机会做一次赚一次，只要不贪。

6．以长期系统通道为大趋势支撑通道的个股，通常是长线资金控制运作的典型技术走势，此类股大多出现在质地优良的绩优蓝筹股群体中，它们可以走出长达数年的独立性牛市行情来。

市场中具有代表性的此类个股有一批，比如：贵州茅台、恒瑞医药、格力电器等。

这些个股走的都是大趋势系统的框架循环，由于技术系统趋势，在一个循环中运行的周期比较长。所以，当遇到市场大调整或熊市来临时，股价既要调整，又要保持一种大技术系统的多头运行状态，此类股就会以长期系统通道(特别是288576通道)为最后保持住的攻击通道(即使股价有短时间的下破该通道现象，但该通道会保持而不死叉封闭，股价也会很快回升到该通道之上来)。

看个股实例。

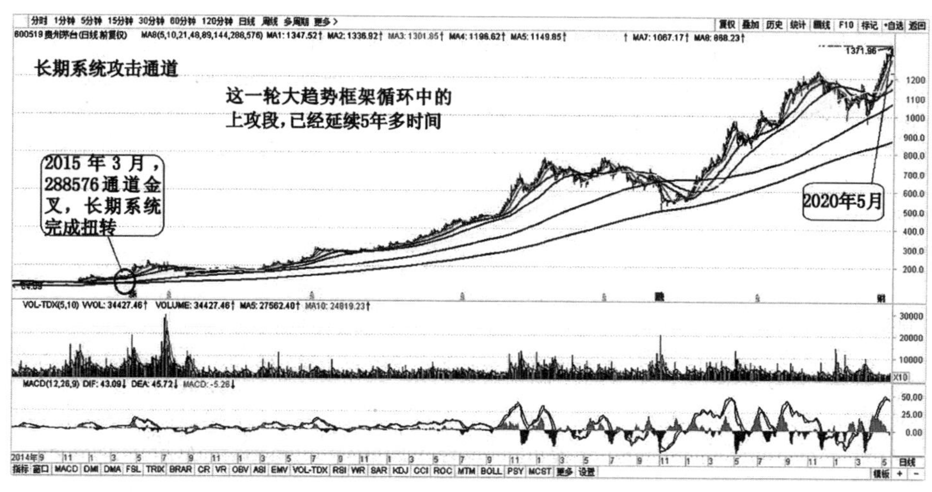

图2-047

图2-047中，贵州茅台最近的一轮大趋势框架循环中的上攻行情，自2015年3月288576通道金叉，长期系统完成扭转起始，至2020年5月已经延续了5年

多的时间。

股价从135元(288576通道金叉时)上攻到最高1371元位置，仅此一轮行情涨幅就达到9.15倍(该股后期在2020年9月初时，最高冲击到1828元)。在该股这一轮上攻行情期间，曾经在2018年6月—11月出现过一次中期系统的下跌震荡过程，跌幅36%，主要技术原因就是长期系统中的144288通道和288576通道都出现了明显的八爪线乖离，需要化解，而价格下跌“探底扭转”的低点，刚好在576线处。

图2-048中，恒瑞医药最近一轮大趋势框架循环中的上攻行情，起始自2013年4月288576通道金叉、长期系统完成扭转之时，至2020年5月已经延续7年时间。

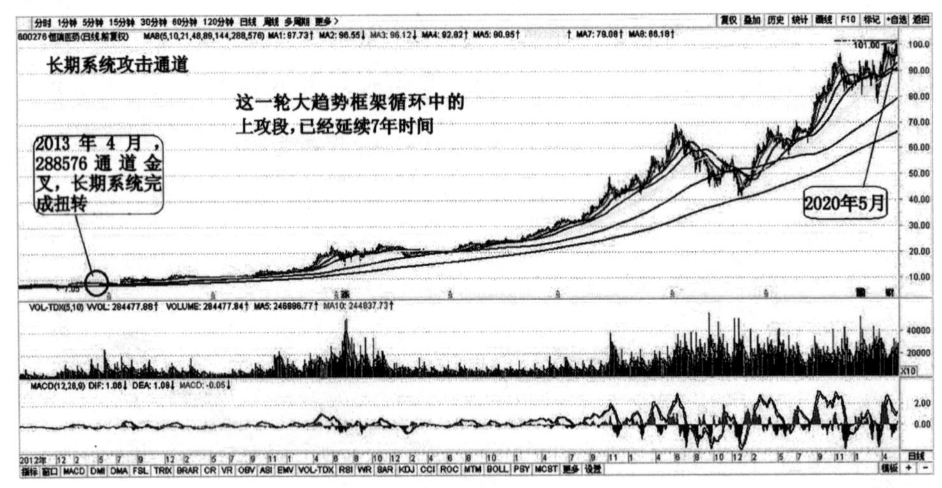

图2-048

价格从7.24元(288576通道金叉后的短线低点)到最高101元，涨幅高达12.95倍。

在2018年6月—2019年1月期间，该股也出现过一次40%跌幅的中期系统下跌。价格下跌“探底扭转”的位置，也是在576线附近。而在技术上引发下跌的原因，也是与长期系统里的144288通道和288576通道中都出现了明显的八爪线需要化解，密切相关。

图2-049中，格力电器自2009年12月288576通道金叉，长期系统完成扭转

到2020年5月，这一轮大趋势框架循环中的上攻行情已经持续了十年半，其时间之长，令人惊叹！

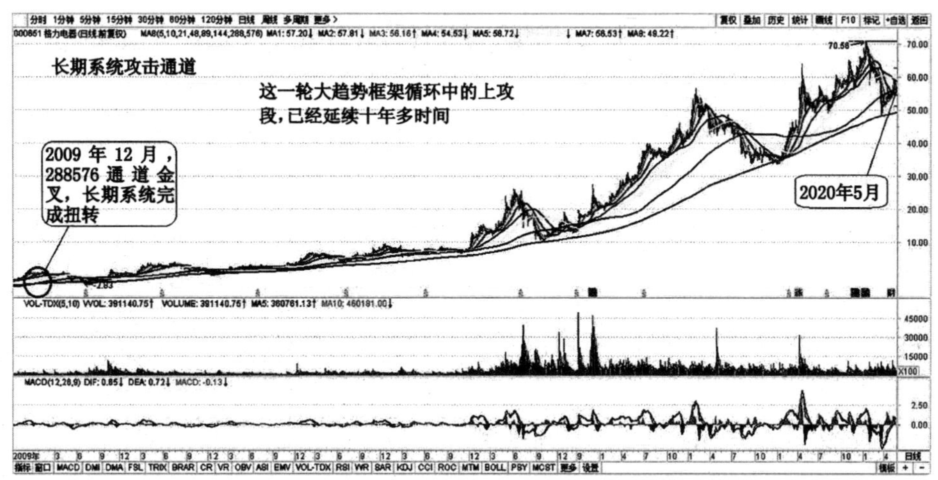

图2-049

股价从2009年12月288576通道金叉时起算到现在最高70.56元，虽然绝对价格空间幅度只有5倍左右，但由于该股常年不懈地高分红和送转股，其真实的投资盈利累积涨幅已超过70倍。

投资该股的盈利模式比较独特，它不仅依靠市场价格空间差来赚取利润，加上每年的高分红以及送转股的利润沉淀，使得持仓筹码不断增大，持仓成本不断下降，从而增大了投资账户的盈利厚度，使其投资收益幅度，大幅超过了市场价格的波动幅度。

这说明了一个问题：在题材类个股上进行博弈，收益仅限于市场内价格波动的空间幅度差：而对优质蓝筹股进行博弈，收益不仅局限于市场内价格波动的幅度差，还会在长年坚持不懈的高比例分红和送转股中获取利润的积累。

由于我国股市的运行特性，很多人一般更关注前5条攻击通道(从5日～144日之间的5条攻击通道)在市场交易中的运行变化。这与我国股市中绝大多数情况下，个股都是在中期级别内完成诸如攻击、震荡、调整、延续、扭转等趋势发展过程有很大关系。

因为长期系统通道在大多数情况下与价格波动的密切度低，只有在大型的低位扭转(下跌)、高位扭转(上攻)以及大型空中扭转的震荡平台中(在这种大型震荡平台中，长期系统通道也会出现死叉后再金叉的动作)，需要对该股大趋势进行定位分析时，长期系统通道的技术运行状态就会起着“定乾坤”的重要作用。

也可以这样理解：虽然交易中大多数时间，长期系统通道似乎可有可无，但不能忘记，你始终是在它的大框架环境中，做着细节上的价格博弈而已。如果这个大框架的运行环境状态变了，你的交易策略也必须随之进行调整，否则就可能在不知不觉中把“顺势交易”做成了“逆势交易”，身处险境而不自知。

技术环境的变化，往往也是价格博弈中的力量发生变化的信号！

四、多层级通道技术联动关系

一只蝴蝶在地球的这边挥动了一下翅膀，在地球的另一边，却掀起了一场狂风暴雨。作为一位技术交易者必须了解，在某一个级别上某一次的价格攻击、扭转等动作，会在其他级别上形成什么样的技术联动变化。所谓牵一发而动全身，即是如此。

记住这些不同级别上攻击通道的对应关系，在交易实战中做技术定位、分析判断时会常常用到。技术的真面目是立体、分层、分级、循环的。许多技术判断上的错误、错节、错拍，都与技术思维的局限有莫大关系。所以应不断横向、纵向拓展自己的技术思维，交易水平才会精进！

多层级攻击通道联动对应表：

日级“脱线”+分钟级

日级“脱线”—(对应)—60分级5小时线+30分级510通道+15分级1021通道+5分级2148通道+1分级144288通道(附带：288576通道)。

周级“脱线”+日级+分钟级

周级“脱线”—(对应)—日级510通道；60分级1021通道；30分级2148通

道；15分级4889通道；5分级144288通道；1分级288576通道。

日级+分钟级

(1) 日级510通道—(对应)—60分级2148通道；30分级4889通道；15分级89144通道；5分级288576通道。

(2) 日级1021通道—(对应)—60分级4889通道；30分级89144通道；15分级144288通道。

(3) 日级2148通道—(对应)—60分级89144通道；30分级144288通道；15分级288576通道。

(4) 日级4889通道—(对应)—60分级144288通道；30分级288576通道。

(5) 日级89144通道—(对应)—60分级288576通道。

周级+日级+分钟级

(1) 周级510通道—(对应)—日级2148通道；60分级89144通道；30分级144288通道；15分级288576通道。

(2) 周级1021通道—(对应)—日级4889通道；60分级144288通道；30分级288576通道。

(3) 周级2148通道—(对应)—日级89144通道；60分级288576通道。

(4) 周级4889通道—(对应)—日级144288通道。

(5) 周级89144通道—(对应)—日级288576通道。

月级+周级+日级+分钟级

(1) 月级510通道—(对应)—周级2148通道；日级89144通道；60分级288576通道。

(2) 月级1021通道—(对应)—周级4889通道；日级144288通道。

(3) 月级2148通道—(对应)—周级89144通道；日级288576通道。

(4) 月级4889通道—(对应)—周级144288通道。

(5) 月级89144通道—(对应)—周级288576通道。

第三章　七个攻击通道实战要点

有攻击就会有回落震荡，这是价格攻击运行的原始规律节奏所决定的。扭线技术里还讲过一句话：上攻重底，下跌重顶！因此在上攻阶段中最重要的不是顶有多高，而是回落时支撑底的高低和强度。用攻击通道的支撑来做判断，就会很直观。攻击通道在实战中，其技术博弈点不仅在某一条通道的运行变化上，常常也会在某个时段里多个层级的通道上，出现明显的博弈机会。

经过多年的实战沉淀和提炼，作者总结出七个攻击通道的实战要点，其中既包括攻击通道在实战中的技术应用，也包含很多攻击通道的运行规律特点。

一、价破通道不封闭，股价还会回到通道之上

这个技术原理与价线关系中的“价破线不破，拐点必出现(攻击会延续)”相同。股价回落得到支撑后，股价下破的那个攻击通道，如果能够始终保持不封闭，股价还会回升到这个通道之上。这也说明虽然价格刺破了该通道，但该通道的支撑力量还在。它的强势状态还能保持，除非这个通道最后还是被封闭了。

看个股实例。

图3-001中，好当家在震荡上攻过程中出现过两次价格回撤震荡时下破2148通道的现象。但两次价格下破2148通道后，该通道始终保持多头上攻状态，因此之后价格又重新回升到该通道之上。

细看两次价格的下跌动作，不仅下破了2148通道，也下破了4889通道。实战中遇到这种价格连续下破两层或多层攻击通道时，要特别注意在价格头

顶上方的通道层级中，有哪个攻击通道能够始终保持着且没有死叉封闭，那么，价格就会再次回升到该攻击通道之上。

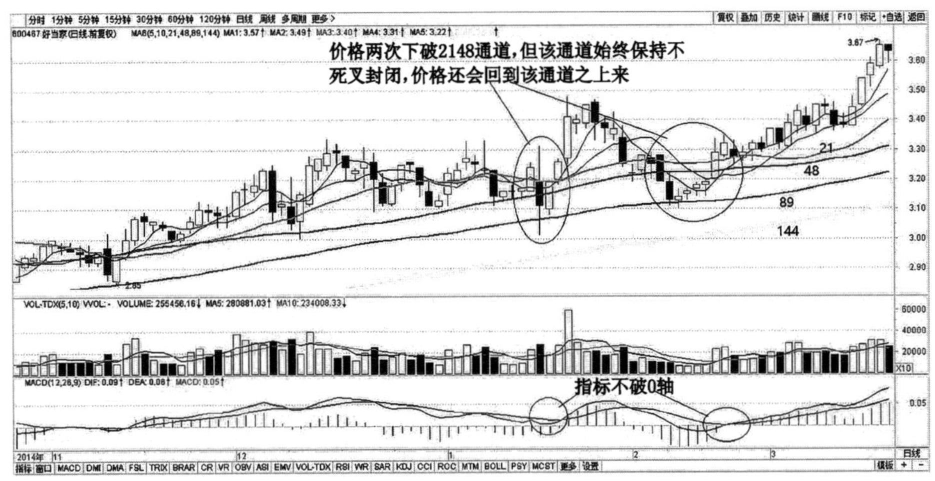

图3-001

另外还有一点：如果价格回撤下跌，震荡时下破的攻击通道中包含2148通道，就可以同时关注MACD指标的回0轴动作。通常2148通道与MACD指标由于周期相近，具有同步性。2148通道不死叉与MACD指标回0轴不破0轴会形成同步，这一点在实战中也可以作为相互确认判断的一个技术点。

不过有时也会出现两者(2148通道和MACD指标)一个通道死叉了，而另一个没有破0轴；或者一个通道保持着，而另一个却有破0轴现象。当出现这种两者不一致时，应以保持多头状态的一方为准来做判断。

二、2148通道的八爪线，至少会引发阶段性回落

无论在上攻还是震荡中，当2148通道中出现比较明显的八爪线时，通常都会引发阶段性回撤、震荡回落。

有时短期攻击力量很强，攻击能量还没有释放完，虽然2148通道出现了八爪乖离，也会暂时不化解，而以先释放攻击力量为主。

当价格攻击遇阻，能量释放完之后(此时最典型的是价格在高位区域震荡

徘徊)，股价不但会回落化解2148通道的八爪线，甚至整个中期的攻击行情，也可能就此结束。

还有，如果2148通道出现第二次八爪线时，也要警惕中期上攻行情的结束。

一般短线攻击能量强盛时，其回撤震荡均会在21日线之上完成，这就是21日“护盘线”的重要作用。

看个股实例。

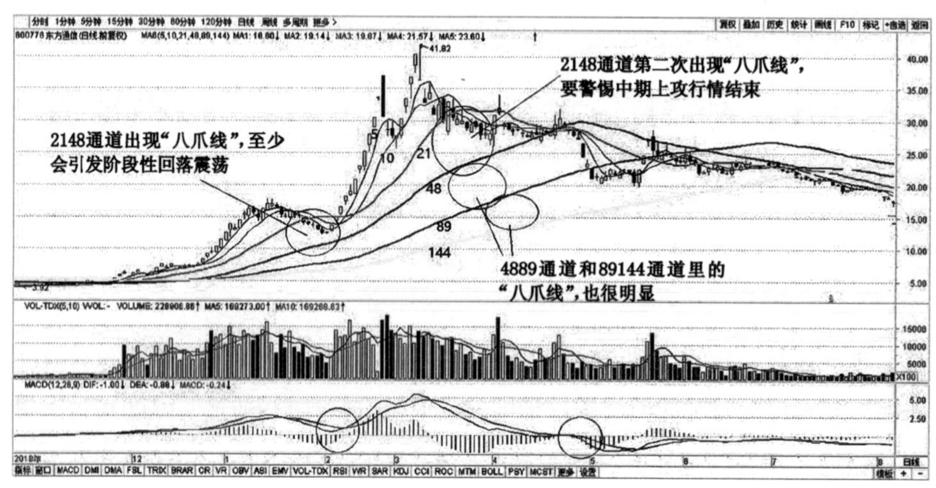

图3-002

图3-002中，东方通信在上攻行情中先出现了一次2148通道八爪线现象，之后价格回落进入阶段性震荡，同步的MACD指标也出现回0轴。在化解了2148通道八爪线乖离，指标也回到0轴附近时，价格再次展开新的上攻。

当2148通道第二次出现八爪线时，价格也完成了冲顶动作，此时就应警惕该股这一轮中期行情上攻阶段可能已经结束，把保存盈利作为首要考虑。

特别是图中该股此时不仅2148通道是第二次出现八爪线(同时价格涨幅也非常大，该股累积涨幅已达10倍)，4889通道、89144通道也都出现了八爪线。这种中期系统均出现八爪线的现象，更应警惕该股的上攻行情面临结束。

从图中可以看到，当价格回落化解了2148通道+指标回到0轴附近，价格再次上攻，失败后进入快速破位下跌中，指标也同步下破了0轴，进入空头市场中。

三、二次回落，支撑升级时，是加速先兆

无论在短线上攻回撤回落，还是在中长线上攻趋势的回落，有一个通道技术现象对判断即将加速或转强有很大帮助，这就是“二次回落，支撑升级，是加速先兆”。这种情况是“通道升级”之后的又一次攻击力量升级现象。

二次回落，是指股价第二次回落震荡的支撑通道相比前一次回落震荡的支撑通道级别提高了一个层级，此为攻击加速升级的表现。但要特别注意，这种现象一般出现在启动上攻的初期和上攻的最后时段里。这种技术现象在扭线技术上还有一个叫法：先破后不破，强度升级。

看个股实例。

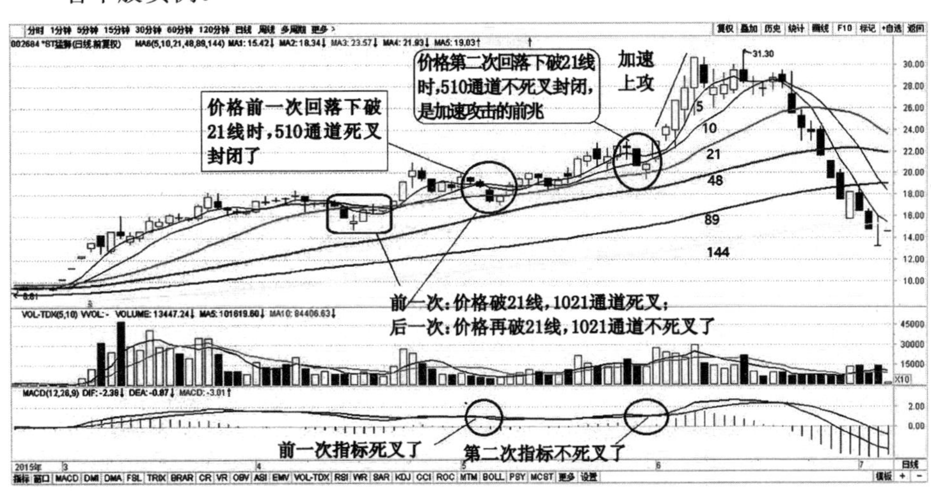

图3-003

图3-003中，猛狮空间在上攻途中出现过两次“二次回落、支撑升级”的现象。注意，这两次是出现在两个不同层级的攻击通道上的。

先说图中方框处，此处价格的回落动作下破了21线，1021通道死叉；之后价格回升上来，再次回落时(图中第一个画圈处)再次下破了1021通道，但却没有出现死叉封闭。一前一后两次下破同样的攻击通道，前一次死叉封闭，

后一次不再死叉封闭，这种现象就是“二次回落、支撑升级”的典型表现。

再说图中两个画圈处的走势变化：

第一个画圈处(也就是前面讲的1021通道不再死叉处，此处是重叠的)，价格回落下破21线时，此处的510通道出现了死叉封闭现象；但在第二个画圈处，当价格再次下破21线时，注意看，510通道却不再死叉封闭了。这也是一次价格“二次回落、支撑升级”的典型现象。

特别是这一次，由于涉及攻击通道层级中最短的510通道出现的“二次回落、支撑升级”现象，就很容易成为价格顺势形成加速上攻的前兆信号。

四、“一次性升级”和“逐步升级”现象

1．一次性升级。

在通道升级现象中，“一次性升级”现象与价格的爆发能量大小有密切关系。短线爆发力强的个股，价格可以一次性升级到最强状态通道中(510通道)。这种情况多发生于个股从低位的“震荡坑”里连续穿越多条压制线冒出头来的时候，并且还能够持续攻击。

“一次性升级”爆发起来的个股，强大的资金换手额是必备条件之一。

如果以连续一字板爆发，由于资金换手稀少，筹码惜卖，此类个股短时间的爆发上攻幅度通常很大，直到换手放大后，价格才会化解“脱线”和510通道的八爪线两种乖离。

另外还有一种“急攻一口气”走势的个股，其攻击走势很强悍，通常只化解“脱线”乖离，靠线(靠5日线)再起继续上攻，形成一口气完成这个攻击波的走势。

看个股实例。

图3-004中，电魂网络即是从震荡坑里一次性升级到510通道之上，并以连续脱线攻击的方式一口气完成此波攻击。但要注意一点，这种“一口气完成攻击”的上攻方式很强，但若跟随交易，一定要在价格攻击遇阻时果断先出局为佳。

图中该股在连续涨停7天后连续出现两个悬空“脱线”的高位“中字K线”，并且伴随很大的换手率，这就是典型的价格攻击遇阻信号。

这种最强的攻击姿态是已经把价格上攻推到了极端，一旦冲出高点顶，价格回落的力度幅度也往往会比较大。因为价格连续强攻必然造成2148通道，甚至中期通道中都出现明显的八爪线乖离，价格要回落化解，也可能会被打回原形。

图中该股后面价格回落时，最终在打回下破了89144通道后才止跌企稳。

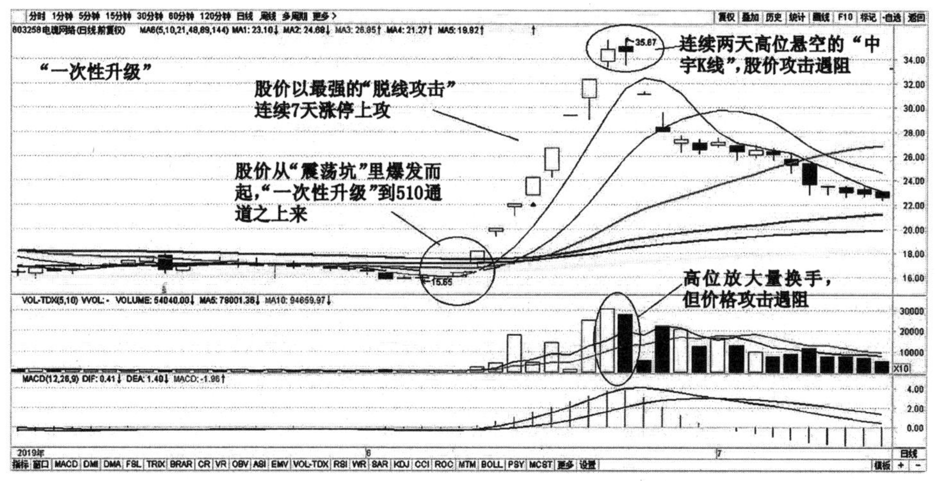

图3-004

2. 逐步升级。

“逐步升级”是在实战交易中比较多见的一种通道升级现象，往往也是一只个股从低到高逐步上攻的过程。这种类型的个股通常中期上攻延续的时间比较长些，有种绵绵不绝的特点。

价格从长期系统通道先“升级”到中期系统通道里，得到支撑后再升级到短期系统2148通道之上，得到支撑后再转强升级到1021通道，再转强升级到510通道，再转强升级，就是“贴线攻击”，再转强升级，就是“脱线攻击”。在涨起来的初期，是逐步升级转强的。

其间即使短时间加速攻击一下，也会再回撤下来，但是回撤得到支撑的通道会明显上升一个或两个层级。

当价格回撤动作能够被1021通道支撑住时，价格通常也已经走入新的上攻波里。

如果说“一次性升级”要特别注意510通道的八爪线乖离大小，那么这种“逐步升级”就要特别注意2148通道的八爪线乖离。

因为这两个通道若是出现八爪线明显偏大的情况，都不能急于介入，要等价格回撤化解八爪线之后，再择机进入比较好。

另外一点，当价格与通道出现“逐步升级”时，也可通过监控MACD指标即使有回0轴，也不会再下破0轴这些表现结合来做判断。

再看个股实例。

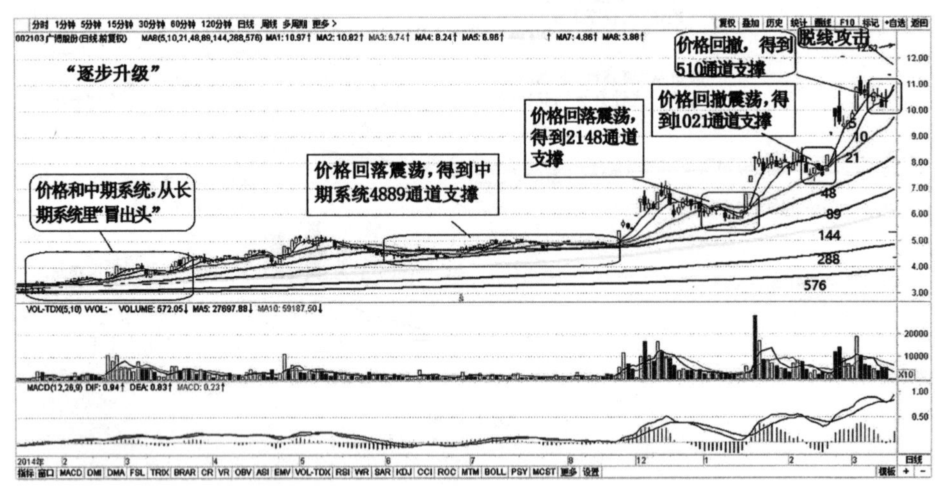

图3-005

图3-005中，广博股份是典型的“逐步升级”上攻走势。图中第一个画框是刚开始时，价格和中期系统(当然也包括短期系统)先从长期系统里“冒出头来”。第二个画框则是之后在股价回落震荡时，得到了中期系统4889通道的支撑。这就说明价格成功地“升级”到中期系统通道的支撑上。图中第三个画框处，是价格再次上攻后回落震荡时，得到了2148通道的支撑。这说明价格已经“升级”到短期系统通道里。第四个画框处，是价格再次上攻后回落震荡时，得到了1021通道的支撑。这说明价格又成功“升级”了一层支撑通道。

价格再次上攻后，短线回撤震荡时，得到了510通道的支撑(注：细看510通道两线收拢但没死叉封闭通道)。到此，价格已经“逐步升级”到最短也是最强势攻击的通道上了。

下一步价格再“升级”，就会是“贴线攻击”(注：价格依托5日线上攻)，或者直接升级到最高强度的“脱线攻击”。

图中个股是直接升级到“脱线攻击”，出现连续一字板涨停。

在实战交易中这种“逐步升级”上攻走势的个股，博弈机会点很多，你只要理清楚价格和攻击通道之间这种攻击强度“逐步升级”的现象，短线、波段、中线博弈均可。

还有一点：当股价“逐步升级”到2148通道获得支撑后，无论短线是否再升级到哪个强度来上攻，只要后面股价回落震荡时不下破2148通道支撑+指标回0轴而不破0轴，攻击就会始终延续，直到下方长期系统出现明显八爪线，就要高度警惕见顶风险的来临。

五、“股价冒头”现象

通常，先有“股价冒头”，后再“启动加速”。

“股价冒头”是指价格+510通道穿上多条压制着的均线，冒出头来。但要注意区别，有些股只有股价或者只有股价+5日线冒出头，这种情况失败的概率比较高。

“股价冒头”现象是价格开始转强的重要技术信号，通常与价格启动、技术突破、攻击开始有密切关联。但“股价冒头”时，必须要有510通道跟随支撑。在冒出头后还必须要有一个确认动作——就是当股价冒头后，要有一个“回坐”寻找支撑的动作。

有时这个回坐找到的支撑是510通道，确认动作就很短暂，也许前一日股价冒头，次日就出现回坐510通道，找到支撑然后就接着上攻；有时则会用一段时间来找支撑，通常这种情况下价格寻找的是2148通道的支撑。

为什么必须要找支撑来确认价格的冒头呢？原因之一是价格与5日线之间的“脱线”乖离需要化解。原因之二是510通道中的八爪线乖离需要化解。还有一个原因，是短期四线(5、10、21、48四线)还没有理顺。

比如在股价冒头后短期四线还没有完成扭转动作(也就是2148通道还没有金叉扭转)，股价就会形成一段横向震荡小平台，等到短期四线完成扭转并把短、中期系统梳理好 (或即将梳理好)之后，才开始正式启动加速攻击。

如果是这种情况，启动加速攻击的时机点通常会在21线穿上所有均线冒出头之后开始。

在实战中，股价冒头后510通道在价格回撤时是否能保持住，也是一个很重要的技术判断点。

如果510通道在股价回落震荡中，包括化解510通道八爪线之后都能够保持多头状态，这就说明短线支撑力量很强，价格处于很强势的状态中，该股很快就会出现加速攻击。因为510通道的攻击强度很高。

如果510通道保持不住多头状态而出现死叉现象，则该股就需要得到1021通道的支撑回落动作之后，才会启动加速攻击。

如果连1021通道的多头状态也保持不住而死叉了封闭了，价格就只有退守寻找2148通道支撑后，再重新梳理510通道和1021通道为多头后，才会再启动加速攻击。

若是2148通道都还没有完成扭转，就要小心价格会下破这个正在扭转过程中的“分水岭”通道，并且再下一城，把2148通道的扭转动作夭折掉。

这样一来，股价冒头动作其实在510通道出现死叉之时，就已经失败了。

总之，当出现“股价冒头”时，要特别注意510通道有没有八爪线，2148通道是否已经扭转这些问题。510通道有八爪线，莫追涨；2148通道还没有金叉扭转，莫追涨；2148通道有八爪线，莫追涨！

看个股实例。

图3-006中，亚光科技股价与5日线先出现“冒出头”，但由于510通道中有八爪线，而且510通道没有全部冒出头(10日线没出头)，这种情况下价格一出现回撤，就会回到多条压制均线“堆”里来，所以这种情况的股价冒头通常失败率比较高。

图中可以看到2148通道金叉扭转了，这一步很重要，说明短期四线已经完成扭转，此处是价格转强的明显信号。

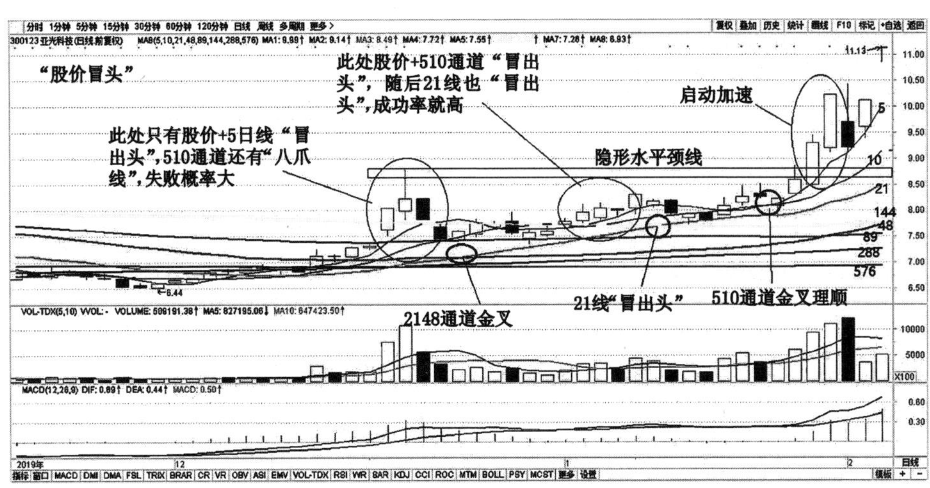

图3-006

2148通道扭转后就可以有力支撑价格的回撤，因此一般情况下价格从现在开始都会运行在短期系统中，"通道升级"。

图中第二个画圈处是股价再次出现冒头，这次相比前一次，510通道也跟随股价冒头，而且510通道也没有明显的八爪线。因此这里才是真正有效、显露技术强势的"股价冒头"动作。

但此时距离"启动加速"的出现，还差一个重要信号——21线"冒出头"。所以后面的21线"冒头"动作在这时就更加显露出此位置价格正在为"启动加速"上攻做准备了。

21线冒出头后，价格短线回打确认了一下21线的支撑力量。下一步就是理顺短期系统启动攻击的条件了。

随后当510通道两线在21线之上再次金叉理顺后，股价随机突破"隐形水平颈线"，进入"启动加速"的上攻波中。

六、"启动加速"现象

启动加速有两种。

第一种："理顺后启动加速"。

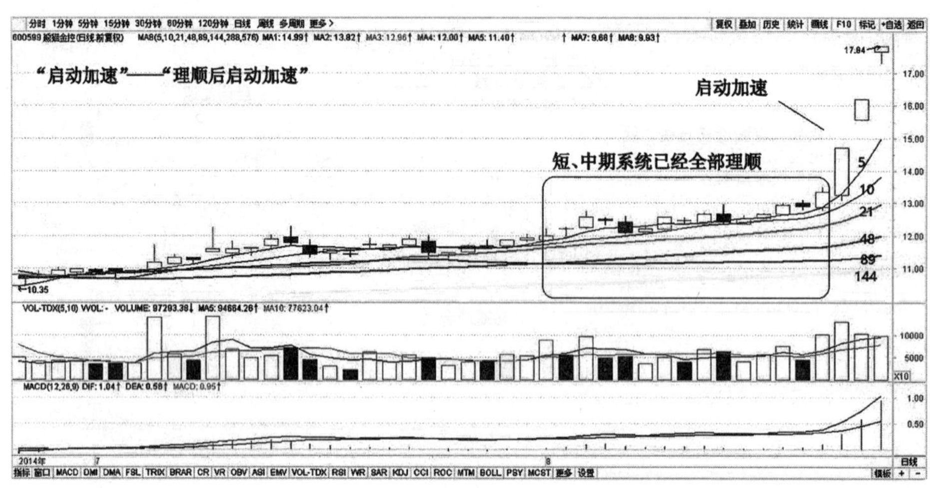

图3-007

图3-007中，熊猫金控的“启动加速”，是先理顺短、中期系统为多头排列后，顺势展开“启动加速”的上攻，可以明显看到，在短中期系统各通道没有理顺之前，价格主要以1021通道的震荡攻击为主，而当4889通道完成金叉后，短中期系统均已理顺，价格明显升级到510通道的震荡攻击中，之后顺势启动。

在实战交易中“理顺后启动加速”的个股博弈点比较多，比较好把握，由于其理顺过程时间也长一些，所以只要在其理顺后，随时都可以择机介入。

第二种，“理顺前(理顺时)启动加速”。

图3-008中，漫步者属于“理顺前(理顺时)启动加速”。

可以看到，长期系统576线在89线、144线、288线之上，这说明长期系统还没有完成扭转动作——也就是说，长期系统还没有理顺。而由于288距离576线比较远，因此在一段时间里长期系统也不可能理顺。

是不是长期系统没有理顺之前股价就不会出现上攻波呢？答案当然是否定的。

从技术系统的理顺上讲，即使只有短期系统理顺为多头(也就是2148通道金叉扭转)，中期系统没有理顺，价格也可以展开阶段性的上攻波。

如果中期系统也理顺为多头，即使长期系统没有理顺，价格也可以展开

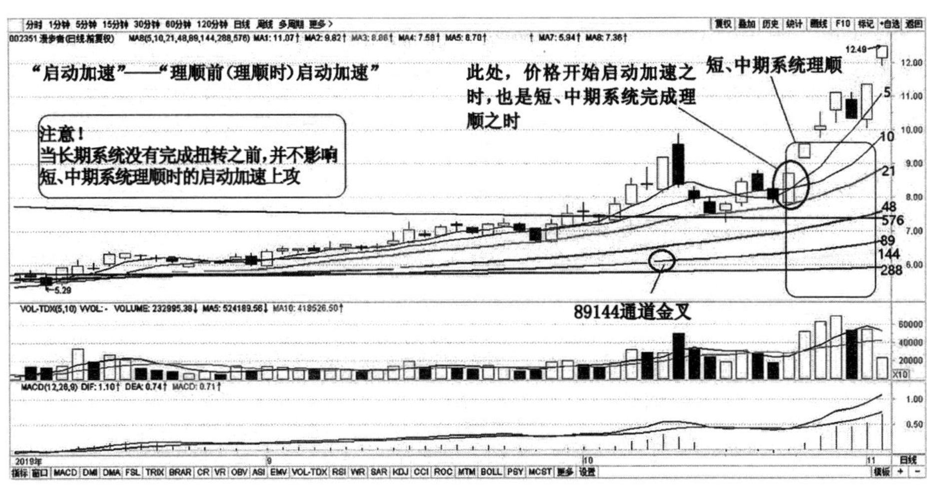

图3-008

中期行情的波段攻击。关键在于价格“启动加速”上攻动作的出现时机，有些时候是在几个系统都理顺时，有时也会在三个系统还没有理顺时，通常只要短中期两个系统理顺，就可以展开中期系统支撑的上攻波。但有一点，这种上攻波也很可能会在长期系统完成理顺时(或理顺后)结束。就是出现“交叉见顶”的概率会比较高。

可能有人会问：如果长期系统没有理顺，会不会价格再次回打下来，继续震荡等待长期系统的扭转和理顺呢？这种情况在实战中也不少见。不过可以用一个比较简单的技术方法来进行判断：长期系统没有理顺而只有短中期系统理顺时，股价一定要保持在短期系统21线之上的攻击通道中(也就是价格短线回撤回打动作，不再下破21线的支撑)。同时510通道、1021通道、2148通道三个短期系统通道中都没有明显的八爪线。还有一点，此时成交量要有明显的放大(虽然每天股价的涨幅并不大)。

当出现这些技术现象时，只要大级别上(周月级上)短期系统通道里没有明显八爪线，价格进入“启动加速”的概率就会很高。

如果要择机介入，可以再参考分钟级别的交易机会，择机介入。

关于分钟级别的交易信号和机会把握，后面“五招六式”及“爆发点技术”中均有更详细的讲解，可参看。

再看一只“理顺前(理顺时)启动加速”的个股实例。

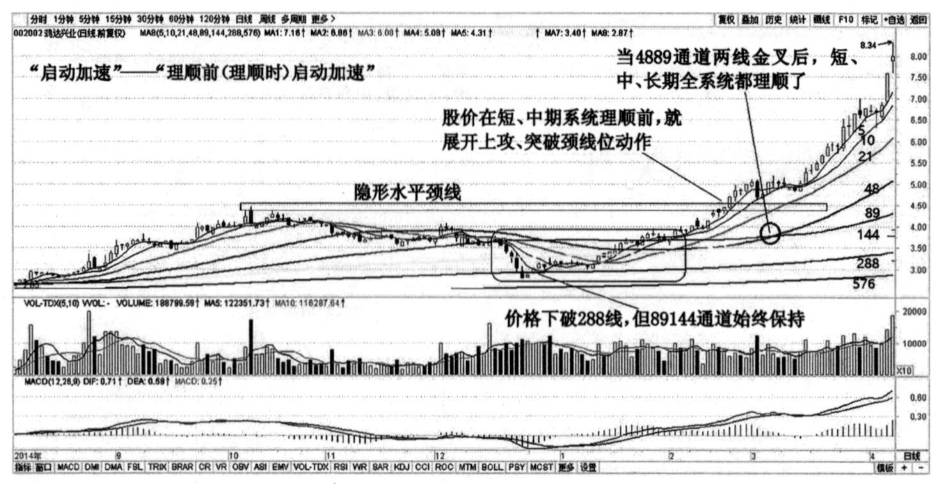

图3-009

图3-009中，鸿达兴业长期系统已理顺为多头状态，因此当价格回落下破288线时，长期系统中的288576通道有效支撑了股价恐慌性下跌。同时也可以看到，价格下破了288线，但上面的89144通道却始终还保持着。因此股价得到支撑后，一路又震荡回升起来。

此时可以看到该股的长、短期系统都已经理顺，只有中期系统里的4889通道还没有金叉理顺，但这并不影响价格"冒出头"，以及突破隐形水平颈线，"启动加速"。只是在4889通道完成金叉，三个系统全部理顺后，股价第二次又升级了加速上攻。

从以上个股实例综合来看，一个很有趣的技术现象就是，无论是短、中期两个系统的理顺，还是短、中、长期三个系统的理顺，都是在还差一步就理顺的情况下，或者就在理顺同时，就已经展开了启动加速和突破颈线等上攻动作。这种现象说明：当技术系统即将完成理顺或完成理顺的同时，股价也可以提前展开上攻动作。

这种情况与前面的"理顺后启动加速"相比，在实战中把握起来会有一些技术难度，但你只要记住"就差一步理顺"这个技术系统的最大特点，再结合"股价冒头"，21线"冒头"，冲击力放大，MACD指标保持多头等这些技术信号的"同步顺势"信号，就可以及时正确地判断出该股启动的新上攻波。

反之，如果距离系统理顺差了不止一步，还需要好几步时，即使股价有短线上攻“冒头”动作出现，也不应急忙追涨交易。因为这种情况下通常价格还需要折腾一段时间，可以等直到系统理顺或“就差一步理顺”时再择机介入，就会少受很多煎熬。就像“交叉见顶”，当价格经过大幅上攻、累积了大量获利盘，此时恰逢某个系统即将理顺(为多头)时，常常也会成为最佳的卖出时机点。

在实战交易中这种“差一步就理顺”的博弈点，常常成为最佳的买卖交易时机。

喜欢技术博弈的人很多时候会不知不觉陷入一种技术误区中，那就是总在寻找捕捉等待一个技术上的“完美”场景。特别有很多人钻研技术多年，总有一种痛苦无法释怀：自己总结提炼出的很多技术方法、博弈方式，却总在实战中栽跟头。

问题出在哪里呢？其实就出在对技术的完美要求上。要知道，完美的技术都是被人事后描述出来的，而在该事件发生的当时，技术上并不完美。

什么意思呢？就是说当我们描述一件事，通常都在此事已经结束之后。而世上任何一件事，无论喜剧还是悲剧，结束后再看就会看到从头到尾的全部，所以就会在脑海中形成一个对此事的“完美性描述”。

可以这样讲：世界上任何一件事，无论喜剧还是悲剧，只要它发生了、结束了，回头再去描述它，都可以被描述得具有“完美性”特点。

喜欢研究技术的人一定要警惕在不知不觉中陷入对“技术完美性”的过度追求。因为任何一件事发生的当时当场，其价格波动、技术运行、技术环境，并不是完美无瑕的，甚至可能是缺这少那、险象环生。

每当价格+技术的一段运行结束，回放时整个过程才具有“完美性”——无论是上涨还是下跌。所以在技术博弈中不要刻意追求“技术完美性”，还要特别警惕“技术完美性”陷阱。

技术博弈者大都在追求技术的完美，但最佳博弈时机却往往发生在技术接近完美，却并不是完全完美之时。其中的精妙，须细细品味。

七、“主支撑通道”现象

“主支撑通道”可以出现在任何一条攻击通道上。但若从中期运行趋势来看，最小层级的“主支撑通道”是2148通道。

主支撑通道的层级(级别)越小，说明价格的短期攻击力越强、越猛，但持续时间小于大层级的主支撑通道。主支撑通道层级(级别)越大，说明价格在攻击途中回撤震荡的幅度越大、频次越多，蓄势梳理系统的时间越长。

主支撑通道通常会支撑住至少两次价格的回撤动作。

主支撑通道会出现升级和降级，通常在价格展开新的上攻波时，会出现升级；而在该通道级别的趋势循环转入震荡时，出现降级。

不同层级(级别)上的主支撑通道均代表不同时空级别上的博弈机会。

每个级别的主支撑通道都对应着其他级别上联动的主支撑通道，交易中可互相参考着做判断。

看一只2148通道为主支撑通道的个股实例。

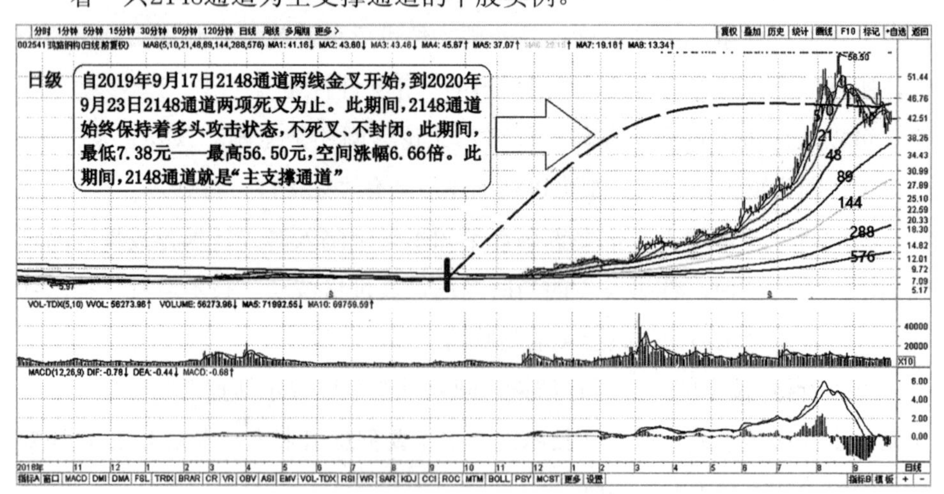

图3-010

图3-010中，鸿路钢构自2019年9月17日2148通道金叉开始，直到2020年9月23日2148通道死叉封闭为止，在此一年期间2148通道始终保持多头攻击状

态，没有死叉封闭过。

此期间市场价格从最低点7.38元到最高点56.50元，涨幅高达6.66倍。在此期间这条2148通道就是名副其实的“主支撑通道”。而在众多攻击通道中，2148通道属于短期系统攻击通道，这条通道即使在上攻趋势中，也是很难持久保持住的。因此该股2148通道能一直保持住，成为主支撑通道，本身就说明该股价格攻击力很强，且能持久，这点在大量强势股中是很难得的。

因为大量强势股虽然攻击力很强，但很难持久保持这种强势，大多只是两三个月，之后就很容易出现减弱，2148通道死叉封闭也就不可避免。

一只股有多强，并不是只能通过看放多大换手量，主力资金进出，拉多少个涨停板，阳线多还是阴线多，是不是经常上“龙虎榜”，是不是有机构在大量买入，是不是散户数量大幅减少，是不是有资金增仓等这些方面来进行判断。用均线技术方法也比较简单——就看它依托的“主支撑通道”是短期还是中期，就可以马上做出判断。所以说该股保持的主支撑通道的周期(层级)大小，也与该股走势凶猛急促还是震荡缓慢有很大关系。

层级越小，价格越强，攻击越快；层级越大，价格越弱，攻击越缓。

可能有人会问：为什么主支撑通道里最短的是2148通道呢？

答：这是从中期趋势来讲的。若以短期趋势中爆发的牛股来看，510作为主支撑通道的个股偶尔也会出现；以1021为主支撑通道的个股不时也会出现，而且这些个股爆发力通常都比以2148为主支撑通道的个股更加猛烈。但由于所依托的通道周期比较短，通常都是一两个月的短期爆发行情。而从更长的中长期系统循环来看，这种短期爆发越猛烈的个股，后期反而需要依托的“主支撑通道”层级越大(短期猛烈爆发后价格回落幅度也比较深，大多都会到长期系统才能得到资金支撑)。总之，短线太猛难持久。

若某股能从低位扭转开始就始终依托2148为主支撑通道，别看它都不怎么拉涨停板，但其实该股的价格攻击力是很强的。只是不露声色而已。大家都知道的富豪只是有钱人，大家不知道的富豪才是真富豪。

再看一只4889通道为“主支撑通道”的个股实例。

说明：为了能看得更清楚，用了中期趋势框架线系统21、48、89、144四线。

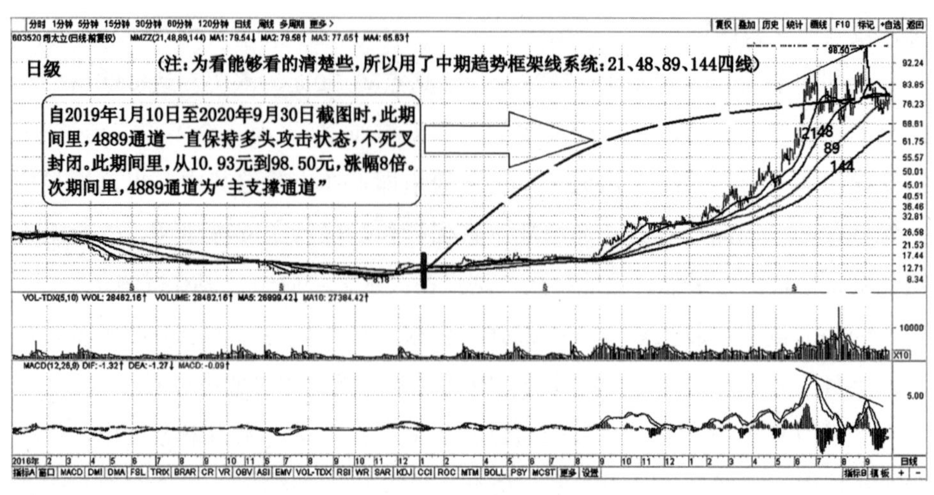

图3-011

图3-011中，司太立从低位2019年1月10日4889通道金叉扭转开始，直到2020年9月30日截图为止(注：截图时4889通道还没有死叉封闭)，在1年8个月的时间内，4889通道一直保持着多头攻击状态，不死叉，不封闭通道。

在此期间价格从10.93元上涨到98.50元，涨幅为8倍(注：只是从4889通道低位金叉后打出的低点起算，并不是该股低位区域里的最低价8.18元起算)。在此期间，4889通道为该股的“主支撑通道”。

从图中可以看到，小层级2148通道在中间部分攻击时段表现很强，具有“主支撑通道”支撑价格攻击的作用。但在低位扭转后的震荡平台和在高位冲顶时的剧烈震荡中，2148通道都难以保持而出现了死叉封闭现象。

这说明什么？

说明别看该股涨幅大、利润多，但在低位扭转震荡平台，价格剧烈波动和清洗幅度并不小，很多刚开始看好该股的资金都被清洗掉了，并没有吃到后面的大餐。而在高位形成“顶背离”冲顶过程中，2148通道又出现死叉封闭，则是一种很明显的警示信号。这个警示信号并不仅仅是“顶背离”信号。2148通道在上攻过程中一直不死叉封闭，而到70元上方却出现了死叉封闭，这就说明该股的攻击力量已经减弱(即使还能再创新高，但减弱已经开始，只是通过“顶背离”信号表现得越发明显而已)。

究竟我们看价格波动和攻击看的是什么？就是看攻击力量有多强，这种强度的持久性，以及强弱之间的变化节奏。博弈的机会与风险均包含于其中。

看一只89144通道为主支撑通道的个股实例。

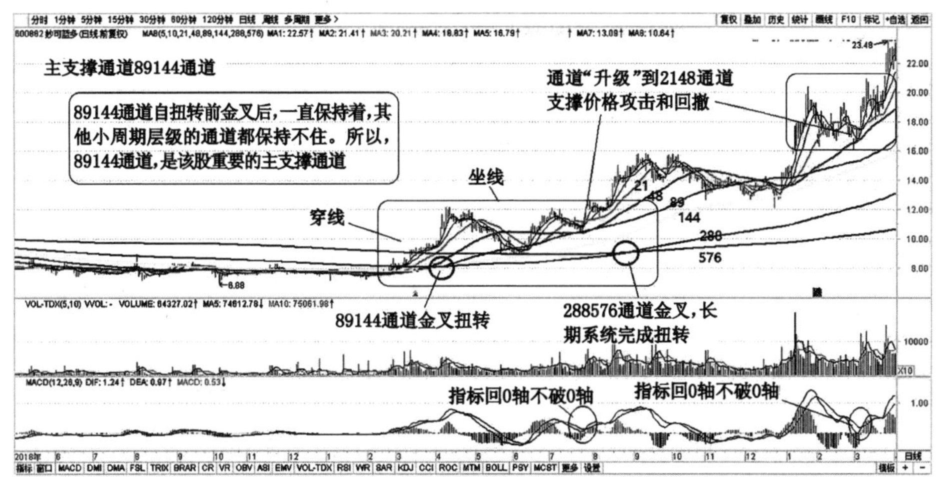

图3-012

图3-012中，妙可蓝多主支撑通道走的是89144通道。关键这个主支撑通道(89144通道)也是从低位扭转金叉开始，一直都没有再死叉封闭过。

通常以中期系统攻击通道(4889、89144)做为主支撑通道走势的个股，其扭转动作可能比较烦琐反复，价格的上攻幅度和回撤幅度比较大。因为价格上攻都是以短期系统通道为支撑，如果上攻幅度太小，就难以拉大中期系统的八爪线乖离率，所以就会出现一个现象：价格上攻时依托短期系统通道，但当一个攻击波结束，回撤震荡时却会下跌到中期系统通道才得到资金的明显支持，所以价格的上下幅度就会比较大一些。

图中该股低位扭转的“穿线”动作依托的是短期系统510通道(这是上攻力度最强表现的通道)，所以价格在穿线动作中强势很明显，也很持续。

而当完成穿线动作后回落“坐线”时，2148通道、4889通道都已出现比较明显的八爪线，所以价格必然会回落化解这两个通道的八爪乖离，但价格却一路下破48线，打到了89144通道里(此处刚好也是576线处，所以也是前面穿线突破576线后回落坐线，确认突破成功的动作)。这个回落下破48线的出现，也与前面穿线动作涨幅达到70%有一定关系，说明短中期的筹码获利都比较多，主力借助坐线动作进行一下清洗，也是合理的。此时48线开始转平，这样既化解了2148、4889两个通道的八爪线，同时也清洗了短中期系统获利盘，还完成了坐线，确认穿线成功，一举三得。将这些技术动作和现象综合起来看，就是该股完成低位扭转的表现。所以价格再次进入新的上攻波。

但需要注意的是，由于坐线是在89144这个中期系统通道完成的，要再次进入新的上攻波，就要从中期系统通道的支撑中“升级”到短期系统通道的支撑上才行。

那么技术上怎么来表现这种“通道升级”呢？价格要先上来，然后再回撤震荡一下，得到短期系统的通道支撑，就说明“通道升级”了。

反之，如果价格先拉起来，然后回撤震荡又重新回到了中期系统通道，就说明没有出现“通道升级”现象，价格就还要在中期系统通道里震荡一段时间。

但也会有个细节上的区别：比如4889和89144都属于中期系统通道，如果价格拉起来再回撤震荡时从之前89144通道支撑，变成4889通道支撑住，这也算是一种“通道升级”表现。

还有同一个问题：价格从中期系统升级到短期系统通道支撑，怎么来表现呢？

价格回撤时，2148通道直接就支撑住了价格。

这种情况一旦出现，就说明该股很快就要突破隐形水平颈线进入新的上攻波。这在实战中是一个重要的判断信号，即，回撤到中期系统通道的价格如果要展开新的上攻波，2148通道必须重新出现金叉扭转才可以。

但如果价格的拉起动作无法带动这个“分水岭通道”重新金叉扭转，就说明价格还会再打回来。这个重要信号无论是价格从长期系统通道升级到短期支撑，还是从中期系统通道升级到短期支撑，只要价格准备展开新的上攻波，2148通道金叉扭转都是一个很重要的信号。

原因很简单：2148通道不金叉扭转支撑住股价回撤，价格就无法进行新的持续上攻。

还要再重复一遍，当2148通道完成金叉扭转，价格回撤震荡时MACD指标出现回0轴不破0轴，与2148通道两线收拢而不死叉形成同步，此时通常都说明“通道升级”已经出现，价格随时都有可能再次启动上攻。

图3-012中，该股在后期还出现过一次价格回撤到89144通道做支撑的动作，89144通道还是始终保持着没有死叉封闭。所以，该股再次出现“通道升级”到短期系统通道中(2148通道金叉扭转)，又再次展开了新的上攻波。

这里插一句：很多人喜欢做波段博弈。那么从我所讲价格在中期系统和短期系统通道之间来回穿梭并引发“通道升级”的现象中，是否对一个新上攻波段的技术条件形成有所感悟呢？

一句话，任何一次波段博弈，都应将2148通道的扭转(循环)动作，作为一个很重要的技术博弈条件。

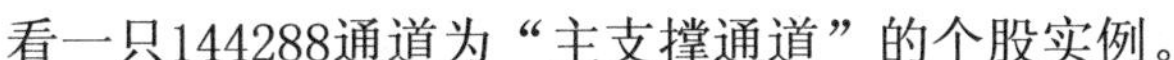

看一只144288通道为“主支撑通道”的个股实例。

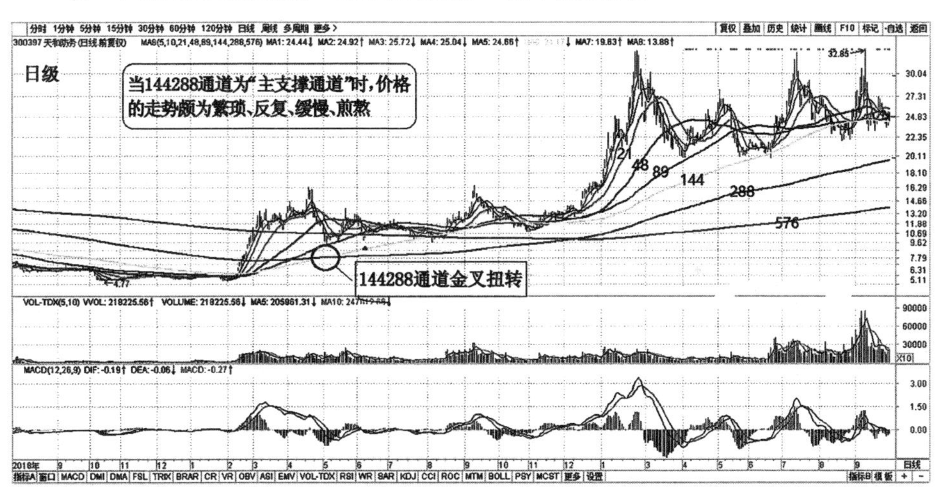

图3-013

图3-013中，天和防务的主支撑通道是144288通道。大家已经知道，这条攻击通道属于长期系统通道。从价格与各层攻击通道的关系来讲，价格与长期系统通道产生密切关系，必然是因为短期或中期系统与长期系统出现了“回落、纠缠”所导致。

该股在长期系统低位扭转过程中，主要是短期系统与中期系统之间的纠缠动作比较多，比如就连89144通道也很难保持住，可见其中期系统的纠缠之态。该股的价格很明显在被人为压制着完成扭转。

为什么要压着价格完成扭转动作？这就与该股主力的一些运作意图有关。原因有很多，可能是低位筹码的收集没有达到计划要求，又或者是筹码清洗目的没有达成，也可能是资金方面没有完全到位，也可能是该股基本面一些潜伏性消息不明朗，等等吧。

总之，只要出现把价格压制在长期系统里，中期系统在长期系统“肚子里”形成纠缠震荡走势的，都体现出一个字，“磨”。

既可以理解为“磨时间”，也可以理解为“磨(清洗)筹码”，也可以理解为“等待时机”，也可以理解为“梳理系统”的过程，是为了把技术(均线)系统梳理顺。

无论是什么，当你遇到这种情况要注意三个系统的状态，是不是具备展开新上攻波的技术条件。

在这种短期系统上下穿梭、中期系统横向纠缠，长期系统低位扭转的状态中，首先长期系统是必须被理顺的(不仅要看288576通道金叉扭转，还要注意144288通道是否延续多头)，然后是中期系统被理顺。但有时候中期系统即将理顺之前价格就会率先启动新上攻波，这是正常的。因为此时中期系统通常就差一步完成理顺，价格率先上攻起来后，会带动短期系统、中期系统很快都理顺。

有这个时间差并不是关键，关键是“差一步即将理顺”。

在均线技术上，无论是短期系统、中期系统、长期系统，都会出现“差一步即将理顺”时，价格就率先出现攻击的现象。

这种现象常常会被主力所利用，但不管怎么利用，2148通道金叉理顺都是一个重要条件，而且该通道理顺后价格最好回撤压一下21线(通常也都会)，以检验和确认“通道升级”完成。这点一定要记牢，因为这是绝佳的介入时机。

看一只288576通道为主支撑通道的个股实例。

图3-014中，中顺洁柔自2015年5月11日288576通道低位金叉扭转开始，一直到截图时的2020年9月30日，这条攻击通道都没有出现过死叉封闭现象。在此期间涨幅高达10.46倍。当然该股业绩这些年中也是一直保持绩优成长状

态。因此但凡能走出288576通道为主支撑通道的个股，基本都是市场中的绩优蓝筹股，参与其中的资金大多都是长期战略投资资金。中小散户等这些喜欢短时间形成财富爆发效应的博弈者，是很难长时间持股的。

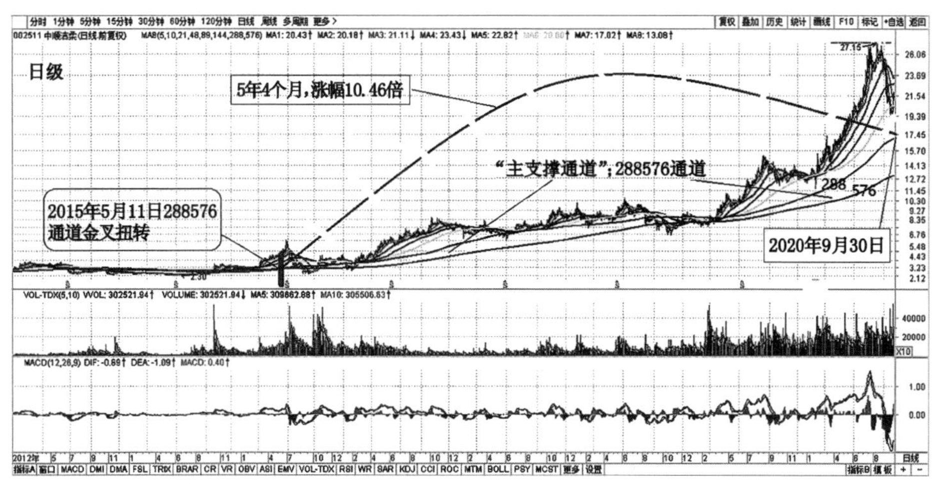

图3-014

因为从技术上讲，288576通道对价格形成主要支撑，同时也就意味着价格短期冲击一次后，回落幅度通常都会比较大(至少要回落到中、长期系统中寻找资金支撑)，中期系统最大层级的89144通道在这类个股的上攻途中与价格的关系，就像其他类型个股上攻中2148通道与价格的关系一样。

关键是每次价格回打连144288通道也被打破击穿的情况下，试问还能有几个中小散户可以稳坐钓鱼台？

这里要提示一下，若想做长线博弈，就必须要在市场中寻找绩优蓝筹类品种，而在技术上就要关注那些从低位区域扭转开始，以288576通道作为主支撑通道的个股，它们在月级上联动的通道级别则是2148通道。

“主支撑通道”是帮助我们快速识别个股技术强弱和交易机会，以及不同攻击通道运行状态时的一个最简洁方法。它的最大功绩是可以使我们在面对一只股票众多的攻击通道(七条)时，可以一眼看穿该股目前价格运行的状态处于什么阶段——是潜伏性的蓄势机会，还是即将起飞的转强机会，或者正处于最强势的上攻延续中，还是正处在从强转弱的降级过程中，等等。

因为都可以通过目前价格得到的主支撑通道在哪个层级上，快速而准确地判断出来，所以学会掌握“主支撑通道”的技术特点后，对掌握整体攻击通道的实战应用会起到画龙点睛之效果。

有的读者悟性好，把“主支撑通道”从扭线技术中单独摘出来进行完善后，形成了一套适合自己的交易套路，实战效果出乎意料地好。

本书还会讲到很多在实战交易中均线技术的应用方法和技术交易的逻辑点，读者不一定每个都要领悟、贯通、掌握，只要对其中的某个技术应用方法或技术交易逻辑点有感悟、有共鸣，就足以助你形成属于自己的一套实战操作模式。

术业在专攻，方可成大器！

第四章 “五招六式”

一、“五招六式”概述

“五招六式”是攻击通道在实战应用中的基础技法。

(一)“五招六式”由三条与股价关系密切的攻击通道组成

在移动平均线的实战应用中，攻击通道是均线系统实战应用的重要基础技术。特别是“趋势框架线”系统，通常由四条均线组成，自然形成三条攻击通道。

这三条通道的含义是：第一条通道在最上面，这条通道通常是支撑价格保持强势攻击状态，以及支撑价格震荡攻击时的攻击通道，属于“强势攻击通道”，简称“强势通道”。有时也常以“最短通道”来命名这条短通道，在几个通道里技术攻击强度是最强的。第二条通道在中间，这条通道通常承担着价格出现回撤加大、震荡幅度加大时的强力支撑作用，属于“强势震荡通道”，简称“震荡通道”。第三条通道在最下面，这条通道通常代表这个系统趋势的延伸和发展，当然也具有一定的支撑价格回撤回落、短线调整的作用，属于“趋势延伸通道”，简称“趋势通道”。

这三个通道由四条均线组成，是哪四条均线呢？

“趋势框架线”系统共分为三个系统组合通道。

第一个：短期系统的趋势框架线，由短期四线5、10、21、48四条均线组成，也称为“短期四线”。因此短期趋势框架线就由510通道、1021通道、2148通道这三个通道组成。

第二个：中期系统的趋势框架线，由中期四线21、48、89、144四条均线组成，也称为“中期四线”。因此中期趋势框架线系统就由2148通道、4889通道，89144通道这三个通道组成。

第三个：长期系统的趋势框架线由长期四线89、144、288、576四条均线组成，也称为“长期四线”。因此长期趋势框架线系统就由89144通道、144288通道、288576通道这三个通道组成。

从实战来讲，“五招六式”可以应用这三个趋势框架线系统中的任何一个进行博弈。应用原则是：

①在小级别上应用时可以选择用中期趋势框架线(或长期趋势框架线)系统组成的通道；

②在大级别上应用时可以选择短期趋势框架线(或中期趋势框架线)系统组成的通道。

比如在月级这个大级别上应用“五招六式”，可选择短期趋势框架线(短期四线)中的三个通道组合。而在周级、日级这些级别上应用“五招六式”时，既可以选择用短期趋势框架线(短期四线)三通道组合，也可以选择用中期趋势框架线(中期四线)三通道组合。

在更小的分钟级别上应用时，通常选择中期趋势框架线(中期四线)或长期趋势框架线(长期四线)中的三通道组合。

无论你用哪个系统的趋势框架线通道组合，关键都是这三个攻击通道中每一条通道的技术关系(就像各自扮演的角色、身份)是什么。这个必须梳理清楚。

看图4-001，图中没有标注每条均线的周期参数，目的是让你理清三个通道的各自身份，以及它们相互的技术关系，这才是重要的。

至于这几条均线是短期四线，中期四线，还是长期四线，只是参数不同而已。

从图4-001中可以看到这三条通道与价格之间的关系是：

①当价格处于强势上攻状态，最上面的“强势通道”(最短通道)就会担负起支撑价格强势攻击的任务；

②当价格从强势攻击转为强势震荡，在中间的“震荡通道”就会担负起支撑价格强势回撤、震荡的任务；

③当价格进行低位扭转、上攻延伸、高位扭转时，在最下面的“趋势通道”就起着趋势扭转、延伸，以及有时价格回撤比较大的支撑重任。

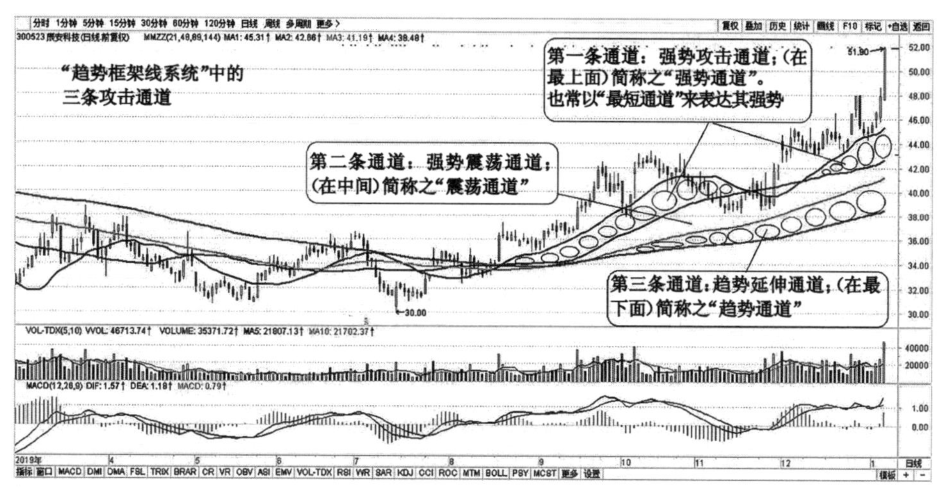

图4-001

(二)"五招六式"的市场博弈机会

"五招六式"可以出现在任何一个级别上，以及任何一个系统层级上。区别点只是出现在哪个级别，就属于哪个级别的博弈机会，出现在哪个系统层级，就属于哪个系统层级的博弈机会。

比如：出现在1分钟级别，就是1分钟级别上的博弈机会，出现在5分钟级别，就是5分钟级别上的博弈机会，出现其他分钟级别，就是那个分钟级别上的博弈机会。以此类推，出现在日级别的短期四线(趋势框架线系统)上，就是短线、波段类博弈机会，出在日级别的中期四线(趋势框架线系统)上，就属于中线、中期类博弈机会，出现在日级别的长期四线(趋势框架线系统)上，就属于长线类的博弈机会。

周级、月级、季度、年级等等，均这样划分。

不同的市场具有各自不同的市场博弈特点，再加上每个人的习惯和重点都不同，因此选择哪个级别哪个层级上的"五招六式"博弈机会，因人而异。

通常来讲，在我国A股市场应用"五招六式"博弈，机会更多集中在分钟级别(5分、15分、30分、60分四个级别，当然也有人喜欢在120分钟上进行博弈)、日级别上的短期四线和中期四线，以及周级别上的短期四线这几个级别和层级上。

在股指期货、商品期货、汇市等市场里，主要是应用在几个分钟级别(注：在这些市场博弈时就会加上1分钟、3分钟两个级别)，以及日级的短期四线这几个级别和层级上。

提示：经过多年对“五招六式”的交易经验总结，把“五招六式”应用在分钟级别上特别是将日级与60分级(或30分级)组合起来应用的实战效果最佳。因此本书主要以60分级别(也包括30分)上的“五招六式”个股实例来讲解。在学习掌握其技术规律和交易技巧后，你也可根据自己的习惯风格，以及目标个股在哪个级别、哪个层级上出现博弈机会，客观灵活地应用。

(三)“五招六式”技法的学习和应用比较简单、灵活、多样

“五招六式”技法的学习和应用对于移动平均线系统和攻击通道的初学者来说，即使是照猫画虎地学习和应用也是可以的，所以学习掌握和实战应用的门槛并不高，区别只是介入的时机点不要太追求超前，等启动、突破的量价信号都出现时，再择机介入比较好。而对那些已经通过实战熟悉和积累了一定“五招六式”实战经验的人，或者本身就具有一定技术水平的高手来说，可以将“五招六式”的实战技法与“多层级”循环中的博弈机会结合起来应用，可以提高应用的精确性和获利空间。

(四)“五招六式”技法可以只专注于一种招式(模式)的学习掌握

“五招六式”技法虽然总结出了“五种招式、六个模式”，但这主要是从实战技术变化方面提炼而出，在个人应用时不是说每一种招式、模式都要学习掌握和应用。

每个人可以根据自己的实战特点和对技术应用的优劣势，选择其中的一两种重点学习，以求专一和越来越精炼，这样对快速融入实战，提高博弈的精确性是一条捷径。技不在多而在精！

二、“五招六式”技术点

(一)“五招六式”在实战中有5个技术点

1. 定位博弈。

“五招六式”在实战中的应用，属于“定位博弈”。简单讲，就是在哪个级别上、哪个单层级上出现博弈机会，就定位在哪个级别上或层级上进行博弈交易。因此，“五招六式”也是“扭线原理实战技术”系列中，最简单，也最容易掌握的一种实战博弈技术。

2. 四线相邻。

四线是以趋势框架线系统作为移动平均线的基础交易平台(注：本书讲解以分钟级别上的“中期趋势框架”为主)，由于四条移动平均线在周期上是相邻的，可以有效地进行技术状态强弱、博弈机会信号识别、博弈机会属性识别、博弈交易中的变化监控等技术判断。

“五招六式”交易系统设定方法如下：

①分钟级别上：可统一设定为21、48、89、144“中期趋势框架线系统”(说明：这是一种最简易的实战设定方法，方便实战交易时做快速判断)；

②日级别上：以“短期趋势框架线系统(5、10、21、48四线)”来设定；

③对于周、月级别上，可以“短期四线”来的设定，主要是在对大级别技术运行状态的监控和辅助性技术判断时用到。

3. 先扭转、再启动。

“五招六式”实战技术在应用中，始终坚守一个技术原则：一定要先出现系统扭转动作，才会有价格启动动作。

无论是应用在分钟级别上、日级别上、周月级别上，还是博弈的是“短期、中期，或长期的趋势框架线系统”，只有先出扭转动作，才会具备启动条件；因为我们捕捉的是扭转性上攻博弈机会，而非修复性的上攻博弈机会。但实战中也有一种情况，就是“扭转与启动”是同步、一次性出现的。这种情况比较复杂，经过技术解析之后，发现这种情况，绝大部分情况下，并不是“突然”出现的，主要原因是你所关注的级别不同，才会有这种“突发现象”的发生。

举个例子：在日级上，某股突然在某一天爆发而起，短期四线聚拢交叉，很突然！

但如果深入到它几个分钟级别上看其技术上“突然爆发而起”的来源点时，就会发现，在某个分钟级别上，必然是符合“五招六式”中的其中一种招式(或模式)而启动爆发起来的。

这个技术问题，就充分说明了一点：价格的“突然爆发”，往往都是有其“铺垫、蓄势”的级别的。只是，这个“铺垫、蓄势”的动作，在有些级别上表现很明显，而在有些级别上被过滤掉了。

看个股实例。

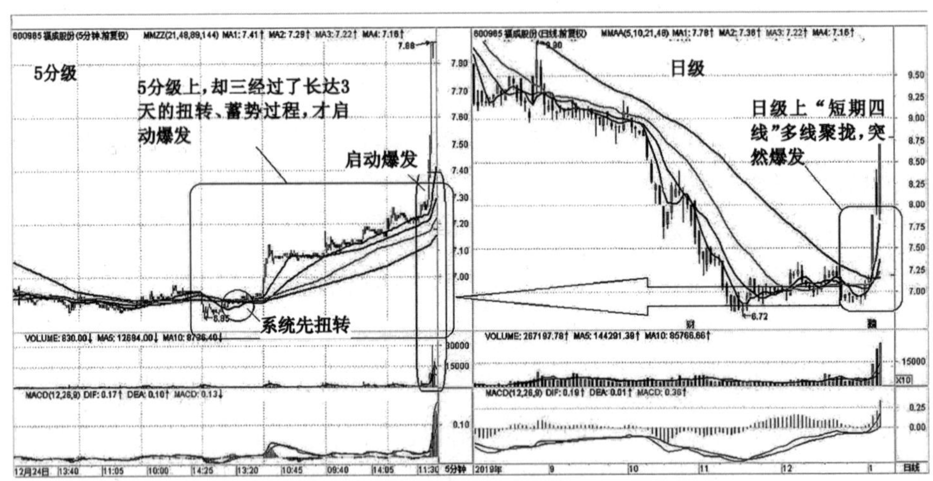

图4-002

图4-002中，福成股份在日级上看，是“短期四线”在低位多线聚拢，股价突然爆发起来的。由于是“扭转和启动”同步一起出现的，就会有点让人“措手不及”。但你若是深入到该股的分钟级别里，在15分级别和5分级别的“中期趋势框架”上，都可以发现“先扭转、再启动”的技术运行过程。特别是在5分钟级别上，该股的“系统先扭转、启动爆发”运行过程，运行了3天的时间。并且走出的就是“五招六式”中的“第一招：顺势启动”。

是不是需要调整一下自己的技术思维了？世界上没有无缘无故的“结果”，只是你站在哪个位置上看到“前因”而已！

4. 启动量能：有扭转动作，才会有启动条件；有启动条件，才会产生启动量能。启动量能的最大特点，是必须具有一个持续性的放量过程，而非单个的异动量。

启动量能，也不是一开始就必须是放出很大，通常当日盘中的量比放大数据，一般都应是相比前日有3倍以上增长时，才进入启动量能的范围。

有些时候，启动量能是逐步放大的，每天都比前日放大一些，但放得并不“爆”，这种情况也很好。因为启动量能逐步放大的过程中，股价通常是沿着最短的均线“贴线攻击”的，作为跟随介入仓位，可以有很多机会(比如连续几天)来介入。

相比而言，那种爆发性很大的启动量能，往往伴随着股价的猛然拉高，介入的最佳时机反而可能要等待股价在爆发之后回落“靠线”时，才会出现。

但凡事也不是这样绝对。在实战中，也常常会遇到启动的量很爆，但当日盘中的跟随机会也很珍贵的时候。特别是，在这个价量爆发之前，股价先做了一次短时间的“震仓(中阴K线)”动作之后出现时，也是一个很好的跟随时机。

因此，启动量能的爆发水平高低，不能单独来看当日的盘中情况，必须与前几天的股价是处于打压清洗，还是强支撑着震荡结合起来看，才可以决定，是当日跟随介入，还是等待爆发之后回落“靠线”时再介入。

还有一种情况，前面“扭转动作”时，爆发的量能级别很大，而在“启动动作”出现时，爆发的量能没有“扭转量能”大。

这种情况的出现，与“启动动作”出现之前，通常已经经过了一段时间的震荡清洗筹码动作有关。通常来讲，震荡清洗得彻底，“启动量能”就会低于“扭转量能”；而清洗得不彻底时，“启动量能”就会大于“扭转量能”；主力采取的是资金滚动手法时，“启动量能”就会大于“扭转量能”；主力采用的是“锁筹攻击”手法时，“启动量能”就会低于“扭转量能”；该股启动时，若是市场短线热点品种或龙头，由于资金跟风踊跃，“启动量能”就容易大于“扭转量能”；反之，启动时，没有太受到市场资金关注，“启动量能”就会低于“扭转量能”。

后面在讲很多个股实例时，还会涉及这个问题，可注意参看。

5．突破“水平颈线”。

无论是“五招六式”中的哪一种博弈招式，在启动爆发之际，最明显的一个特点，就是股价会上攻突破一条“水平颈线”(即技术压力位)。“水平颈线”，通常是指股价一旦形成一段时间的横向震荡过程，必然会以在震荡过程中的最高价格，“天然”形成一条“隐形”的价格阻力线。“水平颈线”的出现，往往与股价震荡过程中空方的压制力量区域密切相关。“水平颈线”只有在股价结束震荡过程，展开新的启动攻击时，才会被突破。也可以理解为：这条(隐形的)“水平颈线”下方，是震荡蓄势动作区，当多方蓄势准备工作完成后，就会突破这个压力位，股价就会出现新的空间拓展动作。

看个股实例。

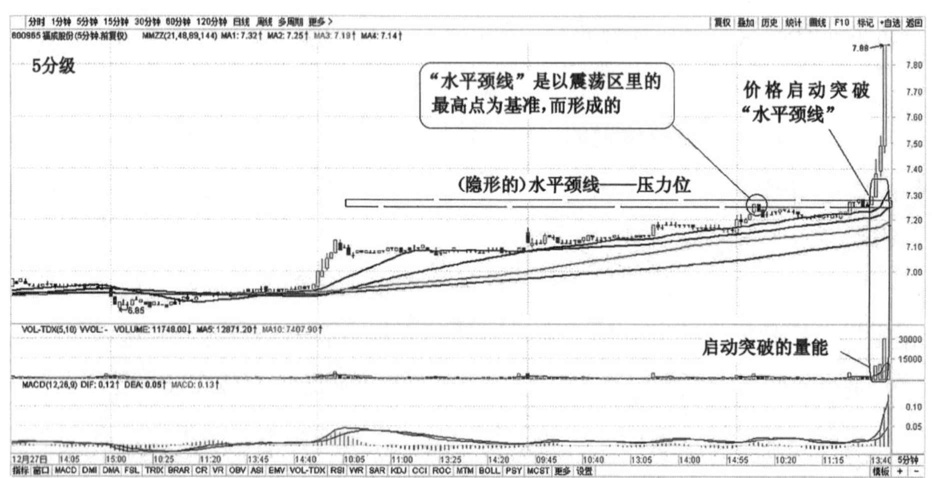

图4-003

图4-003中，福成股份的“中期四线(即中期趋势框架线，下同)”系统先完成扭转，然后沿着2148通道(即第一条通道，下同)缓攻一段时间，就启动上攻。

注意：这张图取自5分级，所以，看似缓攻了很长一段时间，实际上在日级上只有2天半的时间。

图中在价格启动上攻之前，通常会先有一次向上试探的动作，这个动作的高点，在价格回落之后，就成为日后突破的“(隐形)水平颈线”技术压力位。该股在价格启动爆发时，放量很明显。

实战中，这条“(隐形)水平颈线”是需要你“装”在自己的技术判断思维中，并不一定非要画出来不可，当然，你也可以画在电脑上，以提示自己。

(二)“五招六式”的划分

“五招六式”分为“五种类型招式”，但由于其中的第五种招式中，又包含了两种变化模式，合并起来，就是“五种招式、六个模式”，简称：五招六式。第一种招式：顺势启动；第二种招式：单交叉启动；第三种招式：双交叉启动；第四种招式：三交叉启动；第五种招式：聚拢交叉启动A，聚拢交叉启动B。

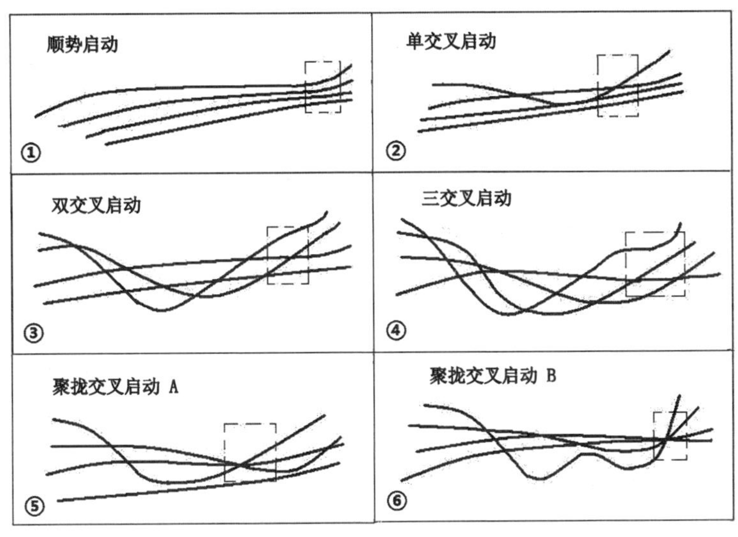

图4–004

图4-004为“五招六式”原理图，要点如下。

① “顺势启动”的技术强度最高，三个通道都保持着攻击状态，而没有出现死叉、封闭的现象。

② “单交叉启动”的技术强度也很高，三个通道中，只有最上面的第一条通道出现了死叉封闭的动作。

③ “双交叉启动”的技术强度也比较高，因为三个通道中，虽然上面的第一条通道和第二条通道都出现了死叉封闭动作，但第三条通道却始终能够保持住多头攻击状态，这是很典型的“价破线不破，拐点必出现”的技术现象。很多从“震荡坑”里直接启动起来的个股，就属于这种。

④ “三交叉启动”就与前三种招式不同了，因为三个通道(等于是这个

趋势框架线系统）都出现了死叉封闭向下扭转的动作。只是在比较短的时间里，这个趋势框架线系统又重新扭转起来了，并直接进入了启动上攻的动作中。这是趋势框架线系统“空中扭转”的典型表现。

⑤ “聚拢交叉启动A型”，其实也是延续着系统的攻击状态的一种招式。因为在三个通道中，第三个通道始终保持着多头攻击状态。虽然有上面的三条均线出现了“多线聚拢交叉”扭转的动作，但第三个通道的多头状态一直保持着。

⑥ “聚拢交叉启动B型”，相比A型，B型三个通道中的四条均线出现“多线聚拢交叉”扭转动作，是一种比较特殊的价格启动动作，三个通道也都先后出现了死叉封闭，但同时也是一次“多线聚拢交叉”+价格向上爆发的诱发技术点。这个价格启动模式比较复杂，异变因素也比较多，但短时间里爆发的力度很强。

(三)“五招六式”口诀

顺势简单好判断，单交浅洗快震忙。双交重在三线内，三交半空扭转长，聚拢交叉爆发强。

三、招式1：顺势启动

“顺势启动”在“五招六式”中，是最好辨别、最好做判断，也是技术攻击强度最强的一种扭转、启动、攻击模式。

所谓“顺势”，是指趋势框架线的四条线，在完成扭转动作后，已经形成多头排列状态，无论股价如何波动、震荡运行，此四线的多头状态都不会被破坏，最终形成顺势的爆发启动攻击动作。特别是，在启动爆发动作之前的震荡缓攻过程中，MACD指标通常会一直处于0轴之上的多头市场中，做循环运行，而量能水平逐步温和放大。在启动爆发动作出现时，量能水平会明显出现爆发量+股价快速上攻。趋势框架线系统的四条线发散现象，通常都是从启动爆发之时开始的。

还有一点：在启动爆发前的顺势缓攻过程中，有时股价会出现快速的

“震、洗”动作，股价可能会快速下破(最上面的)第一层通道，但在第一层通道两线收拢之时，股价又会快速而持续地拉回来，避免第一层通道的死叉和封闭——这是保持“顺势启动”状态中，比较常见到的一种情况。

也可以这样理解：凡是在任何一个四线趋势框架线系统出现扭转动作后，最短通道(第一层通道)能够持续保持的，都属于“顺势启动”类型(无论这个四线趋势框架线系统是短期、中期，还是长期的)。“顺势启动”类型中，也会包含像“牛铃线启动”这样的上攻动作。

“顺势启动”类型，属于“三线内”(注：关于“三线内”的内容，可参看《玩转移动平均线2——趋势框架线》第三章)的启动爆发动作。“顺势启动”中“启动爆发”的技术节点，通常都会出现在短通道(第一层通道)两线出现某次收拢动作之时。从技术理论上讲，“顺势启动”可以出现在任何一个级别(或系统层级)上。

但从多年的实战经验总结来看，有些级别(或层级)上的“顺势启动”，与其他级别上的“顺势启动”，在时间具有重叠性。而我们选择应用任何一个技术模型进行实战交易中，要遵循一条最简单又最实用、有效的原则：哪一个级别上的技术信号与股价的波动关系最密切，能够直接、准确地反映这些技术信号，同时技术杂波信号又最少，就确定这个级别(层级)上的技术信号做定位博弈。

怎么理解这个实战交易原则呢？比如，某股的日级上“短期四线”系统里，出现了“顺势启动”的技术信号；同时，该股周级的“短期四线”系统里，也出现了“顺势启动”的技术信号，那么，就应该以日级上的“顺势启动”技术信号为定位博弈的级别，而不是定位在周级上。

为什么？

原因1，小级别上的技术信号与股价的波动关系更为密切。

原因2，大级别上的技术强度(状态)信号相比小级别上的技术强度(状态)信号，更容易保持持久。而一旦出现小级别上的技术强度(状态)信号能够保持住，也更能够说明该股目前的强度很高。

所以，在不同级别(或层级)同样的技术状态情况下，我们坚持“弃大抓小”的原则，把交易定位在小级别上。但是，小级别上的技术强度状态信号，相比大级别又通常难以保持住，所以，这就自然会导致在技术交易上的差异性。

还要特别注意一点：从交易上来讲，最忌讳的一个问题，就是在交易过程中出现“跳级交易”的做法。

因为，“跳级交易”会打乱原有的、已经确定下来的交易策略和交易节奏，造成交易判断上出现混乱，甚至出现误判、错判情况的发生。导致原有确定的交易策略不能适应新的级别(层级)上的技术运行节奏，从而出现交易决断上的混乱，甚至失败。

比如，某只股的日级“短期四线”系统上出现了“顺势启动”状态信号，你已经确定跟随日级上的这个技术状态信号进行交易。但当你仓位介入之后，该股日级上股价在“顺势启动”之后，没涨多少，就又打下来破位，出现启动失败。此时，正确的交易做法应该是应用风控止损纪律，但你的技术思维却出现“跳级交易”的想法——我可以改用“中期四线”系统来继续原有的交易。这种想法“有毒”，我称之为技术思维、技术交易上“没有根”。如果该股“套住”你后，后来又破坏了该股的“中期四线”系统状态的话，你该怎么办？再“跳级交易”到“长期四线”上来继续守住被套筹码吗？或者，再“跳级交易”到周级上？月级上？坚守最初确定的交易级别上的策略和仓位吗？这就错上加错、乱上加乱，若每次交易都这样做，你的交易就失去了原则和纪律的约束，失败的风险就会大幅上升。

所以，确定交易级别之前，要多级别、多层级做好技术分析判断工作，这是为了更能够比较全面、整体地掌控好技术状态的大变化和小变化之间的节奏。一旦确定了在哪个级别(或层级)上，作为交易的级别，就不要跟着股价的波动，随意变动交易级别(或层级)。

你可以参考其他技术级别(或层级)上的技术信号变化，来辅助你定位交易的级别(或层级)上的技术判断(这是为了避免技术判断中的局限性误判)，但你定位交易的级别(或层级)上的技术走势变化，才与你本次交易判断存在最主要、最直接、最密切的交易关系。这次交易定位的“根”不能动！我称之为“主交易级别”。动了，就不是这一次的交易了，而是新的一次交易。新的交易，就要有新的技术定位和纪律，就要制定新的交易策略。

比如，短期交易与波段交易不同；波段交易与中线交易不同；分钟级上的交易与日级上的交易不同；日级上的交易与周级上的交易不同；周级的交易与月级上的也是不同的。

由于存在技术运行时间、量能堆积、启动节点等等方面的不同，所用的交易信号、介入位置、仓位匹配、风险控制等等都会存在差异性。不要小看这种技术交易上的差异性，具体到利润的获取空间和持仓标准、锁利信号原则等方面，有可能是天壤之别。

举一个简单的例子。某股短线攻击强度很高，在日级上短期四线的"顺势启动"突破"水平颈线"的价格位置是10元；而该股在30分上"顺势启动"突破"水平颈线"的价格位置可能是9元；而在周级上短期四线的"顺势启动"突破"水平颈线"的价格，有可能就是15元。

三个级别上，都先后形成了"顺势启动"技术信号条件，你的交易定位在哪一个级别上来进行？

从利润最大化角度讲，定位在30分级别上，当然是首选的级别。但30分级别毕竟在股价波动空间上有一定局限性，今天也许还保持着强势信号状态，明天开盘后就被破坏了。所以，需要制定与30分级别相适应的交易策略。

而从技术状态信号的稳定性上来讲，定位在日级的"短期四线"上，能够给股价一个充分的短线震荡空间，利于技术状态信号的保持，当然很好，但你的介入成本相比30分级就会有一定的提高(成本的提高，与交易风险的增加是有一定关系的)；同时，股价启动突破的时间和信号，也会晚于30分级出现。所以，也需要制定与日级短期四线交易相适应的交易策略。

若定位在周级上"短期四线"来做交易，你就要考虑时间成本、价格成本、利润空间的问题，当然，在周级上的技术状态信号，相比30分级和日级上，就更容易保持住，所以，也需要制定与周级交易相适应的交易策略。

看吧，不同的级别上，虽然技术走势可能会一样，但涉及交易级别的设定时，就会有明显的差异性。这种不同级别上的交易差异性，最终影响的必然是你这次交易的成败和盈亏幅度。必须引起重视！

1. 日级上"短期四线"的"顺势启动"。

看个股实例。

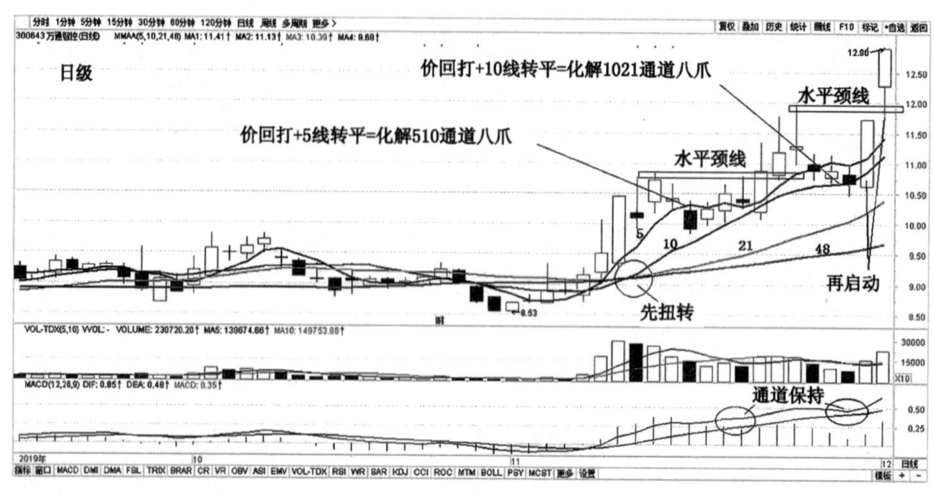

图4-005

在图4-005中，请注意技术细节的判断——“短期四线”会先有一个“扭转动作”出现。任何一次具有持续性的上攻波，都必然是在“扭转动作”而非“修复动作”的条件下才出现的。看任何博弈机会的出现，一定要先看有没有“扭转动作”。只有“先扭转”，才能够有“再启动”。这一点，要牢记！

在图中，万通智控在完成短期四线“先扭转”的动作同时，股价就不攻击了(见顶，当然，这是一个攻击动作的高点)，这符合我们“扭线技术”讲过的“交叉见顶”现象(注：“交叉见顶、交叉见底”可参看《玩转移动平均线——扭线原理与实战应用》第七章)。

短期四线“扭转”—股价见顶回打—形成第一次回打震荡。

为什么股价会出现第一次回打震荡，并且只回打到10线就拉起来了呢？因为，短线的连续“穿线”上攻动作比较快，自然会拉大5线与10线之间的乖离空间，形成“510八爪线”，这是技术表面的语言；技术内在的语言，则是短线第一层通道里的获利盘增多，需要进行清洗。因此，出现第一次回打震荡动作。这是合理动作。

通常，若遇到这种扭转攻击后的第一次回打震荡时，也是一次检验该股短线强势级别的机会。如果510出现八爪线，而股价回打化解这个八爪时，股价虽然盘中都有短时间下破5线的情况，但收盘时，都能够收在5线之上的股，就是短线攻击强度最高的。如果回打震荡下破了5线，收盘在510通道之中的，属于次强度——因为这种属于“合理化解”八爪线动作。收盘低于10线的，就要谨慎些了，因为强度有些偏弱了。原因很简单，你回打震荡是为了化解510通道里的八爪线乖离，却下破10线，并收盘在10线之下，自然说明这个回打动作就不单单是清洗目的，而有了“套短线筹码”的意图。

该股第一次回打震荡，化解了510通道八爪线后，再拉起来时，先突破了第一个小高点形成的“水平颈线”，但随后冲出第二个小高点后，又展开了第二次回打震荡动作。

这个二次回打震荡动作的出现，与1021通道中出现了八爪线乖离又有了密切关系。技术的内在语言是：再次清洗第二层通道中的获利盘。

二次回打震荡时，10线转平运行了(10线处于上行时，与21线之间的八爪乖离会越拉越大，而当10线转平运行时，随着21线继续上行，一个平走，一个上行，两线自然是一种收拢态势，乖离就被消除化解了)。

这个10线转平的动作，很重要！因为它一转平，1021通道两线的发展延伸，必然是会走向收拢的。这就说明股价回打、化解1021八爪乖离的目的已经达到了。此时，短线该股就进入了一个“变盘节点”——在510通道继续保持的强势状态下，新的启动攻击动作将随时展开。

特别是，这时的MACD通道，与510通道一样，都没有出现死叉现象，这说明短线的上攻道路是通畅的，“车”的行驶惯性还保持着，只需要再“加一次油”，“车速”就会马上冲起来。图中，该股就从这里“加油”，开始新的启动动作，“油”加得很足，因为直接就冲上了涨停板，并封死。

实战中，不是说每只此类走势的个股，在这里都会出现拉板动作。但拉板、冲板动作在此时出现，通常就说明了这是启动的动作。

该股在此处，前一天拉板启动时，还并没有突破第二个高点的“水平颈线”，次日再拉板，才突破。

交易思维要活，不要照猫画虎，死学死用。实战中，个股的走势路径、节奏虽然一样，但具体价位情况可能有所不同，有些股，可能当天冲板、拉板动作中，就会一举突破“水平颈线”的。用两天时间来启动突破“水平颈线”也好，还是用一天时间启动突破“水平颈线”也罢，其技术语言都是一样的。掌握的是其中的技术节点和内在运行路径，是否一致，而非其他。

再较一个“真”吧！为什么该股这里的启动突破(水平颈线)动作中，量能反而没有前面“扭转动作”时大呢？原因是，此处如果量太大，一是说明该股控盘主力，用的是滚动手法在推动股价上行；二是说明短线清洗的目的并没有完全达到，也许时间上有点仓促；三是说明该股可能涉及近期市场里的热点风口类型，短线跟风盘很活跃。

反过来，此处量能没有前面“扭转动作”时大，则说明控盘主力实力很强，短线的清洗效果也不错，该股还没有被市场里很多资金注意到。两种不同的量能表现，都不妨碍个股的启动上攻，影响主要是在上攻的中期时，才会出现分化和不同走势。

此处启动量超前(扭转)量的，在启动之后的连续上攻过程中，猛震仓动作就用得多些；反之，在连续上攻过程中，猛震仓动作就可以不用或少用了。

再看一下该股后面的走势图。

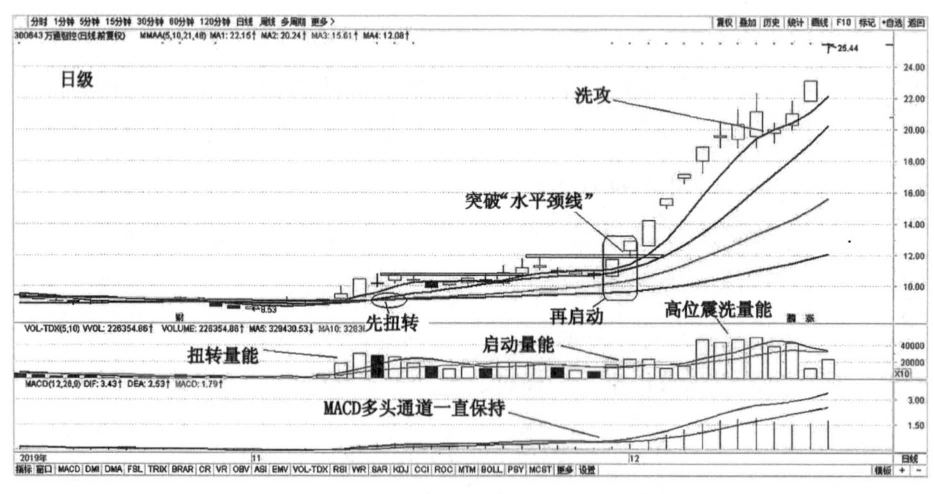

图4-006

见图4-006，万通智控在扭转之后，两次回打震荡(注：第一次化解510通道八爪线、第二次化解1021通道八爪线)清洗浮筹和跟风盘工作做得比较好，以进行快速拉板动作，在启动突破“水平颈线”后，又连拉四板。

此时股价处于连续“脱线跳攻”中，510通道再次出现八爪线，因此，以强势“洗攻”动作，进行大换手清洗，再次化解510通道八爪线后，继续启动上攻。截图之时，该股还没有见顶，但随着下方1021通道、2148通道里的八爪乖离越来越大，该股的这一波攻击已经进入最后冲顶动作中，因为日级的RSI短线敏感指标已经出现顶背离现象，密切盯紧见顶信号，随时进行逢高锁利，将成为下一个工作重心。

2. 日级上“中期四线”的“顺势启动”。

日级上的“中期四线”是指21、48、89、144四条趋势框架线系统。

“中期系统”的“顺势启动”，比较多见的是在短线已经上攻了一个波段之后，才会形成。也就是在“短期四线”先攻击完一个波段之后，股价要进行阶段性的震荡整理动作。此时，有些个股的震荡动作比较弱势，是以阶段性的大幅度回撤、回打震荡过程来进行的；而有些个股的震荡动作却比较强势，是以横向震荡方式来进行的。

这样，在技术态势上，就形成了不同的强弱震荡态势。当震荡整理过程结束后，股价会再次形成启动攻击，并突破上面的“水平颈线”，展开新的上攻波段。其中，最强的一种震荡整理方式，就是形成一次“中期四线”的“顺势启动”。

实战中，如果你错过了低位扭转时“短期四线”的启动博弈机会(注意！不一定是“顺势启动”的机会，也可能是“五招六式”里其他几种博弈机会)。那么，你就可以等待看看该股会不会在阶段性的震荡整理过程中，出现“中期四线”的“顺势启动”博弈机会。出现了，一旦抓住，就可以博弈后面“主升段”的利润了。

看下面的个股实例。

见图4-007，奋达科技也是从低位的“多线聚拢扭转”开始的，一开始扭转时，出现的是“短期四线”的“顺势启动”博弈机会(为了大家看得更清楚，放大了这个部位)。

绝大多数个股扭转时的启动动作，都是先从“短期四线”的博弈机会开始的。

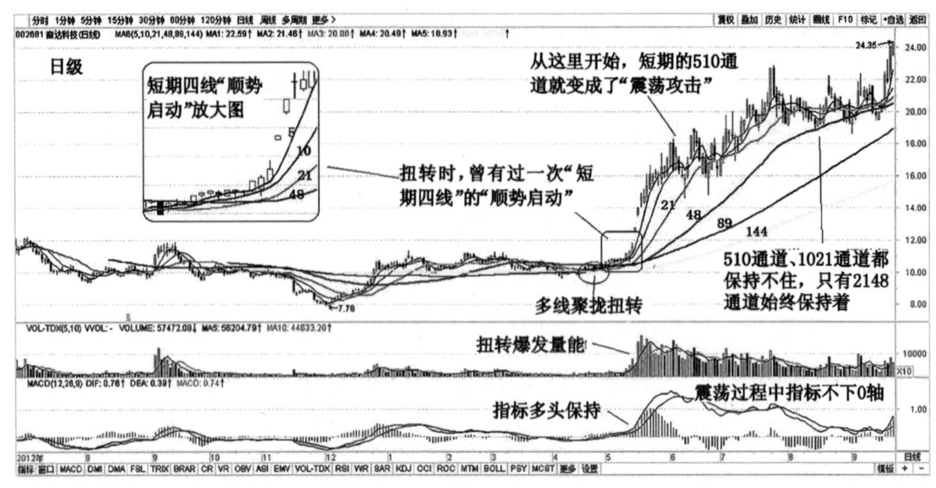

图4-007

当短线攻击了一个波段之后，一般短期四线自然就会出现发散、各线之间乖离拉大、八爪线的现象，这个时候，有些更强势的个股，虽然有震荡动作出现，但510通道还会继续保持；而有些个股，就正如该股图中的走势，510通道甚至1021通道都保持不住了，出现死叉、再金叉、再死叉金叉的情况。这说明股价已经开始从前面的强势持续攻击，转变成为震荡攻击走势——这种情况的出现，通常也与2148通道两线之间出现比较明显的八爪线有很大关系。此时，MACD指标就会从高位逐级向0轴震荡回落——这是"指标修复现象"。

横向震荡整理动作的出现，与修复2148通道八爪线有最直接的关系。

这个时候，你再继续纠缠短期四线的死叉金叉波动，技术思维就会出现混乱。必须"切换"到中期四线的技术态势上来，才能够看清这个震荡整理的过程，到底是属于强势，还是属于弱势。

前面讲过，虽然都是阶段性的震荡整理过程，但强势震荡整理的话，股价就会横向震荡为主，股价的整体重心不会出现大幅度下移；而弱势震荡整理的话，股价就会出现比较明显的下跌调整——虽然只是阶段性的，但下跌幅度通常也会达到或超过20%。因为，股价要出现明显回撤、回打、下跌的动作时，48线通常都会被下破，股价寻求的支撑位置，会是89144通道的"护航带”支撑。这种情况，在扭转之后短线涨幅比较大的个股上，是经常可以看到的。

原因很简单：因为涨幅太大(注：从89144两线低位金叉起算，一波持续上攻就超过一倍的空间)，势必拉大4889通道两线间的八爪线，甚至在89144通道两线之间，也会出现八爪线，这样的话，股价就很难在高位保持住2148通道了。

该股从低位89144两线金叉的10.06元附近起算，到波段高点18.26元，一波持续攻击幅度在0.82倍(不到一倍幅度)，再者，从技术上直观看，也只是拉大了2148通道间的八爪乖离，其他各线之间的乖离还没有明显加大。因此，该股才具备只需要化解2148通道的八爪线就可以再展开新的启动上攻的技术条件。

但此时，我们还不能确定它会走出“顺势启动”，还是其他的比如“单交叉启动”。这个问题，不是靠猜，而是要先“跟着看”。

如果是“顺势启动”，无论股价怎么回打、震荡，2148通道两线即使收拢、靠拢得很近，也不会出现死叉；如果不是“顺势启动”，2148两线最终肯定就会出现死叉。

接着看该股的走势，我们专门把该股此处走出“顺势启动”的完整走势放大来看。

见图4-008，先看89144通道两线低位金叉的动作形成系统“先扭转”；然后是攻击完成一波之后，进入横向震荡整理过程，2148通道两线逐步收拢、靠近。

注意！48线也慢慢地降低了上攻的速度，这样，4889通道两线之间的乖离也被同时化解掉了。

特别是，2148通道两线靠拢很近时，几乎是并行状态，此时，虽然有段时间的股价下破48线，但并不影响这两条线的并行走势(不死叉封闭该通道)。这种最短通道(在这个中期四线里，最短的通道自然是指2148通道)两线靠拢很近，并行又不死叉的现象，我们称为“细脖子”。

通常，一旦最短通道出现“细脖子”的走势时，你就要打起精神了。因为这种情况，是把5线、10线、21线、48线这几条周期均线中的持筹成本“合为一体”的一种技术控盘清洗手法。此时，不要管其他5线、10线怎么上蹿下跳地折腾，只盯紧2148这个最短通道的中线波段强势通道能不能保持住，只要能够一直保持住，就说明该股已经进入了中期四线的“顺势启动”技术准备中。

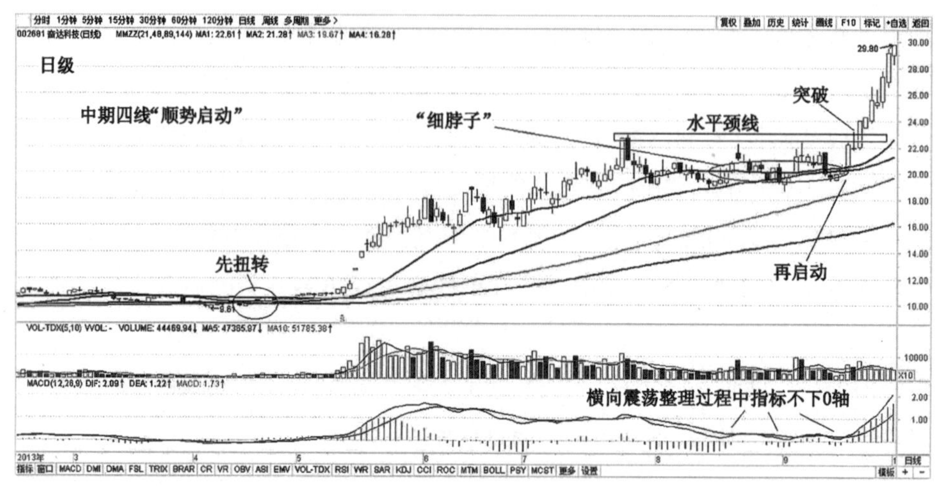

图4–008

这时，就只看2148通道的状态吗？不，还要同步看下面MACD指标的状态。就像该股图中，MACD指标此时同步的是回落到0轴附近了，关键是，指标不要下破0轴为最佳。

如果指标先下破0轴，反而要警惕，后面出现的不是“顺势启动”，而是“断头铡刀”落下来。你可能会想，既然技术上已经进入中期四线的“顺势启动”准备中，能不能现在先行一步介入，等待它爆发呢？

不能急于这一时。最佳的介入时机点，是在启动突破上面的“水平颈线”时。但也许有人想在启动之前做“试单”，可以吗？这个可以。因为“试仓单”资金是小资金，所承担的交易风险小，可以做。但“主仓单”最好是在启动爆发突破动作出现时，再做。

做交易，不仅仅是一个技术活，也是一个策略工作。做技术活时，要控制交易风险；做策略工作时，也要控制好策略风险。

该股在最短通道(2148通道)“细脖子”走了一段后，启动突破“水平颈线”，展开了“主升段”攻击。这个中期四线的“顺势启动”工作就完成了。

为了给大家在技术上有一个完整的理解，下面再看一下该股后期“主升段”攻击，包括冲击见顶，以及顶部扭转的走势。

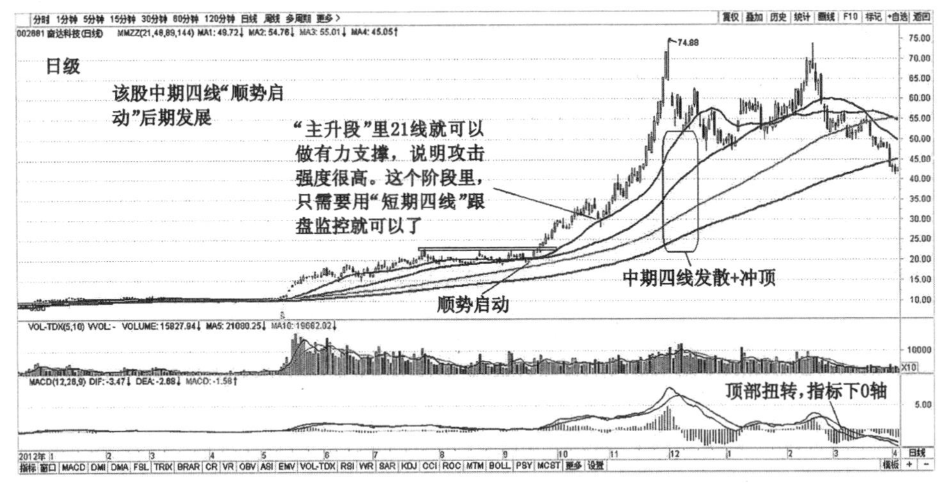

图4-009

见图4-009，其中的技术要点，是“顺势启动”之后，进入“主升段”攻击，在攻击过程中，曾经还出现过一次快速“震仓”清洗的动作，但这个动作得到了21线的强力支撑，再次延续攻击。

这里要讲一个问题，对于进入“主升段”攻击的个股，我们还继续要用中期四线来进行跟踪监控吗？

“主升段”攻击，由于股价的攻击强度通常都很高，因此，股价的上攻、回撤、震荡动作，基本上都发生在“短期四线”中，所以，我们可以“切换”到“短期四线”的趋势框架线系统上，来进行短期性质的技术跟踪和监控，这样有利于最终冲顶见顶时快速做出准确判断，锁利在相对顶部区域的高位上。这是“切换”到短期四线上来监控的最大优点。

当然，也可以同时参考中期四线来监控另一个技术现象，就是通常在股价冲顶、见顶、高位震荡时，中期四线必然会出现各线发散现象。这种现象一旦出现，顶部形成的概率就大幅度提高了。

如果你技术上综合各系统的判断分析水平有限的话，就以“锁利优先”

的原则，只用短期四线来跟踪监控冲顶见顶和锁利信号，就可以了。要以自己的实际水平来做决定。

3．60分级上的“顺势启动”。

这里要再强调一下：从多年实战效果综合看，“五招六式”应用在60分级(“60分钟K线级别”的简称)上的获胜率最高。这与该级别与日级相邻，在技术联动性上更加密切有关。

另外一点，就是相比更小的分钟级别，价格在60分级上运行的稳定性强，杂波也减少很多，因此，价格很容易沉淀到60分级的“中期趋势框架线”里，与日级上的“短期趋势框架线”系统形成联动性的扭转、上攻、见顶动作。

但60分级毕竟要比日级别小，价格在细节上的表现也多于日级，特别是，在趋势框架线系统的扭转动作通常会比日级提前一步，这样，就为交易的超前和准备提供了时间差，有利于提高系统扭转、价格启动精确把握。

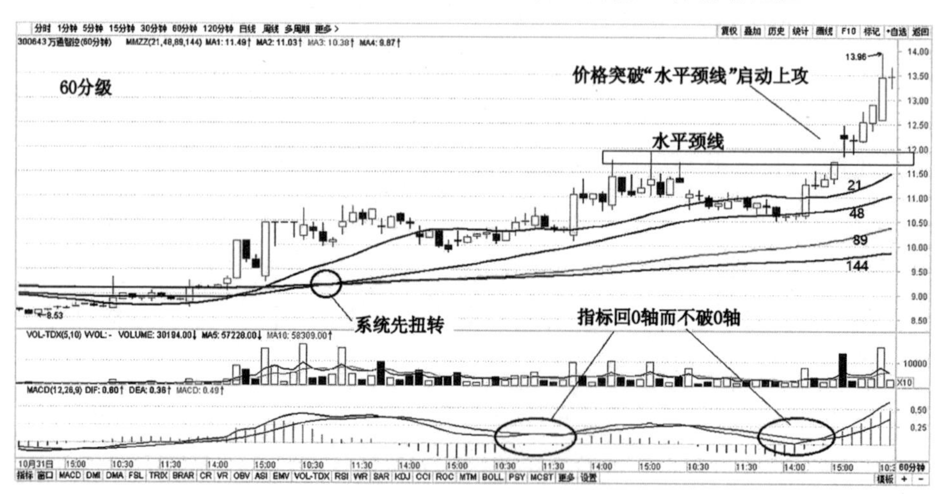

图4-010

图4-010中，万通智控的“顺势启动”出现在60分级上：系统在先扭转后，2148通道(上面第一条通道)出现了明显的八爪线乖离，价格回落震荡化解。注意，指标跟随回落，但回0轴而不破0轴。化解之后，价格再次回升上来，冲出的高点，自然形成“隐形的水平颈线”。

在实战中，当出现“隐形水平颈线”后的价格回落过程中，要特别注意

第一条通道的始终保持多头+MACD指标的回落0轴动作，只要这2148通道能够保持住，指标又回0轴不破0轴，就说明该股此处的价格强势和技术强势，与指标的强势已经形成了同步状态。

那么，下一步就要看价格是否会出现启动上攻的动作，并同时出现放量。

这些问题，不能在出现之后，才去确定它，而是要在出现之前，就应做好交易的准备工作。这样一来，当最终出现的时候，你的交易就不会匆匆忙忙出错。

提示：通常，当分钟级别上已经出现了这种价格启动前的技术准备过程时，就说明已经有资金在进行布局了。因此，当价格最终启动的时候，不要太过相信某些消息的影响，消息只是被利用的工具而已！

是不是一定是“先扭转”，才会“后启动”呢？实战中也会有一种情况——“系统扭转”与“启动攻击”几乎同时出现。这就更说明了一个问题：当趋势框架线系统即将完成扭转之前，就需要对这只股进行跟踪监控，因为不能排除它会出现“扭转与启动”同步出现的可能性。

看个股实例。

图4-011中，王府井在60分级上89144通道金叉完成趋势框架线系统扭转的同时，价格也进入“突破水平颈线”“启动上攻”之中，也就是“系统扭转”动作与价格“启动攻击”动作同时出现了。

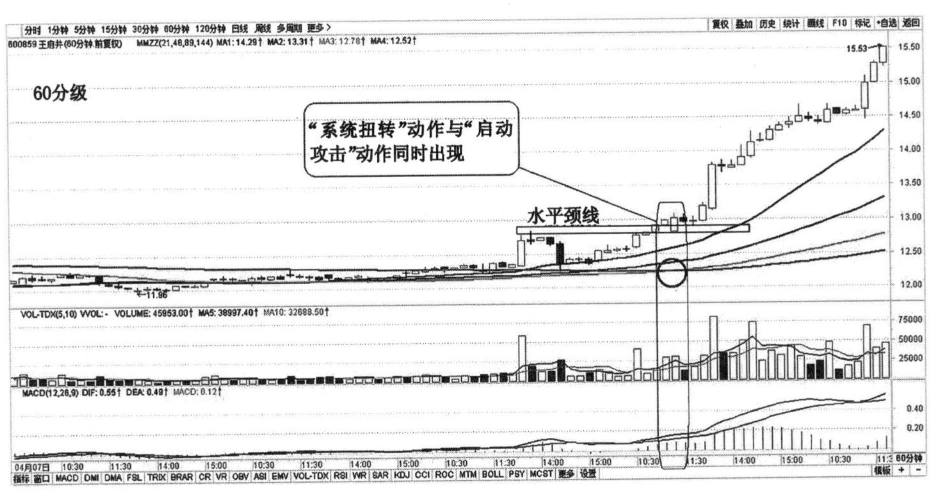

图4-011

如何来避免这种“扭转与攻击”同时出现而可能造成自己在交易中追高，特别是“发现太晚而造成追高”的问题呢？这就涉及在实战中，选股时的设定标准。

通常，对于“五招六式”目标股的选股标准：60分级；2148通道(第一条通道)多头；4889通道(第二条通道)多头；89144通道(第三条通道)多头；MACD指标大于0轴(电脑上设定此选股条件时，应该是：60分级；21线大于48线，48线大于89线，89线大于144线；MACD大于0轴)。

但要明白一点，这种选股标准，说明选出的目标股都是已经完成“系统扭转”的个股。如果要提前一步到“系统扭转”完成之前就选出目标股，只需要把“89144通道(第三条通道)多头”修改为“89144通道(第三条通道)空头”(电脑上设定的选股条件中，把“89线大于144线”修改为“89线小于144线”)即可，其他选股条件不变。

既然讲到“选股”，这里也讲一个“选股”思维中的最大误区，就是设定的选股条件与技术动作同步、一致。

这个看似没有任何问题的误区，却是很多人都会犯的，就是当总结出一类个股扭转、启动、上攻及其他博弈机会时，就按照该股爆发、上攻、拉板起来时的技术表现信号或动作，照搬“移植”到自己的选股条件中。

这种做法看似没有错，却在技术发生的时间序列上犯了错。你照搬移植的条件，都会是“已经发生或已经出现”的事情，而你的错误在于没有把选股的技术条件“提前”到事情出现或发生之前时的状态。

这又引出了另一个富有哲理性的问题：当技术不完美时，博弈机会最佳；当技术已经完美时，最佳博弈机会丧失。因此，有人提出了一个关于技术博弈最佳时机的讲法：技术走势趋完美。也就是说，通过技术进行博弈时，往往最佳的博弈机会点，是在技术走势即将完成，或出现完美走势之前的短暂时间里。

的确是这样，运用技术进行博弈的人，最容易犯的错误，就是总在技术走出完美走势后才进去博弈。这样做，看似“最完美、最安全”，却是一种“滞后交易”。

我们在总结技术博弈机会点时，是总结它的“完美状态”，但在实际博弈时，则需要捕捉它的“趋(注：接近)完美状态”之时，短暂的最佳博弈时机点。

特别是在设定选股条件时，要考虑“提前一点、超前一点”来设定选股的技术条件和状态。这样选出来目标股，看似技术上“不完美、有缺陷”，却给自己留出了一部分时间和空间，在技术发生“变化”之前，你就开始跟踪监控它的走势了。这样的话，当技术出现“变化”时，你已经枕戈待旦，气定神闲地提前进入该股技术运行节奏中，能够在价格爆发起来时跟随介入，在技术上走向完美的、预期中的状态时，你已经完成筹码布局的任务。

还有一种情况，与价格上攻时的“价线关系”，也就是价格与均线通道的紧密度有关。比如，当60分级上股价“启动攻击”起来后，价格上攻途中回撤的动作，总是在悬空中完成——就是价格回打震荡的低点，距离第一条通道总是处于“脱线”中。这种情况下，通道对价格是否支撑得住，还是会再次回落下来，与该级别上价格与均线的紧密度高度相关。如果对此认识不足，会带来交易判断上的盲区。

怎么解决这个问题呢？

既然你选定的这个级别上，价格上攻中与均线(特别是第一条通道)之间的紧密度不够，就说明你选定的这个交易级别有偏差，因此会造成交易上的判断盲区。一般情况下，只需要将你选定的交易级别调整到小一级的级别上，就可以解决这个问题。

但还有一个“双级别”交易的解决方案：就是你可以同时监控30分+60分级两个级别上的技术运行状态，从中即可以“看出”价格攻击时的强度大小(比如，当强度大时，价格依托30分级上的第一通道上攻；当强度降低时，则会依托60分级上的第一通道上攻)，也可以更及时地发现攻击遇阻、价格拐头、系统扭转的早期信号(比如，小级别的30分级别上，价格必然会先出现攻击遇阻信号，以及价格扭转下来，破坏掉趋势框架线系统支撑的动作，虽然此时大级别60分级上信号还不明显，但你可以早一步得到价格预警信号，对交易决断和交易及时性，都会有很明显的益处)。

看个股实例。

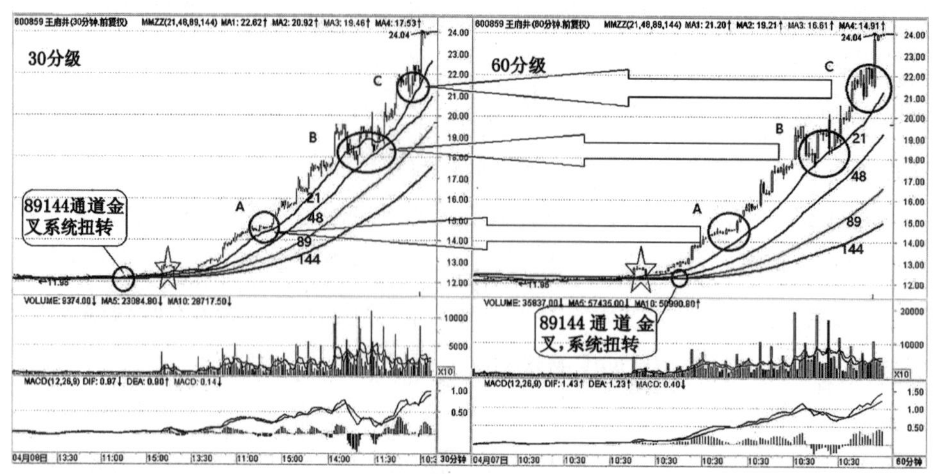

图4-012

图4-012中，是王府井60分级与30分级的“双级别”(60分是大级别，30分是小级别)技术监控图。从图中两个大小级别上看，如果以单纯的60分级别来作为交易信号判断级别，就会存在一些交易技术上的盲区。

先从“系统扭转”看两个级别上的博弈差别：30分级(小级别)89144通道金叉，完成系统扭转的时间点，明显早于60分级(大级别)上89144通道金叉、系统扭转的时间点。可以通过图中两个级别上价格的凸起位置“☆”，作为一个位置点来看，60分上的系统完成扭转位置，是在“☆”之后；而30分级是在“☆”之前。

把握了这个差异性，在实战交易时，就会拥有在“启动攻击”之前，更多、更宽裕的技术辨别、判断时间、空间期限，来安排资金超前一步介入。

再看图中两个级别上，共同的“A、C”两处“价线关系”(也就是价格与通道关系)的差异性。60分级上，价格已经启动攻击起来，但价格处于“脱线悬空”状态的上攻过程。依据这个级别上的这种攻击现象，你总是会有价格随时回打到第一条通道(60分级上的2148通道)上寻找支撑的担忧，这对于交易心态、交易的机会和风险辨识，都会造成一定的困扰。

再看同时间的30分级上，价格此处的上攻过程，明显是得到了21线(也是第一条通道)的有力支撑，并且，后面的上攻基本上都是沿着21线这第一通道的强力支撑而持续。

图中“B”处，价格出现了一次剧烈震荡。在60分级上，价格剧烈震荡，得到了21线(60分级上的第一条通道)的有力支撑；而在30分级上，价格剧烈震荡还得到了2148通道(第一头条通道)的有力支撑。

所以，在这个价格剧烈震荡的地方，30分和60分两个级别上，支撑住价格的通道等级是相同的(都是第一条通道)，这就相互印证了此时价格强势震荡的波动特点——并不是价格攻击遇阻，继而向下扭转的走势。这对交易判断的及时性和准确性帮助就会很大——这是应用“双级别”进行监控的最大益处。

既然30分级上的技术走势更细腻，为什么还要再看60分？是否多此一举？切不可这样想。复杂，永远都是技术立体性的真实面孔，但小级别上太过于细腻的价线关系，并不一定都是好事，有时，反而会增加交易中判断的难度。

再看个股实例。

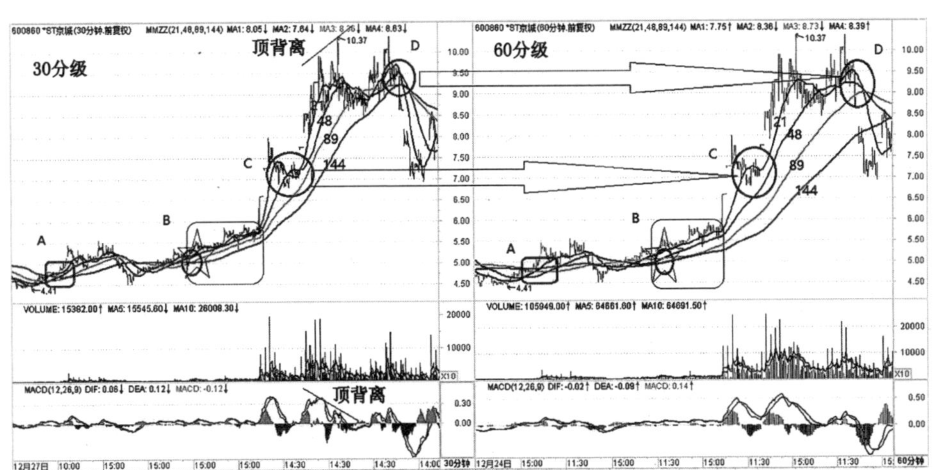

图4-013

见图4-013，ST京城在小级别(30分级)上攻途中遇阻震荡，价格在高位攻击遇阻，产生“顶背离”以及“多线聚拢(向下)扭转”，虽然比大级别(60分级)上总是会提前一步，但是在价格回撤时，30分级上的2148通道(第一条通道)总是被打穿，甚至造成2148通道的死叉封闭，这种“价线关系”“过于紧密”，会增加交易判断的难度，以至于稍有风吹草动，比如在某次价格回撤震荡时，大盘指数出现盘中跳水等引发市场恐慌时，很容易心态浮动，而出现误判匆忙出局。

一步步来看：图中两个级别上的“A”处，30分级上，系统扭转动作清晰，是不是就可以提前一步介入布局呢？你不看60分级上此处的技术状态，就不能准确地下决断。果然，60分级上，此处与30分级上89144通道金叉，系统扭转的技术状态是截然不同，甚至相反。60分级上，此处89144通道是刚刚死叉封闭的情况。

怎么办？“双级不同步，不能贸然动”。所以，后面价格再下跌一次之“苦”，你可以不用去“受”。

再看图中两个级别上“B”处，也是“☆”处的情况——两个级别上，几乎是同步出现了系统扭转的动作，这里才是等待的进场布局信号之处。系统扭转动作之后，30分级上和60分级上，价格都经过了一段缓攻过程，然后再启动加速。

但就是在这段震荡缓攻过程中，由于30分级上价格与通道关系紧密度太高，反而造成价格几次下破第二条通道(4889通道)；另外，30分级上的第一条通道要比60分级上的第一条通道走得更加波折，每次价格回撤，第一条通道两线相互收拢，都差点死叉封闭通道。

相比在60分级上，2148通道(第一条通道)对价格的支撑表现得很强势，也很稳定，2148通道两线走得也比较顺直、坚挺。这对实战交易中对价格波动方向的辨识和判断，是可以起到很大作用的。

特别是30分级上的图中“C”处，2148通道在价格回打震荡中，死叉封闭，相对于60分级上的价格回打，“回震”化解2148通道中八爪线的技术走势，哪一个更容易辨识？哪一个更容易误判？一目了然。

这都是30分级上，价格与均线通道之间的关系“过于紧密”而对交易判断上造成的误判困扰和技术干扰信号。但在高位价格攻击遇阻时，30分级上的一些优势又显露出来比60分级上更精确的益处。图中的“顶背离”只出现在30分级上，这是高位价格攻击遇阻时最典型的技术信号，在30分级上很清晰。出局锁利、减仓锁利等清晰的信号，都可以帮助你做出正确的决定。60

分级上，也有“顶背离”的信号，但相比30分级，就带有一定的“模糊性”，信号清晰度不够。

而在高位系统扭转向下，价格“断头”时的信号上，30分级要比60分级上的信号表现得更彻底、更清晰、更没有“模糊性”。

综合来看，小级别(30分级)、大级别(60分级)各有各的优势和缺点。关键是看你在实战交易中怎么去“用好”它们。以我多年的实战经验，“双级别技术监控”是最合适、也最客观的一种选择。

我们要“用好”大小级别上的各自优势，来为我们的交易服务，也要把它们各自的缺点展示出来，避免我们在交易中走入误区。

主要是在低位系统扭转时，双级别上要同步；在上攻过程中，从两个级别上可以看出价格的攻击强度，以及“价线关系(价格与通道关系)”的紧密度，价线关系在小级别上过于紧密，那么在大级别上，就会刚刚好；反之在大级别上过于疏离，那么在小级别上，就会刚刚好(注：这种“价线关系”“刚刚好”的技术体悟，需要自身在实战中取得)，而在高位价格攻击遇阻时，小级别上出现的“顶背离”，通常要比大级别上的一些信号，更加直接、清晰。在高位系统扭转(向下)时，小级别上的“系统扭转+价格断头”，虽然在大级别上看“还有回旋余地”，但绝大多数情况事后看，都是一种误判。

所以，小级别，在低、中位的走势中，应与大级别在技术信号上形成同步或互补；但在高位时，小级别上的清晰的风险性技术信号，要比大级别上的信号更具有交易的实操性、准确性、正确性。

技术的复杂性，有时就在于此——相互渗透，各有利弊。但只要你理清其中的纷纷扰扰，交易技术就会在不知不觉中进入“殿堂级”水平。

总之，“顺势启动”是“五招六式”技法中最好辨识，也最简单明了的博弈招法，掌握之后，要巧用它，但切记不要滥用它。

4．30分上的“顺势启动”。

30分钟级别上的“顺势启动”中，系统的扭转动作一般都会早于60分级上的系统扭转动作，但最好不要与60分级上的系统扭转出现相反动向(也就是30分级上89144通道金叉为多头，而60分级上却死叉为空头)，可以是30分级上先系统扭转，60分级上后系统扭转，时间上，金叉可以有先后，但89144通道(第三条通道)的运行方向不可以相反。

作为“五招六式”中的“顺势启动”招法，在30分级上也是一样的，要出现系统“先扭转”，然后价格才“启动攻击”；同样，也会有“(隐形)水平颈线”存在，启动突破时，会有量能放大现象；还有MACD指标也会在系统扭转后，始终运行在0轴之上。

看个股实例。

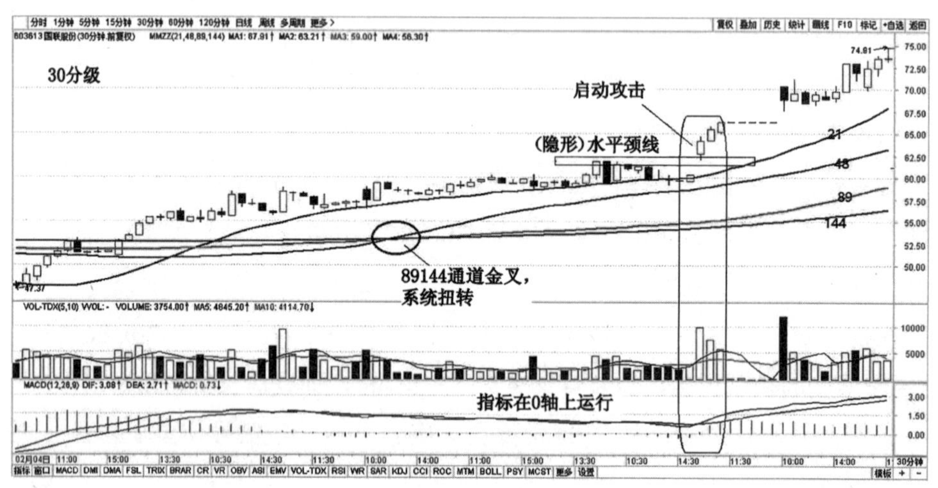

图4-014

图4-014中，国联股份30分级上，趋势框架线系统先扭转，然后2148通道(第一条通道)一直保持着多头攻击状态。特别是价格，始终沿着2148通道向上缓攻，这说明价格的攻击状态的强势。

特别注意！当2148通道(第一条通道)两线出现收拢动作时，就要特别留意了，因为这通常是价格即将启动攻击的准备动作。

实战交易中，价格在启动上攻之前，都会有一次试探性的上攻动作，很短暂，留下一个价格高点。但价格的回撤动作，当得到2148通道的强力支撑时，就会是一个最佳介入机会点。

然后当价格开始启动上攻，突破“水平颈线”+放量配合时，也就是价格穿过“水平颈线”之时，是第二个最佳介入机会点。

当价格突破“水平颈线”之后，回撤确认有效突破，或者价格靠线(靠21

线)时，是第三个最佳介入时机点。

这三个最佳介入机会点，不单是在30分级上出现，如果你以其他级别捕捉“顺势启动”博弈机会时，也是同样的机会点。

捕捉这几个介入机会点时，你也可以应用“双级别技术监控”方式来进行精确化捕捉。比如，60分级是交易级别+30分级就是细化的小级别；30分级是交易级别+15分级技术细化的小级别；日级是交易级别+60分级就是细化的小级别，等等，以此类推。

5．15分级上的“顺势启动”。

“顺势启动”也会在15分级上出现。

15分级是一轮大波段性上攻行情中，(中期四线)趋势框架线系统，可以持续支撑这一轮上攻行情的最小级别。

虽然有时，更小的5分级上也会出现支撑一轮大波段性上攻行情，但大多这种情况都发生在“一波到顶”、“一口气上攻”、连续拉涨停的上攻走势上。

因为分钟级别越小，价格的震荡幅度稍微有些大，就会打断、封闭该级别上的(中期)趋势框架线系统的向上运行过程，但15分级别上的(中期)趋势框架线系统，通常可以“容纳、包含”住日级上510通道里的价格震荡动作。当然，在这种情况下，15分级上，只会是第三条通道(89144通道)处于保持多头攻击状态，而第一、第二条通道通常有可能会出现死叉封闭的情况。

总之，在15分级上捕捉“顺势启动”博弈机会时，多注意日级上的价格攻击强度，因为一旦价格的波动震荡幅度加大时，要结合15分级上的价格攻击遇阻信号，而及时进行锁利。

看个股实例。

图4-015中，广百股份属于15分级别上的“顺势启动”。从图中可以看到，在系统扭转之前，价格回落时，MACD指标很容易下破0轴；而在系统扭转之后，价格回落时，MACD指标就不再下破0轴了。这是指标显示价格转强势的一个突出信号。

图中该股在系统扭转(89144通道金叉)之时，价格同步有过一个快速上攻的动作，但很短暂，这个价格高点，就自然形成了一条“(隐形)水平颈线”，日后价格突破时，就以此为一个技术介入点。

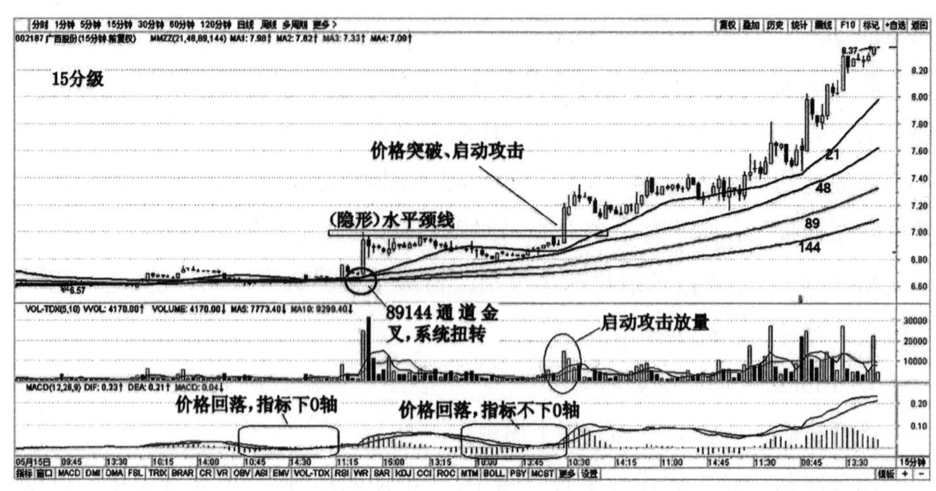

图4-015

在随后的价格回落过程中，也是化解2148通道(第一条通道)八爪线乖离的过程。化解完成时，2148通道两线明显收拢+MACD指标回落0轴附近，这就是前面讲的第一个最佳介入机会点。

随后，价格伴随放量突破“水平颈线”(第二个最佳介入机会点)。但由于价格上攻过快，又出现2148通道两线有八爪线迹象，因此，价格震荡“靠线(靠21线)”，是第三个最佳介入机会点。

但靠线之后，只是化解了“脱线”乖离，2148通道的八爪线还在继续扩大，因此，价格并没有急于上攻，而是沿着(或者讲应该是压着)21线震荡缓攻，直到把21线的上攻速率遏制下来，变慢后，2148通道两线的八爪线乖离才被化解。

后面，价格继续依托2148通道(第一条通道)展开上攻，是顺理成章之事。

6. 5分级上的“顺势启动”。

5分级上的“顺势启动”往往会出现两个极端：第一个，价格处于非常强的上攻时，价格就会脱离开60分级、30分级、15分级上的(中期)趋势框架线系统的依托，而主要依托5分级上的(中期)趋势框架线系统展开一轮上攻行情的循环。

当然，这种小级别上的上攻行情，虽然价格强度很高，但一旦其攻击的强度出现衰减现象时，就很容易打断、封闭5分级上的趋势框架线系统的上攻延伸状态。实战交易中，此时就必须要及时、果断地锁利离开。

由于很多人此时还处于赚钱(很轻松)的兴奋中，看到比5分级大的级别上(比如15分级或30分、60分级)的趋势框架线系统还没有被破坏，就总想着忍耐一下价格震荡和回撤动作，然后接着赚钱，而错失一些很好的价格高位及时锁利的机会。

持这种想法的人，在技术派里占大多数。但这种想法是技术交易中的一个误区——无限升级技术对价格的“包容性”。

什么意思呢？就是在利用技术进行博弈交易时，你可以细化参考小级别上价格的细微动作，来修正本交易级别上的一些技术判断。但是，绝不要在价格破坏了本级别上的技术状态时，去在大级别上寻找技术对价格破坏力量的“包容”理由。因为，你既然选定了这个级别来做这笔博弈交易，你的这一把交易的成功率就与这个级别上的技术延展性(也就是价格的波动强度)是密切相关联的。

当这个级别上的这次博弈机会转为风险之时，你应该“顺势而为”地锁利撤离出来。这样，可以保障技术博弈的成功率。这是最起码的技术交易“底线”!

如果你的交易突破了这个“底线”，就意味着你的这一把交易的风险“魔鬼”，被你自己从“笼子里放出来”了，最后，被它吃掉的可能性会大增。你做交易成功率的保障就没有了，也许，你会偶然多赚一点，但长远来看，你必输无疑!

所以，“一把是一把、一次是一次、每一次都应该是独立的交易”，树立这个正确的技术交易理念，可以帮你躲避开很多的交易陷阱，关键是，能够保障你的交易成功率，赚本级别上可以赚到的钱，并且拿到本级别上已经赚到的钱。

第二个极端，就是刚刚形成的“顺势启动”状态，突然之间会被破坏掉。

这种情况，在大一些的级别上出现的次数肯定没有5分级别上出现得多，这是大小级别所决定的一种必然现象。所以，在实战中，也就常常会碰到，碰到了，别惊讶，也别意外，就像小孩子走路总是会突然转向一样，持续性和稳定性差。

从多年实战经验中总结出，只有当5分级别上，出现的“顺势启动”比较“顺滑、简洁”时，特别是日级上处于“脱线攻击(拉板)，或者贴线攻击”时，5分级别上的“顺势启动”成功率才会比较高。

还有一点，就是5分级上的“顺势启动”，在“系统扭转”之后，“启动攻击”出现之前的缓攻过程中，价格最好沿着2148通道(第一通道)强势缓攻，而不要在价格回撤时，不时被打到第二、第三条通道里(虽然第一条通道还能够保持着不死叉封闭)。

这种价格回撤震荡幅度有些大的走势，与该股上攻中筹码的稳定性低、浮筹的数量比较多，有很大关系。所以，后面也很容易再被主力把价格打下来，重新转强——在5分级上，这次的“顺势启动”就夭折掉了。所以，在5分级上捕捉“顺势启动”的博弈机会时，宁愿放弃博弈机会，也一定要选最强状态的！

看个股实例。

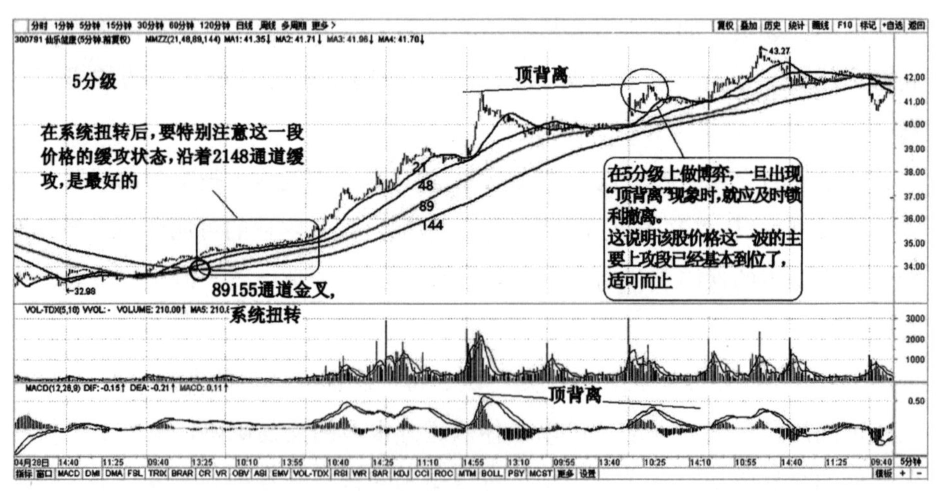

图4-016

图4-016中，仙乐健康属于5分级上的“顺势启动”。同样，也是(中期)趋势框架线系统，先在低位扭转。但此处要特别注意一下：就是在5分级(15分级也是一样)这种小级别上，系统扭转之后的价格缓攻过程，最好是沿着2148

通道(第一通道)的强力支撑而上行。不要有价格总是被回撤，回打到第二、第三通道里的情况。

这一段走得越稳，说明价格攻击强度越高(也是资金蓄势力量很强的一种表现)。

另外一个，就是图中该股当价格在高位攻击遇阻(提示：是以5分级上的高位攻击遇阻为准，而不是以其他级别来定)，出现“顶背离”现象时，就应该及时锁利撤离。

可能有人会问：从图中看，价格在“顶背离”后，还上攻创了新高，为什么要提前锁利撤离呢？

这是因为，实战中，有些股在“顶背离”后，没有再创新高；而有些股，则会有再创新高的动作。但是，综合经验来看，当5分级上出现明显的“顶背离”时，通常都是该股价格在这一波短线上攻中，资金的攻击能量出现了衰减的典型信号。

另外一点，由于5分级级别小，对价格波动的“包容幅度”也就比较小。一旦资金的攻击能量出现衰减信号，价格的波动幅度必然就会加大。如果你一定要等到价格打断趋势框架线系统的运行状态，或者系统扭转向下的时候，才匆忙决定卖出离开，往往会“无谓牺牲掉”很多本已经赚到的利润。为什么要做这种“吃进来又大口吐出去”的事情呢？

卖出时，有一些利润损失，是正常的。但如果当大段的利润失去时，才醒悟去卖出，就是交易思维出了问题。

总之，交易的级别越小，卖出就要越果断。拿到眼前赚到的确定性利润，永远都比算计未来不确定的利润更重要！

关于“顺势启动”在小级别上容易出现夭折的现象，前面已经讲了一些。

由于5分和15分级别太小，价格的波动频率高，造成价格运行轨迹的变化点更多、更善变，趋势延伸的稳定性低。这样的情况，在实战中比较多见，有时，扭转之后刚开始时，是“顺势启动”，但价格没涨起来多少，又突然打回来，变成了“单交叉启动”或“双交叉启动”的走势，甚至有些个股，运行状态异变几次之后，最终结束了这个上攻循环。这都与级别过小，价格运行稳定性差有直接关系。因此，建议刚开始实战交易中，在选定分钟级别交易机会时，首先以30分、60分级上的博弈机会为主。待以后实战交易经验积累多之后，再择机选定在其他分级别上应用。

下面这个5分级的个股实例，就是一个典型的“价格反复异变、缩短了上攻循环”的例子。

图4-017中，沃格光电就是一只典型的“顺势启动”夭折的走势。

先看图中系统扭转后，价格的缓攻过程中，价格不断下破2148通道(第一通道)，之后快速上冲一个高点出来，此高点自然就形成了一条“水平颈线”。但随后价格回落动作中，却“打断了”趋势框架线系统。此时，该股前面的“顺势启动”已经被破坏，转变成了“双交叉启动”。

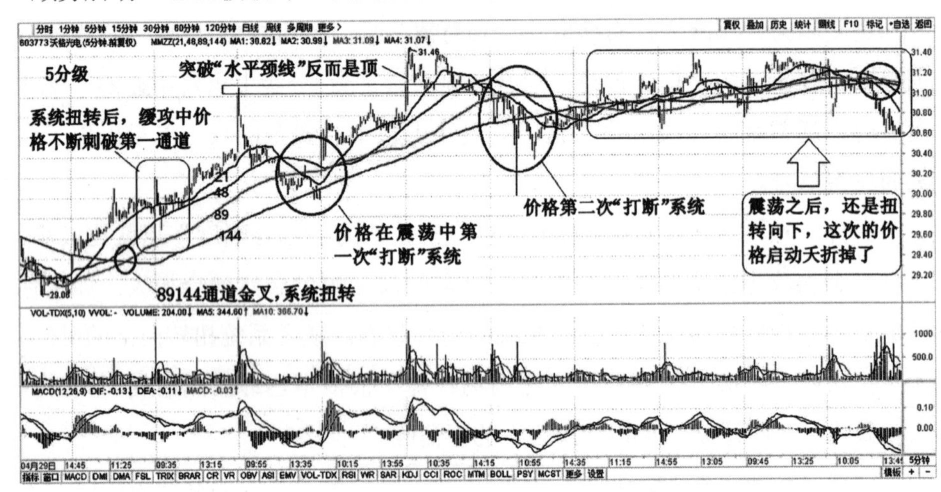

图4-017

我们前面讲过，“顺势启动”的强度高于其他价格启动模式。因此，这里价格的强度已经开始出现“衰减”现象。但这种情况，也可以视为是价格在启动之前的“震仓”清洗动作。不过，既然是“震仓”动作，也说明该股此处的筹码稳定性不高，浮筹比较多——这都有可能影响到主力改变此处的价格启动计划。

通常，启动前的“震仓”清洗动作越猛、越狠，启动起来后，价格的上攻强度要越高才对。但该股在突破“水平颈线”之后，在比较短的时间里就又打回来了，这就说明该股此处的启动力量强度并不高。

随后该股又出现了“第二次打断趋势框架线系统”的动作时，就进一步说明该股这里的启动动作已经夭折掉了。

虽然价格随后又拉回来了，但趋势框架线系统中的89144通道已经死叉封闭了系统的这一次价格启动过程。

在实战中，很多人会因为此时价格又拉回来了，而采取“再看看，再等等，也许后面还会再进入启动中”这样的观望、等待、幻想中，而没有做交易决断(及时择机卖出撤出来)。

要避免犯这种低级错误，就要记住一点：这次的启动既然已经夭折了，就先把资金撤出来。下一把交易，是下一次的事情，不要与这次的交易混合起来做。

做交易，最忌讳的就是把几次交易性机会混合起来一次做。这种做交易的人，十人九亏！

要理清的是，这种把交易机会混合起来交易的做法，与做中长线并不一样。

做中长线，需要有自己一套的机会把握和买卖点攫取的相应的技术战法，与做短线波博弈看似一样，但细究起来，却有很多不同点。

另外，这种做法也与前面讲的“小级别上上攻趋势被破坏了，就把赚钱希望升级到大级别上”这种“无限放大技术对价格的包容性”是同一个思维原点。对遵守交易纪律、坚守技术博弈机会层级划分、保障交易的成功率，都有害无益。

总之，“顺势启动”是“五招六式”中技术强度最高的价格启动模式。既然已经是技术强度最高的，就只有保持住这种价格的攻击强度，才是最佳的。

如果保持不住，降低了强度，加大了清洗力度，变成了其他启动模式，那么，在价格启动起来、突破“水平颈线”之后，就要再次把攻击强度提升到高强度攻击上来才行。否则，就要警惕启动攻击出现夭折的风险，这一点，无论是在哪个级别上，都是一样的判断标准。

四、招式2：单交叉启动

“单交叉启动”是“五招六式”第二招启动模式。

从启动攻击前的缓攻蓄势强度上讲，“单交叉启动”要比“顺势启动”弱一些。

在启动攻击之前，2148通道(第一通道)由于价格回撤、回打清洗动作要大于“顺势启动”中的回撤幅度，因此会形成一次“上攻交叉线”过程。而4889通道(第二通道)，以及89144通道(第三通道)依然保持着多头攻击的强势状态。

这种情况的出现，与主力资金在该股启动之前，进行的清洗动作有密切关系。

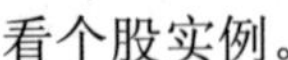

看个股实例。

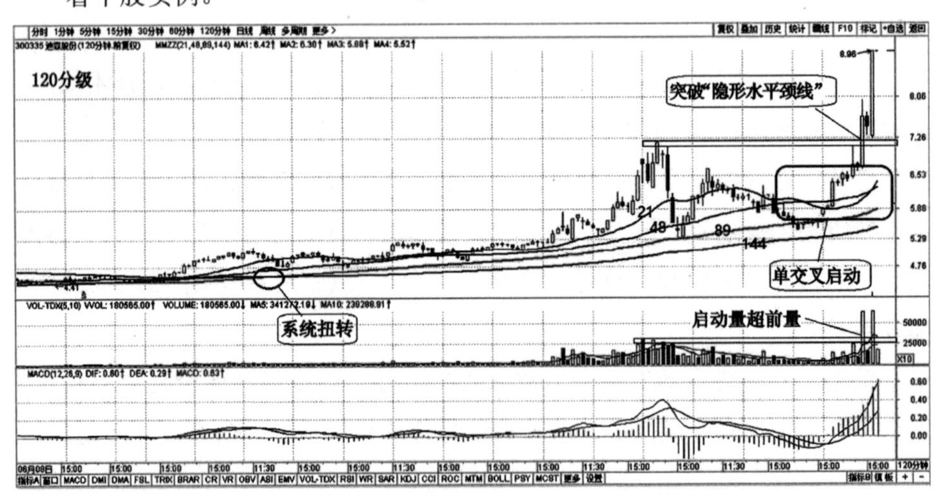

图4-018

在图4-018中，89144通道在低位的金叉动作，说明是这个中期趋势框架线系统完成了低位扭转的动作。之后，2148通道、4889通道、89144通道这三条攻击通道均一直保持着多头攻击状态。但在价格真正启动之前，通常价格都会有一个率先向上的“试盘冲击”动作。这个动作，很像启动上攻的动作，也有量能配合，价格启动的上攻动作也很凌厉。但是，上攻却常常会戛然而止，很短暂。

虽然价格的上攻很短暂，但价格上攻速度通常都比较快，这样，必然就会把短通道中拉出八爪线乖离来，主力资金要的就是这个效果。

短暂的上攻动作之后，必然就要开始回打清洗了。而这个清洗动作，才是价格启动之前的最后一洗。如果价格回打时，还有很多买盘资金纷纷进场的现象，通常就会拉起来一下，再第二次打下去。第二次打下去时，如果还有买盘资金进来而不缩手观望，那就再拉起来一下，第三次打下去。

实战中，一般会拉起来打下去几次？这个问题，是控盘手根据盘面的实际情况来灵活掌握的。

总之，什么时候打下去以后没有买盘资金涌进来，而是缩手观望，就说明这里的清洗工作基本上结束了。

但有些控盘手疑心病重，会在某天早盘大幅度低开，不急着拉起来，等着还有谁会恐慌卖，或者是否有资金在低买。如果买也观望、卖也观望，就说明短线该走的走了，该买的也不敢买了，这就是清洗工作达标的情况。

图4-018中，将价格回打了两次(这是最常见的)：第一次价格回打下来时，卖盘量放大，说明恐慌卖盘多，但同时也说明买盘资金也很踊跃。所以，拉起来第二次再打下来。第二次再打下来时，成交换手量能明显降低了，这就说明无论卖盘还是买盘都缩手了。主力资金为了验证一下，刻意将价格打下来后，压住一段时间，这样，2148通道就死叉、封闭了。再配合上MACD指标的下破0轴动作，技术上带有明显的短线破位现象。这种情况通常是技术派离场的诱因。

但看图中，此时成交换手量还是处于很低的位置，就说明短线这里的清洗工作已经基本完成了。

后面，价格拉起来后，就直接进入到启动、突破(隐形水平颈线)、上攻中。

这一系列的动作，在技术系统上留下了2148通道死叉再到金叉的过程，而这个过程，就形成了“单交叉启动”——其他第二、第三两条攻击通道都保持着多头状态，只有最短的2148通道中出现了死叉封闭、再金叉的现象。

这就是“单交叉”现象。

但是有时，这种启动攻击之前的清洗动作，会在缓攻过程中出现几次，所以，2148通道就会出现几次“上攻交叉线”，但只要下方的第二、第三通道(即：4889通道、89144通道)都能够继续保持住多头攻击状态，而不死叉封闭(降低攻击强度现象)，就没有什么大的影响。只是价格在日级上看时，价格的回撤、回打动作，每次都会刺破10日线。

但在实战中，有时会遇到一个问题：比如，30分级上，是“单交叉启动”的缓攻走势；而在大级别60分级上，却是“顺势启动”(2148通道不出现死叉封闭的“上攻交叉线”情况)的典型走势。

这种情况下，应该把交易的级别定在哪个级别上呢？

选强度更高的级别。

但有个附加条件：价格与第一通道(2148通道)必须是明显的依托密切关系，而不能是处于“脱线”状态。

看个股实例。

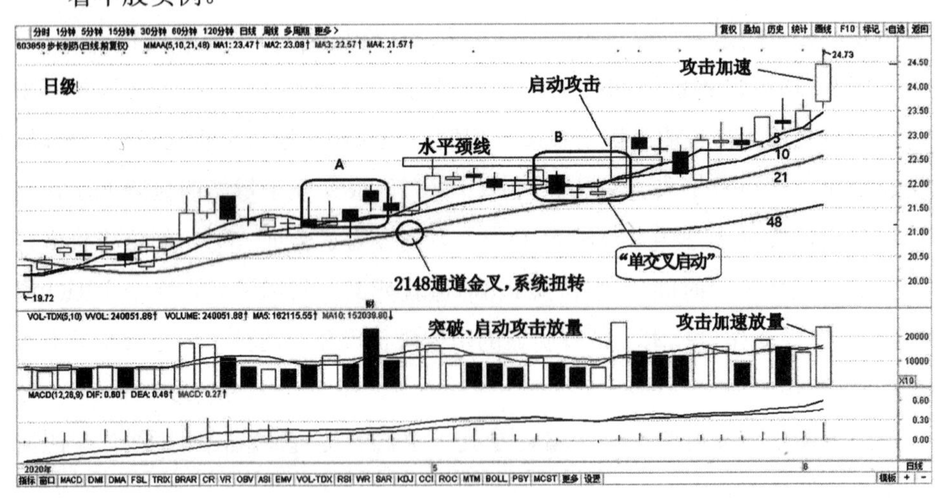

图4-019

图4-019中，步长制药在日级“短期趋势框架线”系统上是一次典型的“单交叉启动”。先看图中“A”框处，2148通道(第一通道)也出现过一次“上攻交叉线”，但要讲清楚的是这个不属于“单交叉启动”动作。

为什么？原因很简单：因为它发生在该“系统扭转”之前。

我们讲的“五招六式”里任何一种招式、模式，都是指在该“系统扭转”之后出现的技术动作。这一点，在实战中要理清。

为什么不算呢？

因为，在“系统扭转”之前，价格的攻击强势，有可能会到此为止(交叉见顶)，也有可能延续。从技术的延续上讲，只有在系统扭转之后，价格的强势和攻击还能够保持住的个股，才是我们的目标。

图中在89144通道金叉“系统扭转”之后，第一通道在“B”框处出现的这个“上攻交叉线”动作，才是“单交叉启动”。此处也形成“水平颈线”(以待后面价格突破)。

第一通道(2148通道)在价格回撤、回打之时，虽然出现了通道死叉封闭，但由于下方第二通道(4889通道)支撑力量强，价格很快就回升起来，而这个价格拉起来的动作，不但突破“水平颈线”，也伴随明显放量，这就是一个“单交叉的启动攻击”动作。

在实战中，会有一些个股，并不是很多人希望的那样，价格一出现启动上攻，就马上达到最强攻击强度——连续拉大阳、拉涨停板。也有很多个股，主力资金选择是一种震荡转强、一层一层升级起来的攻击强度——特别是在没有什么消息刺激，又不被市场中很多人注意的时候，这种震荡缓攻的时间越长，价格会在大家“不知不觉”中，累积出很大一段升幅来。这种股，会给你上攻之势绵绵不绝的感觉，好像随时你都有机会“上车”，但却总是在“犹豫”中，眼睁睁看着价格越来越高，最终忍不住追进去，反而价格见顶。

所以，在实战交易中，如果遇到这种股，最好的方法就是在价格“攻击加速”之前，只要价格不脱线，第一通道不出现八爪线，当价格回撤到第一通道中时(价格强度高时，只会回落到通道两线的上面一条均线上)，就可以择机介入，不要等价格升幅累积大时才介入，也不要追着大阳线介入。有些人不出大阳，就不买，看见大阳带大量就激动，就抢着、追着买。这个交易“心理问题”必须改掉。

另外，图中有两次放量动作，虽然都是价格上攻引发的，但技术上攻击放量的意义有一些不同：第一次放量，是“突破水平颈线+单交叉启动攻击”

的放量动作；第二次放量，则明显是在510通道(第一通道)在顺势状态下，价格攻击加速时引发的放量动作。

该股日级上是“单交叉启动”模式，是不是在实战交易时，按照日级上的技术点来确定买点就可以了？

不一定。为什么？因为攻击的强度。日级上的“单交叉启动”强度，并不是“五招六式”里最高的，最高的是“顺势启动”。

那么，在其他级别上，特别是比日级小的级别上，会不会有“顺势启动”(最高强度状态)存在呢？

一句话：如果在其他小级别上，存在着“顺势启动”强度的级别，就应该以该最高强度的级别定为这一把交易的级别。

再看看该股的30分级和60分级上的同时间段走势。

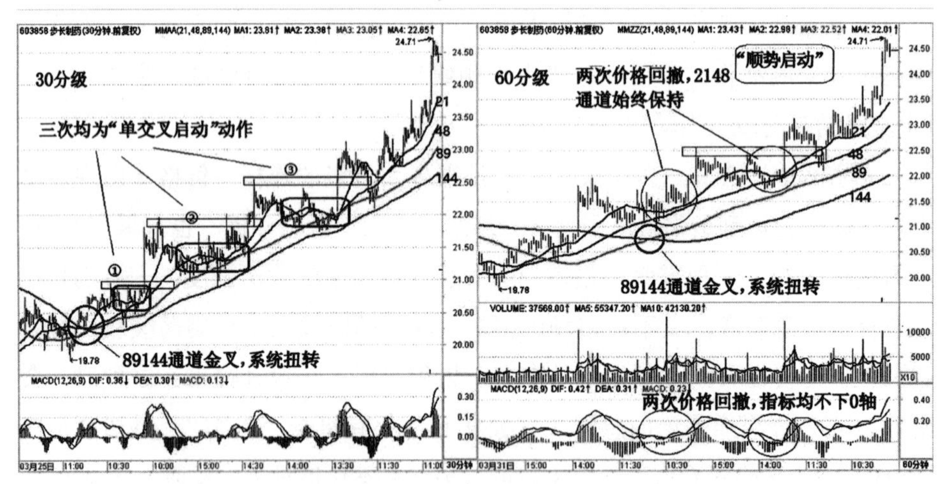

图4-020

见图4-020，为了大家看起来有一个技术上的对比性，把步长制药30分和60分两个级别放在一起看。

很明显，从图中的30分级上，在系统扭转(89144通道金叉)之后，共出现了三次“单交叉启动”的动作。虽然其中有两次价格回撤、回打时，4889通道差一点就死叉封闭了，但放大细看，两线只是黏合而不是死叉动作。因此，第二通道(4889通道)、第三通道(89144通道)都一直保持着多头状态。所以，在30分级上，并不是“双交叉启动”，而是属于“单交叉启动”。

而从图中的60分级上看，一目了然，在系统扭转之后，每次价格回撤、回打时，第一通道(2148通道)都没有出现死叉封闭现象，同时，每次价格回打时，MACD指标都没有下破0轴(而在30分级上，每次价格回打时，指标基本都会下破0轴，两者相比，自然60分级上的技术强度高)，是典型的“顺势启动”。

现在把日级、60分级、30分级，三个级别放到一起对比，其中只有60分级上的价格攻击中，技术表现的强度最高(是“顺势启动”)。所以，将60分级定为本次博弈的交易级别，就是正确的选择!

做技术博弈，当然是首选技术强度最高的个股，交易级别的选择也是如此。

再看个股实例。

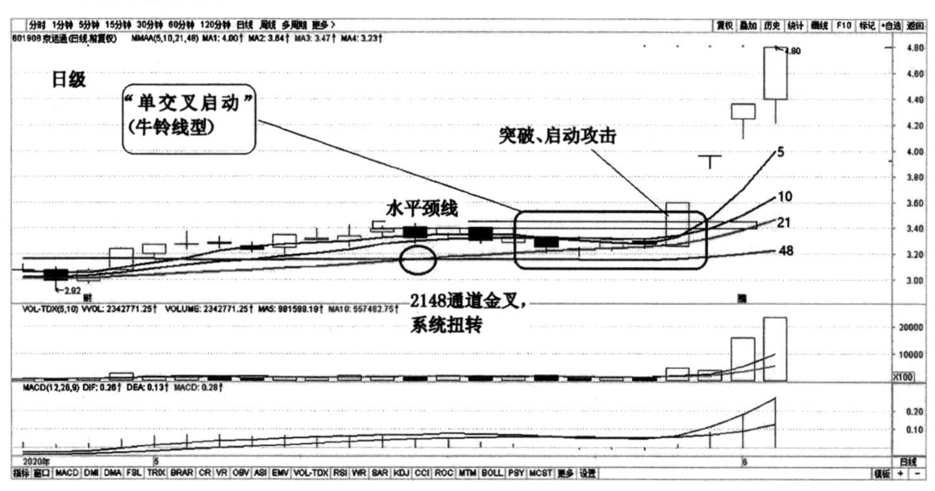

图4-021

图4-021中，京运通的日级上，也是一个典型的“单交叉启动”，并且还是“牛铃线”型的。先是日级上的“短期趋势框架线”(短期四线5、10、21、48)中2148通道两线金叉——系统扭转。随后，价格回撤下来，留下一个高点——形成“水平颈线”。

价格回撤的动作中，甚至下探到48线上，比较深一些，所以，造成第一通道(2148通道)死叉封闭。但随后，价格弹起后，直接拉涨停板，突破“水平颈线”+2148通道重新金叉+放量，进入“单交叉启动”攻击。

熟悉“扭线技术”的朋友，对这种均线的走势变化，一眼就会发现是一个“牛铃线”(关于“牛铃线”，可参看《玩转移动平均线：扭线原理及实战应用》第三章：均线实战的三十五种基础技术动作)。但是，是否就以日级来定为对该股的交易级别呢？还需要再看看该股小级别上是什么样的“启动招法”才能确定。

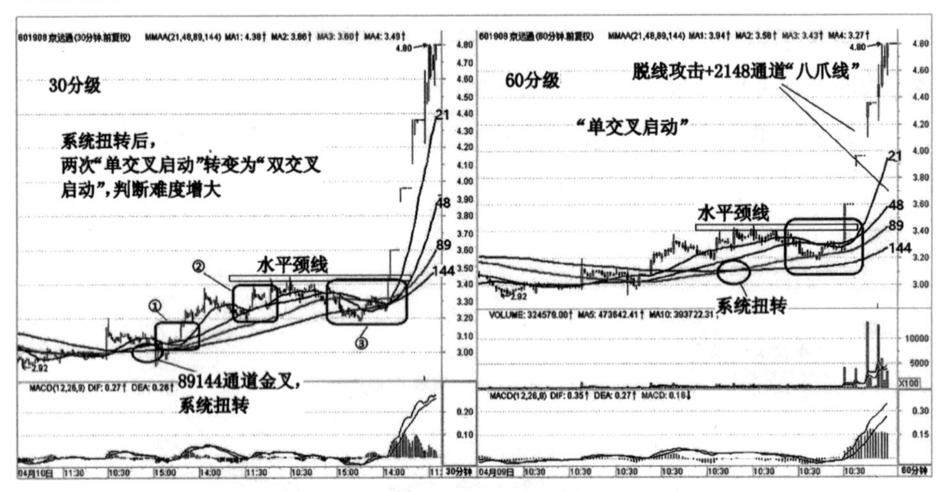

图4-022

见图4-022，京运通的60分级上基本与日级上一样，都是“单交叉启动”(牛铃线型)；而30分级上就复杂了很多：在系统扭转之后，出现了三次价格回撤、回打后再攻击的动作，但其中前两次(图中“①、②”方框处)均为“单交叉启动”动作，而第二次“单交叉启动”(图中“②”方框处)明显是夭折，因为价格不但没有再上攻，而且回打下来时，还下破了144线，但好在89144通道一直保持着，因此“价破线不破”(价格下破而通道不死叉)，但造成了第一通道(2148通道)和第二通道(4889通道)均死叉封闭。

这种价格破位+两条通道死叉封闭的情况，因为技术复杂度很高，在实战判断中，很容易出现“误判”。通常，很多人都会首选考虑躲避风险。因此，在此处，30分级与60分级相比较，甚至与日级相比较，肯定是不能定为交易级别的。

可能有些人会想：那么更小的级别上呢？

这样想是非常好的，说明你已经开始建立起立体层次的技术思维了。但是，当级别缩小到30分级时，此处的价格与系统关系已经出现了复杂性，在更小的级别上，价格循环一次的频率会更高，系统也就会把本来在60分级和日级上这一轮的启动动作+蓄势过程，分解成为几次小循环来进行。就像把一个故事分割成几块，这样对于交易的连贯性是不利的。

因此，当缩小到某个分钟级别上时，其在“启动攻击”之前的“蓄势过程”已经变得比较复杂时，就说明已经不适合再降级去寻找交易级别了。

因此，从该股来看，在“系统扭转+启动攻击”的“五招六式”启动模式，遵循“简洁、强度高”的原则，由于日级和60分级两个级别上的技术状态几乎一样(都是“单交叉启动+牛铃线”)，你定其中哪一个级别为交易级别都可以。

(以下内容属于延伸讲解。)

前面这些是以“五招六式”中的系统扭转+启动攻击模式来讲的。但在价格启动攻击起来之后呢？

通常情况下，当价格启动攻击起来之后，已经从前面的蓄势攻击转变为强势攻击，你只需要“跟着走”就可以了。直到你定位的交易上，价格在高位出现攻击遇阻时，择机锁利，先走一步。毕竟这只是短期波段博弈操作，不同于中长线博弈操作，不要参与价格的调整阶段。

等下一次价格随技术系统调整结束后，再次转强时，你再根据“五招六式”的技术要点，重新进场择机交易。

但在实战中，如果遇到像上面这只股这种“启动攻击”后，就直接进入连续拉涨停板情况时，虽然很多人心里很开心、很兴奋，但又总有种“小忐忑”——担心某天股价突然结束这种强势上攻，扭头下跌时，自己反应太慢、太迟。

这个问题，在使用均线技术进行实战博弈中，是很多人都比较忧虑的地方，因为，大家都知道，移动平均线运行中，与转变快速的交易价格之间，有时会存在明显的“信号滞后反应”的情况。

这里，就拿此个股实例，接着讲一下这个实战交易中的解决方法。

大家从该股日级上，已经可以很清楚地发现：该股目前处于连续拉板上攻中，但也造成了连续“脱线”现象；并且，现在510通道（日级上第一通道）已经开始出现八爪线乖离加大的情况了。那么，这就说明，该股一旦当价格攻击遇阻，回撤化解“脱线”+化解510通道八爪线时，价格必然会至少回打、下跌到10日线上下位置。

问题是，怎么发现价格在攻击遇阻呢？正确方法：根据价格攻击的强度，用小级别来“贴身监控”短线价格的上攻，以及强度变化和价格扭转动作。

再看看该股的5分级走势。

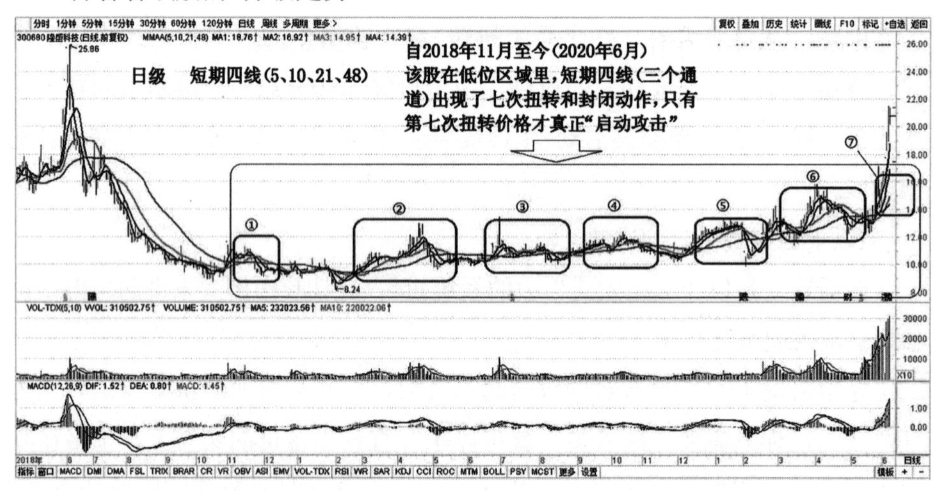

图4-023

见图4-023，隆盛科技5分级上，下面的启动动作与30分一样，也是“双交叉启动”。但这个不是我们关注的，因为在系统扭转+蓄势启动阶段，我们已经通过日级或60分级，定出交易级别，在价格“牛铃线”中回打时，第一介入位；在价格突破“水平颈线”时，第二介入位。

现在的问题，主要是解决在价格攻击起来后，一直处于最强势的“连续拉板”上攻中，怎么来监控价格攻击遇阻+扭转的动作（也就是高位锁利卖出的时机）？

用日级和60分级，由于价格始终在“脱线攻击”，技术判断上，会出现盲点。所以，就要降低监控级别，以使价格和均线(通道)的关系，更利于简洁的监控、判断。

在技术上对价格最强势攻击的监控，最佳级别就是5分级(要记住这一点)。因为通常在价格连续拉涨停板时，5分级上的第一通道(2148通道)会始终保持不死叉封闭，并且又与价格的紧密度刚刚好。其他级别上的第一通道与价格的紧密度关系，都不如5分级。

为什么？因为从该股5分级别走势上可以看到，第一通道始终保持着，说明价格攻击是最强势，技术上也是最强状态；另外，第二、第三通道中还没有出现八爪线，说明短线价格的攻击目前还处于良性。以此，也可以演化出未来两种价格攻击遇阻时的技术变化：一个，第二、第三通道里出现八爪线(就是高度警惕价格随时见顶的信号)；一个，价格在高位攻击遇阻时，会出现高位震荡动作，同时第一通道(2148通道)死叉封闭，第二、第三通道快速上升，趋势框架线系统形成高位收拢+价格断头，扭转下跌。

这些细节上的动作，在日级上，不一定看得到，在60分级、30分级上即使能够看到，也因为给人以长时间“脱线”之后的“靠线”(价格靠向21线找支撑)动作的判断，而有时，在价格快速从高位扭转时，就会错失锁利的最佳时机。

要记住一点：价格的攻击强度一旦升级到最强的“连板”状态中，只要以5分级上的通道技术和趋势框架线系统来监控价格的扭转动作，只要别“幻想”+贪心，你就会抓到很好的锁利出局机会。因为，你出局了，也许价格在日级和60分级上，还会折腾两下，才会拐头下跌，而此时，5分级上，系统都已经扭转进入到下跌循环中了。所以，你依据“移动平均线”技术，不仅不会迟一步，反而会比大多数人都早一步下决断！

在任何博弈中，没有滞后的技术，只有滞后的思维！

五、招式3：双交叉启动

“双交叉启动”是“五招六式”中第三招启动模式。与“顺势启动”和

“单交叉启动”相比，其在“系统扭转”后的蓄势过程中，价格的回撤、回打幅度更大一些，因此，蓄势时的强度也比“顺势启动”和“单交叉启动”低。

你也可以这样理解：如果价格的蓄势强度从“顺势启动”上降低一些，就会转变成“单交叉启动”，如果再降低一些，就会转变为“双交叉启动”。

从均线技术的“发散、收拢”内在运行规律上看，“五招六式”在“启动攻击”之前的蓄势过程，都属于均线系统的“收拢”动作。

区别只是，如果资金力量对价格的支撑力强大，“收拢”动作就主要体现在第一通道(2148通道)上；如果资金力量对价格的支撑力量并不很强大时，“收拢”动作就主要体现在第二通道、第三通道上；如果“蓄势”时，资金力量对价格的支撑力量比较弱，三条通道都难以保持住强势收拢状态，就会出现三通道都被死叉封闭(像“三交叉启动”与“聚拢交叉启动B型”)。

价格为什么要“蓄势”?

“蓄势”时，本身就是主力资金通过“调节”资金对价格的支撑(或压制)力量，进行清洗筹码、迫使场内场外进行筹码的更迭和转换，以达到将不同周期里的获利盘“逼、挤”出去，让一些新的短线资金或波段资金接手进场，以减轻、减少当启动下一波攻击时，场内筹码的获利盘，处于一个新的“起跑线”上。

这是主力资金对不同博弈群体进行“控制性管理”的基本手段。

如果不做这个工作，而是“放手不管”，让大量筹码在前一阶段中，通过价格的上涨，已经累积了一大段获利收益的基础上，再在下一波的价格上攻中，继续累积获利盘，那么，当主力资金需要在价格高位撤出时，这些大群、大堆、获利丰厚的筹码群体，就必然要和主力资金“争抢”撤离。

那时，主力资金不但出货增加了难度，更重要的是，主力资金为了自己的大批筹码能够在高位顺利撤离，还要再投入大把的资金来稳住价格在高位上，被动地接其他资金群体获利丰厚的抛盘筹码。所以，每当价格上攻一段，主力资金就要做这个“打扫卫生”的清洗工作。

很多人以为主力做清洗动作，就是要把中小散户“清理”出去，这是一种“误解”。

可以说，主力资金是很喜欢中小散户群体的浮动资金加入“战局”里来的。只是，主力资金不想让这些资金群体随着价格的推升，累积出太多、太大、太丰厚的获利。那样的话，就会给主力筹码在高位撤离时带来很大的障碍和(稳定盘面)资金上的消耗，对主力资金来讲，这无异于是“养虎为患，反被虎伤”。

简单来说，就是主力资金要“管控”好这只股票价格上升过程中，让参与其中的其他资金群体“有限获利”。而要达到这一要求，就必须要达到一个结果：不断地抬高其他资金群体的筹码成本。

怎么抬高呢？就必须要采取“分阶段清洗获利盘的工作”，也可以称为“给池子换水”，让新鲜的水(没有获利的)进来，把陈水(已经获利的)清理出去。

很简单的道理：假如，主力筹码成本是5元，当把价格推升到7元时，做清洗工作，把原来一大批获利的其他资金群体筹码逼迫出去，换进来的资金成本是6、7元的，这些资金还没有怎么获利，当然就会很耐心地等着赚钱。然后当价格再推升到10元时，再做一次清洗工作，把已经获利了的其他资金群体筹码再逼迫出去，又换进来一批新的资金，这些资金的成本就是9、10元了。

随着价格上升，分段来做，假如，当价格最终被推升到15元，主力准备要撤离时，主力通常就会在15元开始以最强的价格攻击姿态，“稳住”其他资金群体(当然，此时，这些资金群体开始体验到“一天一大把”的快速赚钱舒爽，大多都会选择死拿筹码不动，让利润飞奔)。而此时，就是主力开始在价格向上推升的盘中筹码滚动操作中，分批、分次撤离自己筹码的时候了。当价格最终冲到20元之上，出现攻击力量衰减时，主力的筹码也出了很多了。

过去，很多人都以为主力是把价格推升到高位后，才开始撤离自己的筹码的，那是很早期的“老黄历”了。现在市场的主力资金，大多会选择在“人性最贪婪”的时候撤离。

而人性最贪婪的时候，并不是价格在已经被推升到高位的时候，而是“你感觉赚钱最快、最爽的时候”。绝大多数人，在这段时间里都很难“摆脱内心对大把利润轻松就可以获得的诱惑”，而选择锁利离开。特别是当价格出现连续拉涨停板时，谁跟钱(加速获利)有仇啊？

人性中，最难摆脱的就是“贪婪”与“恐惧”，如果非要给它们加上一个“放大镜”，那就是“幻想”！

“双交叉启动”中，最终只有89144通道(第三条通道)保持多头攻击状态，这说明价格在此位置“蓄势”过程中，虽然价格回打、回撤的幅度大一些，但技术系统原有的总体攻击状态(趋势框架)并没有被完全破坏掉。也说明主力资金在此位置的“清洗”工作，还是有“限度控制”的。在价格回打之后，会比较快地，或者直接进入到“启动攻击”动作中。

看个股实例。

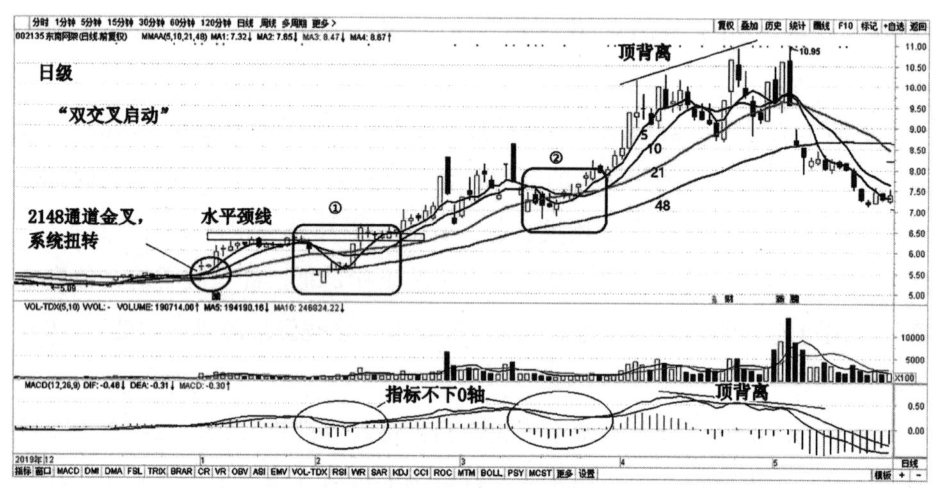

图4-024

图4-024中，东南网架的日级上，短期趋势框架线系统扭转(2148通道)、价格拉起来后，并没有直接“顺势启动”进入上攻中，而是回打下来，并且下破了48线，关键是510通道(第一通道)和1021通道(第二通道)都死叉了21线，所以这两条通道都已经死叉封闭了。这就与“单交叉启动”时，只有第一通道(510通道)出现死叉封闭截然不同。

在实战中，当价格回撤或回打时，价格可以打得深一些(比如下破了所有这三条通道)，因为只要被下破的通道不死叉封闭，“价破线不破”，价格还会再次回升到通道之上来。所以，攻击通道会不会发生死叉封闭，才是我们要重点关注的地方。

但如果当上面两条攻击通道都出现死叉封闭时，通常都需要先警惕此处价格会不会出现向下扭转的问题。

怎么才会“有惊无险”呢？就是三个通道中，至少要保留一条攻击通道。这种情况，就是“双交叉启动”的技术状态。通常，三个通道中，只有第三条通道会保持住多头攻击状态。

但还需要参考另外两个技术现象来进行确认：第一，价格在下破第三条通道(图中该股日级上是2148通道)之后，会在短时间里又回升到多有通道之上来。价格能够再回到三个通道之上来，本身就说明这里价格的回打虽然看似凶猛，实则是一次主力资金的“震仓+洗盘”的清洗动作。而通常力度越狠的清洗动作之后，往往都会伴随力度也很大的上攻动作。但价格必须在短时间里，能够再回升到所有均线之上来，才算印证这个判断。第二，就是看MACD指标会不会下破0轴。一般来讲，该指标与均线一样，具有一定的滞后性，但对分析价格运行强度的稳定又比较好。虽然价格打得猛，是破位动作，但如果打压时间和资金打压力度有限的话，该指标通常都不会下破0轴。

把以上两点，与第三通道能够始终保持着多头攻击状态结合起来，可以确定这里是一个“双交叉启动”。

图中该股此处即是如此的表现：价格回打破位+第一、第二通道死叉封闭+价格短时间里又回升到所有通道之上来+第三通道实战保持多头攻击状态+MACD指标回0轴而没有下破0轴。

从图中还可以看到，该股在后面的上攻途中，又进行了一次清洗动作，又做了一次“双交叉启动”动作，然后再上攻就进入高位区域，在高位震荡中形成“顶背离”，筑顶后扭转下跌。

问题是，在实战中，这第二次“双交叉启动”时，是不是也是一次介入的机会呢？的确是一次介入机会，但不属于最佳介入时机。在实战中，我可能不会在此处贸然介入，原因如下。

①我的介入时机，均以低位系统扭转之后的“启动攻击”为主来选择；如果这只股上的这种最佳时机已经错失，宁愿放弃，另寻其他个股上的最佳机会，也不勉强去做。因为系统扭转之处的启动时机，相对的交易风险总是最小的。做交易最忌讳的就是“什么样的机会都想抓”，不对比风险和机会的

比例，没有自主控制力。

②如果要抓上攻途中第二次出现的“启动攻击”机会，最好选择价格强度和技术攻击强度都提高了层级时的时机，并且只抓第二次出现的“启动攻击”。以“二二法则”来讲，两次之后的交易风险会越来越大。

该股在下方第一次启动是“双交叉启动”动作，上攻中途这里再次启动还是“双交叉启动”，两次启动动作相对比，没有技术强度的提高现象，所以，通常我遇到这种情况，就会放弃这次机会。

如果图中该股第二次中途启动攻击动作的强度高了一个层级，比如是“单交叉启动”或“顺势启动”，当然强度升级更明显些。

但总体来讲，中途介入时的交易风险怎么都会高于低位扭转时介入的风险。因为你本身就是在价格上攻中位区域介入的，所以，一旦价格攻击遇阻就要及时、果断地先行锁利撤出。千万别“计算赚得多与少”，只要你一算计利润大小，你就总会不满足，不但“贪婪心”出现了，而且还会出现放大的利润“幻想”。结果，你这一把交易输掉的概率将会大幅升高到90%以上，剩下的10%，只能看你的命运和运气了。所以，对交易控制力差，特别是止损纪律性差的人，我不建议做价格在途中加速的交易机会。

而对交易控制力强、纪律性强的人，是可以抓这种“直接上桌吃肉”的博利机会的。

市场中有些博利机会，并不是适合所有人来抓的；有些博利机会“天生注定”就只适合一小部分人。所以，在市场里寻找、捕捉只适合自己的博利机会，是一个投资者或者投机者，走向成熟、走向成功的必经之路。

再说回该股，这只是日级上的技术状态，如果要确定交易的级别，还需要看看小级别上(注：相比日级来讲)的技术状态。

图4-025中，是东南网架60分级、30分级上同时段的技术状态。可以看到，60分级上在系统扭转后，也是“双交叉启动”动作，并且在价格上攻途中，也是第二次“双交叉启动”动作，包括价格冲出顶后的“顶背离”，这都与日级上是一样的。

再看30分级上，系统扭转后，在日级和60分级上两次出现“双交叉启动”的地方，在30分级上却出现的是“三交叉启动”动作。要知道，“三交叉启动”动作，是三个通道都会出现死叉封闭动作，就相当于在30分级别上趋势框架线系统出现了三次扭转动作(注：第一次是低位的系统扭转；第二次是低位的系统再次扭转；而第三次，则是价格在上攻中途时的系统再次空中扭转动作)。

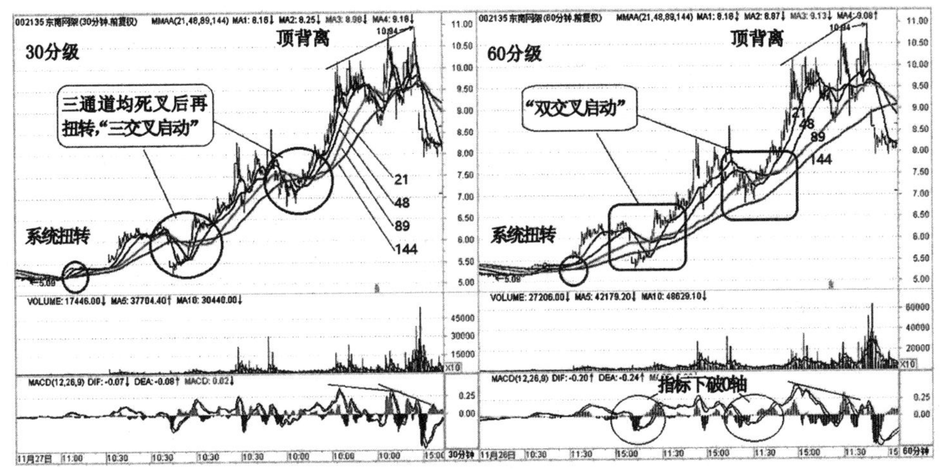

图4-025

这种系统重新扭转的情况，在实战中，是很难进行确定性判断的，只有当价格重新“启动攻击”时，才能够确定系统的再次扭转动作。所以，很明显，不能把30分级定为交易级别。

那就定60分级为交易级别吧？因为60分级和日级上的技术状态走势基本一样，而60分级的级别小一些，有些技术动作自然会先在60分级上表现出来。

这样判断是不是还是很有道理的？但是，有一个细节性的技术问题不能忽视——从MACD指标上对比看，60分级上两次价格回打下来清洗时，指标都是下破0轴的。而在日级上，这两次里，指标都是不下破0轴的。

这有什么影响吗？当然有，而且还比较大。

当价格回打时，特别是当价格回打下破了所有攻击通道时，此时的MACD指标如果不下破0轴，说明在技术上还缺少同步确认性(或者讲，就是指标对价格下跌破位动作后，将走下跌波的不确认现象)。

根据多年实战经验，假设这里价格下破所有攻击通道后，如果下一步要走下跌波段的话，此时，即使MACD指标有一定的滞后性，也需要指标对价格的走弱有一个确认。

怎么确认？当MACD指标回落0轴附近时，价格出现反弹动作。

价格的反弹动作明显被几个通道均线所压制(也就是前面说过的价格重新回升到所有攻击通道之上来，这种现象无法出现了)，然后，价格再下跌时，MACD指标必然会下破0轴。这就是价格和指标都相互确认了，价格和技术系统扭转，就是可以确认的事情。

所以说，这个60分级上的指标下破0轴+价格回打下破所有通道的现象，对实战中做技术判断的干扰很大，你很可能会直接作出此处已经走坏的判断。而实际上，与60分级其他技术状态同步的情况下，日级上的指标却比60分级上走势明显强。特别是，日级与“五招六式”里“双交叉启动”动作的技术走势特点是相符合的，所以，两个级别相对比，定日级为本次的交易级别，就是正确的选择。

再补充一张价格在上攻途中，再次“启动攻击”时强度升级的个股实例。

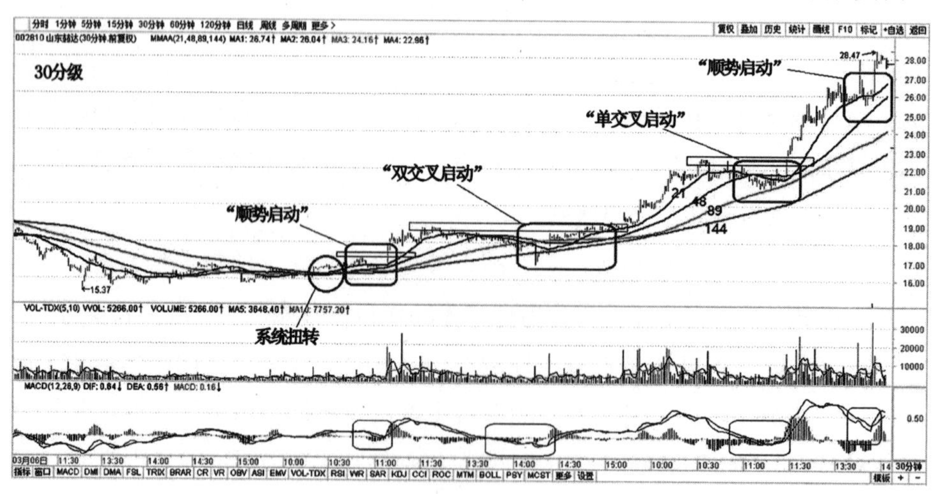

图4-026

图4-026中，山东赫达是出现在30分级上的一轮上攻循环过程。在系统扭转后，先是“顺势启动”(此处是最佳介入时机)，注意看，同步的MACD指标是不下破0轴的。

在价格上攻途中，价格进行了一次比较明显的回打清洗动作，价格下破了所有通道，只保留了第三通道(89144通道)，以“双交叉启动”动作再次上攻。注意，此处MACD指标是下破0轴的(此处也可以视为一次介入时机，因为此时距离“系统扭转”的垂直价差并不大)。

几个继续上攻之后，又进行了一次价格回撤的清洗，不过，只有第一通道(2148通道)出现死叉封闭，相比前一次“双交叉启动”时的清洗，这里形成的“单交叉启动”动作，其价格保持的攻击强度和技术保持的攻击强度均升高了一层级(此处因为已经属于在低位“系统扭转”，“启动攻击”以来的第三个启动动作，此处价格位置距离“系统扭转”垂直价差空间溢价比较大，所以，此处介入的交易风险是升高的，已经不适合大多数人贸然介入了。虽然我们现在看到了后来价格还是上攻起来了，但这是“马后炮”地看，如果把时间“退回去”，当你处于当时的价格清洗震荡中，是要考虑到该股已经连续上攻了一大段，场内的获利筹码比较多，若参与交易，风险必然会大于机会，所以，此处对很多人来讲，不贸然参与为好。只有短线交易经验丰富的人，才可以在此处进去博利)。

之后再次上攻时，明显价格有加速现象出现，然后又出现了一次清洗动作。这一次，第一通道都保持着多头攻击状态，说明这里的价格清洗动作是很强势的震荡动作。但同时，此处价格震荡时成交换手的放大现象，也应引起警惕。

因为，一方面，价格在此处已经处于很强的攻击状态，但同时，也说明有资金在“寻求出局的机会”。另一方面，再看下方的MACD指标，在价格有新高的情况下，指标也存在“顶背离”的危险，所以，这里的强势震荡，虽然资金的支撑力度强了，但同时也可能是有资金在“顶着价格放货”。

所以，这种强势下，必须尽快以价格向上继续推升来“化解”此处的“顶背离”危机，如果价格继续震荡而不上攻，并且第一通道(2148通道)出现再次死叉的情况时，技术上就是典型的价格攻击遇阻的表现——因此，高位的强势震荡，如果蓄势动作，就必须是短时间的震荡之后，价格再“飞”起来；如果是攻击遇阻，有资金出货，这种“强势震荡”就会“一再错失价格再次飞起来的契机”，而延长价格在此处的震荡过程。我们知道，一旦震荡过程和时间延长了，第一通道必然会走向高位的收拢死叉，到时，价格“断头”下来，这个顶就成立了。所以，此处并不是实战中的介入好时机，交易风险明显已经大于交易机会了。所以，低位强势蓄势，是好事；高位强势蓄势，要警惕！

（说明：此图是在写书至此时，为了说明在实战中，当价格处于上攻途中时，哪些是好的介入时机，哪些不是好的介入时机，随手在交易的盘中即时截取的个股实例。）

从以上个股实例中，可以总结一下其中的交易判断要点：当低位“系统扭转”之后的“启动攻击”时，是最佳介入时机；而在价格上攻展开后的途中，第一次出现清洗震荡时的启动动作，也可以视为介入时机(虽然并不是最佳的)；在价格再次上攻一段后，又一次出现清洗震荡时的启动动作时，就不建议大多数人捕捉这个介入时机了，但短线交易水平高的人可以抓；之后，如果在价格加速攻击一段后，出现高位的强势震荡清洗动作时，即使是做短线水平高的人，也要警惕是否有资金支撑着价格在撤筹码。

同时，原来在低位已经介入的人，也要警惕价格高位攻击遇阻，震荡成顶的风险，随时做好锁利撤离的准备。

有些人，短线盘感和判断力、果断性差一些，遇到此现象，不如先主动锁利减仓部分筹码，再观察，若价格扭转向下，果断出局；若价格再“飞”起来，也并不是万事大吉了，而是要在下一次价格再次攻击遇阻时，再减仓锁利。

另外，每当价格在上涨幅度比较大后，技术上，在高位出现“顶背离”迹象时，应该主动择机、先行减仓锁利一部分筹码，至少应该先把当初投入的成本资金收回来。虽然有可能会少赚一些利润，但这是把“不损伤本金”，作为第一位保护时的一种安全做法。

六、招式4：三交叉启动

“三交叉启动”是“五招六式”中的第四招启动模式。

与前面几个招式不一样，“三交叉启动”前，在“系统扭转”之后的蓄势震荡、价格回打清洗过程中，由于价格回打比较猛、比较深，不但将三个攻击通道全部下破，而且还会造成三个攻击通道全部死叉封闭，然后，价格重新扭转，并直接进入启动上攻中。

也可以这样理解：“三交叉启动”，等同于价格和系统重新进行了一次扭转动作。

为什么价格的清洗动作会这样凶猛？为什么系统要重新进行一次扭转启动？

这个问题，通常与主力资金的一些做盘计划目标在启动之前没有达到要求有很大关系。但有时候，也可能是由于其他一些市场因素、突发因素的影响而造成的。但无论是什么原因，既然把价格再打下来，造成技术系统原来形成的蓄势攻击状态被破坏，之后再把价格启动起来，那就必然会是一次清洗筹码的动作。

区别只是，如果是主动打下来破坏系统的，就是主动清洗中长期周期里的沉淀筹码。如果是受其他因素而打下来破坏系统的，大多都是“利用这些因素”，顺势进行一次大幅的、全周期覆盖的清洗动作。

在实战中，绝大多数的“三交叉启动”动作中，价格破位并破坏系统造成系统扭转下来的动作，其价格的回打深度，都会下跌到长期系统里。也有在价格形成短时间恐慌现象，顺势把所有长期系统里的通道也打穿，这样可以达到清洗全周期里沉淀筹码的效果。

有一点，这种清洗动作大多会发生在系统循环中的两个位置上。一个位置，是低位区域，特别是长期系统收拢扭转的低位区域。为什么会是在长期系统低位收拢扭转的区域？因为，当长期系统在低位做收拢扭转过程中时，中期系统就成了长期系统“肚子里的小系统”，有时候，中期系统可能会出现两次或两次以上的低位扭转动作，才会带动长期系统完成最终的低位扭转动作。这是“小级别带动大级别扭转”时，常会见到的情况。

当然，有些个股，中期系统只做一次低位扭转动作就可以带动长期系统完成扭转，但要注意到，通常只有中期系统在长期系统在低位收拢比较近、比较聚拢之时，中期系统的这个低位扭转动作，就会起到“四两拨千斤”的作用。而当长期系统在低位区域，各均线(通道)之间距离还比较散的时候，中期系统此时的低位扭转动作，只会增强、加快长期系统各均线(通道)之间的收拢节奏，但想一次性就带动长期系统完成低位扭转，就比较难了。所以，也就会出现中期系统两次(或两次以上)的低位扭转，才最终带动长期系统的扭转完成。

其中的技术关键点是你必须要用多层级的技术思维来看你所关注的技术系统层级与其他系统层级之间的相互影响关系，就会明白为什么这只股要做这么多次的扭转动作了。

看个股实例，会更清楚。

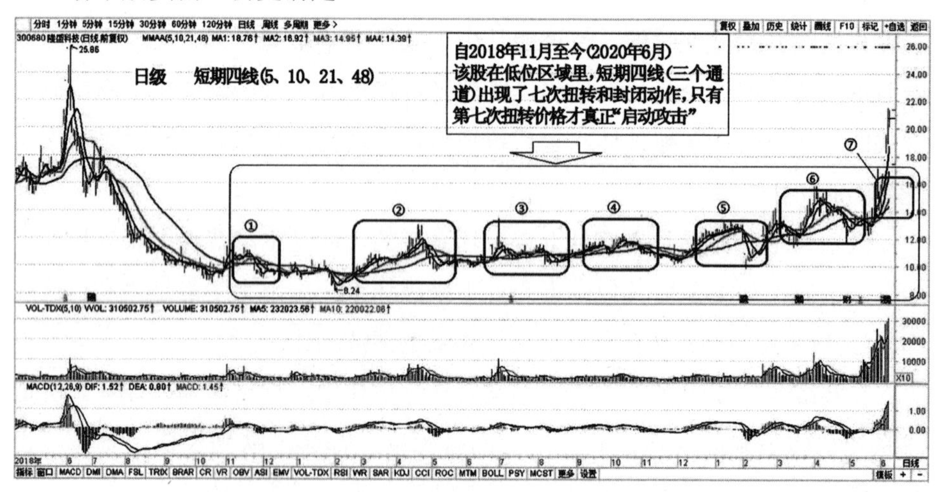

图4-027

图4-027中，隆盛科技在日级上，自2018年11月开始，到2020年6月，短期四线(5、10、21、48)趋势框架线系统在一年半的时间里，都在低位区域里做低位扭转。其间，短期趋势框架线系统出现了7次“系统扭转”动作，但前6次的“启动攻击”都夭折了，只有第7次(也是图中最后这一次)，价格才真正“启动攻击”成功。

为什么短期趋势框架线系统，这么多次的启动攻击都会夭折呢？

再看图4-028。

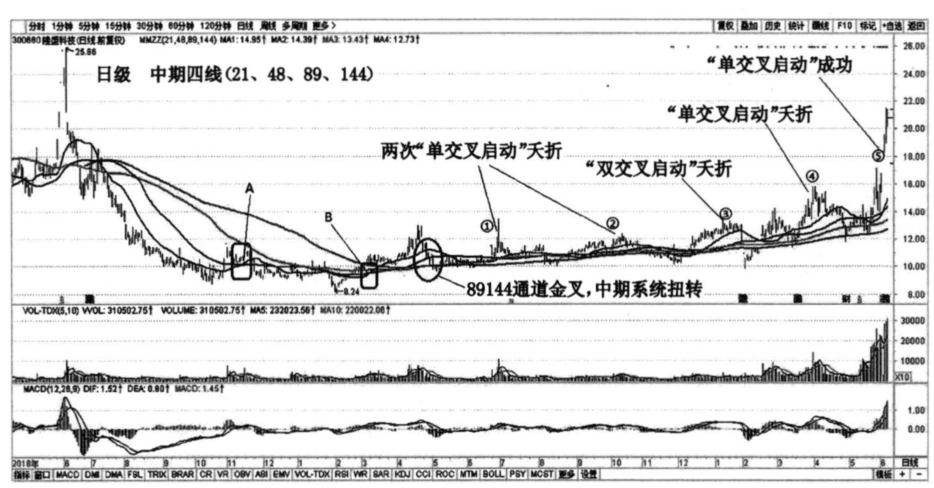

图4-028

把隆盛科技切换成中期四线(21、48、89、144)趋势框架线系统后，就会发现，图4-027中短期系统的第一次“系统扭转”之时(即图4-028中“A”方框处)，价格虽然已经下跌到低位区域里，但此时，中期系统(中期四线)中各均线(通道)之间还处于比较散的状态，所以，在中期系统“肚子里扭转”的短期系统，是无法带动中期系统很快完成低位扭转的，短期系统的这一次系统扭转、启动攻击自然会夭折。而在短期系统第二次系统扭转时(即图4-028中“B”框处)，中期系统里各均线(通道)收拢都比较靠近，这一次短期系统扭转动作，就带动了中期系统也出现系统扭转。

但是，从图4-028中可以看到，在中期系统扭转之后，出现过5次的“启动攻击”动作，前四次均夭折了(包括三次“单交叉启动”，一次“双交叉启动”)，只有最近的第五次“单交叉启动”才成功。

这又是什么原因呢？再看图4-029。

答案就在图4-029中——很明显，中期系统在扭转之后，虽然中期系统里的89144通道(第三条通道)始终保持着多头状态，但其间四次“启动攻击”均告失败，而第五次(也就是图中最后这一次)能够启动成功，就是因为前面几次“启动攻击”时，长期系统也处于比较散的状态，最后启动成功之处，也与长期系统各均线(通道)间相互靠拢已经很近，价格的启动动作已经能够带动长期系统完成扭转有密切关系。

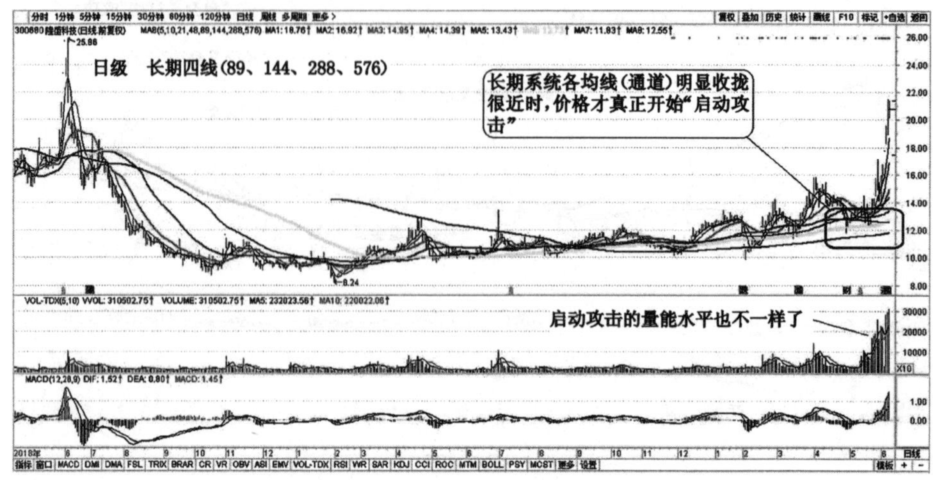

图4-029

这就说明了一个很重要的问题：当本层级的"系统扭转"后，出现"启动攻击"(无论是"五招六式"中的哪一招模式)的时候，如果发生在大层级上的系统正处于收拢、聚拢比较近之时，启动成功率就会高；反之，如果大层级上的系统比较散时，启动成功率就会低，启动的夭折率就会高。这种情况，在低位区域向上扭转启动时，会表现得更为明显些。

实战中，如果遇到这种情况时，有没有什么更为简单的判断方法呢？有。

一种，就是直接切换到大层级的系统上分析判断一下就可以。就像这三张图中所演示的这样，如果你要对短期系统的扭转、启动成功率做判断，可以切换看看中期系统此时的状态；如果要对中期系统的扭转、启动成功率做判断，就切换到长期系统上看看此时的状态，运行到了哪个阶段。

另一种，就是切换到大级别上分析做判断。比如，你要对日级上的中期、长期系统扭转和启动做判断，那就切换到周级上看看短期系统，或中期系统此时的运行状态。如果周级上的短期或中期系统比较散时，都说明一个问题——现在还没有运行到扭转的阶段里。

上面我们讲了"价格形成短时间恐慌现象，顺势把所有长期系统里的通道也打穿"的清洗动作发生在系统循环中第一个位置，即低位区域，特别是长期系统收拢扭转的低位区域。而另一个位置，是系统上攻途中的大型震荡平台区域。当中期系统在价格的上攻中途，进行“空中扭转(即中期系统先扭转向下，再扭转向上)”的重新扭转启动动作时，均与需要得到大层级的长期系统有力支撑，或者化解长期系统中的八爪线乖离有很大关系。

看个股实例。

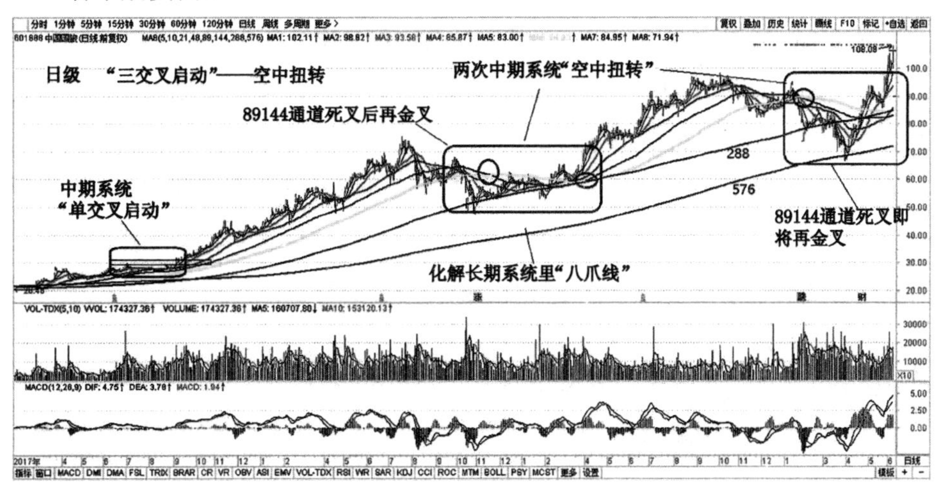

图4-030

图4-030中，中国国旅的中期系统在“(中期)系统扭转”后，“单交叉启动”成功之时，也与大层上长期系统即将扭转的条件刚好契合在一起，所以，启动后一路上攻。但在完成了一段中期系统支撑的上攻段后，价格回落时，与长期系统中的288576通道里出现了明显的八爪线需要化解有关。

通常记住一点：如果在上攻了一大段幅度之后，价格要回落下来化解长期系统里的八爪线，中期系统里的所有通道死叉封闭、整体扭转下跌是大概率的事情。

特别是，此时不可以想当然地认为，中期系统会在化解完长期系统里的八爪线后，做一个“空中扭转”再攻击起来。

因为中期系统如果都扭转向下了，虽然化解了长期系统中的八爪线，但并不一定就会出现“空中扭转”重新上攻起来。也有可能就此一直向下跌下去，这种可能性也很大。所以，让时间“退回去”，当前面中期系统支撑的上攻出现顶部特征时，是必须要按照中期行情见顶来进行判断和做决断的。实战中，遇到这种情况时，你即使不全部卖出锁利，也必须减掉至少半仓或者三分之二仓的筹码锁利，必须以规避中期下跌风险来应对。

可能有人会问：如果我全部卖出锁利了，但该股后面又形成“空中扭转”时，怎么办？

重新做。如果还留了分量不小的部分仓位呢？重新加大仓位来做。

正确的选择并不复杂，复杂的是人的贪心。有了贪心就会把并不复杂，也很简单的选择，搞得很纠结。

应该这样想——只要本金安全了，只要赚到手的利润，基本都拿到，少赚一点，不是什么性命攸关的事情。做交易时，会遇到很多次做选择的机会，需要豁达一些，心宽一些，最终反而会赢得更多的财富。

不争，是财。

再看“三交叉启动”的个股实例。

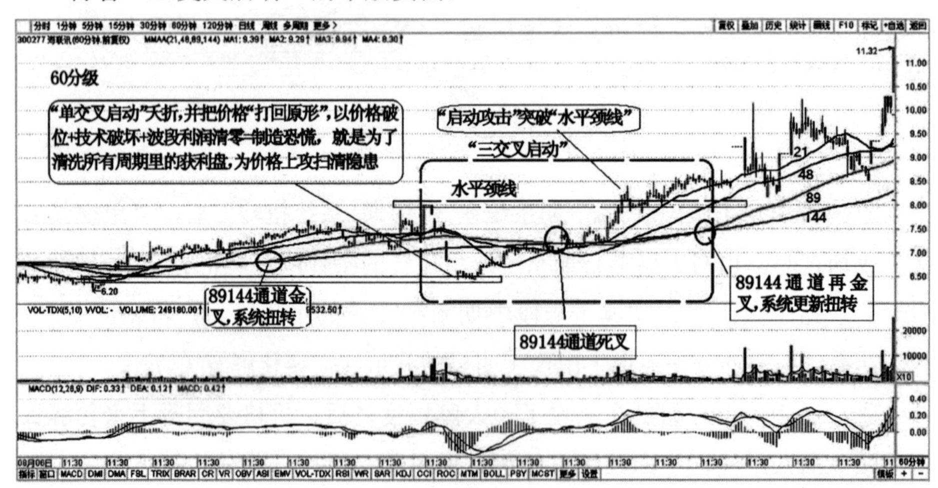

图4-031

图4-031中，海联讯在60分级上，也是一次“三交叉启动”动作。从图中可以看到，先是89144通道金叉，完成系统扭转，之后出现了一个“单交叉启动”，但启动夭折了。

为什么会夭折？从技术上，没有发现其他的问题影响时，通常就与主力

“刻意、故意”反技术做盘有关；或者出现了突发的某个利空消息冲击了盘面。但即使是突发利空冲击盘面，如果主力资金决心下定，必须启动上攻时，也会出现“遇利空反涨”的情况。

所以，在实战中，如果某股刚开始启动，就遇到利空冲击时，做两种判断。

①盘中或两天之内剧烈震荡，但日级上的510通道不被破坏——对应到60分级上的第一通道(2148通道)也不死叉封闭。这种情况就是主力资金在此处启动上攻的意志坚定，技术上上攻强势状态保持+价格强势保持，于是震荡之后还会接着启动上攻。这就是“遇利空反涨”。而很多人解释为“利空出尽了，所以会涨”。其实，价格和技术状态，在这种“针尖对麦芒，不上则下”的节点处，价格的方向选择，主要体现着主力资金的意志和意图，至于利空也好，利好也罢，只是被利用的一个理由，不能作为实战交易中的规律性而被认定。我们只能从能够体现强势状态的技术层级上(比如日级的510通道或60分级上的第一通道)能否保持住这种强势来判断此处价格和技术是会继续启动上攻，还是会拐头向下走破坏之路，在这个问题上，不要“投机取巧”，也不要“瞎猜乱蒙”，实战交易中只要“见招拆招”就可以了。

②价格下跌破位+技术上攻状态被破坏。这种情况一旦在刚好要启动上攻的时候出现，并且也没有什么利空消息、大盘暴跌等等这些因素影响时，反而好下判断——主力资金要进行“大清洗”。

学习“五招六式”，你就应该明白一个最简单的技术逻辑：在“系统扭转”之后，如果是主力一般的清洗动作，基本上都会是“顺势启动”与“单交叉启动”这两个动作中的蓄势过程，简单、易辨认。

如果是清洗动作波动幅度再大一些，就会是“双交叉启动”和“聚拢交叉启动A型”这两个动作中的蓄势“挖坑”过程，但第三通道(89144通道)是怎么都不会死叉封闭的。

如果清洗动作范围比较大，涵盖了几乎所有周期里的沉淀和跟随的获利筹码时，主力就往往要采取“霹雳手段+严厉打扫”的方式，才能够达到这种要求比较高的清洗目的。因为通常经过这样一次清洗之后，盘中的筹码(除了主力筹码之外)，几乎都会重新换一遍，只会有少数的“意志坚定持筹者”才会经受住这种“暴风雨般的洗礼”。

那是不是一定要磨炼自己的坚强意志，“打死我都不卖”，硬扛过去？可能也没必要。

因为在实战中发现，但凡是做“三交叉启动”(包括后面讲要“聚拢交叉启动B型”)动作，蓄势中“挖坑”时，通常价格下跌的时间不会太长，主要是通过快速、凶猛的价格猛打、猛跌方式，一下子把所有人打蒙，让盘面陷入集体恐慌中。

如果效果不明显时，主力资金就会把自己的一小部分筹码也打出来，比如，盘面中会出现连续的四位数主动性卖单，源源不断地抛出，以增强盘面恐慌气氛，诱导其他人跟随抛货。

另外，主力资金还可以自己用5位数的大单“顶”在买一、买二价位上，然后用自己的四位数大单持续不断地去“砸穿”，特别是，“砸穿”后，要向下打“跳单”卖(就是向下多跳几个价位去卖)，也可以“无中生有”地引发盘面筹码恐慌。也可以在尾盘收盘之前一小时之内，把价格突然打到跌停板，先弹跳几下，再封死。这样也会引发盘面筹码的恐慌性跑路。

其实，总结起来，主力资金在做盘时，主要用的是“心理错位、价格错位”的原则，来调节股民的恐惧和贪婪。

“心理错位、价格错位”就是指，当你很关注一个事物时(比如交易价格的波动)，随着时间的推移，你的心理上就会“不知不觉、自然而然”跟随着交易价格的波动而形成“同步波动的惯性”，此时，你的心理上，对价格的波动方向就会自然产生出一个“心理价格预期方向”(就是使你产生“价格幻想”)。

如果主力资金想要强化大家这种“心理价格预期方向”，可以用大幅高开、盘中直线拉升(只拉升一段，通常在3%左右幅度)、用连续性四位数单吃掉压在头顶上的五位数卖单、一字涨停板的开盘巨量买单封死、拉尾盘、次日大幅跳低开盘(跳低开盘大于-3%)后快速上涨等手法，达到此目的。

反之，如果主力要增加你的恐惧感时，就打破你心理上这种“同步波动的惯性”，而形成的“心理价格预期方向”，以达到“心理错位+价格错位”的明显落差现象。这种情况，发生得越突然，人们心理上的接受度就越低，会让你很难受，难以接受这种情况对你的刺激。

人们的“应激反应”通常会有两个选择：一个，调整自己的心理状态，以适应这种“错位”影响；一个，调整自己的持仓筹码与资金的比例，来适应这种“错位”影响。

但问题出在，交易价格的不断变动，会迫使你心理上产生一种非常强烈的“时间紧迫感”，交易的冲动也就产生了。

没有经过训练的人的“应激反应”，往往是以盲从为主的。这就是“羊群效应”出现的原因。

大多数人在面对突然出现的意外情况时，都会有“跟随其他人做法”的原始应激反应。

而在股市中，你看不到其他人是怎么做的，只能通过电脑屏幕所演示的盘面价格波动+大的买卖单换手动向来进行“跟随”。

至此，目的就达到了——你所看到的，都是主力希望你看到的场景。因为其中绝大部分，都是主力资金用资金循环(或用筹码循环)专门“演戏”给大家看的。

你很善良，很单纯，并没有想“忽悠”主力资金。但主力资金为了达成自己对盘面价格和筹码的交易换手控制，保住自己的“控制地位”，就必须要想着怎么“忽悠”你，使你按照它的掌控意志来做买卖，它才安心。这个矛盾点，主要是博弈地位和博弈利益的冲突性所决定的。

再接着看图中该股的下跌动作，只用三天时间，中间夹杂着一个“跌停板”，就把价格快速地基本打回“原形”(即，这上攻波段价格开始起涨的位置)。以“价格破位+技术破坏+波段利润清零”制造恐慌，就是为了清洗所有周期里的获利盘，为价格上攻扫清隐患(注：潜在的获利抛压盘)。

不过，这也说明了一点：以“清洗”为主要目的时，价格虽然下跌很猛，但会在比较短的时间里就探出低点企稳。反之，如果是出货而造成的价格下跌，就不会这样“快打快见底”了。

关键一点，是“快打快见底”之后，价格一旦反起来，即使走得歪歪扭扭、一步三晃的，但价格向上回升之路，却能够一直延续，不会在某个压力位时，就被压得拐头又向下跌去。当然，有时也会以快打快见底，然后又爆拉快上攻的手段来做，根本不给很多人“反应(醒悟)”过来跟盘的机会。

但是，该股在此区域里，在前面“系统扭转”之后，以“单交叉启动”上攻，也是经过了一段时间的蓄势清洗过程的，却还是要用破坏技术状态，重新再做“系统扭转”，重新以“三交叉启动”来突破上攻。这应该与该股在前期盘面跟风筹码比较多有一定关系。

因为在实战中，经常可以看到技术启动条件很好，价格与技术梳理也很舒服，只剩下顺势启动上攻时，却突然价格破位+技术破坏的情况。这些情况绝大多数都与启动之前盘面跟风筹码太多有密切关系。

一般来说，价格的启动动作，最好是在技术条件“差一步”之时，如果技术条件太“完美”了，反而不一定是价格启动的最佳时机。

可能有些人听懂了其中的奥妙，而有些人还是有些不懂——价格上攻之时，技术条件完全具备，这不是好事吗？

“完美”意味着达到了一个极限，下一步必然是“不完美”。而只有当“不完美”时，下一步才会走向“完美”。但其中又有一个“限度”标准：这个“不完美”是只差一步就会走向完美才行，如果差了太多步，则不行。

而对于一只即将启动上涨的个股来讲，如果在启动上攻之前，就有很多跟风筹码抢着进场，这首先说明在启动之前的蓄势清洗过程工作是失败的。因此，打破重来就成了一个很好的选择。重新做一个“三交叉启动”，也是正常、合理的做法。

但是，除了这些原因之外，该股此处把“单交叉启动”动作转变为“三交叉启动”，在技术上还是具有一定的风险的(因为其中中期系统要全部扭转为空头)，一旦在时间差和技术状态的转变中出现“失控”情况时，反而会弄巧成拙。

这就引出了另一个问题：为什么不担心把中期系统在此处扭转为空头的“冒险做法”?

再看看海联讯此处的长期系统状态。

从图4-032中可以看到，价格扭转向下快速下跌+中期系统扭转向下死叉，刚好发生在长期系统即将完成向上扭转之前。所以，这次大规模清洗的时机选择，还是不错的。

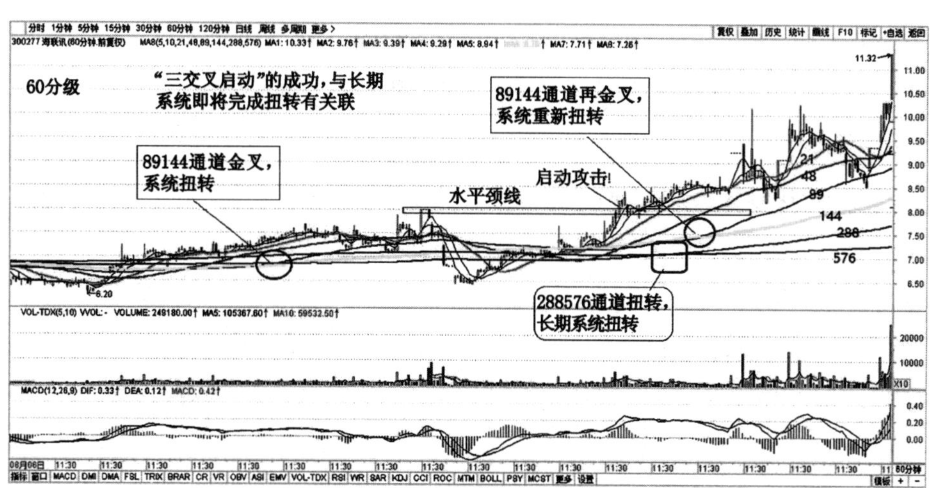

图4-032

需要把握好的是价格破位之后的时间。不过，因为涉及的是长期系统均线，通常价格在这种短时间里的下破长期系统均线动作，只要跌幅不是很大，是不会使长期系统中均线的原有运行方向产生改变的。

所以，图中在价格“快打、见底”之后，价格就转为震荡上攻走势，并一路穿过所有压制的均线，“冒出头”来。到此，价格下跌“挖坑”清洗的过程就完成了。

而在价格突破“水平颈线”，“三交叉启动”的上攻动作出现之时，也刚好是长期系统288576通道两线金叉的时候。虽然此时长期系统里的89144通道还没有重新金叉扭转，但这时价格已经创了新高，8条均线中，6个通道都是多头状态，就只剩下89144通道的金叉扭转动作。

所以，该股在89144通道金叉，完成中期系统扭转之后不久，就开始出现拉涨停板的动作了，同时也伴随着成交量的放大现象，这说明该股价格加速的攻击动作开始出现了。

七、招式5：聚拢交叉启动(A、B)

(一)聚拢交叉启动概述

在“五招六式”中，第五招“聚拢交叉启动”，包含两个启动模式：聚拢交叉启动(A型)、聚拢交叉启动(B型)。

其中，“聚拢交叉启动(A型)”是在第三条通道实战保持的情况下，上面的第一条通道和第二条通道在死叉封闭后，再与第三条通道中的均线形成“聚拢交叉”时，产生的启动上攻动作。而“聚拢交叉启动(B型)”则是三条攻击通道都出现死叉、封闭之后，再集体形成的“聚拢交叉启动”动作。

有一点很重要：在两种“聚拢交叉启动”中，无论是哪几条线参与了多线聚拢交叉，都要符合一个确认条件：最终必须形成多头排列。

这里先要理清一点：扭线技术通常讲的“多线聚拢交叉”与“五招六式”中的“多线聚拢交叉启动(A型、B型)”有一个细节上的不同之处——通常的“多线聚拢交叉”上攻动作，是趋势框架线系统首次进行扭转时，形成的多线交叉上涨动作；而“五招六式”中的“多线聚拢交叉启动”则是在“系统扭转”之后，本来应该在其他“顺势启动、单交叉启动、双交叉启动、三交叉启动”这几个启动攻击动作中就启动开始上攻，但由于一些因素影响，而转变为“多线聚拢交叉启动A型或B型”，再次形成启动上攻动作。

不过，如果用局部的眼光来看“五招六式”中的“多线聚拢交叉启动B型”，由于把已经扭转向上的系统又死叉封闭了，是系统重新二次扭转向上启动的动作，所以与通常所见到的“多线聚拢交叉”是一样的。

“多线聚拢交叉启动B型”的这个重新二次扭转向上启动，也与“三交叉启动”是相同的。区别只是，一个是“多线聚拢交叉(即：多线聚拢交叉启动B型)”；一个不是“多线聚拢交叉(即：三交叉启动)”。你也可以把这两个启动动作，看作是启动姿势上的不同。

用图来对比一下技术上的区别。

图4-033中，凯撒文化的“多线聚拢交叉”扭转上攻，就是通常的“首次

系统扭转”上攻时的典型例子。

一般情况下，这种比较常见的“多线聚拢交叉”扭转动作，由于系统中的几条均线会经过一段时间的相互收拢、再收拢的过程，最终当多条均线(通道)相互靠得很近时，价格才会“穿线”上来。因此，在实战交易中，这种情况下的最佳买点，就是在价格穿上多条压制均线“冒出头”之时(最好还有放量配合)。

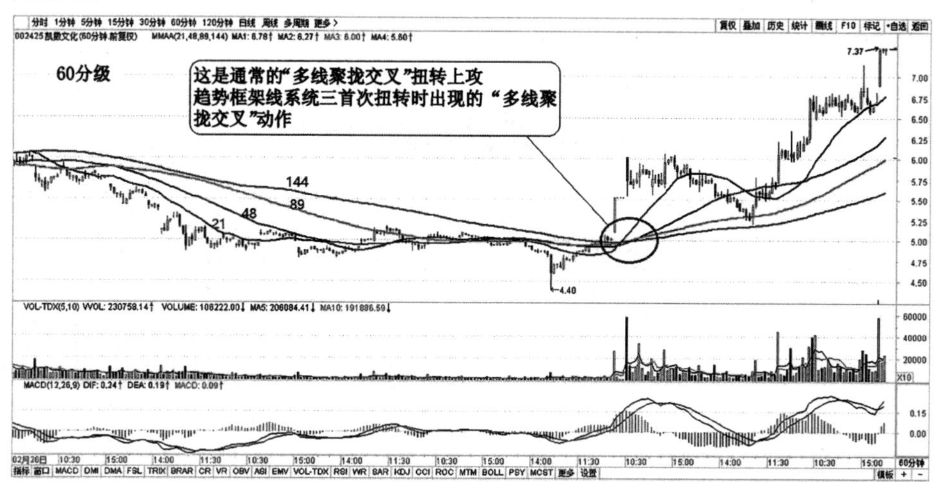

图4-033

而当价格扭转上攻之后，出现比较明显的“脱线”。这里提示一下：无论是什么样的“多线聚拢交叉”扭转上攻，在上攻起来之后，都很容易出现八爪线的问题，甚至很容易出现“多层八爪线”，因此，除非价格能够连续拉涨停板上攻，否则一旦攻击遇阻，回落幅度也不小。所以，如果在实战中想追涨时，要特别谨慎。

图中该股在扭转上攻之后，价格遇阻，出现震荡，化解了“脱线”，当价格“靠线”(靠21线)时，2148通道(第一通道)里又出现了明显的八爪线，价格就顺势打下来化解，而在化解2148通道里的八爪线时，第二通道(4889通道)里的八爪线也开始变大，所以，价格也顺势把第二通道里的八爪线化解之后，才企稳并再次扭转向上。

从图中价格打回来的位置看，打回到了当初价格“冒出头”的位置，虽然也是一次清洗动作，但清洗的幅度也不小(第一通道都死叉封闭了)。

再看一个“五招六式”中“多线聚拢交叉启动(A型)”的个股实例。

见图4-034，神驰机电在30分级上，出现的就是“五招六式”中的“多线聚拢交叉启动(A型)”上攻。

很明显，先是89144通道金叉，完成了“系统扭转”，然后，在“启动攻击”时，是以“多线聚拢交叉启动(A型)”的动作模式来启动上攻的。

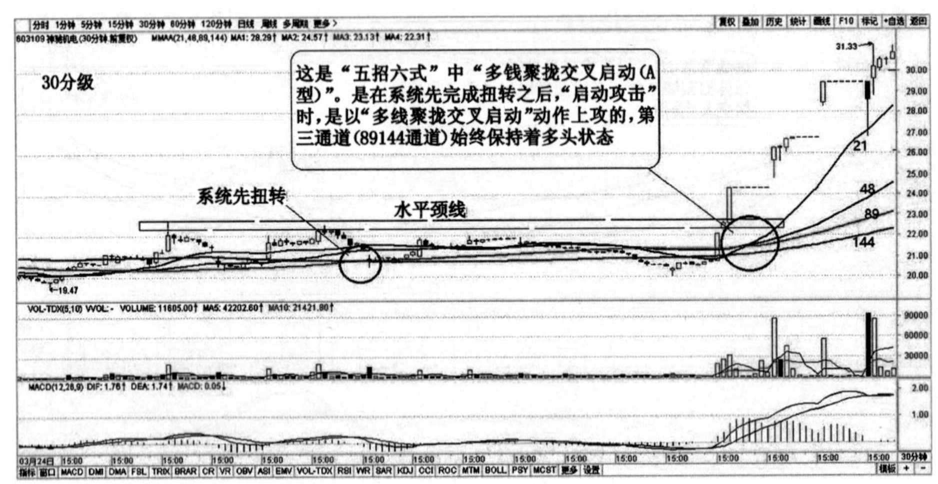

图4-034

“A型”和“B型”最大的一个技术区别点，就是“A型”启动时，第三条通道(89144通道)始终是处于多头攻击状态的；而“B型”的启动动作，则是在系统再次死叉扭转下来之后，重新二次扭转启动上攻的。

刚好，该股在同一时间里，30分级上是典型的“多线聚拢交叉启动(A型)”动作，而在15分级上，却是典型的“多线聚拢交叉启动(B型)”动作。

另外，图中该股的启动上攻很猛烈，连续拉涨停板上攻。

实战中，遇到此类强度的上攻时，当第一通道和第二通道里均出现八爪线时，就要警惕价格上攻遇阻的情况，因为价格很容易扭转下来化解这个两个通道里的八爪线。之后，才有可能再次展开上攻。

我们再看一下该股的15分级上的技术状态。

见图4-035，神驰机电15分级上，是典型的“多线聚拢交叉启动(B型)”。

同一时间里，同一种价格的上攻动作，却在两个级别上呈现出不同的(均线)技术运行状态。这是由于价格在大小不同级别上的波动细节上的轨迹存在差异性，而使两个级别上的技术状态出现差异性。

如果把30分级和15分级两张图进行对比，你会发现一个很有意思的现象：同样地，价格在回打时，都打回到了前一波段的“启动点”位置处——也就是将价格在清洗时，打回了“原形”。

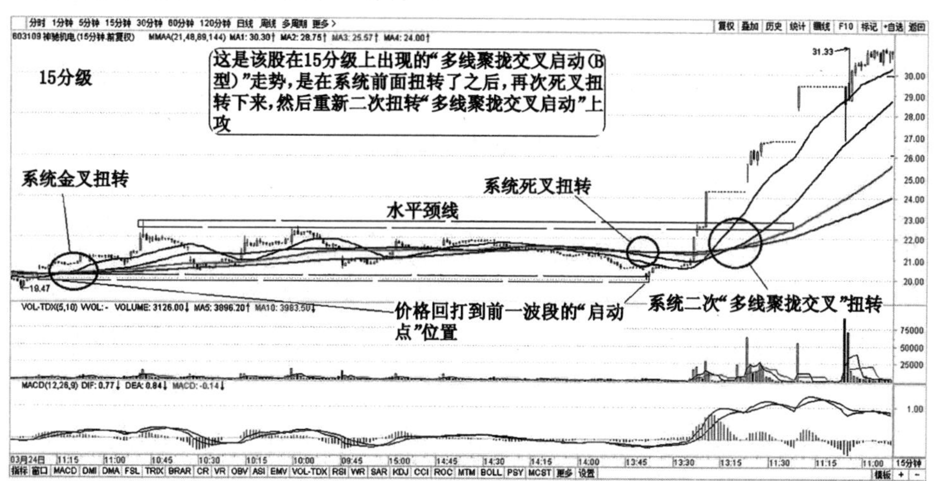

图4-035

但在30分级上，价格和技术系统形成了“A型”(第三通道一直保持着，系统没有扭转)；15分级上却形成了“B型”(第三通道死叉扭转了，又重新二次扭转启动)。

问题来了，实战交易时，应该将哪个级别确定为“交易级别”呢？当然要选技术状态强势的，并且强势能够持续的。所以，应该选定30分级(“多线聚拢交叉启动A型”)为“交易级别”。

自然最佳买点的择机，也是以30分级上的两个最佳买点机会来把握的。

从实战中总结来看，“五招六式”中的“多线聚拢交叉启动(A型、B型)”出现次数频率，在日、周、月等大级别上并不是很高，但在分钟级别的这些小级别上，却会时常碰到。这与“多线聚拢交叉”这一技术现象发生的价格上攻动作比较快速、凶猛(指很容易出现涨停板)有很大关系。也就是说，当价格启动上攻时，如果上攻的速度并不是很快、很猛，并且很持续快速上涨的话，几条不同周期的均线，也很难在很短的时间里，被“快速拉动到一起形成聚拢交叉”的现象发生。

因此，在实战中，如果当你已经看到“多线聚拢交叉”时，价格通常都已经上攻起来了一段。

那么，是不是“多线聚拢交叉启动”就比较“鸡肋”，中看不中用呢？也不是。

首先一点，虽然在“多线聚拢交叉启动”中，往往价格先起，特别是起得比较快速、凶猛，并且这种猛劲还具有持续性。

但在交易中的最佳买点与其他“启动攻击”动作都是一样的：一个是，当价格穿上所有压制的均线“冒出头”时(要有明显放量配合)，是一个最佳买点；一个是，当价格“突破水平颈线”时，也是一个最佳买点。

再看一下前面“多线聚拢交叉启动(B型)”个股实例中的两个最佳买点图示。

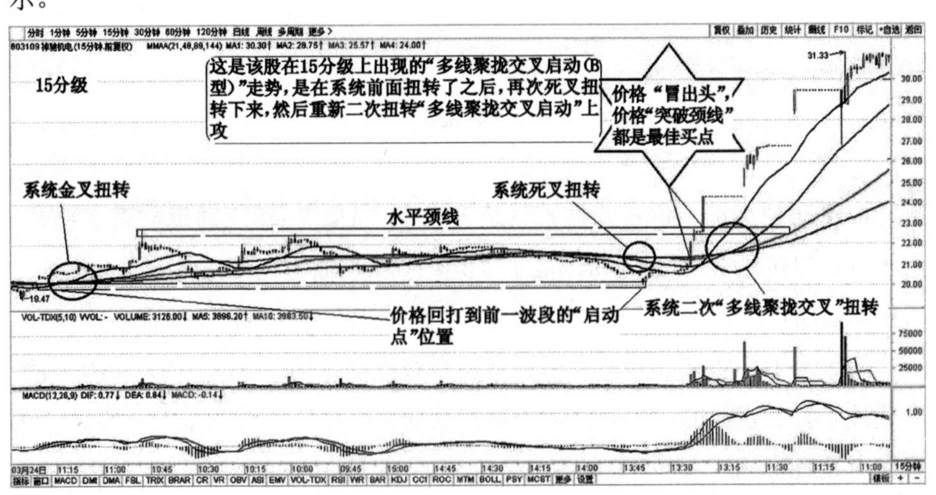

图4-036

图4-036与图4-035是同一张图，我只是加上了两个最佳买点的标示。

还要注意一点：图中神驰机电的两个最佳买点位置：①价格“冒出头”——买点；②价格“突破水平颈线”——买点，在其他“五招六式”的各个招式中，都是一样的。

但是，仅仅抓住了价格的买点，并不意味着就万事大吉了，还要跟随价格动作和技术状态的变化，进一步分析、判断价格下一步的运行位置。而做这项工作时，就必然要利用技术工具(均线等)。

这里插几句“价格、技术、交易”三者的关系。从交易操作的角度讲，价格往往都是“先行一步”的，我们分析判断均线和其他技术工具的目的，还是为交易价格运行时的延展性在做度量。因为技术毕竟是对交易价格进行交易判断时关系最密切的工具。

我们通过价格的波动会影响到技术工具运行的状态、动作、现象发生的“变化量”，来判断、确定价格波动运行的延伸性、方向性变化。

为什么要这么做？因为我们不能控制价格的波动，所以我们就通过价格动作对技术工具的影响来监控、判断价格的运行状态变化，来为我们的“交易正确性”服务。

我们交易的是价格，但判断价格运行趋向要依靠技术工具，这就是“价格、技术、交易”三者之间的最根本关系！

第二点，虽然“多线聚拢交叉启动”这个均线动作滞后于价格的行动，但价格上攻起来之后，我们可以通过均线的多线交叉之后的均线状态(比如八爪线)、排列(比如几条均线有没有形成多头顺势等)、量能配合、指标状态、大级别和小级别上的技术状态等情况，可以对价格上攻的持续性、回撤时的幅度，以及回撤之后还会不会有再次上攻的条件等等这些涉及交易买卖的问题，进行分析判断，为我们的交易决断服务。

(二)聚拢交叉启动(A型)

“聚拢交叉启动(A型)”模式，有两个最典型的特点。

①在“系统扭转”之后，直到“启动攻击”的过程中，无论价格回打清洗动作是浅或深，无论价格是否下破了所有三条攻击通道，甚至，即使价格打回前期启动点位置，第三条通道都会始终保持着多头，而不死叉封闭。这说明该股的攻击延续性比较强，价格清洗虽然力度大，但主力资金在利用清洗破位动作时，也是有限度把控的。

从技术上讲，只有当价格破位(全部三条攻击通道)后，价格的下破幅度并不大，关键是下破后价格在三条攻击通道之下形成“震荡坑”的时间比较短，第三条通道才会不出现死叉封闭动作。

如果价格下破通道后的跌幅大一些，或者价格在第三条攻击通道下方“震荡坑”里徘徊时间长一些(比如，以第三条攻击通道中的89线为准，自价格破位89线起算，在144线下方运行超过89线的一半时间时，89线就会明显拐头向下死叉144线的)，第三条攻击通道死叉封闭的概率就很大。

一旦第三条攻击通道死叉封闭了，后面价格再从“震荡坑”里扭转上攻起来时，就会形成两种启动模式：一个是“三交叉启动”(这个启动模式，也是第三条攻击通道死叉封闭之后才扭转上攻启动的)；一个就是“多线聚拢交叉启动(B型)”。

② “多线聚拢交叉启动(A型)”的模式出现，也不是必然的。

由于第三条攻击通道会始终保持着多头攻击状态，因此，当价格回打之后进入启动上攻时，也可能会以“单交叉启动”或“双交叉启动”模式启动上攻。

之所以会转变为“多线聚拢交叉启动(A型)”来启动上攻，主要与价格启动、突破，上攻刚开始时的攻击速度比较快、比较猛有关。这样，几条均线就会在很短的时间里，同时被快速上攻的价格“拉拽、拉动”起来，形成多线聚拢交叉现象。

也就是说：“五招六式”里的“启动攻击”招式(模式)的不同和差异，与价格进行清洗工作的深度、持续时间，以及清洗之后价格启动上攻的速度、强度有密切关系。

比如，在“系统扭转”之后，当价格回打清洗的幅度浅，下跌持续时间比较短时，就不会影响第一通道出现死叉和封闭动作，价格强度的保持和延续，稳定了第一通道的攻击强度和状态延续，这就必然会形成“顺势启动”。

而在“系统扭转”之后，当价格回打清洗的幅度再深一些，下跌持续时间再长一些时，第一通道就会死叉封闭，但这种价格的清洗强度，又不会造成第二通道的死叉封闭，所以，就必然会出现“单交叉启动”。

如果价格回打清洗的幅度再深一些(通常，此时价格大多数都会刺破一下第三条攻击通道的)时，第二通道也就会死叉封闭(只留下第三通道没有死叉封闭），这就必然会导致“双交叉启动”或者“多线聚拢交叉启动”两种中的其中一种启动上攻模式的出现。

价格回打清洗再深些、持续时间再长些，就会在所有三条攻击通道的下方形成一个比较明显的“震荡坑”（而不是刺破一下就拉起来），这就必然会导致“三交叉启动”或者“多线聚拢交叉启动(B型)”模式的出现。

理解掌握了其中的变化规律之后，就会发现启动上攻动作的变化，是有技术变化规律的，而这个变化规律，又与价格的清洗强度、持续时间密切相关。所以，无论你怎么变，只要最终进入启动攻击中，都会是这“五招六式”中的其中一种。而在实战交易中，熟悉了“五招六式”，就等于抓住了价格在系统扭转之后，启动上攻时技术变化的关键内核。

主力资金主要控制的是价格的强度(其中也包括价格的位置)、筹码的换手(不同群体持筹的控管)，以及完成一个工作时的持续时间。此三个要素，无论其控管的手法、手段、理由是什么样的，都会在技术上反映出来。而“五招六式”就是利用技术状态的不同变化，来监控、解析、判断主力资金对这三要素的管控的轨迹、管控的目的、管控的趋向。

明白了其中的技术逻辑链，才能真正理解“五招六式”技术的实战交易作用，也才能够真正用好“五招六式”。

(三)聚拢交叉启动(B型)

“聚拢交叉启动(B型)”最大的特点，就是在启动之前，其价格破位，以及价格在所有三个攻击通道之下形成“震荡坑”的走势，与“三交叉启动”几乎一样，你很难在当时分辨出该股会是“三交叉启动”，还是会“多线聚拢交叉启动(B型)”。因为，这两者的不同之处，主要在价格启动时的爆发力量大小、价格爆发后的上攻速度快慢这两点上。

爆发力量越大+爆发后价格上攻速度越快，就等于“多线聚拢交叉启动(B型)”；爆发力量一般+爆发后价格上攻速度也一般，就等于“三交叉启动”。

总之，只要记住当价格破位下来，三个攻击通道也都死叉扭转了，价格在三个攻击通道的下面(注意！虽然是破位了，但价格并不远离第三通道)震荡时，此时，你就知道了，如果后面价格要再启动上攻起来的话，不是“三交叉启动”，就会是“多线聚拢交叉启动(B型)”。但无论是哪一种启动上攻，你只需要盯着两个交易机会点：价格上穿压着的所有攻击通道(均线)“冒出头”时，以及价格“突破水平颈线”时。

这种判断，如果是该股的日、周、月几个级别均处在低位区域里时，正确率会很高，而当处于中高位区域里时(你可以通过月级上该股的历史全图来判别)，这种判断的正确率会下降，原因是，价格也可能是在跌破支撑系统之后的短线震荡反弹动作，之后会正式展开下跌趋势。

那么，实战中怎么来避免在此处出现误判呢？

一个看是否出现“系统向下扭转+但价格重心并不远离系统”这种“价线关系”现象。价格虽然在系统下方(即所有攻击通道下方)徘徊震荡，但价格重心通常距离第三条通道中的垂直价差，大约在15%以内(你也可以这样理解：从价格开始爆发启动上攻，通常两个涨停板内就可以穿过所有压着的攻击通道均线。当然，一个板就穿过，就更要重视了)。

另一个就是当价格在系统的下面形成“震荡坑”时，几条均线是否转为平向运行——这一点在技术上比较重要，因为一旦均线(通道)转平，价格是比较容易穿破上去的，这就是扭线技术中的“线转平起”现象(注：此为“扭线秘诀”中的“价线关系”之一)。这时，就会出现价格不断在此处徘徊震荡，“该跌不跌”的反常现象。

当价格在系统的下方形成“震荡坑”时，可不可以进场？可以。但存在一定的交易风险。

因为此时，价格的震荡也有可能是破位之后的反弹震荡动作，如果贸然进场布局重仓，一旦判断失误，损失会比较大。所以，如果要在“震荡坑”里进场布局的话，最好能够满足三个技术条件：

①该股此时正处于其历史性的低位区域里(从月级上来确定)；

②该股价格下破系统后，即使系统死叉扭转封闭下来，价格也不再向下展开新的下跌波，而是在距离第三通道垂直价差15%以内区域徘徊做“震荡坑”，这是一种典型的被技术反压之下的“蓄势”动作(被压着都不展开下跌，即是反常现象)；

③日级上，此时正处于长期趋势框架线系统低位收拢、聚拢比较近，进入了“低位扭转”阶段中(大框架系统进入低位扭转中，中小系统级别就很容

易突然爆发)。

从“盈利确定性”的角度来看，最佳的进场时机，就是在启动上攻的动作出现之时。

一个是价格穿破压着的所有均线通道之时——“冒出头”时买；一个是价格突破水平颈线之时——“突破”时买。

这样做，虽然可能成本会没有“震荡坑”里建仓的成本低，但盈利的确定性却要高很多。

还有一种方法，可以把“低成本”和“盈利确定性”两者相结合起来。方法是：在“震荡坑”里用小资金做试探仓。后面启动了，加主仓；下跌了，止损。

对于仓位“低成本”的痴迷，是很多人做交易时的基础追求。但是，绝不能冒着比较大的风险来追求“低成本”，应该在“盈利确定性”的前提下追求“低成本”。而且，“低成本”也是可以利用价格波动“调节”出来的。如何“调节”出自己的“低成本”，是一个专门的话题，涉及“循环交易技术”，我们有机会再讲。

看一个“多线聚拢交叉启动(B型)”的个股实例。

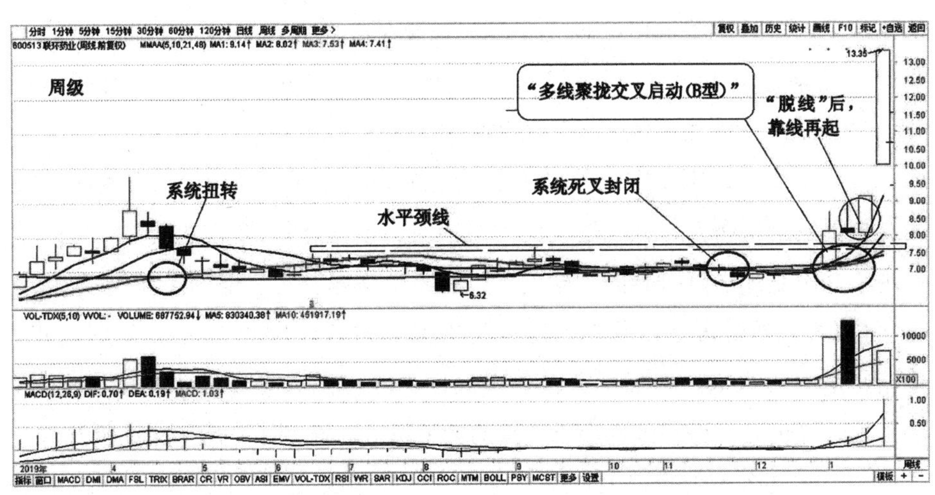

图4-037

图4-037中，联环药业是周级别的短期趋势框架线系统上出现的“多线聚

拢交叉启动(B型)”。前期先是完成了“系统扭转”，但后来系统又死叉封闭，扭转下来。

但注意：关键是系统扭转下来了，而价格在破位三个攻击通道(也就是短期趋势框架线系统)之后，并没有继续下跌和远离短期系统，形成了“线下蓄势坑”。之后，以“多线聚拢交叉启动(B型)”扭转启动爆发。

在实战中，这种“多线聚拢交叉启动(B型)”并不是很常见，但若出现，其个股往往短时间里涨幅很大，会成为市场中的大牛股。

在实战中，有时也会遇到一种情况：某只股的不同级别上，同时间里，出现了“多线聚拢交叉扭转(是指系统扭转时出现的多线聚拢交叉现象)”+“多线聚拢交叉启动(A型)”+“多线聚拢交叉启动(B型)”，这该怎么确定交易的级别呢？

这种情况的出现，只说明一点——该股这里是一次“多级别共振的多线聚拢交叉”而引发这一现象的。

为什么会出现“多级别共振的多线聚拢交叉”？一个原因是在同一时间，在不同级别上，系统都运行到了变盘节点处，并且多条均线(通道)相互收拢很明显，这样，一旦价格扭转上攻，各级别上的均线(通道)在相互收拢很近的情况下，就很容易同时出现“多线聚拢交叉”现象，各级别上的区别，只是有的级别是属于“系统扭转”时出现的“多线聚拢交叉”，有的则是(在“系统扭转”之后)“启动攻击”时出现的“多线聚拢交叉”。

另一个原因，则是在这种多级别上系统都运行到“多线聚拢”处时，技术共振引发价格爆发，并且爆发的力量很大、很猛(因为多级别技术共振的窗口现象并不是那么好碰到的，碰到了，通常价格爆发力量都很强)，上攻速度也很快(大多数情况下，都会是连续拉涨停板扭转、启动上攻)，短时间里，价格上涨幅度很大，自然就会在各个级别上，都同时形成“多线聚拢交叉”的出现。这也是价格和技术形成共振的典型机会。碰到了，应该果断抓住。

但面对这么多个级别上，都出现了“多线聚拢交叉”上攻时，应该以哪个级别作为交易级别呢？答案是“强中选强”。

这里的“强”，一是指级别上的技术强势状态。比如，当大级别和小级别上，同时出现同一种技术动作或技术运行状态时，小级别就比大级别的强。

因为同一种技术动作或技术状态，在大级别上好保持，而在小级别上不好保持。所以，小级别上既然能够保持住，就说明要比大级别上的技术强度高。

再一个是指技术状态上的强势。虽然强度越高，级别越小，但是，并不一定级别越小就越好。毕竟小级别上，一旦价格波动、震荡的幅度大一些，就很容易破坏掉小级别上的技术状态延续性。因此，高强度+小级别的强势组合，其弱点就是，一旦攻击见顶，价格的回撤幅度往往会比较大(因为累积的反向能量太大)。

所以，在大级别与小级别的相对取舍中，还要考虑价格与攻击通道之间的关系，既要有紧密性，又要给价格一定的震荡空间，并且在价格震荡之时，攻击通道能够对价格的回撤、回打动作进行有力的支撑。

如果交易级别定得不准确，必然会影响到交易的成功率和盈利的空间，以及做交易分析、判断时的价格杂波干扰程度。也就是说，确定的交易级别，要能够“恰到好处”地体现出价格与技术系统(攻击通道)相互之间较为“融洽的共处关系”。

另外，就拿“多线聚拢交叉启动”中的“A型和B型”来对比，“A型”中的第三通道能够一直保持住多头攻击状态，而“B型”中第三通道会死叉封闭。两者相比，自然“A型”的技术状态保持强度，要比“B型”强。那么，如果有个级别上出现的是“A型”的“多线聚拢交叉启动”，而有的级别上出现的是“B型”时，应该优先确定“多线聚拢交叉启动(A型)”的级别为交易级别。

相应地，如果大小级别上都是“A型”或者都是“B型”时，自然就要优选小级别。但是，要注意一点：如果小级别上虽然和大级别上都是同一个“启动模式”，但如果在小级别上，当价格在上攻中回撤或回打时，“刺入”攻击通道过深，甚至不断刺穿攻击通道，还是确定大级别为交易级别为好。这说明这个小级别上的价格与技术系统之间的关系过于精密，技术系统很容易被价格破坏掉——所以，关系过于密切也不好，会影响交易和判断。

见图4-038，为了让大家有一个直观的对比，在图上把省广集团日级上的短期四线(短期趋势框架线5、10、21、48)系统与中期四线(中期趋势框架线21、48、89、144)系统放在一起看。

在同一时间、同一价格扭转上攻的情况下，(图中左边)中期系统在前期“系统扭转”之后，虽然价格多次下破全部三个攻击通道，但第三通道(89144通道)却一直都保持着多头攻击状态。之后，价格扭转启动上攻，形成了“多线聚拢交叉启动(A型)”。

但是，由于价格上攻强度非常高，所以，明显出现了价格与通道的关系紧密不够，形成比较大的“脱线攻击”乖离，从交易的角度讲，如果确定中期系统为交易系统，就要在价格“悬空”与攻击通道脱离的情况下，做交易判断，这里面必然会存在很多交易上的盲点。

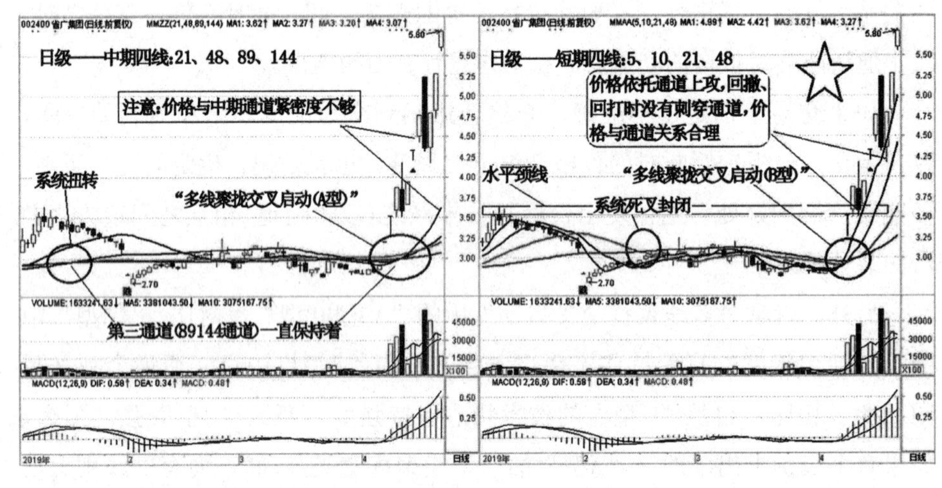

图4-038

再看日级上的短期系统(图中右边)，价格在上攻过程中，回撤动作靠第一通道的5日线就“靠线再起”，在之后的回打动作中，价格下破第一通道中的5日线就再次上攻(没有刺穿第一通道)，这些都说明短期系统中的第一通道(510通道)支撑力量很强，特别是，价格与攻击通道之间的关系合理。

虽然日级上的短期系统，在这里是一次“多线聚拢交叉启动(B型)”动作，但相比该股日级上的中期系统(图中左边)，由于价格与攻击通道的关系太疏散，影响交易判断，所以，不宜确定日级的中期系统为交易系统，而确定日级上的短期系统为交易系统，明显具有一定优势。

但是，别急，因为还要看其他级别上的价线技术状态关系，才能最后确定交易级别。所以，我们先给日级短期系统打上一个“☆”记号。

再看看分钟级别上的情况。

现在大家都已经知道，在“五招六式”中，分钟级别上，是统一设定为中期趋势框架线系统(21、48、89、144)的，即中期四线。

图4-039是省广集团30分级和60分级上的技术状态。先看30分级(图中左边)，与日级上短期系统一样，“系统扭转”后又死叉封闭了，然后价格扭转上攻，形成“多线聚拢交叉启动(B型)”(与日级上的启动攻击动作一样)。

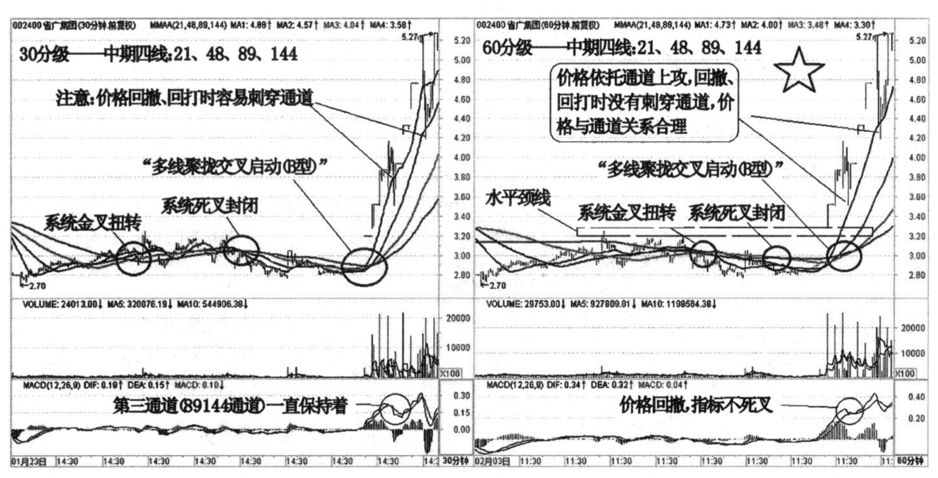

图4-039

再看60分级(图中右边)，也是“系统扭转”到死叉封闭，然后同样是一个“多线聚拢交叉启动(B型)”动作。

两个级别上的技术动作一样时，小级别的强度就会高于大级别上的强度。照此标准，应该选定30分级为交易级别。但是，前面也讲了，不仅要看强度，还要看价格与攻击通道之间的关系紧密度，不紧密、太疏散(就像前一图中日级上的中期系统与价格疏散关系)不行；但是，太紧密了也不行。

像图中30分级里，价格上攻过程中出现回撤时，价格刺穿第一通道里的21线；之后价格回打时，刺穿了整个第一通道(2148通道)，在这么强势(几乎是连续拉涨停板)的上攻中，价格的回撤、回打动作，第一通道都支撑不住，就说明价格与攻击通道之间的关系过于紧密，攻击通道太贴近价格上攻动作，而对价格回撤、回打震荡时的支撑力量不够，没有对价格形成一种支撑的力，又给价格的回撤、回打动作留下一些“弹性空间”，价线关系不太合理。这种情况，在交易判断中，由于价格很容易刺穿攻击通道，就会干扰技术分析和交易判断。

再看60分级上，价格在上攻过程中，回撤时，价格靠第一通道中的21线就再次上攻；之后在价格回打时，价格也没有刺穿第一通道。这种情况与前面讲的日级上短期系统与价格的关系是一样的。

把30分级与60分级放在一起对比，定60分级为交易级别，就更具合理性。所以，也给60分级画上一个“☆”记号。

再继续看看该股在周、月这两个大级别上的技术状态。

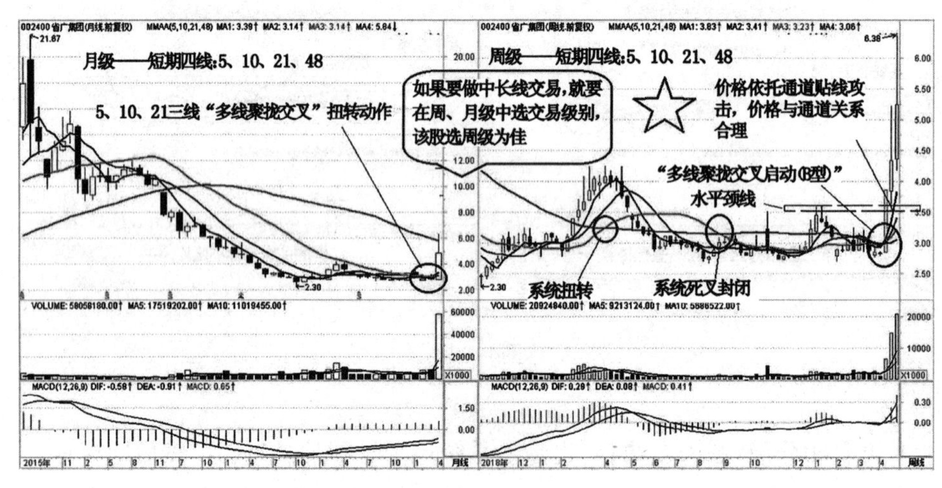

图4–040

图4-040是省广集团周级和月级上的技术状态。

在交易的层级划分上，通常周级和月级是做中长线博弈的级别，而日级、分钟级是做波段交易、短线交易的级别。当然，日级“身兼两职”，也可以进行中长线博弈，所以，日级是个可以做多层级交易的标准级别。

通常，当日级和分钟级别上出现了交易性机会，也要看看周、月级上，是不是也同样出现了博弈的机会。但要清楚一点，如果你准备做波段交易或短线交易，就要在日级和分钟级上选出交易级别；如果你准备中长线交易，就要在日、周、月级别上，选出交易级别。

从图中月级上看，也是一个“多线聚拢交叉”的扭转动作，只不过，它不是月级上的短期系统四线(5、10、21、48)的多线聚拢交叉，而只是其中的5、10、21三线多线聚拢交叉。说明这是一次月级上短期系统完成扭转之前的脉冲性上攻动作。

特别是，该股月级上的MACD指标距离0轴还有一些距离，这种情况通常说明当指标上行到0轴时，如果价格上涨幅度比较大，比较容易出现脉冲性上攻结束的情况。

再看周级(图中右边)，前期“系统扭转”之后，系统死叉封闭，然后价格开始扭转启动上攻，与日级和60分、30分级上一样，都属于“多线聚拢交叉启动(B型)”的启动上攻模式。

再看周级上的价格与攻击通道的关系，价格回撤回打动作，均是回靠5周线就再次上攻，攻击通道的支撑力度也很强，但价格并不“脱线”和悬空，价格和攻击通道的关系也比较合理。

如果想做该股的中线交易，周级或日级都可以选定为交易级别，因此，给周级也画上“☆”记号。

通过对日级(短期系统)、日级(中期系统)、60分级、30分级、周级、月级这些级别上的技术对比分析，很明显，这些级别(层级)上在同一时间里，都出现了“多线聚拢交叉启动”动作，区别只是有些级别上是“A型”的启动模式，有些级别上则是“B型”启动模式，另外，月级上是“系统扭转”时的“多线聚拢交叉扭转动作”。

在做了对比之后，圈定了日级(短期系统)、60分级、周级这三个级别都符合确定为交易级别的条件。并且，这三个级别上，都是“多线聚拢交叉启动(B型)”的启动攻击动作模式。

但是，在最终确定交易级别之前，还有一个问题也需要确定一下：这里的价格扭转爆发动作，是在什么样的大趋势框架中的什么位置出现的？

这就需要再从日级上的长期趋势框架线系统的运行状态来确定一下。

从图4-041中看，省广集团日级上的全系统(短期系统+中期系统+长期系统)均线运行状态(5、10、21、48、89、144、288、576八条均线)，前期高位时的长期系统死叉封闭扭转向下，展开的大型下跌趋势，现在已经很明显地出现了低位收拢、聚拢现象，这说明该股大趋势框架系统已经处于“低位扭转”阶段中。此时价格的爆发，是长期系统新一轮循环开始时的低位扭转动作。该股就不仅仅只是具备做短线博弈、做波段博弈的机会，也同时具备了做中线博弈的机会。

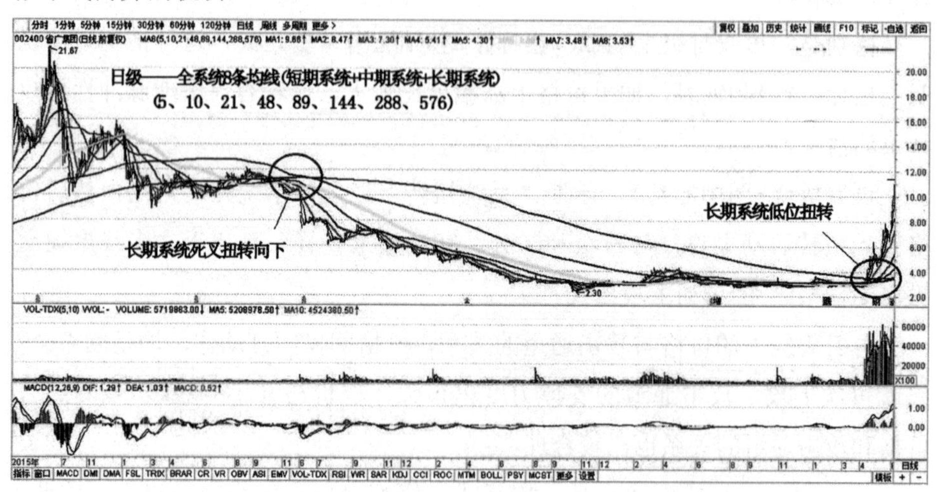

图4-041

搞清楚这个问题后，你才会明白为什么在该股上，可以同时有三个级别可以被确定为交易级别了。因为它在此时、此处的扭转爆发中，同时包含着不同的博弈机会，你想抓哪一种博弈机会，就要选择对应的级别或系统层级，制定自己的进出交易策略和仓位控制管理模式。这样，你的交易就有了“根”，有了清晰的技术层级依托，也有相适应的博弈策略(包括仓位控管模式)相匹配，你在交易过程中，才能敏锐地识别这个交易级别(或系统层级)上的机会延续和风险来临。

实战中，当某只股的某个层级或级别上出现了博弈机会时，通常，也会同步在其他层级或级别上，出现其他的博弈机会。只是很多人只看到一个机会后，就不再关注其他的博弈机会而已。

这就像在做一件“定向管控的事”，你的技术管控目标也很明确，思维也就会清晰，价格在运行中一旦出现影响到了你所管控的交易级别上，技术运行状态出现了新的变化、偏离了原有的运行框架，或者偏离了原有的运行轨迹时，你当然就会第一时间发现到这种技术异动信号，你的出局动作才不至过于滞后，即使你还有些“幻想”，价格破位交易级别上的系统状态动作，也会打破你的“幻想”，只要不执迷不悟，就可以出局在价格的高位顶部区域里。

价格和技术之间，就像一对夫妻，分分合合、吵吵闹闹，有时相互恩爱，有时相互伤害，但又是一对打不散、拆不开的冤家。

到此，可能有人会问：如果我准备在这只股上做中线，应该定哪个级别为交易级别呢？

当然是在周级和日级两个里面选定：如果你是以持股为主的，平常也没有多少时间盯盘或者做浮动仓的短线博弈，那么，选定周级是最佳的。如果是还想在中线持筹过程中，抓机会做一做浮动仓，进一步降低持仓成本，若选定周级，就无法捕捉到一些价格波动的细节了，选定日级就是最佳的。因此，选定哪个交易级别，除了技术上的因素外，你的交易风格、交易习惯、交易的优势等“个性化因素”也是需要考虑的一方面。

那么，选定周级做中线博弈，是不是就不需要看盘了？不是。

虽然不需要像做短线、波段博弈那样，监控盘势盯得那么频繁，但也需要每周一、三、五收盘后，复一下盘：周一复盘的关键是看新的一周价格与技术系统的关系有没有新的变化；周三复盘的主要目的是提防出现新的变化，因为周三处于一周交易时间段里的中间位置，有很多价格的冲高或者回打震荡等动作，都会在周三基本完成本周的“任务计划”，即使没有完成，到了周三时，价格和技术系统之间的关系也会出现变化前的一些“异相”，天下没有无缘无故的上涨，也没有无缘无故的下跌，即使再突然，在价格波动和技术运行的细节上，都会提前有一些新的异动出现，只是很多人忽视了技术细节上的新变化，而被“突然袭击”了。

比如，很多老股民的技术水平并不是很高，但为什么每当他关注的股票要下跌之前，或者上涨之前，他都会提前有一种比较准确的“预感”？这是因为他从一些价格波动和技术状态细节上出现的新变化上，敏锐地感知到了这些新异动。那么，为什么他的预判有时准，有时又不准呢？

这是因为，他没有专门进行针对性的训练，没有把自己这种感知性的预判，强化为更为专业、科学的解析性预判能力。也许本书能够对一些老股民有所帮助，若果真如此，我会很欣慰。

周五复盘，主要是因为经过一周时间的价格波动、多空博弈、不同持筹群体之间的资金与筹码转换，最终形成了周级上的一次收盘，关键是这个收盘的位置高低，会影响下一周技术系统延伸出来的新状态，而这个新状态，又必然与价格之间有着原有关系状态的延续，或者新的关系状态的转变。

从这一点上讲，移动平均线系统就“天然”具有一定优势。因为，任何一条移动平均线运行时，都会有“运行惯性”的轨迹延伸，而这个延伸的轨迹中，常常就会“提前一步”表现下一日或下一周或下一月价格和技术系统之间的关系，是否存在“价线乖离(即脱线)”，线线之间是否也具有乖离(即八爪线)，通道与通道之间是否具有乖离，短期系统与中期系统之间是否具有乖离，中期系统与长期系统之间是否具有乖离。哪一个层级上存在比较明显的乖离，就意味着下一步价格会去化解这个乖离。

如果这个乖离出现的位置距离目前的价格位置比较近，那么，价格最多也只是回撤震荡一下；如果这个乖离出现的位置距离目前的价格位置比较远，就意味着后面价格需要“走长路、走大空间”才能够到达需要化解、修复的乖离位置。但是，很多人可能会忽视这种解析判断中的“时间”问题。

学习扭线技术的人，可能会遇到一种奇怪的现象：自己根据均线技术进行的预判，虽然是正确的，但是在实战中，这种“正确的结果”却总是姗姗来迟。

最简单的一个例子：某股，你在周五收盘后经过分析后判断，该股后面应会回打下来化解510通道，因为已经有比较明显的八爪线乖离。但是，下周一，该股不跌反涨；周二该股仍然强撑不跌；周三虽然510通道八爪线还在扩大，但该股还是不下跌。此时，很多人会开始“怀疑自己的判断力”。但在周四尾盘时，该股突然下跌收低位盘，周五直接大幅度低开化解了510通道八爪线后，翘尾收盘，周级上，留下一个长下影。不但日级上的510通道八爪线被化解，就连周级上的“脱线”乖离也被化解了。

这种例子太多了。什么原因呢？是因为我们学习均线技术的人，在技术判断思维上，已经形成了均线技术运行的“惯性”延伸思维。这种思维就具有“超前预判能力”，但是，却时常会忽视这种“超前思维”跑得太快了，现实没有你跑得快，所以，现实中当这件你提前已经预判到的事真的出现时，在时间上，就来得慢了很多。也就是说，形成均线技术思维的人，往往预判到的事情，绝大多数不会马上发生，但最终发生的概率很高。

作为利用均线技术进行实战交易的人，要切实地意识到这一点(时间上的差异性)，更要学会利用好时间上的差异性。

学扭线，要静心，要不争。

可能有人还会问：如果我想做短线博弈，或者波段博弈，应该选定哪个做交易级别呢？

前面我们在多个级别的对比分析中，已经筛选出日级(短期系统)和60分级这两个级别，符合做交易级别的技术条件。

那么，选定哪一个更好呢？那看再把这两个级别放在一起，对比一下哪个在价格与技术系统(通道)更具有优势。

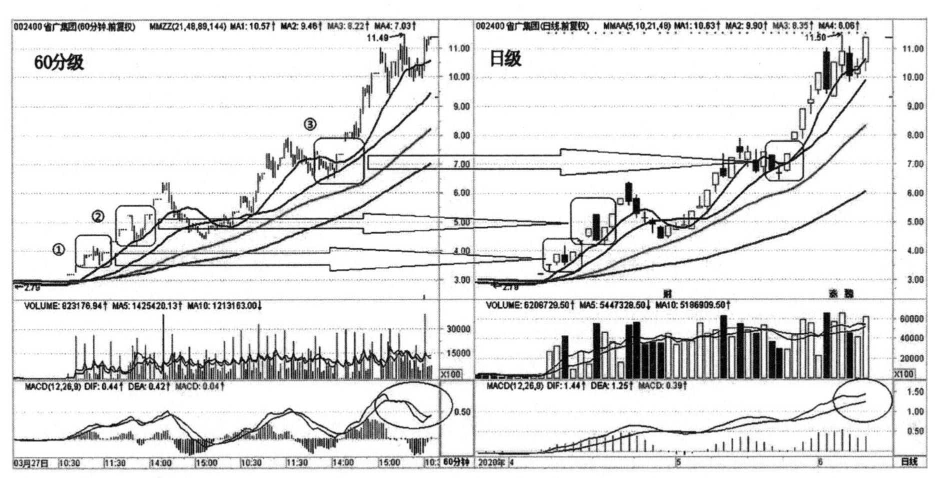

图4-042

图4-042是省广集团日级(短期系统)与60分级(中期系统)的对比。

假如你是准备做该股的短线博弈或者波段博弈，这两个级别是必须要进行技术对比的，并且在其中选定一个交易级别来。

从该股价格扭转后开始上攻中的回撤、回打动作来看，60分级和日级都是一样的(说明：图中在后面的上攻途中的两个级别技术对比，是为了给大家看两者技术上的相同点。确定交易系统时，是在刚开始上攻之时的技术状态来看的，两个级别上的技术状态和强度都是一样的)。

我们前面讲过，如果两个级别上的技术状态是一样的，那就选小级别为交易级别。因为同样的技术运行状态下，小级别价格与通道之间的关系敏感性更强。有什么反常、异动，也很容易被表现出来，对做交易判断的及时性，是有益、有利的。

那么，该股自然是选定60分级来作为“短线博弈”或“波段博弈”的交易级别了。从该股后面的上攻、回打、震荡、支撑等来看，两个级别上，也都是同步的，说明选定小级别60分级做交易级别是正确的。

表面上，“五招六式”总结了移动平均线技术在实战中的几种价格启动攻击技术模式。但如果把这一个个招式和技术模式串联起来看，其实，就是价格在扭转启动之时，不同爆发力量下，不同的价格上攻强度+不同的技术扭转上攻强势的“形象化”归纳。

强度升一级，就是其中的一个招式；强度降一级，就成了其中的另一个招式。

无论价格如何启动，价线之间的变化关系规律，就是以这几种为代表的。

如果在实战中，主力资金一定要多一些变化，也只有将这几种启动招式(模式)颠来倒去多用几回而已。但万变不离其宗，其中的“价线关系”+“线线关系”是破解此中奥妙的技术法宝。

就我个人来讲，实战中应用最多的是“顺势启动”和“单交叉启动”这两种。因为，这两种启动模式，是价格在短期内处于最强状态之时最常见的技术表现。再者，技术状态表现得越强，说明价格的攻击力量越强；而技术强势的表现，在移动平均线系统中最为明显的一点，就是无论在哪个系统中，第一通道都始终保持着多头攻击状态。

天下武功，唯快不破；技术博弈，唯强不破。攻击通道的威力，也在于此。

第五章　爆发点技术

一、爆发点技术概述

（一）“爆发点技术”是一种“模块化”技术

“爆发点技术”是将移动平均线技术中的“攻击通道”、系统循环、MACD技术指标、价格循环运行、量能配合等，在多个层级上的技术运行，综合成一个立体的技术状态，进行实战博弈的立体交易技术。

简单讲，“爆发点技术”就像一个技术模块，可以镶嵌到任何一种（套）交易技术策略（或模型）中去，增强这种交易技术策略（或模型）的实战精确性、准确性和成功率。

在讲“攻击通道”时，已经涉及一些多层级技术在实战交易中的应用。比如，在同一个层级上，短期系统通道与中期系统通道在交易中的技术关系判断，以及比较简单的“大级别（例如日级）”与“小级别（例如60分级）”之间的交易技术判断等。“五招六式”就是只用两个级别来进行交易机会判断的典型技法。但“爆发点技术”则会涉及多个层级之间的技术关系，在实战交易中如何把它们有机、有效地结合起来，进行分析判断和交易决策，是我们要研究的问题。

比如，日级上的短期系统与中期系统之间的技术关系判断，日级与多个分钟级别之间的技术关系判断，盘中分时图与分钟级别之间的技术关系判断，以及买卖点的判断，等等。

本来技术的“真面目”，就是分层、分级的，并且是分层、分级进行循环的。“爆发点技术”只是将这种多层级、立体的技术循环运行的“真面目”，以实战交易套路的方式进行了梳理、提炼、组合、应用。如此，在实战应用时，才可以更精准而又不混乱，更具交易的逻辑性而又容易学习和掌握。

所以，"爆发点技术"，已经不同于其他我们常见的实战技术交易套路，而是真正意义上的"立体实战交易"技术套路。

另外，为了大家更容易学习、掌握、应用，我将"爆发点技术"中的一些交易要点，编辑成口诀，把复杂的多层级上的价格循环与技术循环关系，化繁为简，使其易记、易学、易用，在实战交易中可以更为快速地进行准确判断和抉择。

(二)"爆发点技术"的核心是：同则顺，顺则强，强则爆发

在前面篇章中，已经讲了价格形成强势攻击时，必然会带动技术系统也形成强势攻击状态。还讲了在均线技术系统中，最强的技术表现，就是在最短的攻击通道上体现。比如，"五招六式"的"顺势启动"中，第一条攻击通道在价格的"蓄势、回撤、回打、震荡、清洗"等动作中，始终都不死叉、封闭通道、保持着多头攻击状态。

其实，在实战交易中，最难进行交易决策判断的时候，绝大多数都集中在价格的这些波动之时。应用了攻击通道技术基本可以消除这期间里的一些技术判断盲点。

但仅仅只使用均线系统中的攻击通道来进行交易抉择判断，毕竟还是具有一定的局限性，因此，还需要结合其他一些技术工具的运行状态和信号，一起进行分析、判断，所做的交易抉择正确性才会更高。

因此，将技术指标中最基础的MACD指标、成交量加入进来，与技术系统的循环运行，以及攻击通道的状态变化形成相互确认的组合。但是，这些组合起来的只是平面技术组合。要形成立体技术组合，就需要把不同级别上的这些平面技术组合，再有机地融合起来，取其沉淀下来的价格运行轨迹和系统运行轨迹，捕捉价格与系统循环的共振交易"窗口"，进行交易的买卖抉择。

也许这样讲太过理论化，但这个问题还必须要这样讲一讲，因为这是"爆发点技术"形成的技术思维源头。

世界上的任何事情都是有其产生的逻辑源头的，也许刚开始时，只是思维中的一瞬醒悟，但它最终可能会衍生出一个广袤的新世界。

“爆发点技术”的技术逻辑链是：同步——形成顺势；顺势——形成强势；强势——产生爆发。

解释一下。同步，是指不同级别上技术状态的同步。顺势，是指这些同步的技术状态是顺势的。强势，是指同步顺势形成的本身，就是一种技术强势的表现。爆发，是指只有当技术状态形成强势状态时，才会产生爆发。爆发点，是指在某个级别上、某个具体的技术变盘节点处，出现启动上攻的爆发动作。

这就是“同则顺、顺则强、强则爆发”。

当这种强势形成一个整体，又出现在市场风口中的热点题材里的某股上，或者某行业的基本面具备龙头特质的某股上时，资金的追逐力度就自然很大，反应在爆发量上，其爆发力量也就会很大。对于这一点，可以用“换手率排行”或者“量比排行”在盘中快选出一批“种子”，然后用“爆发点技术”中的一些操作条件来进一步筛选。

爆发力越大，技术强势越强，越容易冲板，上攻的持续性也越强，上攻的持续越强，不是龙头也会成为龙头，不是热点也会成为热点。

(三)“爆发点技术”各级别均线系统配置

日级别：短、中期趋势框架线组合系统按照5、10、21、48、89、144(6条均线)配置，但主要以短期趋势框架线系统5、10、21、48(也称：短期四线)为主进行技术、交易判断；中期系统作为辅助性趋势扭转判断。

周级、月级别(及以上级别)：均以短期趋势框架线系统5、10、21、48(短期四线)配置。

分钟级别：120分级、60分级、30分级、15分级、5分级上均以中期趋势框架线系统21、48、89、144(也称中期四线)配置。1分级上以长期趋势框架线系统89、144、288、576(也称长期四线)配置。

(四)在“爆发点技术”中的几个技术概念

1．最短通道——在日、周、月级别上，最短通道均指510通道。在分钟级别上，最短通道均指2148通道。在1分钟级上，最短通道为89144通道。

2．最短均线——在日、周、月级别上，最短均线均指5线。在分钟级别上，最短均线均指21线。在1分钟级上，最短均线为89线。

3．“指标爆发点”与“均线爆发点”常常是一起出现的，这就是同步现象。

4．“指标爆发点”与“均线爆发点”在各个级别上的爆发方向也是相同的，这就是顺势现象。

5．最佳的“爆发量”，是“爆发量超前量”。

6．确定的“交易级别”，是最能够体现价格与技术工具之间的爆发强势+同步顺势+交易信号最明确的级别。

7．最佳的介入时机，一个是“价格冒头+指标爆发点”；一个是“突破水平颈线+指标爆发点”。

8．最强的“爆发点”是“不破爆发”；最佳的“爆发点”是“回0轴爆发”；最明显的转强爆发是“上0轴爆发”。

9．两套实战交易中速判口诀：①“五步四级交易口诀”；②“爆发点秒断口诀”。

二、指标爆发点

(一)“指标爆发点”为什么会确定为三个

“爆发点技术”的组合中，MACD指标是一个重要的技术工具。

我曾经在实战中用其他一些技术指标尝试组合过，但最终还是选定MACD。主要原因有两个：一个，是MACD指标技术信号简单、易辨认(注：在“爆发点技术”实战交易应用中，没有更改该指标的原始数值)。再一个，是MACD指标(又称：异同移动平均线)的技术循环与均线系统，特别是与攻击通道的技术循环契合度高。这是因为该指标的计算数据源头就来自移动平均线的周期平均数值。

很多人也更改MACD的计算参数来“替代”某个周期的移动平均线使用，但我想说的是，即使你更改MACD指标的参数来使用，也应该加上移动平均线系统，进行技术状态上的相互确认。

总之，MACD这个指标在实战中有很多种用法，而在“爆发点技术”中，主要用了该指标的三个“爆发点”信号。

这里要说明的是，MACD指标的“爆发点”信号，在该指标的循环运行中，原本有四个：

①是指标在0轴下金叉爆发；

②是指标上0轴爆发；

③是指标不破(指标两线不死叉)爆发；

④是指标回0轴(指标两线回落0轴金叉)爆发。

但是，由于第①个——指标在0轴之下的金叉爆发，是发生在该指标“空方市场”里价格弱势时期的时候，价格的走向不稳定性比较高，也有可能在反弹之后，再次下跌，指标也再次死叉向下跌。另外，从实战中对价格的多年跟踪交易经验发现：价格出现的真正爆发动作，绝大多数都是在MACD指标从“上0轴”开始的0轴之上开始展开的。而当指标运行在0轴之下时，即使指标出现了金叉+价格的探底扭转动作，绝大多数也只是一种价格反弹，或价格下跌太多之后向上修复系统中的“(下)八爪线”的动作。最终展开新的上攻的爆发动作，也是从指标“上0轴”(开始)，或者在0轴之上才开始的。所以，在“爆发点技术”中，只选取了该指标在“多方市场”(也就0轴之上)里的“上0轴爆发、不破爆发、回0轴爆发”这三个“指标爆发点”技术信号。

关于MACD指标的这个四个“爆发点”，用个股实例看看。

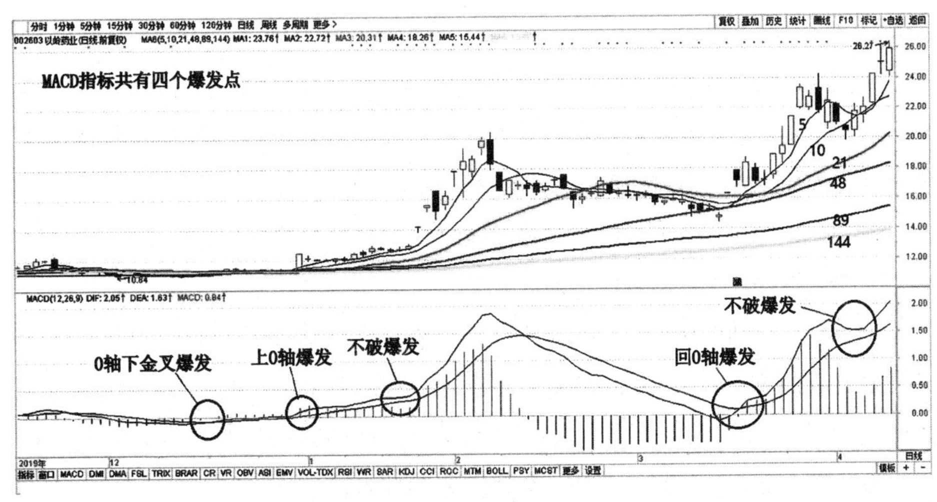

图5-001

从图5-001中可以清晰地看到MACD指标的一个循环规律(注：MACD指标中还有其他的循环规律，“爆发点技术”取其中最常见的爆发上攻循环规律)。即，任何一只个股的价格，如果要从低位扭转起来形成向上攻击趋势，MACD指标必然会经历四个“爆发点”：先是在0轴之下金叉——然后指标两线上0轴——如果股价出现强势震荡，指标两线不死叉(说明价格攻击力量保持强势)——当价格出现阶段性回落时，指标两线回落0轴后再次金叉启动上攻……

把MACD的这些运行节点统一起来看，很明显，其实就是这个指标在做循环爆发运行。当然，任何一个技术指标工具都是会做循环运行的，只要你搞清楚它们在循环中的一些技术节点，就可以很好地“利用”这些技术指标，为自己的交易服务。

均线、通道、K线等等也都是如此，这是技术工具的一大共性。技术指标之间的差异，主要体现在所表现的不同监控角度上。只要技术思维“站”得高一些，就可以对这些共性一览无遗。所以，对于任何一种技术工具(包括均线)，都没必要“神化”或者“诋毁”。关键只在于你怎么来利用它们。如果你会利用这些工具，它们的缺点，也会为你的交易盈利服务。

我们“舍弃”了该指标第一次出现的在0轴之下的这个金叉爆发点，而把博弈机会的监控点，放在了“上0轴爆发、不破爆发、回0轴爆发”这三个该指标的爆发点上。

这里面也有一个在实战中常会遇到的原因：当MACD指标在0轴之下运行时，往往价格都处于弱势状态，而“爆发点技术”捕捉的不仅仅是价格的强势状态，同时也必须是技术工具上的强势状态。

那么，什么时候MACD指标才最显强势呢？自然是指标从“上0轴”开始，运行在0轴之上的“多方市场”期间。

虽然，并不是说指标“上0轴”了，价格就一定会变得很强，但此时，价格往往都刚好处于“冒头、突破、创新高”等这些具备“价格爆发”条件之时。并且从实战的经验总结来看，绝大部分价格的强势加速和展开波段，都是出现在指标的0轴之上，这是一个很重要的技术现象。

但要注意，在实战中，并不是每只个股都会“守规矩”地在0轴之下。指标出现金叉之后，价格就会一路转为上攻，指标也一路到“上0轴”，然后再爆发一次。

由于0轴之下的指标金叉动作，仅仅只是属于价格短线探出低点之后的一个反起动作，此时，并不能确定此处就是价格+系统趋势的扭转(向上)动作，所以，股价在上攻过程中，也比较容易夭折掉，重新回到下跌趋势中去(注：此处主要指中期系统的扭转上攻趋势)。

就像实战中，有很多个股，再来一个二次下跌的“底背离”；或者当指标上移到0轴附近时，价格反弹结束，指标并不上0轴，而是再次进入新的下跌波段中(注：下跌趋势中的“修复性反弹”)，等等。

从交易的盈利确定性来讲，这个在0轴下的金叉爆发点，往往也很难确定此处介入交易的风险大小(当然，如果是抓反弹波，可以抓这个金叉爆发点)。

当指标在0轴之下出现金叉时，也有一个“好处”，就是通常价格会更低一些。但依靠技术信号做交易时，绝不能把“价格低”作为交易的首要条件，技术信号的可靠性、盈利确定性，才是第一条件。

所以，MACD指标的这个0轴之下的“爆发点”机会，就不纳入我们的观察范围了。这样一来，指标的“爆发点”，在0轴之上，当价格进入强势状态时，就剩下了三个：

①上0轴爆发；②回0轴爆发；③不破爆发。

把这三个指标上的爆发信号，纳入“爆发点技术”中，作为“指标爆发点”的基础爆发信号。

怎么在实战交易中，用好、用准这三个“指标爆发点”呢？

（二）3个“指标爆发点”

①上0轴爆发：DEA(黄线、慢速线)从0轴下方穿上0轴时，是一个爆发点；

②回0轴爆发：DEA(黄线、慢速线)回落到0轴附近时，是一个爆发点；

③不破爆发：DEA(黄线、慢速线)金叉起来后，再次回落，而不死叉，是一个爆发点。

这三个MACD“指标爆发点”很多人都知道，也都在实战中用过，但为什么有时候依据这些信号做交易时就准确，而有些时候又不准确呢？

这是因为缺少了一些其他技术信号的配合，其准确性自然就会降低。就好像，你知道一辆车要跑起来，发动机要先转起来才行。但你若是只盯着发动机打火转起来没有，而忽略了其他一些也很重要的部件——比如，车轮出了问题，或者挂不上挡，车还是跑不起来的。

所以，利用技术工具进行博弈时，很多人在经过多年的市场搏杀之后，才明白了一个简单的道理：价格偶然上涨一下，也许是某个因素刺激了一下；若要形成持续的上涨，必然会存在一个适合的技术条件环境。

在实战交易中，使用这三个“指标爆发点”时，也是如此，除了要有指标爆发信号，能不能爆发成功，还需要一些其他技术信号来组合做判断，准确率才会高。

先看一个MACD指标“上0轴爆发”的个股实例。

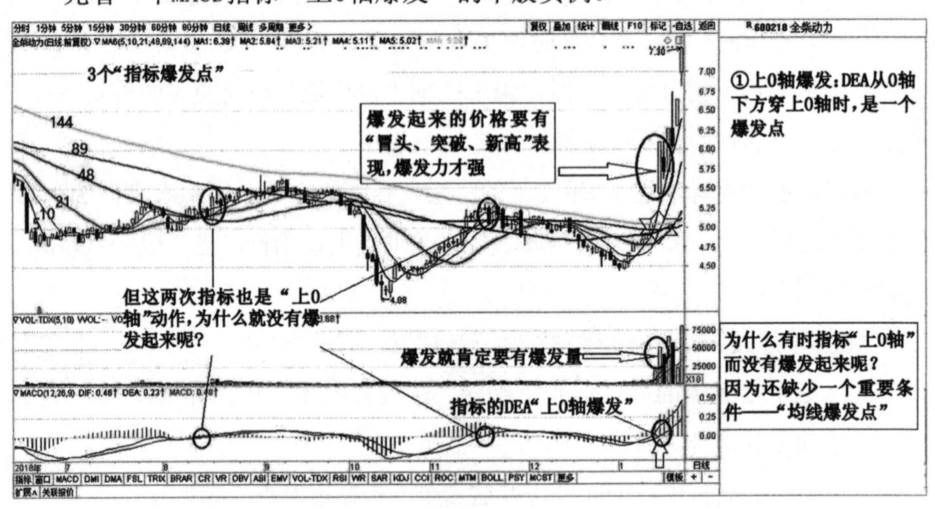

图5-002

图5-002中，全柴动力从中期系统的运行状态来看，很明显是从下跌趋势转变为低位扭转中。

MACD指标从0轴下方，经过前两次“上0轴爆发”夭折后，第三次“上0轴爆发”成功。

从图中可以看到，指标上0轴之时，与价格的“冒出头”“突破(水平颈线)”，以及创新高，还有成交量的持续性放大是同步出现的——“同则顺、顺则强、强则爆发”。

这里提示一下：我们讲的“上0轴爆发”动作，指的是MACD指标中的DEA线(也就是那条“慢速”黄线)的“穿上0轴”动作。

现在的问题是，图中该股在最终“上0轴爆发”成功之前，曾经有过两次的“上0轴”动作，但都没有“爆发”起来，这是什么原因？

解析其中的原因，很重要。

图中第一次指标上0轴时，中期系统明显还处于比较散的状态，学习过扭线技术的人都知道，在这种系统状态下，价格的扭转上攻，绝大多数都是一种短线的反弹动作(顶线、冲线，就是此时的最多见的)。既然是短期的反弹动作，那么，当价格反弹攻击到中期系统通道中压制力量比较强的区域时，价格很容易再被压下来。所以，图中第一次虽然指标“上0轴”了，但此时还在中期系统“肚子里”，而且，也没有成交量放大现象(这是攻击量能爆发的重要信号)。

特别是，价格此时也没有“冒头”动作(“冒头”指价格从众多的均线里穿出，冒出头来)，更谈不上“突破水平颈线”了。

只有指标的“上0轴”动作，而价格方面没有“冒头”，没有“突破(水平颈线)”动作，也没有“创新高”动作，也没有明显地、持续地放出“爆发量”(爆发量通常是指价格爆发上攻之时的放量水平，应至少超过前期最大量级)现象配合，均线系统更是处于发散状态中，所以，指标的这第一次“上0轴”而没有爆发起来，就是自然的了。用一句话讲，就是指标虽然“上0轴”，但其他技术条件并不具备“爆发”的条件。所以，在指标第一次“上0轴”之后，价格还是在中期系统里的89144通道强大压力下，只完成了一个反弹“顶线”动作，就又下跌回来，并且还创了新低。

第二次指标“上0轴”之时，也刚好是价格反弹到中期系统的89144通道压力位之时，也是价格没有“冒头”动作+没有“突破”动作+没有“创新高”动作+没有爆发量+均线系统正在收拢中，几个技术条件都不完全具备，所以，又被压回来了。

但是，此处要注意到一点：与前次指标和价格的攻击动作相对比，第二次指标的“上0轴”动作，已经与价格受到89144通道压制的时间，开始出现同步性了。

可能有人还是不明白我讲的意思——为什么说指标与价格开始同步了？指标的上涨和下跌，不是本来就是与价格同步的吗？

你可以把该股图中的前两次指标“上0轴”之时，价格的遇阻而回(就是结束反弹)的位置，两次的不同点找一找。很明显，第一次指标“上0轴”时，价格还是在反弹的中途，结束反弹的位置，并不是遇到144线的强阻力位。而第二次指标“上0轴”之时，就与价格反弹到144线强阻力位，两者是同步出现的——这就是指标的“上0轴”动作与价格的结束反弹动作，处于同步的表现。

一个要“上0轴爆发”，一个却结束反弹攻击，看似两个相反的动作，其实，却是一次协调成“同步”的一个技术表现——在这一点上，很多人，包括很多技术人士，也常常会忽视掉。

我们都习惯了看“顺向情况”下的同步现象，而忽视“不顺向情况”下的同步现象。

“不顺向情况下”的同步现象说明了什么呢？对实战交易的判断有什么帮助呢？

“不顺向”的同步现象——也是一种技术上的“同步现象”，它的出现，往往是下一步将出现“顺向的同步现象”之前的“重要协调动作”。

比如，原来几个技术因素之间的运行是不同步的，也是不顺向的(就是各自运行的方向不一致)。但是，现在虽然还是不顺向，但是已经开始出现同步运行了。那么，下一步就是走向即顺向、又同步的爆发点——价格爆发+指标爆发+均线爆发+爆发量等等，这些就会同步出现。

该股出现“不顺向同步现象”，价格的循环节奏和指标的循环节奏从原来的不一致变得步调一致了。有没有想过，这种步调一致的循环节奏，本身就是在为下一次“指标上0轴+价格突破89144通道压力位”，做循环节奏上的准备。也可以把这图中该股第二次的“顶线”动作，看作是一次爆发之前的“演习试探”动作。

看不明白的人，也许会觉得该股后面爆发得有些太突然了，但看得懂的人，则可以从这一系列、一连串的价格与技术工具之间，一次又一次的循环

"磨合、协调"动作中，看出主力资金的运作迹象越来越明显。并且，提前发现价格后面将要出现突破动作——而突破动作的出现，必然会有攻击力量放大的配合(成交量放大现象)——价升量升的出现——再加上中期系统在低位越来越聚拢(聚拢交叉扭转的出现)——以及指标"上0轴爆发"的技术节点窗口——指标的"上0轴爆发"成功率必然会大增。

当然，其中也不能缺少一个重要的"搭档"——"均线爆发点"。把"均线爆发点"与"指标爆发点"相结合之后，做交易抉择的正确率、成功率又会提高很多。

所以，在实战中，既要重视"顺向的同步现象"，更要密切注意一些还没有出现爆发的个股上的"不顺向同步现象"。

在股市里，没有无缘无故的"爆发"，也没有无缘无故的"夭折"，任何价格的爆发，都是被资金和不同的因素，一步一步"协调"到"爆发点"上的。这就是那只"无形的手"!

再看一个MACD指标"回0轴爆发"的个股实例。

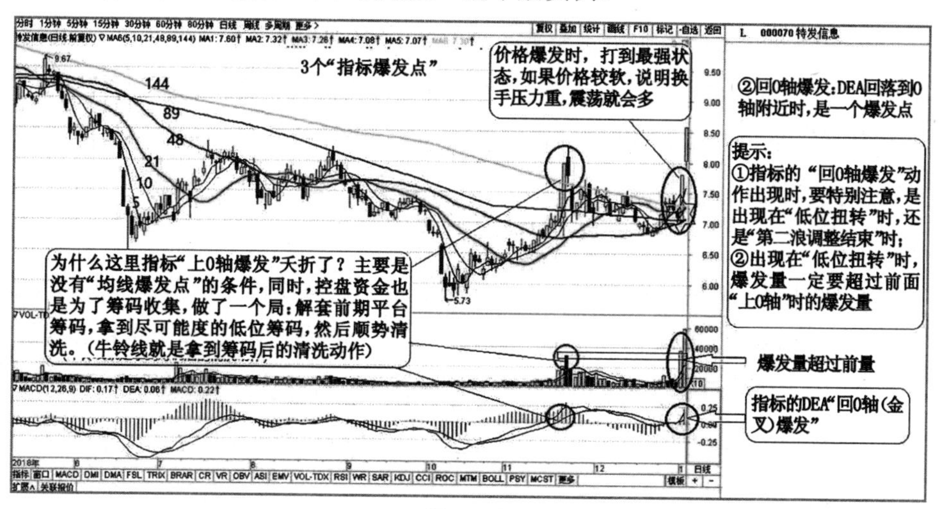

图5-003

图5-003中，持发信息是一个典型的MACD指标"回0轴爆发"动作。当指标出现"回0轴爆发"时，要特别注意在不同位置上的爆发量会有所不同。如果是在"低位扭转"时，爆发量级一定要超过前一堆量，也就是前面指标

“上0轴”时的爆发量水平。因为这种启动爆发的价格位置较低，又通常是在系统多周期相互聚拢之时，此时，指标在“上0轴”之后的“回0轴”过程，本身就是一次清洗和蓄势的过程，“爆发量超前量”会一次性将价格启动起来。如果爆发量级偏低就会再打回来，出现再次启动爆发的现象。

另一种“回0轴爆发”是出现在上攻的途中，价格经过一个波段的上攻之后，回打震荡，指标“回0轴爆发”时，爆发量级就不一定会出现“爆发量超前量(就是超过前一上攻波中最高量级)”的现象，一般会与前一个攻击波段时最高量基本相当，也可以将价格启动起来。但若是量级比前一波中的最高量级萎缩太多时，则要警惕价格上攻推动力量不足，或者，获利群体的筹码锁定太多，没有被清洗出去，主力资金也可能会改变计划——你们不走，我走。先冲起来一下(为了出货)，然后再反手做空，不给别人反应和出局的机会。

在实战中，指标的爆发与价格的爆发以及成交量的爆发，这三者之间的关系，必须是同步同级(注：相同的强度级别)的。特别是价与量，两者一个强、一个弱的话，就说明价量配合不理想，量强价不强，价强量不强(一字板除外)，这些现象的出现，通常与盘中筹码没有清理顺有很大关系。

另外一个也很重要的因素，就是价、量、指标(MACD的“回0轴爆发”动作)三者的爆发时机，同步之时，也要与均线系统的爆发条件相吻合，才会事半功倍。

这是因为，价格爆发起来之后，价线之间的关系不能“脱节”，如果出现比较大的“脱节”现象——比如“脱线”乖离比较大，也会导致价格在爆发起来之后，又要“强势硬撑着等待均线(通道)上来形成有力支撑”，这样，主力的资金强撑价格时的消耗就会比较大。不强撑着，就会出现价格主动回撤下来，寻找均线(通道)的支撑。

问题是，如果此时最短的攻击通道(比如510通道)位置还比较低，距离价格比较远，又或者510通道虽然与价格距离近，但510通道自身的八爪线乖离又比较大时，价格的回撤动作，常常就需要至少回撤到510通道里的10日线处才能得到支撑，甚至下破10日线(也就是下破了510通道)后，才能够找到支撑。

这样的话，价格刚爆发启动起来，又要几乎打回启动的价格位置，对MACD指标的影响就会明显一些。在实战中，均线系统的状态在价格+量能+指标的爆发动作中，也是很重要的。

扭线技术常常讲的一些均线启动(爆发)的状态节点位置，就是针对“价+量+指标”爆发时的重要技术条件(环境)。就像图中该股，当“价+量+指标(回0轴爆发)”同步出现时，正是均线系统在低位多线聚拢之时。这种爆发的成功率自然就高。

图中，该股在指标“回0轴爆发”出现之前，还曾经出现过指标“上0轴爆发”的机会，但为什么没有爆发起来呢？

一个原因，是均线系统还比较散，还不具备“均线爆发点”的条件。

另一个原因，是指标在0轴之下金叉扭转之后，价格短线一路上攻到89144通道的中期系统压力位处，这个短线的上攻波，也有超过40%的涨幅，短线跟风筹码的盈利也比较多，若价格接着再“上0轴爆发”起来，短线筹码群体的盈利必然会进一步增厚，除非主力资金有“迫不得已”的原因才会这样做。通常情况下，进行一次回打清洗获利盘的工作，就成了首选。

还有一个原因，就是与主力资金的控盘手法有关，比如，图中该股完成“冲线”动作的价格位置，刚好与前期下跌趋势中的一次震荡反弹平台筹码密集换手区相平。

所以，也就存在着这样的可能性，就是主力资金在发动新的扭转启动爆发之前，先借助这一次的价格反弹波(冲线)机会，把前期这个震荡平台中的被套筹码解套，然后拿到这批筹码。

插一句：关于主力吸筹动作，有很多种手法，但关键是要有一群人集体卖出筹码，主力资金才能够收集到筹码。那怎么才能够让一群人，而不是一小部分人卖出筹码呢？

可以“先打后拉起来”，让持筹人群经历一次恐慌后，感觉总算是熬过了一次风险，之后，再突然打下来。这样，就会有一群人做出一个“聪明的判断”——这只股价格能够再打下来，肯定是要跌下去了。这样，就会有人为了避免损失加大，匆忙抢出，主力资金就可以拿到筹码。

如果二次打下来时，恐慌抢出的人群比较少，主力资金就可以再把价格拉起来，第三次再打下去，通常还会配合技术上的破位动作，甚至以今日尾盘收低位盘，次日再大幅低开震荡，等等。总之，只有当出现一群人抢出筹码后，再把价格拉起来。这就是“打压吸货”的惯常手法。

如果用“打压”手法，没有达到吸货目的，还可以转换另一种手法——推高吸货。就是借助反弹波，先持续推高价格，当推升到前期套牢筹码区域时，再猛打下来，这样，短线获利筹码和前期套牢筹码群体大多都会“抓住这个难得的机会”把筹码变现，把利润变现。

由于价格短期已经上攻了一段，“腾出了下方的空间”，所以，此时主力资金，可以根据盘面的筹码换手情况，即可以有限度地回打(当价格拐头下跌时，很多人抢出了筹码时)，也可以多打一些幅度下来(当价格拐头下跌时，抢出的筹码没有达到计划中的比例要求时)，甚至也可以以技术破位的方式“破坏掉技术派的心理防线”。这种情况，在实战中，有时就会出现看着启动走强起来了，但突然价格就“变脸”打回原形，甚至又破位下来。一些利用技术博弈的人，在此时，很容易陷入“慌乱和盲目”中。但如果你把图缩小后，从该股的整体历史价格空间的角度看，才会明白——在历史低位的空间里，主力资金其实只有两个核心工作：吸货和清洗。一切手法都是围绕着这两个核心工作来挑选使用的，如果没有达到计划目的，可以把技术“先打乱，再理顺”。但有一点，当最终完成低位计划，启动爆发价格之前，价格与技术的关系，就会从混乱，走向理顺，从“不顺向同步”走向“顺向同步”。因为价格向新的空间拓展中，利用技术与价格的顺向关系，可以节省很多推动的资金，减少主力资金的运作成本。

对于主力资金来讲，利用好价格与技术之间的关系，既可以节省资金成本和时间等“风险性”成本，又可以达到任何的运作计划目的，关键是可以“调控”不同人群手中的筹码，虽然只是在“利用”。

接着前面的讲——在图中该股“回0轴爆发”之前的“上0轴(冲线)”动作之后，回打清洗+再蓄势+进一步收拢均线系统，创造真正启动爆发的技术条件环境，就是自然的事情。在这个价格回落的过程中，指标在上0轴之后，刚好也是回落修复回0轴附近。你看，几个方面上，都在形成同步的回落循环中——这其实不仅仅是价格与技术在为最终的扭转动作做准备，也是一次调控各方面技术状态形成同步循环的重要过程——是一个必不可少的过程。

2148通道两线此时形成的“牛铃线”状态，本身就是一个启动动作中的“蓄势清洗”过程。价格虽然在“牛铃线”里面看似没有“规矩”地摇晃着震荡，但你可以从短、中期两个系统中的多条均线在此处形成越来越聚拢的动作中，看出这个“牛铃线”的蓄势过程，就是一次爆发启动前的各个技术因素进行协调、同步动作。看盘时，不能太被价格的动作所“迷惑”，与均线系统相比起来，价格的波动动作太快、太细微，而均线系统的这种梳理、理顺过程，不是一朝一夕的事情，所以，只有当价格的“重心”被主力资金调控得“得心应手”之时，均线系统才会走出梳理、理顺的轨迹来。就拿2148通道两线来说，通常至少需要1个月的时间，才可以被梳理顺。

价格的背后，是资金，资金的背后，是调控的意图，调控意图的背后，是利益的占有欲。

在实战中，要有意识地训练自己，不要只盯着价格的波动看来做判断，要看价格波动时，其他技术工具的波动状态，是不是与价格形成了同步循环，形成了，下一步价格爆发起来的概率就会很高，没有形成时，就说明价格还要再折腾折腾。

当这些要素都被主力资金调控为同步循环状态时(注：有时，这个过程比较短，只要有超过一周的时间就可以做到；有时候，这个过程会长一些，也许要几周时间才能够调控顺。因为这不仅仅是钱能够马上解决的问题，必须要有一个时间过程)，爆发、启动、突破上攻就成了随时都可以出现的事情了。

什么是“万事俱备”？从技术角度来讲，这就是。

那“东风”是什么呢？一个爆发启动的理由而已。这个理由，可以是同板块、同题材、同行业里此时的某一条消息刺激，或者，甚至不需要这些具体的理由，哪怕是此时市场大盘指数拉了一下，或者打了一下(别以为，只有市场大盘拉的时候，很多个股才会启动爆发；打指数的时候，也会形成一些个股启动爆发的“错拍时机”)，都可以成为“导火索”。

实战中，常常会遇到一个很有意思的现象：有些个股的爆发启动之时，没有什么明确的“理由”。这些“理由”，都是在该股启动爆发起来之后，被股评家“挖掘”出来的。至于是不是因为这些“理由”而启动爆发起来的？有人信，就算是。没有人信，就不算是。是不是，可以通过看该股被“挖掘出的理由”，是不是会形成“扩散性组团效应”（也就是大家常讲的“新崛起题材、板块”）才知道。

其实，对于进行技术博弈的人来讲，一只股的爆发启动时机是不是符合技术上爆发启动的时机条件，才是最重要的。至于是什么“故事”，并不重要。因为，你若被“故事”所迷惑，就会出现“价格幻想”，而我们在前面已经讲过，幻想来自贪婪或恐惧！

有人问：如果某只股，技术上还不具备爆发启动的条件，却突然涨起来了，应该怎么办？

我的回答是：如果你看不懂的上涨机会，就留给看得懂的人去抓。你要去抓自己能够看得懂的机会。

这个世界是千姿百态、包容万千的，就像我，曾经在很迷茫、不知道如何选择的时候，一位好友给我说了一句话：选你最懂做的事情，成功的概率会很大。这句话，我一直铭记，很感谢这位好友。

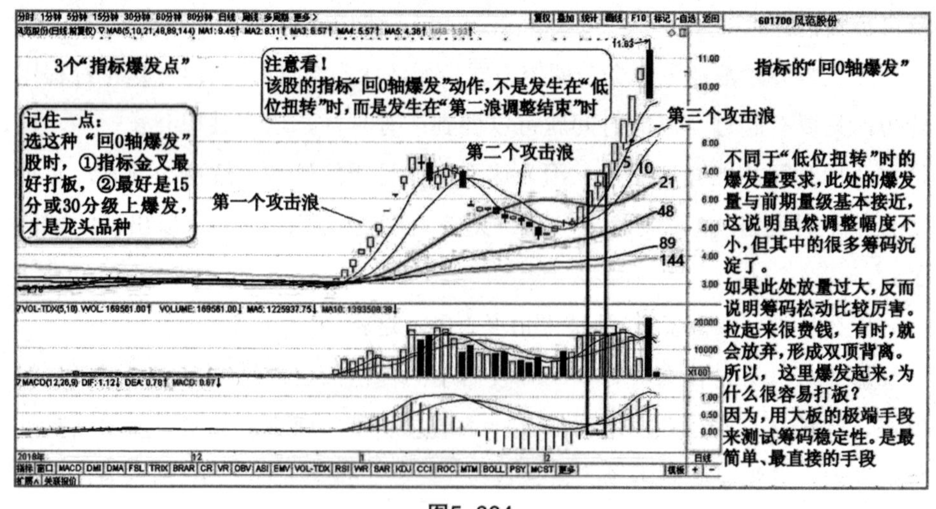

图5–004

前面的个股实例，是MACD指标在技术系统“低位扭转”时的“回0轴爆发”动作，再看一个发生在上攻途中的“回0轴爆发”个股实例。

图5-004中，风范股份MACD指标的“回0轴爆发”，是在前一波大幅上涨之后的“第二调整浪(波段)”里出现的。该股第一波攻击浪(攻击波段)涨幅高达1.7倍，并且是以连续十个涨停板完成的，其攻击力量非常强劲。之后价格回落跌幅为40%，价格回落幅度也比较大。

为什么该股的回落跌幅这么大呢？从技术上来看，有几个原因：

①前一波攻击涨幅大，造成均线系统中出现多层八爪线现象。特别是2148通道中出现了比较大的八爪线乖离，这说明短期系统与中期系统之间出现了“脱离”现象，当价格攻击遇阻结束之后，这一现象必须进行化解。从图中可以看到一个细节——当价格回落下跌到2148通道之中+21线从上行转平时，价格的下跌动作就结束了。

②在价格回落下跌时，MACD指标也同步回落下来，当价格回落到2148通道中，探底企稳之时，指标此时也基本回落到0轴附近。一般来讲，MACD指标从高位回落到0轴附近时，通常也会是价格短期下跌企稳产生一次反弹动作的机会点。

③从该股成交量换手看，换手萎缩也越来越明显，这说明该股价格在回落下跌过程中，获利筹码的出场数量越来越小，同时，新进场的短线博弈资金也越来越少，主力的清洗工作已经基本完成。

通常来讲，在上攻途中价格回落震荡中的“回0轴爆发”，只要是2148通道保持多头攻击状态的情况下，均是以清洗为主的震荡动作，清洗完成后的再次上攻(回0轴爆发)，价格“冒头”，爆发量一般是与前面的最高量级基本相当。

这是因为，在前一个上攻波中，主力的主仓筹码已经稳定，调控价格的主要是浮动性筹码部分。在经过一波回打下跌波之后，场内绝大部分的跟风筹码都经历了清洗和新的进场资金换手过程。价格再次启动时的换手量主要是主力的推动资金与筹码的流转，以及短线新进场跟风筹码与前面余留下的短线被套筹码之间的调控，所以，就不会再出现像“低位扭转”启动爆发时那么大的换手量级了。

当指标“回0轴爆发”，爆发量明显放大的同时，价格攻击的强度也需要相应地升到最强状态，因为此时，通常需要“一口气”有效突破“水平颈线”

的压力。如果爆发量级很大，但价格强度没有升到最强(比如大阳或涨停板)，则说明抛压盘还是比较重，这种情况下，也不排除主力资金会再次打回来，再清洗一下，重新启动。

但是，在指标“回0轴爆发”之时，也就是指标在0轴附近金叉之时，价格最好能够有打板动作。因为有时候，这第二次上攻时，爆发量可能没有前一波最大量级更大，那么，主力资金就会用打板(把价格打到涨停板)动作来测试筹码是否稳定。所以，有时也会出现，在这一天里(特别是上午交易中)，价格并不封死涨停板，而是不断打开，来测试筹码稳定性。如果稳定性差，主力资金也可能会再打下来。

在实战中，还要注意一点：如果要选这种在第二波调整波段结束后的“回0轴爆发”的个股来做博弈，一方面，指标金叉时，最好价格能够打板；另一方面，最好是在30分级以下的小级别上的爆发动作，15分级也可以，5分级就更强，爆发的级别越小，说明价格攻击强度越高，通常这种股会是龙头品种。

图中该股在“回0轴爆发”后，连续8个涨停板，以最强攻击状态再创新高，就是当时市场中的龙头品种之一。

有人可能会问：“回0轴爆发”时的买点在哪里呢？日级上，技术在指标“回0轴爆发”金叉+股价冒头之时(注：此时的股价冒头，是指价格重新穿上21线冒头)。但是，“爆发点技术”在后面还要讲到更为精细的分钟级别上的“回0轴爆发”买点机会。等你掌握之后，就不单单只看日级上的这个买点信号来交易。

问题来了，是不是每只暴涨过的个股，在价格回落下跌时，都会在2148通道(已经是明显的八爪线)里，企稳反起呢？不是的。为什么？

如果只是2148通道里的八爪线比较大，而下方4889通道、89144通道、144288通道、288576通道里的八爪线并不明显，这时价格回落化解了2148通道里的八爪线后(就是21线必须要从上行转为平行之时)，关键是，此时MACD指标也刚好同步回落到0轴附近，那么价格企稳反弹、反攻的概率才会高。

你看，几个技术要素条件协调一致时，价格的企稳动作才有了技术条件。

如果在2148通道下方的其他中长期系统通道中，也出现了比较大的八爪线时，即使价格回落到2148通道里化解了这个八爪线(就是21线从上行转平)，但也可能只会产生一个短线的反弹动作，甚至价格会先下破掉2148通道，然后再出现反弹动作。而反弹之后，价格还会再次下跌到中长期的八爪线通道里——这样的话，价格的下跌幅度就会进一步加深。

而MACD指标在回落0轴之后，仅仅只是一个短线的金叉反弹，然后就会下破0轴，进入指标的“空方市场”里运行。当然，其中也与主力资金的运作计划有一定的关系。

但是，在实战中，特别是当价格已经暴涨了一波之后，我们是无法去臆测主力资金运作价格的最终目标位置。那么，就要利用技术系统的状态与价格的关系(比如某个周期里出现比较大的八爪线乖离，需要价格回落下来化解)，以及当价格回落下来时的成交量换手萎缩变化，以及指标的“回0轴”动作，来分析判断价格下跌的合理位置。在这之中，2148通道，作为短期系统与中期系统之间的“分水岭通道”，就显得很重要了。

如果价格后期还会再次反攻起来，通常，2148通道是不死叉封闭的，并且在该通道死叉封闭之前，价格就会先一步重新上攻起来，突破“冒出头”。

如果价格即使短线暂时企稳了，但若2148通道走向死叉封闭之路，就说明价格在此处可能仅仅只是一次短线反弹波，反弹之后，再次下跌下去的概率很高。

还有一点，因为2148通道在级别上与周级上的510通道是对应的。2148通道中出现八爪线，那么，同步地，在周级上的510通道里，也会出现八爪线。

从周级上攻的强势状态保持这个角度讲，如果周级上的510通道能够继续保持，价格也就自然会再创新高。而日级上的2148通道死叉了，周级上的510通道死叉封闭的概率也会很高，所以，不仅仅是日级上价格强势从短期系统“降级”到中期系统里，周级上的价格攻击强势+短期技术强势也没有了。所以，后面价格在短线反弹之后，再次下跌就是技术上的“向下顺势动作”了。

从交易角度讲，对于暴涨过的价格，如果是做波段博弈的人，在回落之前，当价格攻击遇阻、高位震荡之时，就应该择机锁利卖出。如果是做中线博弈的人，也应该在此时高卖部分筹码(我的经验是至少一半筹码)。也许价格涨幅小，你的盈利也小的时候，中线筹码可以继续守着不动；但是，当价格已经涨幅比较大时，此时通常形成的高点顶，至少都会是阶段性的调整顶(有些股也存在转变为中期顶部的可能性)，而阶段性调整的幅度，通常至少也会在30%上下，如果一股不卖(不收取些利润)，一旦后面价格下跌很多时，再想卖出部分锁利，就把赚到手的大段利润无谓地牺牲掉了。所以，这并不是很好的交易策略。

再讲讲MACD指标上的“不破爆发”。如果单从MACD指标上的爆发强度来排名，“不破爆发”最强，“回0轴爆发”次强，“上0轴爆发”强。

为什么呢？因为MACD指标出现“不破爆发”之时，是当价格出现回打下来的动作，但指标的两线(DIF快速白线和DEA慢速黄线)却并不跟随出现死叉动作。之后，价格就会爆发攻击起来，延续原有的攻击方向。

这一现象，与“扭线技术”中的“价破线不破，拐点必出现”原理一致，但是，它不是发生在价格+均线的上面，而是发生在价格+指标的上面。

在实战中，常见的快速、凶狠的“震仓”动作之后，价格强力上攻，就常常会出现这种MACD指标上的“不破爆发”现象。

当然，仅仅只是指标上出现“不破爆发”的动作，信号太单一，还需要其他技术信号同时出现才行。比如，量能配合也要强，特别是，量能不但要放大，还要有持续保持活跃性(实战中，此类股每天的换手也都比较大，虽然价格回打时，会有缩量现象，但当价格再攻起来时，换手量级别又回升到原来的攻击水平上)。

均线系统上也要在价格回打时保持住强势。比如，最短通道(也就是第一条通道)日级上的510通道始终能够保持住多头攻击状态而不死叉。

而价格的强势，则表现在冲板(冲击涨停板)、封板(封住涨停板)，价格回落时，不破最短通道(日级上是510通道，以收盘价为准)。

一般来说，当价格在上攻中短时间回撤、回打时(通常不超过3天)，如果收盘价不破日级上的最短通道——510通道，就说明该股的上攻，是保持稳定的强势攻击状态的，那么在分钟级别上，必然会至少在60分级上，保持住最短通道(即2148通道，也就是60分级上的第一通道)，攻击强度稳定。

实战中，很多人总是单纯从价格的攻击强度上看是不是很强。看似“化繁为简”，但你没有把主力资金对价格的调控手法结合进去——即使是价格在强攻，也是需要一个调控价格的空间幅度的，也就是价格正常的波动“弹性空间”。“你不给价格正常的波动弹性空间，你就会被主力的调控手法所忽悠。”

最简单的例子，连续2个涨停板攻击之后，来一个突然的跌停板(震仓)动作，只关注价格强度来做交易的人，被“震”出去的概率就很高。但结合均线通道，特别是能够表现价格最强势攻击状态的510通道，就可以清楚地看到，这个跌停板，还是没有击破510通道的。次日，价格低开后，一路又打到涨停板，也是很合理，并没有破坏短线价格上攻的状态。

相对于价格，均线(通道)与MACD指标之间又是什么关系呢？是相互确认的关系。比如，均线通道死叉了，而MACD指标没有死叉，这就是指标不确认通道的死叉动作——运行方向不变。比如，MACD指标死叉了，但均线通道没有死叉，这就是通道不确认指标的死叉动作——运行方向也不变。

下面，我们来看“不破爆发”的个股实例。

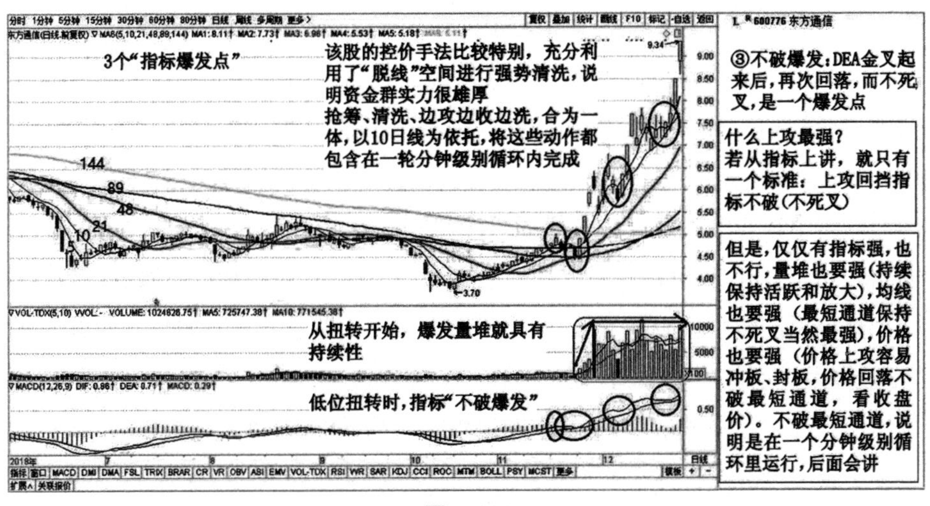

图5-005

图5-005中，东方通信在MACD指标“上0轴”时，价格并没有突破144线的压制“冒头”上攻起来，而是“顶线”而回，价格回打时，510通道死叉，但21线却金叉48线，该股的“短期四线”完成了扭转。

此处的技术信号形成叠加现象——价格回打到48线时，上面的510通道同步死叉，下面的2148通道同步金叉，相比前一天的小阴线+缩量，这一天，是大阴线+放量。这么多的技术信号在同一天里出现，并且似乎还相互矛盾，说明了什么？

价格大阴线(-5.11%)回打48线+放量，说明在价格“顶线”之后的回落清洗中，终于有群体性筹码“不约而同”地在这个大阴K线“震仓”中抢出了。510通道两线的死叉，“强化”了短线博弈群体和等待解套群体“对价格继续上攻失去了希望”的心态。

这里同时又有一个技术信号出现了——2148通道两线金叉。这是短期系统四线的扭转动作，说明该股价格虽然“顶线”遇阻而回，510通道两线也死叉了，但短期系统四线却完成了扭转(向上)的动作。学习扭线技术或均线技术的人，应该知道，5日线金叉10日线后，也许可以在3天后就拐头死叉下来(这个问题讲过了，超过某日均线周期时间上的一半，该线就可以拐头)，但是，要想让刚刚金叉的21日线拐头向下，就不是几天可以出现的情况了，最快也得有两周左右的时间。

当然，如果价格下跌的幅度加大远离21线时，21线拐头死叉48线的这个时间也会提前，比如价格下跌的位置距离上面的21线空间差达到或超过15%时。

以图中该股21线金叉48线时的4.50元为测算点，向下跌15%，价格就会打回到3.80元附近(该股图中最近的低点是3.70元)，几乎就是打回原形。

简单说，图中该股是“上0轴”没有爆发，而是在价格回打时，以指标的“不破爆发”而爆发起来的。在爆发起来之后时，价格“冒头”+“突破(水平颈线)”+爆发量+短期四线扭转都同步出现了。价格也以最强攻击(涨停板)，连续“脱线攻击”。

这里要注意到图中该股在强势攻击时，主力资金的调控手法很特别：在价格连续几天的“脱线攻击”之后，再把价格打回来“震仓”清洗；然后再“脱线攻击”几天，再打回来“震仓”清洗。每次打回来，都以510通道为支撑，化解了510通道中的八爪线后，再次上攻，510通道也始终保持着多头攻击而不死叉封闭。

可以看出，该股主力充分利用了价格“脱离”均线的空间机会，在10日线之上的这个空间里，进行力度比较大的打回“震仓”动作。

一方面说明该股主力资金实力雄厚。一方面将抢筹+洗筹+攻击合为一体，将这些动作，都包含在60分级别以内完成。因此，该股当年在5个月时间里，就上涨了10倍。

指标的三个“爆发点”——上0轴爆发、回0轴爆发、不破爆发，会发生在任何一个级别上。

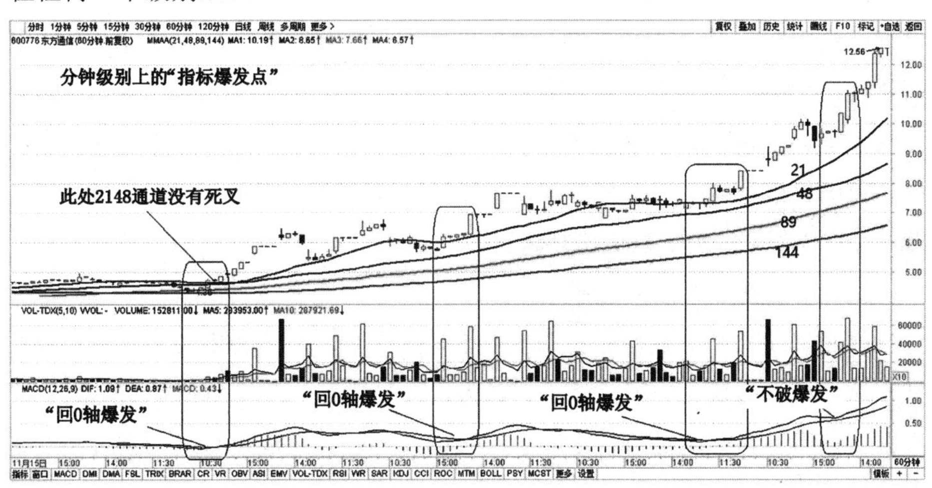

图5-006

前面讲的是东方通信日级别上的“指标爆发点”，图5-006则是该股在60分级别上，同时间段里的“指标爆发点”信号。

大家可以对照图5-005日级图和图5-006的60分级图看，同时间里同样的价格上攻动作，但在不同级别上，则会出现不同的“指标爆发点”信号。

日级上三次价格回打“震仓清洗”动作之后都是“不破爆发”信号；而在60分级上，则是三次“回0轴爆发”信号。说明小级别上的指标与价格的关系更加密切、对价格波动动作的敏感度更高，所以“指标爆发点”的信号要比大级别上的价格的波动表现更加细腻、更为精确。这在实战交易中，有什么作用呢？

①有助于确认价格的攻击强度。

通常认为，价格的攻击强度，只有当价格攻击(爆发)起来之后，才能够进行技术确认。

但实际上，并不全是这样的。

也有很多时候，在价格攻击起来(爆发)之前，也可以根据价格的波动幅度、均线(通道)的蓄势状态、指标即将产生的“爆发点”条件，以及大小级别上的均线系统状态环境等等，都可以提前确认价格未来的攻击爆发强度。

比如，当指标“回0轴”并即将回到0轴附近时，你看看此时的攻击通道是什么状态？前面讲过“五招六式”哦！结合起来看，你当然就可以在该股价格回撤、回打、震荡、蓄势期间，还没有启动爆发之前，确认该股目前价格的强度有多强。如果你选股时，看完日级，再看分钟级，就可以看出一只股目前的价格强度、技术强度是什么样的，而这是在价格启动爆发和指标出现“爆发点”之前就可以做出判断的。

②有助于确定“交易级别”。

前面讲过了“五招六式”，其中包含了多个启动招式和模式，而“五招六式”这个技术的最大贡献，就是它涵盖了几乎所有的价格和技术系统的启动模式。但是，在“爆发点技术”中，我们只选取其中最强的一个招式——顺势启动。

因为这个启动(爆发)模式是强度最高的一种。把“顺势启动”与“指标爆发点”结合起来，对确定“交易级别”会有很大的帮助(注：关于具体的确认方法，还有一套“五步四级”的实战口诀，后面会讲到)。

③有助于捕捉价格爆发时(或者爆发之前)的交易机会。

很简单，日级上价格回打之时，你是不能确定指标会不会出现“不破爆发”动作信号的。因为指标两线可能死叉，也可能不死叉。在日级上，这与价格打下来收盘的位置高低有一定关系，高一点，指标就不死叉；低一点，指标可能就死叉了。但要确定到底会不会死叉？价格打到哪里，才算“高一点，指标不会死叉”？又要打到哪里，才算“低一点，指标不会死叉”？

因为你不能够“掌控”价格的波动，所以，你无法预知。但是，在分钟的小级别上，如果你利用了小级别上价格的波动和指标的运行会更加细腻、更加敏感的特点，你就不用“纠结”在日级上的指标“不破爆发”上，而是可以在小级别上，以指标的“回0轴爆发”与价格姿态、攻击通道姿态、系统姿态，包括换手量的变化，抓住“价格走向启动爆发的时间延伸线”(这句话最好反复琢磨一下)，自然也就有助于捕捉到价格爆发之时(或者爆发之前)的交易机会了——可以打有准备之战!

④有助于确认大级别上的信号可靠度。

通过小级别上的回到0轴而不破0轴，就再次爆发的指标信号，反过来，也可以确认大级别上的“不破爆发”以及其他技术信号的可靠度。这是大小级别技术上相互确认的一种表现——小级别上的技术确认了对价格的支撑，也就确认了大级别上价格下跌动作的结束。上攻中价格出现高点时，也是这样，只是反过来用就可以。

所以，就像图中这只股，在前面日级上，三次价格上攻中的回打动作，指标上是“不破爆发”——不好抓交易买点，就可以利用小级别60分级上这三次价格回打时，每次都是“回0轴爆发”的机会点，在指标的“0轴”附近“守株待兔”。

有些人可能会问：60分级上价格也是在回打震荡，我怎么会知道指标回落到0轴附近就会“爆发”起来？如果指标下破0轴了呢？用大小级别相互来确认，最合适。

简单讲：大级别(或本级别上)当指标回到0轴附近时，小级别上的价格+技术出现探底企稳、扭转的动作。大级别(或本级别)上的指标不破0轴、出现回0轴爆发的概率必然就很高。反之，大级别(本级别)上的指标回到0轴附近时，小级别上的价格+技术不出现探底企稳、扭转的动作，或者，只是探底企稳一下，而不发生扭转，就再次向下展开新的下跌波时，当然就可以确认出大级别(或本级别)上的指标回到0轴时，会下破0轴，回0轴爆发就难以出现了。

在实战中，有很多现象的出现，都是有来源的。比如，如果指标是运行在0轴之上的。当价格回打时，指标出现了死叉(这说明“不破爆发”已经不可能出现了)，此时，你就可以判断出，后面就只有两种走势的可能性：指标回0轴爆发，或者指标下破0轴(然后重新“上0轴爆发”)。

如果指标后期没有形成“回0轴爆发”，而是下破了0轴，后期你要捕捉的，必然只有一个“上0轴爆发”机会。

当再把大小级别上的相互确认的逻辑加入进来后，对于价格、通道、指标三者在后期的运行变化关系就可以提前一步梳理出来。比如，大级别(或本级别)上出现“不破爆发”机会时，小级别上通常都会是“回0轴爆发”的机会。

当大级别(或本级别)上指标死叉时，就说明这个级别上已经排除掉“不破爆发”的机会。相对应地，在小级别上的“回0轴爆发”机会也失去了，指标会下破0轴。或者小级别上的“回0轴爆发”级别会切换到其他小级别上去。

当大级别(或本级别)上指标出现“回0轴爆发”机会时，小级别上通常都会是“上0轴爆发”的机会(当然，也可能在比较大的小级别上，也同步是“回0轴爆发”机会)。

当大级别(或本级别)上指标出现下破0轴现象时，小级别上的指标，此时通常都处于下跌趋势过程中，即使有企稳，但难扭转起来(小级别若能扭转起来，大级别上也就不会有下破0轴的动作了)。

但大级别(或本级别)上指标下破0轴之后，大级别(或本级别)上的下一个博弈机会，必然就只会是“上0轴爆发”。而在小级别上，由于小级别会先一步走强起来，所以，当大级别(或本级别)上“上0轴爆发”时，小级别上，通常早已经上0轴爆发过了，而会是“回0轴爆发”或者“不破爆发”的机会。

这种情况，不仅仅发生在指标上，价格上也是，均线系统上也是，攻击通道上也是——它们都在按照自己的轨迹在循环。

可能还会有人问：如果循环到了一个“爆发点”，没有爆发起来(启动夭折)该怎么办呢？

那就再耐心等循环中的下一个“爆发点”。因为就这三个“爆发点”。你只要等待大小级别上各自的下一个“爆发点”出现时，大小级别上不仅仅要指标“爆发点”持续同步，其他技术信号也要出现同步爆发信号或具备爆发条件时，这样的大小级别上的“爆发点”成功率就会很高。

有人再问：你把这些都讲出来了，很多人(特别是主力资金)都知道了，主力资金不就可以“反”你讲的这些技术吗？不会。

因为其中有一点，任何资金都没办法破解——只要价格有上攻动作出现，就必然会有指标的“爆发点”出现——而指标的“爆发点”信号，就是这三个信号在循环。你把价格打下去时，它是这么循环的，你把价格拉起来时，它也是这么循环的。

特别是，只要价格有上涨和下跌的波动动作(价格本身也是在做循环)，其他技术工具，自然也就会出现循环现象。也就是说，只要价格有波动，价格本身就产生了循环现象，而各种“监控”价格的技术工具(均线、指标等等)，也就随着价格产生了循环现象。

如果要“反”，除非价格在交易换手中，不出现波动，永远都是一个交易换手的价格，那主力资金还怎么赚钱？所以，表面上好像是在“反”我所讲的技术，实际上，是在“反”自己的博弈根基——对主力资金来讲，掌控价格运行轨迹是第一位的。掌控的目的，是获得价格的空间利差。价格不波动，空间利差就无法产生；而价格一旦波动起来，在产生空间利差的同时，就必然会在技术工具(比如、通道、指标等)上，形成循环运行现象。

所以，主力资金从不会去“反技术”，而只会去“利用技术”，在技术工具的循环运行中让价格的空间利差大小与技术工具循环的空间大小，形成“错位、错拍”(也就是不同步现象)现象，达成自己的某些博弈目的。

很多人对主力资金与其他博弈者之间的博弈关系之所以比较模糊，主要原因是技术不是一个“单面体”，而是立体的、多面的。因而，其中价格与技术之间的关系就会变得很复杂(对很多人来讲，甚至是混乱无序的)，但它们的关系层次却是很清晰的、有序的、各自在循环的相互确认关系。

现在是否能够体悟为什么我反复在讲这句话：技术是分层、分级的，技术是分层、分级循环的！

图中该股除了三次“回0轴爆发”交易点之外，还有一个“不破爆发”的交易点。如果你已经听明白了我上面讲的这些话，你应该已经知道——这个60分级上的“不破爆发”机会点，可以在30分级的小级别上，看到一个“回0轴爆发”机会点的出现。这就是多层级技术循环规律中的一个逻辑链。

再看分钟级别上“指标爆发点”个股实例。

图5-007中，松炀资源在30分级上的爆发很有意思：前面“系统多线聚拢”时，价格却并不爆发；随后，价格下跌+指标下破0轴+系统被打散；然后，价格先弹起来+指标金叉后向0轴移动(这就是价格在做“爆发”前的准备

工作，通常主力资金把价格打下来清洗了之后，向上收集筹码时也会出现这种价格提前先抬起来一些的现象）；价格爆发之时，也恰好与指标的“上0轴爆发”形成一致——没办法不一致啊！当主力资金在收集筹码时，买多卖少是必然现象，价格自然会被推起来一些，而就是价格的这个动作，把小级别上的敏感指标带动起来了，向0轴靠近，此时，只要价格爆发起来，必然会把指标快速地、大幅度地带动“上0轴爆发”。

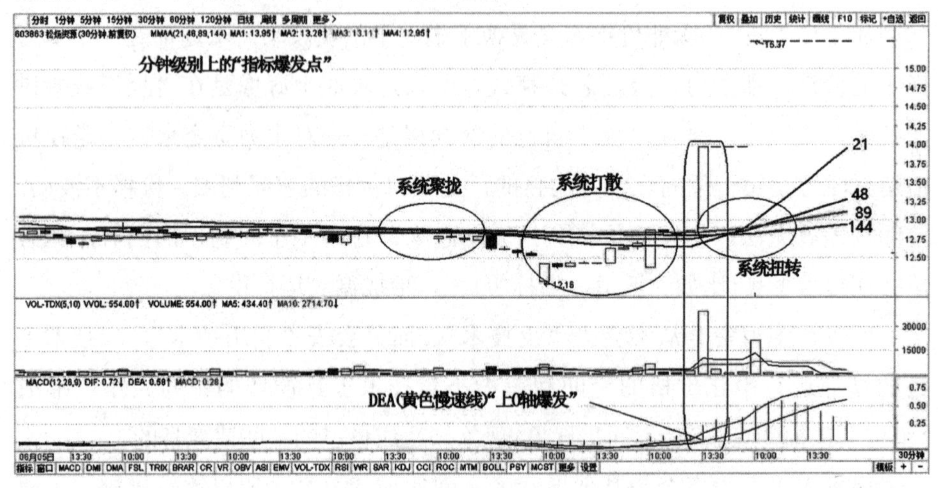

图5-007

其中，主力能够“耍花样”的地方很多，但更多的都是在价格的波动方式、节奏、空间幅度、延续时间这几个方面下功夫。表现到价格上，也就是把价格在真正爆发之前，再多回打一次或几次而已，最终还是要把价格推升起来为自己谋利。

图中该股的指标“上0轴爆发”动作中，还有一个动作细节，大家要注意到：通常，当指标出现“上0轴爆发”动作时，都是指标已经上移到很靠近0轴之时，价格爆发的“倒计时”才会开始。

有时候（比如图中该股），当MACD指标中的DIF线（白色快速线）已经率先上破0轴之后，价格的“爆发”动作才会出现。此时，当然另一条DEA线（黄色慢速线）已经非常靠近0轴了——所以，当DIF白色快速线上0轴起开始，DEA黄色慢速线的“上0轴爆发”（同时，也就是价格的“爆发”）动作随时就会出现。

机会都是留给有准备的人，机会也是留给能够看懂机会的人！

三、均线爆发点

MACD指标有“指标爆发点”，移动均线系统也有自己的“均线爆发点”，“均线爆发点”最常见的有6个。

(一)打空扭转爆发

打空扭转爆发，是指当价格被打压到所有均线之下后，价格出现比较强烈的扭转启动动作所产生的爆发点。

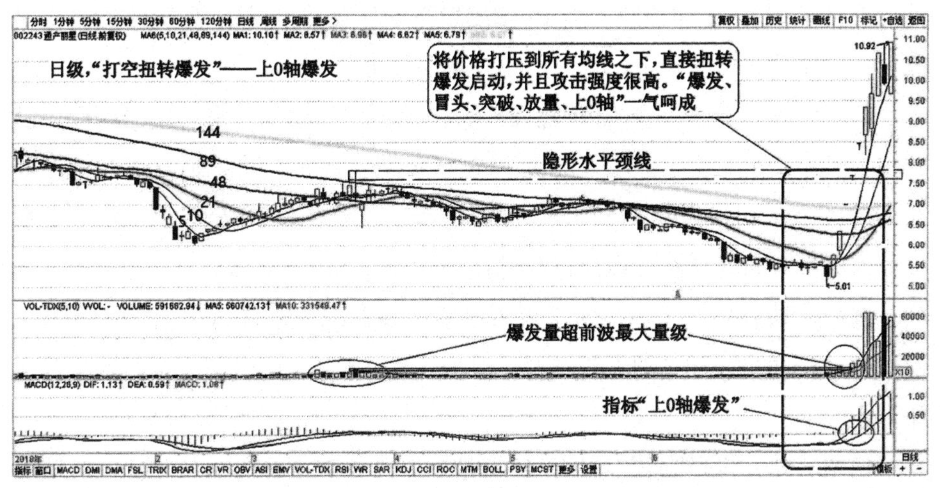

图5-008

图5-008中，通产丽星是一个典型的“打空扭转爆发”中的“上0轴爆发”个股实例。从图中可以看到，该股在下跌趋势转为低位扭转时，价格在两次“冲线”89线之后，再次被打下到所有均线之下，并再创新低。之后，价格几乎从最低点附近直接进入爆发启动，并且以最强的攻击强度，连续7次冲击涨停，6次封停之后，才出现震荡动作。爆发强度之高，让很多人咋舌。

但这种却是“打空扭转爆发”个股的一个特有现象——上攻力度大、连续以最强势攻击。一口气之间，“爆发、冒头、突破、放量、上0轴”一气呵成。

从图中也可以明显看到，该股爆发量刚开始的时候(第二个涨停板时)，就已经超过了前面“冲线”时最大的放量水平，而此时，价格还与那时的“冲线”顶价格还有一段空间差(23%幅度)。低位启动爆发量已经提前超过前一波最大量，这通常预示着该股突破前一波的价格顶，只是时间早晚的问题，因为攻击量能充足。

但是，细心的人可能会发现，该股指标虽然在日级上也属于“上0轴爆发”动作。由于价格涨速很快，与MACD指标两线之间存在一些时间差。这个问题在实战交易时该怎么解决呢？

“爆发点技术”与其他技术最大的不同之处就在这里——在日级上发现的一个技术信号(比如该股的“上0轴爆发”动作突然出现)，但最终的“交易级别”可能是在日级别上，也可能不是在日级上。

就像该股，日级上“上0轴爆发”时，价格已经爆发起来了，但指标还没有完全“上0轴”，那么，我们就可以在小级别上找到符合“爆发点技术”的交易信号——也许是60分级，也许是15分级，也有可能是5分级。这样，交易的介入信号时间就自然会提前(相比日级来讲)。

例如，该股爆发了第一个涨停板之后，在第二个涨停板的当天，就可以根据5分级上的“回0轴爆发”信号，及时买入。看一下该股5分钟级别上的走势。

见图5-009，虽然通产丽星日级上是一个“打空扭转爆发(均线)+上0轴爆发(指标)”，但在5分级上，却是一个“顺势启动(均线)+回0轴爆发(指标)”。

该股日级上扭转爆发时，第一个涨停板是2018年7月12日，在5分级上，刚好是价格扭转上攻起来后的“价格冒头”动作。当然，实际上，由于该股的爆发具有一定的突然性，这第一个涨停板是没有多少人追买上的(除非是提前天天盯着该股的动向的人)。但在第一个涨停板收盘后，肯定会有很多人开始注意到该股了。

那么，该股次日是否有很好的买入时机呢？在第二天(2018年7月13日)的上午时段，该股开盘后盘中打回来震荡，看到“高开低走”的震荡走势，很多人可能就不敢买了，但你若是学习掌握了“爆发点技术”，就敢于在这里果断介入。

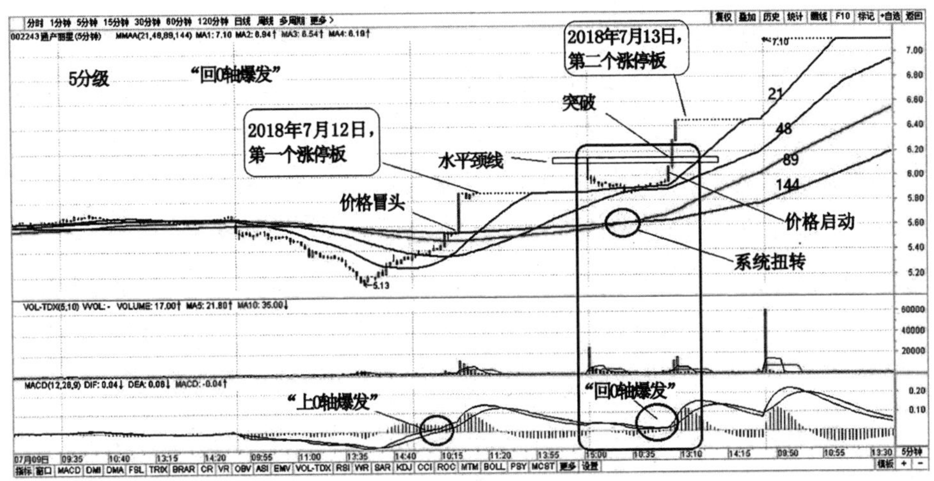

图5-009

图中，第二天上午时段里，5分级上的89线金叉144线——系统完成扭转；MACD指标在价格高开低走震荡时指标回0轴；同步地，均线系统里，第一通道(2148通道)两线收拢比较近，形成“细脖子”，但始终不死叉封闭该通道，说明该股攻击强度是一致保持着的。因此，上午收盘前价格开始抬起来，下午开盘后“突破水平颈线”快速封住涨停板。因此，应在5分级上的“回0轴爆发”时果断介入。

总之，日级上一旦有“爆发点”(当然包括指标爆发点+均线爆发点)动作出现，在分钟级别的这些小级别中，必然会捕捉到符合“爆发点技术”交易信号条件的级别。那才是“爆发点技术”的“交易级别”。而在那个交易级别上，也许是一个“上0轴爆发”，也许是一个“回0轴爆发”，也可能是“不破爆发”。必然是这三个里面的其中一个。

归纳一下吧，“打空扭转爆发”中，都有哪些技术特点呢？

“打空扭转爆发”中的技术关键点，是价格下跌穿破所有的均线后(打到没有均线支撑了，打空了)，然后直接扭转爆发。而不是缓慢扭转，先震荡穿过所有压制的均线后，才开始爆发加速攻击——这种爆发的模式，多见于“缓攻加速爆发”。这一点，是区别“打空扭转爆发”与其他“均线爆发点”

的最典型现象。

“打空扭转爆发”通常出现在突发性消息刺激导致价格急速扭转的个股上。不过，表面看是“突发的消息”刺激价格突然爆发，实际上，在爆发之前，主力资金“刻意”往下打压股价的行为，很可能是其“欲攻先打”的一个策略手段。因为，对于其他博弈群体来讲，主力资金的“消息源”总是具有时间上的优势。在低位扭转阶段里运行的个股中，有很多主力资金都会用这种“欲攻先打”的“放手清洗”策略，因为价格本来就运行在低位区域里，有些个股甚至会以打出新低点来“动摇、摧毁”所有参与到该股博弈中群体的持筹信心。

如果你已经持有该股的筹码，有什么好的办法，来应对这种“打空扭转爆发”中，向下“打空”并创新低的走势吗？有。

通常是两种：一种，就是只要该股的基本面上没有“要命的利空风险”，你就可以坚守不动，当然，这种“账面浮动损失”，你也必须熬过去才行。如果你是一个总爱纠结这种“账面浮动损失”的人，不建议你这样做——因为你很可能“熬不过去”!

第二种，就是应用“循环交易技术”，运用调控“浮动仓”来化解这种价格下跌创新低对持仓账户的风险性影响，“化危为机，化被动为主动”，乘机降低持仓成本+增大持仓筹码(限于篇幅，循环交易技术本书无法展开讲了)。

“打空扭转爆发”中，主要包括两种“指标爆发点”：A. 打空上0轴爆发；B. 打空回0轴爆发。为什么没有“不破爆发”？因为，是价格比较明显地向下打破了所有的支撑均线，所以，通常是不可能出现指标上“不破爆发”现象的。

按理来说，不仅不会出现“不破爆发”动作，就连“回0轴爆发”动作也难以出现。但是，在某些情况下，是会出现“回0轴爆发”：价格在多条均线(注：“爆发点技术”，在实战应用中，是先从日级上捕捉“均线爆发点+指标爆发点”的。特别是在低位扭转时，要把“短、中期”两个系统中的6条均线一起看，这样才能够看到该股中期性质的低位扭转动作)，在低位收拢比较近时，价格先穿上所有均线“冒头”后，再回打到所有均线之下，然后再扭转爆发起来。这样的话，就会先出现“指标上0轴”，但没有爆发，然后打下来时，MACD指标刚好形成一个“回0轴爆发”动作。

看个股实例。

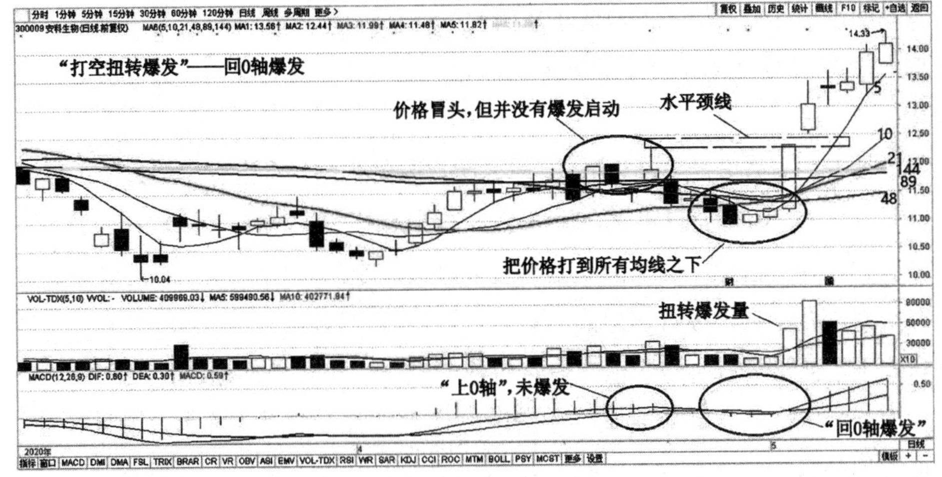

图5-010

图5-010中，安科生物就是一个比较典型的日级上的“打空扭转爆发”动作，细看MACD指标是一个“回0轴爆发”动作。虽然价格打下击破了所有均线，但MACD指标并没有下破0轴。

有没有发现这个“不合理、不同步”的技术现象——价格下破了所有的均线支撑，被打空了，真是“弱爆了”。但是，指标却没有下破0轴，而只是“回0轴”动作，表现得挺强。一个很“弱”，一个很“强”，是不是不合理、不同步？

记住一点：无论是什么情况下，如果技术上出现了这种“不合理、不同步”现象，都说明其中“有诈”——也就是常人说的：事出反常必有妖。

实战中，遇到这样的情况，怎么判断？按表现“强”的那一方技术状态来判断。理由？就像“顶背离、底背离”一样的价格与指标“不合理、不同步”现象。

图中该股在出现“回0轴爆发”之前的“指标上0轴+价格冒头”时，没有爆发启动起来，什么原因？

这种情况，有时就是主力资金在盘中发现了很多跟风盘——通常在价格没有爆发启动起来之前，主力资金是不太欢迎跟风资金过早“埋伏进场”的，毕竟主力不是慈善家。主力欢迎的是在价格爆发启动起来之后，追高买进来捧场的资金，并且对不同时间进场的跟风资金群体，以时间+成本，进行“分群”，然后就可以对不同的获利筹码群体，进行具有针对性的“分群清洗”动作。

关于主力资金的“清洗”，有很多散户股民总以为主力资金的清洗工作是针对自己的，好像自己不卖，价格就不涨，自己一卖，价格马上涨。

有这种“错觉”的原因就是你被分到某一个“跟风群体”中，如果你资金级别比较小时，很自然地就会被“划分”到“短线、不稳定、跟风资金群体”中，而主力资金每当清洗时，每次都是从“短线、不稳定、跟风资金群体”开始的。所以，你感觉每次清洗好像主力都是盯着你在做。其实不然，他看到的是你所在的这个“资金群体”中的获利盘，要怎么才能够“清洗”的问题。有些游资还会被“特别照顾”一下，主力专门制定针对性清洗措施。

主力资金的“清洗”动作，主要是看某一群体资金的筹码换手率以及获利资金的换手率(两者可以相结合)。当这个资金群体的筹码换手率或获利资金换手率达到清洗预定目标后，清洗工作才算完成。

不是说一定要针对某个人(个别的特殊情况除外)，而是在“清洗”过程中，看换手筹码的换手率是不是达到或超过了既定的清洗工作目标。有时，即使达到了，也会多清洗一下，进行一个“清洗测试”来确定，然后再进入下一个环节。

主力资金“清洗”的手法多种多样，但总结起来，主要就是“震、洗、破”三种来回倒着用，或者组合着用。

比如，有时震的时候，是不破位的；但有时就会用破位来加强一下震的效果。有时洗的时候，也不破位的，但如果洗的力度不够时，就可以加上震和破位，来强化清洗的效果。震+洗也好，又震又洗又破位也罢，这些只是扰乱持筹者心理与思维稳定性的手段，目的是让你手中的筹码浮动起来，只要筹码浮动起来了，人心就会浮躁起来，就很容易被清洗出来(同时，让新的短线资金进场，这些资金暂时没有获利，也就没有了砸盘的潜在干扰)。

所以，清洗工作不是针对具体的投资者，而是针对投资者所在的资金群体(被主力“划分”的)。如果你所在的资金群体在清洗中换手率达不到清洗标准，控盘手可能就要“上其他手段”来配合了。而你恰好总是在自己心理上的持筹稳定感被打破的时候，卖出手中的筹码——关键是，你也可以忍着不卖，但一定要别人熬不住卖了，总体上达到了清洗的筹码换手率或获利资金换手率，针对你所在的这个群体的清洗工作才算完成。

当然，由于技术上，短、中期均线系统的分层分级的存在，对于主力来讲，只需要结合上价格盈利或亏损的空间差+时间差，就可以同时对某几个资金群体进行清洗。

如果你想跟踪主力资金清洗什么时候完成，一看清洗时段里的换手率；二看均线系统在清洗中的运行状态(针对哪个周期里的资金群体)；三看清洗的手法(震、洗、破位)，不同的手法组合，说明主力此处清洗的紧迫程度，或者慢慢来，或者快速搞定，结合上均线系统不同攻击通道之间的关系变化，也可以大致看出此处清洗所需要的时间宽度；四看价格的空间差，价格的空间差也需要与均线系统相结合起来看，价格的回打、震荡空间幅度，往往与均线系统的自身状态，以及价格与均线(通道)之间的空间差有一定关系。

主力在利用这些技术要素与价格之间的相互影响关系，来影响参与该股的博弈者手中的筹码稳定或浮动，而我们也是在利用这些技术要素与价格之间的相互影响关系，来捕捉其中的博弈机会。大家都是在相互利用而已。我是你盘中餐的同时，你也是我看到的一块肉。

关键是，训练自己的“交易定力”，不要被主力或其他跟风资金所引诱而跟着他们的脚步声走路，你得有自己的走路节奏。

“打空扭转爆发”动作中出现“回0轴爆发”的第二种情况是，从多层级的技术交易思维来讲，大级别上是“上0轴爆发”的动作，而小级别上却可能是个“回0轴爆发”的动作。

这个问题，前面多次讲到过。大小级别上，各自循环着，在价格的带动下，有时会有“不顺向同步”，有时会有“顺向同步”，此处就不再重复讲了。

你可以这样理解：某只股，日级上是“上0轴爆发”，60分、30分级上也都是“上0轴爆发”动作；但是在5分级上，同时间出现的却是“回0轴爆发”的动作；而在15分级上，出现的是“不破爆发”动作。

但是，以哪个级别来确定为“交易级别”呢？别急，一步一步展开讲，等后面讲完“五步四级”的内容，你自然就能掌握怎么对这样的股票做交易定位。

现在，你只要知道，日级上的一个“爆发点”动作，而在几个分钟级别上，很可能会出现几个不同的“爆发点”。但其中必然会有一个级别，是定为交易的最佳级别。

“打空扭转爆发”在低位扭转时，有时也会出现在一些“多线聚拢扭转交叉”的个股上，这与主力资金的一些启动手段有关——本来多线聚拢，可以扭转启动价格了，但非要再打一下，并且用最快、最凶的方式，把价格打破所有的支撑均线(打空了！)，然后再直接扭转爆发，价格又向上穿过所有的均线，连续攻击上去。

“打空扭转爆发”的爆发力量通常都是很强的，常是以连续涨停板的方式(至少也会是连续大阳K线)、强攻、跳攻、脱线攻击、贴线攻击等爆发起来上攻的。

“打空扭转爆发”爆发时的爆发量越大越好，最好能够超过前一波高点顶时的最大量级水平。这种刚开始价格爆发启动时，位置虽然低，但量级却能够超过前一波高点的量级，本身就说明这里爆发的攻击能量非常大，后面价格突破前一波高点顶(此处会自然形成一条“隐形水平颈线”)的概率会很高。

(二)多线聚拢爆发

多线聚拢爆发是指当三条以上的均线形成聚拢时，价格穿过所有压制均线“冒头”，所产生的爆发点。在“爆发点技术”中，通常寻找博弈机会时，是以日级上的“短、中期系统(6个条均线)”结合起来看的，“多线聚拢爆发”也是如此。

为什么“爆发点技术”中，在日级上寻找博弈机会时，一定要加上中期系统呢？

首先一点，无论你是做短线博弈、波段博弈、还是中线博弈，在寻找博弈机会时，日级上都要加上中期系统的运行状态一起看。

因为加上中期系统后，对这只股的中期趋势框架线系统的循环运行阶段、空间位置、时间位置，就会有一个直观的了解——既可以避免“逆势交易”；同时，也可以看清楚短期系统在中期系统目前的这个阶段中所起的技术作用，以及你博弈的空间有多大、成功率有多高。

一般来说，只有当中期系统(也包括长期系统)运行到扭转、上攻、下跌阶段里时，短期系统的博弈机会，才会“变大”(也就是博弈的盈利幅度变大)。而除了这些阶段，在其他时间里，短期系统的波动幅度都是相对比较小的。所以，你的博弈盈利幅度自然也就变小了。

“多线聚拢爆发”是中期系统扭转爆发中最常见的一种技术现象，包含聚拢上0轴爆发、聚拢回0轴爆发、聚拢不破爆发这三种“指标爆发点”。

“多线聚拢爆发”时，短、中期均线系统(6条线)的聚拢动作，应与价格穿上“冒头”和指标在0轴附近形成“上0轴或回0轴”，或者已经在0轴之上的指标出现“不破”现象，形成同步性表现。

“多线聚拢爆发”时，股价不但要“冒头”，还要一口气“突破水平颈线”后，才能够有震荡或回撤动作出现。如果“突破水平颈线”之前，价格本身就是以震荡上攻、贴线上攻等攻击时，510通道一不要有八爪线，二不要死叉封闭。否则，都有可能再打回来一次重新爆发启动。

“多线聚拢爆发”中的“爆发量”，和其他“爆发点”一样，最好出现“爆发量超前波量”的现象，并且必须是持续放大成“堆”(无量一字板除外)。充足的推动力量，是保证价格攻击力量持续强势的基础。

有一个问题：日级上是短中期系统的“多线聚拢爆发”动作，在几个分钟级别上也同样会是“多线聚拢爆发”动作吗？不一定。

因为在小级别上，每个级别有自身的循环轨迹和节奏，当价格在日级上爆发起来之时，在不同的分钟级别上，会出现不同的“爆发点”信号。

这里要特别提示一下：在“爆发点技术”中，当日级上通过“均线爆发点+指标爆发点”捕捉到博弈的机会后，在确定分钟级别上的“交易级别”时，该级别上的第一条通道(也就是2148通道)应该是保持住多头状态、不死叉封闭。

下面通过一只“多线聚拢爆发”的个股实例，了解掌握一下各分钟级别上的技术区别。

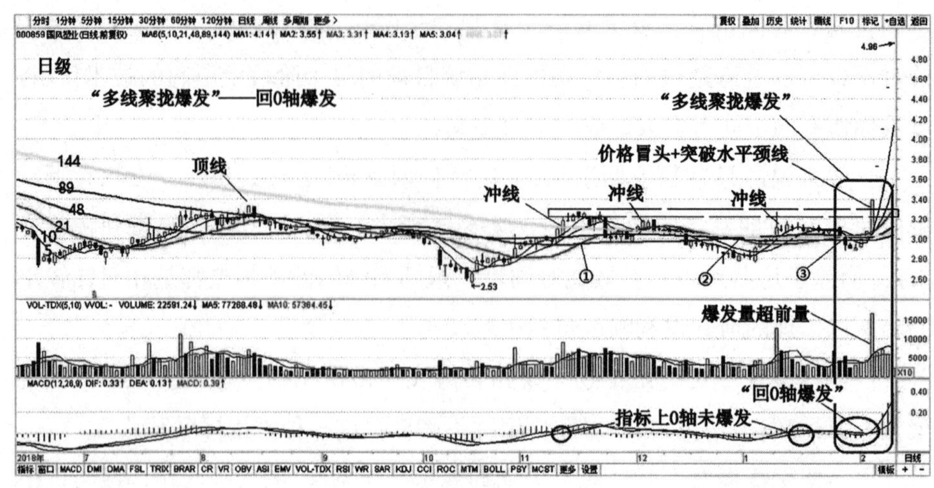

图5-011

图5-011中，国风塑业是比较典型的"多线聚拢爆发"个股实例。日级上短、中期系统经过下跌趋势之后在低位区域里逐步收拢、聚拢，最终产生爆发。

在"多线聚拢爆发"之前，曾经出现过一次"顶线"+三次"冲线"动作。第一次"冲线"时，也出现价格"冒头"+指标"上0轴"动作，此时，短、中期系统已经比较聚拢，但没有爆发起来。原因主要还是与主力资金在低位区域里的吸筹和清洗动作没有完成有关，也可能是其他原因所致。有些时候，比较明显的原因是技术方面爆发条件不成熟，但有些时候，技术条件已经基本具备时，价格还是不爆发，就与主力资金的运作计划或其他一些原因有关了，具体无法通过技术面掌握。在实战中，遇到这类情况时，只要技术具备爆发的条件始终存在和保持着，那么，最终价格还是会爆发起来，只是在时间上会推迟一些(推迟不能够破坏技术上爆发的条件就可以)。条件具备而没有马上出现爆发动作时，一个比较合理的解释，就是主力资金在低位区域里的工作还没有完成。

该股第二次"冲线"动作与第一次"冲线"动作相隔时间比较近，可以视为是主力资金的再一次测试盘面时的上冲动作，但由于价格都没有突破前一次"冲线"时的高点"水平颈线"，所以，是前一次"冲线"回撤之后的反弹动作。

第三次“冲线”动作时，短、中期系统更加聚拢了，所以，这一次，本应该更具备“穿线”爆发的技术条件，同时，指标也再次出现“上0轴”动作，但此处与前面两次“冲线”时相比，有一个最大的问题，即2148通道两线已经死叉了，也就是说，这一次“冲线”+“冒头”+“上0轴”时，短期系统(四线)在死叉之后，还没有再次扭转过来。这说明短、中期系统虽然更加聚拢了，但其中细节上还没有梳理顺——这一点，在实战中，会被很多人所忽视。

一般来讲，价格要爆发上攻，短期四线首先要梳理顺(为多头状态)，因为价格爆发起来之后，首先就要依托短期四线的支撑才可以具备比较持续的上攻动作。

该股图中，用数字代号“①、②、③”来指示该股在这一段几次“冲线”(可以视为试探+清洗+爆发前的蓄势)过程中，2148通道两线，从“①”金叉到“②”死叉再到“③”金叉的动作位置。

可以看到，最终爆发是在短期四线再一次金叉扭转(2148通道金叉)之后才出现的。

该股是指标两次“上0轴”而没有爆发，而在“回0轴”时才爆发。

技术上的这种情况，也是一个技术逻辑点——“上0轴”不爆发，价格回打时，如果指标又下破0轴了，就说明要等指标下一次“上0轴”的爆发点机会；如果“上0轴”(无论是第几次“上0轴”)没有爆发，但指标在价格回打时，没有下破0轴，就要特别注意了，有可能会在“回0轴”时爆发。

虽然说，指标的“上0轴、回0轴”之时，价格并非肯定爆发，因为还需要“均线爆发点”等因素的同步配合。但是，“上0轴”不爆发时，下一个爆发点，必然会是在“回0轴”之时。如果“回0轴”不但没爆发，指标反而下破了“0轴”，那么，下一个爆发点，必然又循环到指标“上0轴”之时。

所以，指标的几个“爆发点”，是一个循环走势，在指标的循环中，结合上“均线爆发点”以及“价格冒头”“突破水平颈线”“爆发量”，特别是当日级上“上0轴、回0轴、不破”这些时候，分钟级别上的同步爆发条件的是否具备，就可以捕捉到价格爆发点的机会。

图中该股在出现“多线聚拢+回0轴爆发”时，爆发量非常明显地放大，并且是“爆发量超过前量”，这也符合这种爆发介入时的条件。而价格的“冒头”+“突破水平颈线”动作，更加确定了这里爆发的交替确定性——这也是跟随爆发买入的时机点。

该股日级上是“多线聚拢爆发”+指标“回0轴爆发”。那么，在小级别的分钟级别上，这个爆发是什么样的技术状态呢？

下面我们看看该股的60分级情况。

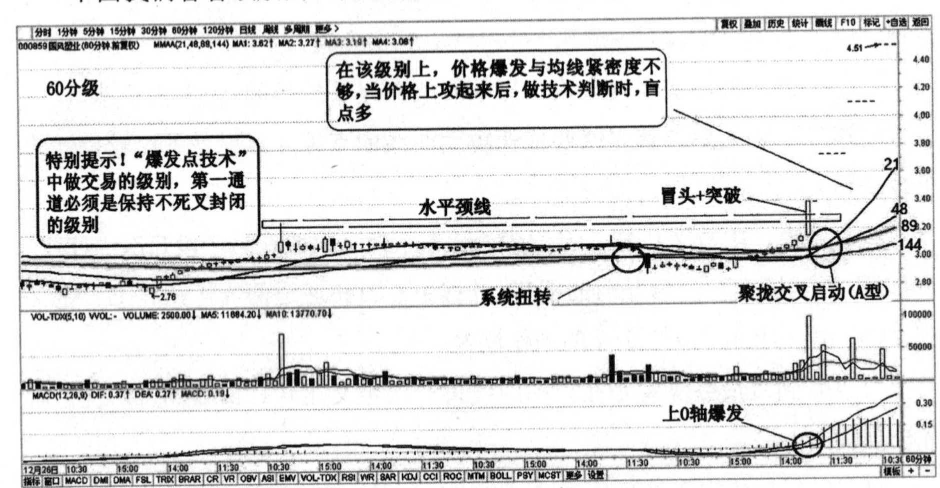

图5–012

见图5-012，在国风塑业60分级上，趋势框架线系统(注：在“爆发点技术”中，分钟级别上，统一用的是21、48、89、144趋势框架线系统)在“系统扭转”之后，是一个典型的“聚拢交叉启动(A型)”，大家应该还记得这一启动模式——89144通道在金叉之后，一直保持着，上面的21、48、89三线在144线之上，聚拢交叉启动。

在指标上，同步出现的是“上0轴爆发”动作。在实战中，是不是可以把这个60分级别确定为“交易级别”呢？不可以。

为什么？主要有两个原因：

①在这个级别上，价格从下方上攻起来到爆发起来之后，价格与均线(支撑)系统之间的紧密度不够。这个问题在前面讲过的，价格在上攻过程中，如

果价格与支撑均线(通道)之间始终是脱离开来攻击的，那么，这不是简单的“脱线”现象，而是由于价格与支撑其上攻的均线(通道)之间紧密度不够，而出现的一种现象，这种现象，在做交易判断时，判断的技术盲点会很多，容易产生误判。所以，通常不能将该级别确定为“交易级别”。该股在60分这个级别上就是如此。

②在图中已经“特别提示”：在“爆发点技术”中，做交易的级别，第一通道(2148通道)必须是保持住多头攻击状态，不死叉、封闭。而该股这个60分级别上，第一通道(2148通道)+第二通道(4889通道)均出现了死叉封闭的情况，所以，不能确定为“爆发点技术”中的“交易级别”。

(说明一下：这个只是“爆发点技术”在实战交易应用中的标准，而不是在应用其他技术、技法时的标准。这一点，要区别开。)

虽然60分级不能够确定为“交易级别”，但要记住，在该级别上，指标是“上0轴”动作哦！

再看该股30分级别上的技术情况。

见图5-013，在国风塑业30分级别上，均线系统的启动动作是“五招六式”中的“聚拢交叉启动(B型)”，指标上则是“不破爆发”。

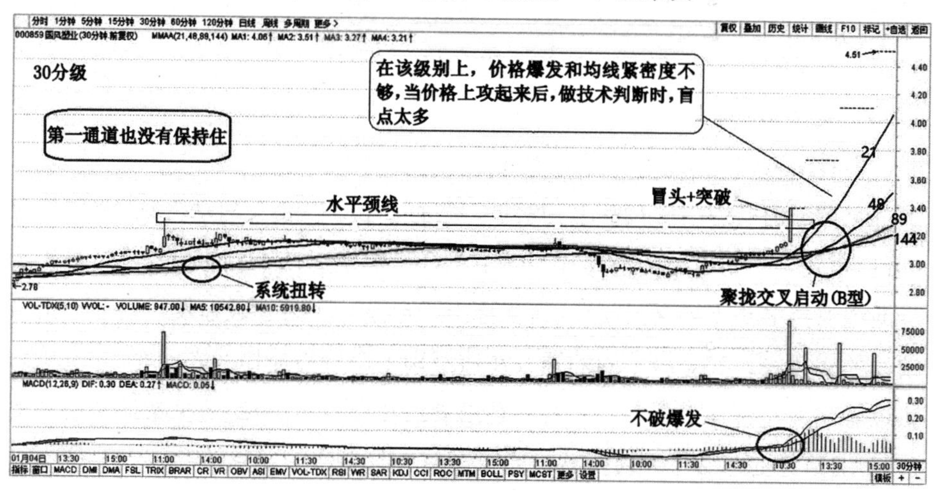

图5-013

在30分级别上，与60分级别上的情况基本相似——价格与支撑其上攻的均线(通道)之间的紧密度不够，价格在爆发之前以及爆发起来后，都与均线(通道)之间存在着空间距离，价线关系紧密度不够，在实战中做交易判断时，还是容易出错失误。另外，30分级别上的第一通道(2148通道)也同样没有保持住多头攻击状态。而且，虽然是“聚拢交叉启动(B型)”的启动动作，但当这个启动动作系统完成交叉扭转时，价格已经越过了“价格冒头+突破颈线”的最佳介入时机。

所以，30分级也同样不能确定为该股的“交易级别”。

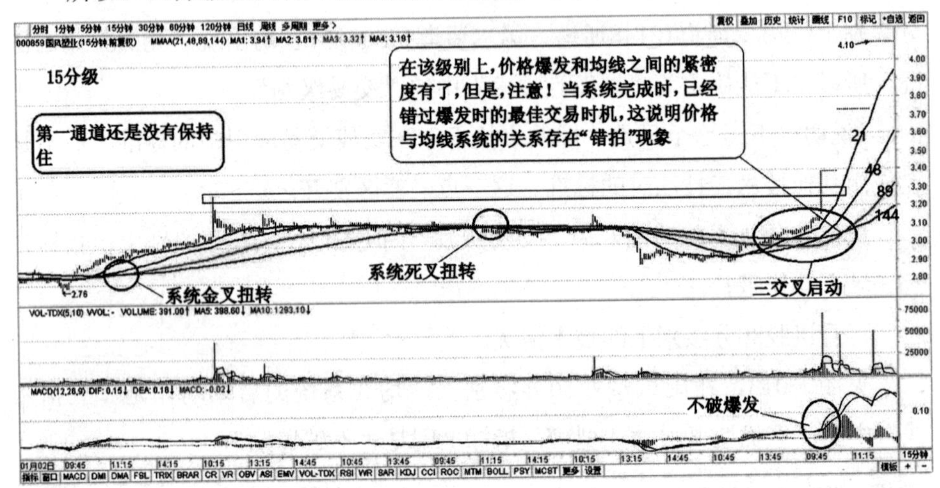

图5-014

再看国风塑业15分级别上的情况。

见图5-014，在15分级上，均线系统是一个“三交叉启动”动作(同样是“五招六式”中的一个启动模式，但不符合“爆发点技术”的交易标准——第一通道保持多头不死叉封闭)。在指标上，也是一个“不破爆发”信号。但与前面的60分级、30分级不同的是，在该级别上，价格与均线之间有了紧密度。可以看到，在价格“爆发”之前，是沿着21线(注：这个趋势框架线系统中的最短均线)贴线缓攻了一段，然后才“爆发”起来的。

但是，注意一点，就是当这个“三交叉启动”的动作完成交叉时，价格也已经越过了“价格冒头+突破颈线”的最佳介入时机。这说明价格与均线系统的扭转动作之间存在“错拍”现象。

不仅仅是这样，关键是价格先爆发，然后89144通道两线才完成金叉扭转的。应该是系统“先扭转”，然后价格再“爆发”。而且，该级别上，第一通道也是没有保持住多头攻击状态。

如果是在其他技术、技法、战法套路中，也许该股的这个15分级，相比前面的30分级、60分级，更具备作为“交易级别”条件。但是，在“爆发点技术”中，这个15分级也不符合作为“交易级别”的标准。

再看该股5分级上的情况。

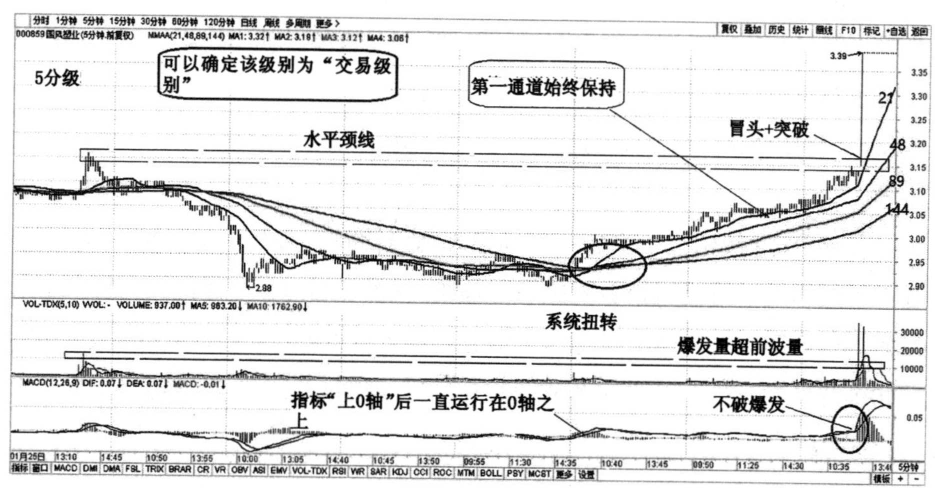

图5–015

见图5-015，在国风塑业5分级别上，你看到了一个很舒爽的走势：先是“系统扭转”，然后是价格沿着第一通道(2148通道)震荡缓攻、蓄势。第一通道始终保持着，不死叉封闭，说明价格的攻击能量在这个时候，已经变得越来越强了。此时，指标在前面“系统扭转”时，就已经“上0轴”，之后在价格震荡缓攻上行中，指标一直在0轴之上运行着。

这里要强调一点：通常在5分级这种微小的级别上，价格在日级上的一点点波动，就可能在5分级上造成很大的波折现象。比如，第一通道更容易死叉和封闭；指标也更容易被打到0轴之下去。

但这一段“系统扭转”之后的缓攻上行中，价格虽然也有波动，但第一通道始终能够保持住多头不死叉封闭，指标也始终在0轴之上运行，这种情况的出现，往往是该股即将爆发的一个“先兆”——因为这种强势状态在“爆发”之前，或者在再次扭转下来之前，维持的时间是有限的，因为日级上的交易价格，不可能连续多天都保持着价格波幅这么小，价格上行又这么强，这么持续，但又不爆发的波动走势。所以，这一段5分级上的缓攻上行过程，在时间上，不可能维持太长，就必须要“爆发”起来。

那么，5分级上的这一段强势缓攻过程，对应到日级上，恰恰就是“爆发”拉涨停板之前的3个小阳K线之时，也正是价格从5日线下方“穿上”所有均线“冒出头”的过程——也就是从5日线下方回升到5日线的上方来，所以，出现了与价格“脱线”相同的技术表现(这是价格与5日线之间很细微的动作变化)。就在价格“冒头”的次日，爆发开始了，而在指标上是“不破爆发”信号。

在这个5分级别上，系统扭转、第一通道保持、顺势启动、价格爆发+指标“不破爆发”+价格冒头+突破水平颈线+爆发量超前量等等，这些技术上爆发的条件标准都是具备的。所以，该股日级上这里的“多线聚拢爆发”+指标“回0轴爆发”动作，对比几个分钟级别，5分级别是最符合“交易级别”标准的。

说了一大堆，但在实战交易中，做这些事情时，其实是很快的，在几个级别之间对比一下，就可以确定并进入交易操作。当你把“爆发点技术”的几个交易要点和判别标准熟悉掌握之后，也就是看几眼盘，就可以做出正确交易抉择。

总之，日级上的“多线聚拢爆发”，与MACD指标的“爆发点”相结合，通常都是可以提前进入到目标股的跟踪监控中的。

在实战中，有时会遇到这样一种情况：为什么有时候，低位区域里的“多线聚拢爆发”会夭折？看个股实例。

见图5-016，图中英科医疗在低位区域里，出现了两次“多线聚拢爆发”，并且两次中的MACD指标都是“不破爆发”，而且每次也都有爆发量配合，但为什么图中第一次(即图中“①”处)的“多线聚拢爆发”夭折了呢？这种情况遇到之后，对很多技术博弈者，特别是做中线低位扭转博弈的人会造成很大的困扰和打击。

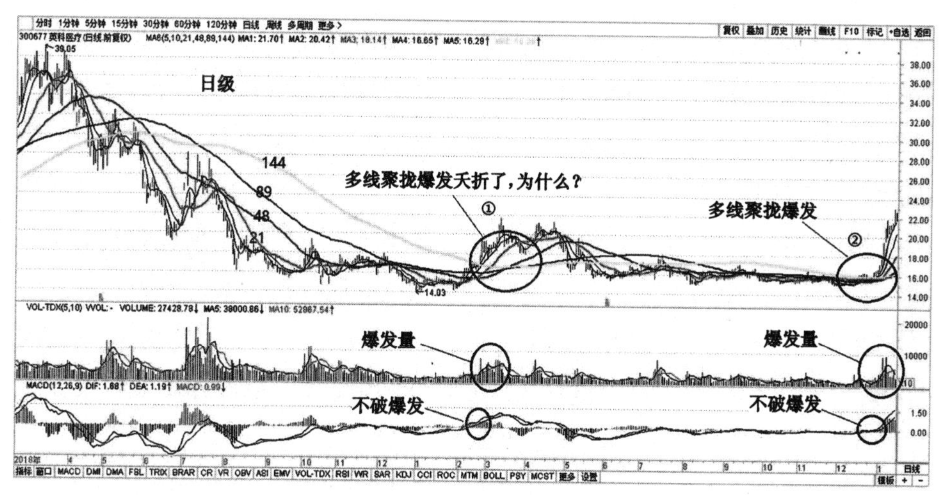

图5-016

其中，当然有主力资金的运作做计划的一些原因。但也存在技术方面的原因，解决的方法也很简单——加上长期系统均线，再看看。

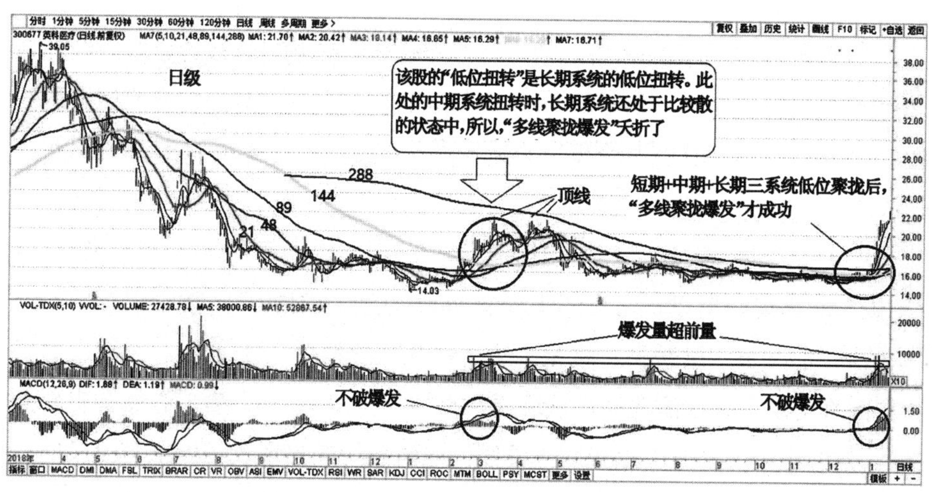

图5-017

见图5-017，当加上长期系统均线之后，技术上的原因就一目了然。英科医疗的"低位扭转"其实走的是长期系统的低位扭转。所以，第一次当短中期系统"多线聚拢爆发"起来后，被长期系统中的288线压制了，形成了"顶线”动作。特别是，此时，长期系统还处于比较散的状态中，所以，这第一次的“多线聚拢爆发”，虽然指标上也有“不破爆发”信号，以及也有“爆发量”的配合，但很明显，此处只是一次比较大的反弹波动作，并不具备低位扭转的技术条件。

当图中第二次出现“多线聚拢爆发”动作时，短期+中期+长期三个系统的均线相互聚拢更为紧密了，这说明长期系统的低位扭转条件也成熟了，所以，此时，再出现指标的“不破爆发”+“爆发量”(注意：这次的爆发量级别明显是超过前一次的)+价格冒头+突破水平颈线等，都符合“多线聚拢爆发”的条件标准，所以第二次爆发就成功了。

此个股实例说明一个道理：世界上，有很多事情的发生，不是它不合理，而是我们没有发现它合理的一面。

(三)牛铃启动爆发

牛铃启动爆发是指当短期四线系统中出现“牛铃线”时，所产生的爆发点。

在日级上，短期四线中的“牛铃线”，通常最常见的是2148通道两线在金叉扭转之后形成的“牛铃线”。当然，有些个股上，也可能会是其他通道两线在低位扭转时，形成“牛铃线”的爆发点。但从实战总结看，2148通道两线形成的“牛铃线”是最常见的。

“牛铃启动爆发”时，MACD指标通常是在“上0轴”之后的“回0轴”或“不破”时出现，所以，常见的主要有两种：①回0轴爆发；②不破爆发。而“牛铃回0轴爆发”最常见。这是因为价格先“穿线”上来之后，又被主力资金打回来震荡，进行清洗动作，这样，指标在“上0轴”之后，必然会出现死叉回0轴的走势，同时，形成“牛铃线”的两条均线出现收拢但不会死叉的动作，这也是一个短期蓄势的过程。所以，当指标回落0轴附近时，清洗工作也基本完成，牛铃启动爆发+指标回0轴爆发，就出现了。

“牛铃启动爆发”时，在分钟级别上，是通常是新一轮循环的开始。而确定出符合交易条件的爆发点级别越小，说明此处爆发的强度越大。而在日级别上，爆发起来之前和爆发之后，价格不破5日线上攻，则最为强势。

“牛铃启动爆发”时，有时也会出现“两次爆发”的现象，是指在比较短的时间里，价格先后爆发了两次，价格当然也一次比一次高。而在指标上，或者是“第一次：上0轴爆发”+“第二次：回0轴爆发”；或者是“第一次：回0轴爆发”+“第二次：不破爆发”。在爆发量上，也会出现一次比一次放大的现象，并且，每次爆发时，爆发量级都会超过相对应的前波量级——“爆发量超前量”。

出现这种“两次爆发”的现象，有时是与价格在第一次爆发起来后，短期四线中出现了八爪线需要化解一下有关；有时，则与存在着“两层、隐形水平颈线”，并且上下间距比较近有关。第一次爆发，先突破一层水平颈线后，再第二次爆发，突破第二层的水平颈线。不过，这种情况，有时与化解短期四线中的八爪线一同出现。

一般来讲，“两次爆发”现象，如果是在510通道不出现死叉封闭的情况下先后出现时，对于交易操作并没有什么影响，反而增加了买入交易的最佳机会次数。特别是这种一次比一次爆发力量更强的现象，也说明该股的攻击强度在不断升级，对于博弈的成功率是加分项，所以，在实战中若遇到“两次爆发”，说明这是一件好事。

看一个“牛铃启动爆发”的个股实例。

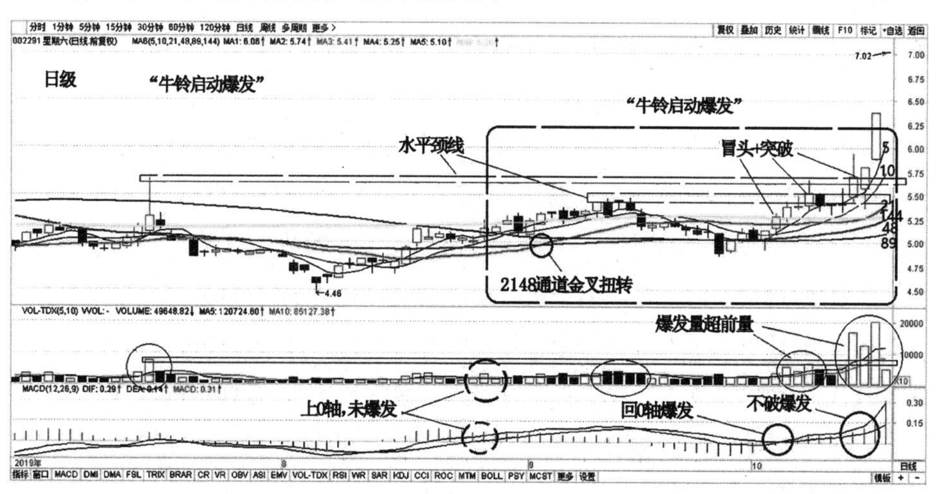

图5-018

图5-018中，星期六是一个典型的“牛铃启动爆发”动作。该股在短、中

期系统的低位扭转中，先出现了一次“穿线”动作，价格虽然“冒头”，在“穿线”上来之后，价格回落下来进行清洗震荡。指标则在“上0轴”之后，也没有爆发，而是随价格回落清洗震荡动作出现回0轴。同时，2148通道两线在金叉扭转之后，在价格回落中，化解八爪线乖离，形成相互收拢走势——这就是“牛铃线”。

“牛铃线”本身包含三个动作——先是一段上攻波(穿线)；然后价格回落，清洗、震荡、蓄势(坐线)；最后是启动爆发动作(拉线)。

在该股的“牛铃启动爆发”中，出现了“两次爆发”现象。

第一次爆发时，价格穿过所有均线“冒头”，并且伴随“爆发量超前量”，以及“突破水平颈线”，指标是“回0轴爆发”。

但由于510通道出现了八爪线，不利于价格的继续上攻，所以，价格出现了短时间的回撤动作——关键点：在价格回撤震荡过程中，510通道一直保持着，没有死叉封闭。同时，MACD指标也保持着多头攻击状态。这说明此处的震荡属于攻击途中的强势震荡动作(一般这种强势震荡动作时间都不会长，因为持续时间太长，510通道两线就很容易出现死叉封闭的情况，该股此处的强势震荡动作就只有3天，并且收盘价均在5日线附近)。

在短时间强势震荡(化解了510通道八爪线)之后，价格出现第二次爆发上攻。

这一次，价格“突破”的是更前一次攻击波顶时的“水平颈线”，同步的爆发量更加放大，再次出现“爆发量超前量”现象。而在指标上，则是在指标保持多头攻击状态的情况下，形成“不破爆发”的攻击信号。

从指标的攻击强度看，第一次启动爆发时，是“回0轴爆发”；这第二次启动爆发，则是“不破爆发”，这是指标在攻击中的一种攻击强度升级现象——与均线上从“贴线攻击”攻击强度升级到“脱线攻击”，是同样的道理。

从实战交易讲，该股在“牛铃线”启动时，也就是在第一次启动爆发时，价格“冒头”+“突破(最近一波)水平颈线”+指标“回0轴爆发”+爆发量超前量，是常见的“牛铃启动爆发”中的最佳介入时机。而在此后的价格短时间回撤，强势震荡时——化解510通道八爪线+510通道保持+指标多头保持+回撤缩量之时，是又一个最佳介入时机。之后的第二次启动爆发，价格突破

“水平颈线”+爆发量超前量+指标“不破爆发”之时，就是第三个最佳介入时机。

另外，该股在此处低位扭转“牛铃启动爆发”时，有一个现象一定要注意到：此时的短、中期均线系统排列，并不是完成了多头理顺排列，虽然短期四线(系统)已经完成了多头排列，但中期四线(系统)却还没有完成，从上往下看均线排列状态——5、10、21、144、48、89，短中期6条均线中，48线和89线还在144线之下。

这种情况说明了一个“隐忧”：当48线和89线都穿上144线之后，价格有可能会结束这一波的上攻，回打下来重新进行一次梳理系统的动作。其中就存在“交叉见顶”的技术规律。

而“交叉见顶”现象的出现，通常是价格在理顺之前，就先启动上攻波，然后当价格把系统中均线“拉顺排列”之际，价格的这一个上攻波段也就完成了。此时，虽然系统完成了扭转和理顺，但由于这一段价格的上攻波必然会累积大量获利盘，同时系统中的均线通道之间，也必然会出现一个或多个八爪线乖离现象，因此，价格回打清洗获利盘+化解系统中的八爪线乖离，就是顺其自然的事情。简单讲：价先涨——系统完成扭转理顺+价格见顶——价格回打清洗、震荡+化解八爪线+重新梳理系统状态——再启动新的上攻波。

所以，在实战中，遇到这种启动爆发时，系统还没有理顺的股，可以先跟随做一波，然后在系统完成扭转理顺后，如果价格形成高位攻击遇阻、震荡，同时系统里有明显的八爪线存在，就要警惕，价格会结束这一波攻击，转为回打动作。操作上，可以采取“高卖低买回”的做法来应对。

既然讲到这些了，那就把该股此处启动爆发起来之后，后面的走势也一同看看，利于大家有一个连贯的、清晰的了解。

从图5-019中可以看到，左边的方框区域，是前面讲的该股低位扭转时的“牛铃启动爆发”动作。

在价格启动爆发起来后，当48线金叉144线后，价格上攻出现第一个高点；而在89线金叉144线，中期系统完成扭转理顺后，价格出现了第二个高点。

同时，可以看到第一个价格高点出现时，510通道和1021通道均出现了比较明显的八爪线，但价格只回打化解了510通道里的八爪线(注意，此时89线还没有金叉144线，中期系统还没有完成扭转和理顺)，之后价格再次上攻起来，当89线金叉144线后，此时，中期系统就完成了扭转和理顺为多头状态的步骤。

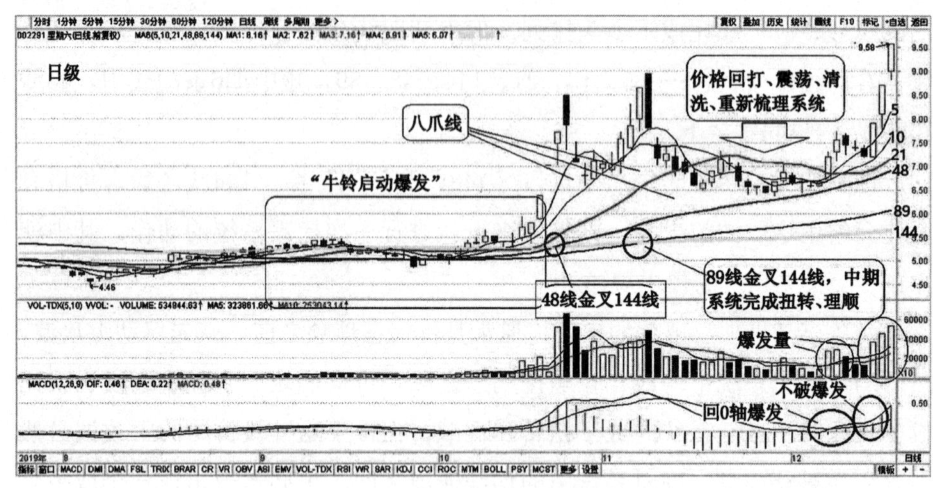

图5-019

很多人当看到此时系统完成了扭转和理顺时，都会误以为价格将展开更加“波澜壮阔”的上攻波，但此时，却是需要高度警惕的时候。

可以看到，此时系统里1021通道和2148通道里的八爪线已经非常明显了，乖离率很大，并且前面的这个上攻波里累积的获利盘已经很多了，如果不进行清洗就展开更大的上攻波，无疑主力资金就是给大家“抬轿子送钱”。所以，价格回打下来清洗获利盘和化解八爪线，是大概率的事情。

有一个问题：有没有这种启动爆发起来之后，虽然下面1021通道和2148通道里已经出现了八爪线，但主力资金并不把价格打下来化解的情况？有。但是在技术上，有一个“硬性”的标准：价格的回打动作必须得到21线的强力支撑才可以。

这里面有一个隐含的技术语言——通常，当价格回打不破21线时，1021通道的攻击状态肯定会始终保持。如果价格回打不破21线，并且还能常常收盘在10线上下时，那么，510通道也会保持住攻击的强势而不死叉封闭。

这说明该股的攻击力量非常强劲，主力资金大多会通过单根大阴K线(有时打到跌停)，或以突然的跌停开盘，尾盘收起来等等，这种快速的“震仓”动作来清洗获利盘，以及只化解510通道和1021通道里的八爪线。

而对于2148通道，以及其他更长周期通道里的八爪线，暂时并不下来化解，会等到这一波攻击力量衰减了，冲出顶之后才下来化解——而那时，该股涨幅已经很大，冲出来的顶，自然很可能就是中期性的顶部了。

也就是说，当价格攻击力量强的时候，也可以不马上打回化解2148通道里的八爪线，以释放攻击能量为先。但是，一旦攻击力量释放完了，再打下来时，通常这个顶的级别就会升高(比如，当时马上打回来化解的顶，也许只是个波段顶，而如果有八爪而不化解，等攻击完了再来化解，就不是波段顶了，而会升级到中期顶的级别，也就是说，调整的幅度和时间会加大、加长)。这是一种技术上“平衡现象”的体现。记住这句话：“有八爪，不化解；继续攻，顶升级”。

图中该股在将系统重新再梳理之后，体现了一次重新蓄势的过程，然后才展开下一个上攻波。要注意另一点：就是这种情况下，价格回打下来的幅度，最好以化解2148通道里的八爪线为准。因为，MACD指标会与2148通道八爪线后的两线收拢动作，刚好形成同步性，指标一般不会下破0轴。

如果价格回打过深，不但2148通道有可能会出现死叉封闭现象，MACD指标也会出现下破0轴的现象，那么，该股的震荡调整过程就要加长了。从技术博弈的角度讲，最佳介入时机的出现，就会大步退后到MACD指标下一次“上0轴爆发”时，当然，那时的均线系统上，也要同步出现新的启动“爆发点”+爆发量才行。

图中该股此处价格回打震荡、清洗、化解八爪线、重新蓄势的过程，主要是以化解2148通道里的八爪线+指标“回0轴”来运行的。2148通道一直保持着多头攻击状态没有死叉封闭，说明该股的短期攻击趋势的强势依然保持着。所以，后面再次爆发起来，进入新的上攻波(提示：在前面讲“指标爆发点”时，已经讲过这种在第二个调整波里出现的“回0轴爆发”信号)。

(四)缓攻加速爆发

缓攻加速爆发是指当最短通道形成缓攻通道之后，出现“先缓后急”的加速攻击时，也会产生爆发点。

首先要提示一点：“缓攻加速爆发”这个“均线爆发点”由于主要发生在最短通道上，所以，它属于系统扭转动作中的一个细节性“爆发”动作。也就是说，“缓攻加速爆发”可能会出现在任何一种系统的扭转动作中——比如：多线聚拢扭转、井字形扭转等。甚至在前面讲过的“打空扭转爆发”或者“多线聚拢爆发”里面，也可能会存在着“缓攻加速爆发”动作。当出现这种双重技术现象时，只要最短通道在“穿线+冒头+突破”过程中，都能够始终保持时，都可以以“缓攻加速爆发”来进行博弈。原因很简单，在“缓攻加速爆发”中，最短通道是一直保持的，说明攻击确定性最高，攻击强度也最高。而其他的“爆发点”动作，由于最短通道很可能被死叉封闭，攻击强度上就没有“缓攻加速爆发”的高。

在“缓攻加速爆发”中，日级上的510通道(最短通道)从金叉扭转之后，会一直保持着多头攻击状态，无论是“穿线”“冒头”，还是“突破水平颈线”直到转为加速攻击，都会始终保持住，而且不出现明显的八爪线(像“轨道线”一样)，也不会死叉封闭。这是“缓攻加速爆发”的最大一个技术特点。说明资金的攻击力量很强，并且能够持续。

在此过缓攻过程中，价格通常会有两种攻击姿态：一种是价格以510通道为依托，进行震荡缓攻，价格每次回打都会下破5日线，但收盘不会低于10日线，这种缓攻的强度也高，但不是很高。一种是价格以5日线为依托，进行贴线缓攻，价格每次回打大多都不会下破5日线，即使有盘中刺破动作，收盘都会收在5日线之上来。这种缓攻的强度很高，在实战中，若发现有这种缓攻走势的个股时，一定要特别留意其博弈机会。

在“缓攻加速爆发”中，缓攻的过程大多数会在突破“水平颈线”之后，才出现加速攻击的动作。

在“缓攻加速爆发”中，可以介入的时机很多，比如当价格缓攻“穿线”而出，“冒头”时，是一个最佳介入点。当价格“突破水平颈线”时，又是一个最佳接入点。当价格从缓攻转为加速攻击时，也是一个最佳介入点。除此之外，只要是价格已经“穿线”+“冒头”后，当价格每次盘中下破5日线时，都是最佳的介入时机。当然，此时，510通道要始终保持，没有明显的八爪线才可以。

可以这样理解：价格贴线缓攻+510通道无八爪+MACD指标两线多头攻击也无八爪+穿线冒头开始，基本上每当价格回打到5日线上下时都可以作为介入时机看待。

另外一点，很多人都很注意K线的阴阳变化，在用均线技术进行博弈时，切记不要用“K线思维”来替代“均线思维”。均线博弈，看的是均线的延伸状态；而K线博弈更注重多空力量的对比结果。两者之间其实一个是“快”，一个是“慢”。“快”虽然灵敏，但有时太过敏感，并不一定是好事；“慢”虽然有点迟滞，但却能够很好地“包容”主力资金的一些短线清洗波动动作，延续攻击状态，各有利弊。但我觉得，如果你以均线技术上的信号作为交易的主要判断，还是以“均线思维”为“根”，不要“飘来飘去”为好。这样，你的交易正确率反而会高一些。

关于“缓攻加速爆发”中的“爆发量”的问题，不同于其他“爆发动作”，如果能够出现“爆发量超前量”的现象，当然更好。但有时也会出现价格从缓攻转变为加速攻击(爆发)时，爆发量并没有“超前量”的情况，这也不奇怪。因为，“缓攻”的过程中，本身就是一种“边清洗+边攻击”攻击走势。很多短线获利筹码，以及前期的“被套筹码”，包括一些中线持仓的筹码等等，都会在“缓攻”的过程中，被不断清洗。

其中，最让人难以理解的是一些做中线博弈的持仓筹码，为什么会在这种比较强势的“缓攻”过程中，被清洗出来了呢？

问题肯定不在均线(通道)方面，指标方面也没有什么“诡异”的变化，除非是听消息操作，或者就是太注重K线的波动——K线思维问题。

由于在均线技术上，510通道在此期间都没有八爪线，所以，主力资金的清洗工作，其实是有一定难度的，因为价格的波动幅度有一些“受限制”，所以，主力资金就会在K线上做文章。用K线的收阴或收阳、开盘或收盘，盘中的突然拉起来，或突然打下去，再配合一些“大单子”的成交(比如：先在某个价位上顶一个大买单，然后在大盘指数盘中某次回打或下跌时，借助市场的恐慌，在该股上用连续大卖单打掉；或者高开一点，然后一路震荡下跌，一个台阶一个台阶地下行，中间在盘中做个价格反起的动作，再用大卖单打回原形，并且再创盘中新低)来充分调动起看盘者的心理情绪，使你不知不觉陷入“盘面不稳”的错觉中。问题是，这些动作几乎每天都会在盘中“挑逗你的神经”，随着价格推高，以及账户中盈利额的增加，人们心理上本来就在“担心”价格突然拐头下来，抹杀掉好不容易赚来的利润。而主力资金在盘中的这种小手段，恰恰会增强这种“危机感”。而解决这个问题的方法也很简单：别看价格波动的细节，看通道的延续性。就是当价格进入“缓攻”状态之后，不要太在意价格在细节上的波动变化，特别是不要太在意K线的变化，要多看攻击通道的状态变化。

只要攻击通道，特别是最短的通道(510通道)都能够走出不八爪、不死叉封闭的攻击走势，本身就说明此时价格的内在综合攻击能量是很强的。通道不断，这种攻势就绵绵不绝，直到出现加速、通道死叉封闭这两种情况时，价格才会进入下一个技术动作中运行。

在“缓攻加速爆发”中，通常包含三种“爆发点”：①缓攻上0轴爆发；②缓攻回0轴爆发；③缓攻不破爆发。

下面看“缓攻加速爆发”的个股实例。

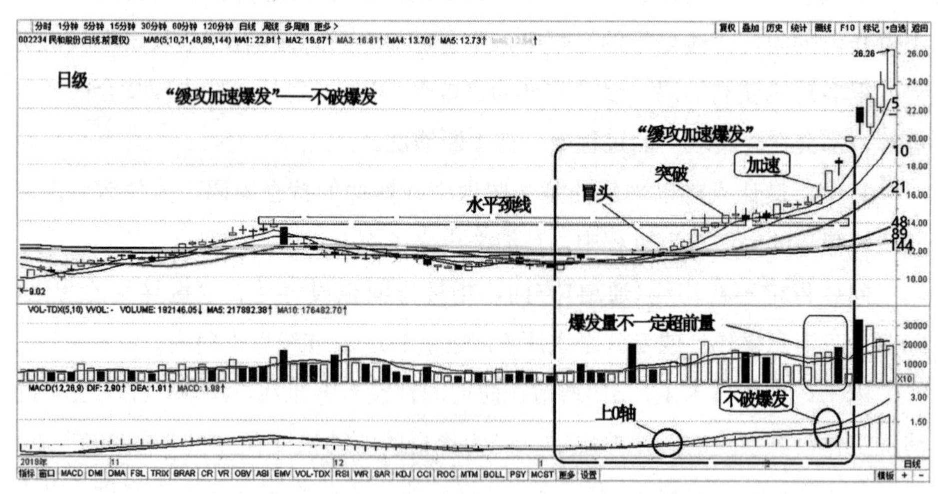

图5-020

图5-020中，民和股份在低位扭转启动时是典型的“缓攻加速爆发”动作。从图中可以看到，该股的510通道在金叉扭转之后，“穿线”而出“冒

头”，再到“突破水平颈线”，再到“加速攻击”之前这一段，价格始终依托510通道缓攻而上。而且510通道一直保持着攻击状态，并且也没有出现比较明显的八爪线(价格沿着510通道上攻，又不加速，自然510通道就不会出现八爪线)。

特别是价格基本上都是沿着5日线“贴线攻击”，除了在“突破水平颈线”时的两个小阴线收盘在5日线之下外，其他日子里的收盘价均5日线之上。这种缓攻走势，是一种非常强势的缓攻，虽然没有什么大阳、涨停的猛拉动作，但这种绵绵不绝的沿着5日线缓攻动作，通常说明主力资金的控盘力度很强。边攻边清洗边蓄势，后面转为加速上攻的概率一般都很高。

在MACD指标方面，当价格“穿线+冒头”时，指标是“上0轴”动作，没有出现猛拉爆发动作，所以，此处指标上表现的是持续转强信号，“冒头”之时，是一个最佳介入时机点；“突破水平颈线”时，是又一个最佳介入时间点；“加速爆发”时，也是一个介入点。

之后，当价格“突破水平颈线”后，虽然价格有短时间的“震仓洗盘”动作，但由于价格回撤幅度不大(都没有下破10日线)，所以510通道能够继续保持着，同步地，MACD指标两线的多头攻击状态也一直保持着。在实战中，当短线震荡洗盘时，要特别注意510通道+MACD指标的多头持续情况，有一个出现死叉封闭，问题也不大，但如果两个都出现了死叉封闭，说明此处价格的回撤幅度加大，震仓、清洗动作剧烈，那么，下一个“爆发点”就必然要等到指标“回0轴”的爆发点那里了。当然，如果在“缓攻加速爆发”运行过程中出现这种情况，就说明该股的爆发动作已经不是“缓攻加速爆发”了，而会转变为其他的“爆发点”动作，比如，有可能会变成“牛铃启动爆发”。

该股从“缓攻”转变为“加速爆发”时，指标上是顺势出现的“不破爆发”信号。

从实战交易的角度讲，如果你错失了前面的几个最佳介入点，而抓到了此处“加速爆发”的介入点，那么，要注意一点——此时的价格，经过前面一大段“缓攻、冒头、突破”的过程，已经累积了一定的涨幅，那么，此时的加速动作，通常是这个上攻波段开始进入冲顶的动作。所以，在此处介入的筹码，要在价格冲出高点顶后，及时锁利撤离才好，也就是当做一次短线博弈机会来对待。因为你的筹码，在成本方面缺少一定的中线持仓优势。

但如果你确实想做该股的中线博弈，也要在价格在这一波的加速冲顶动作完成时，先卖出至少一半的筹码(当然，还要看该股冲出的顶的位置高低，如果太高，说明该股这一波的涨幅就超过一倍，也许需要先锁利至少8成的筹码)，然后要采取“循环交易技术”来降低持仓成本+增大持仓筹码。

在实战中，有很多个股刚开始时都会走一段“缓攻”动作，但很多个股的“缓攻”过程比较短暂，很快就转为“加速上攻”动作(比如在“冒头”之前就加速)。这样的话，因为价格的加速上行，拉动5日线加快跟随，必然就会出现510通道八爪线，这种情况中，虽然有一小段“缓攻”动作，但由于持续时间不长(也就是说，没有持续到“突破水平颈线”之后)，所以，不属于“缓攻加速爆发”动作。这一点，要注意区别。

从该股的“加速爆发”动作出现时“爆发量”级别来看，并不是“超过前量”的，这也是“缓攻加速爆发”动作中的一个特点——有时，会出现“爆发量超前量”，有时，则不会出现“超前量”，但出现放量现象，是必然的。

再看“缓攻加速爆发”的个股实例。

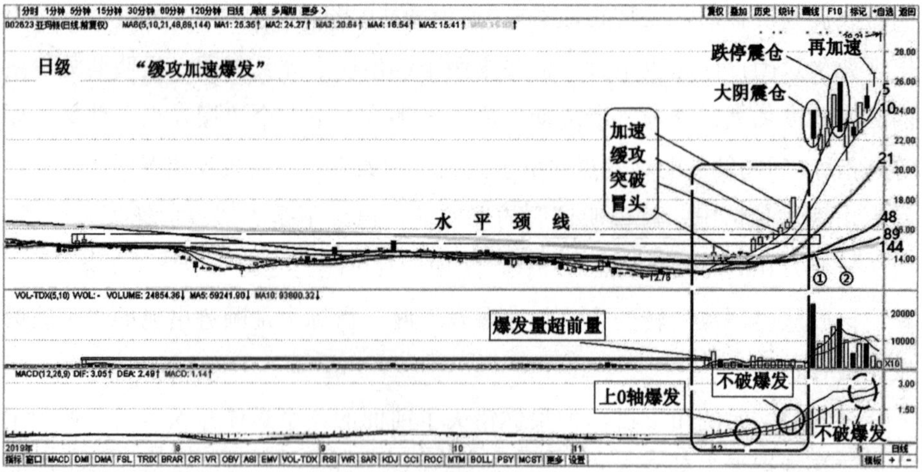

图5-021

图5-021中，亚玛顿是一只“缓攻加速爆发”个股。短中期系统低位扭

转，510通道从金叉扭转之后，一直保持着多头攻击状态，始终没有出现死叉封闭。价格在持续的缓攻过程中，“穿线+冒头+突破水平颈线”一气呵成，而且价格也都是沿着5日线缓攻，很强势(并不是拉大阳、涨停才算强，能够持续沿着5日线缓攻的个股，也是攻击力量很强的品种，并且其中出现“龙头股”的例子也很多)。

MACD指标的“上0轴爆发+价格冒头”，“突破水平颈线”之后，“加速上攻+不破爆发”，都是教科书般的走势。该股在“缓攻转加速急攻”爆发时，“爆发量”也没有超过前量。

这里要重点讲讲该股在第一次“爆发”起来后，为什么会出现非常剧烈的强势“震仓清洗”动作的问题。注意看中期系统均线的扭转动作。该股在缓攻转为加速急攻爆发之时，48线和89线都还在144线之下的，也就是说，该股中期系统的扭转动作还没有完成。

还记得吗？前面讲过的个股实例(图5-019)，也出现过这种情况，价格爆发起来上攻时，48线和89线还在144线之下，中期系统还没有完成扭转。那只股后来在中期系统完成扭转(48线和89线都金叉了144线)之后，上攻波就结束了，价格回打下来化解了2148通道中的八爪线之后，“回0轴爆发”再起新的上攻波。

图5-021中这只股，也是在价格爆发之时，中期系统没有完成扭转，但我们从图中可以看到，该股在48线金叉144线时，出现了大阴线“震仓清洗”动作，又在89线金叉144线时，再一次出现大阴跌停的“震仓清洗”动作。但是，为什么该股就没有回打下来呢？

很多人首先考虑的是涨幅不同的原因，但从均线技术上讲，510通道在这么剧烈的“震仓清洗”动作中，还能够不出现死叉封闭，就是最主要的原因。

对于任何一只在上攻过程中出现剧烈震荡的个股，如果你当时不知道它还会不会上攻，首先就要看510和1021这两个短期系统里的攻击通道。因为这两个攻击通道都是在21线之上的通道。只要价格的波动幅度是在21线之上的空间里“折腾”，那么，这两个攻击通道中，必然会至少有一个通道会保持住攻击状态(比如至少1021通道就会保持住)。

21线是什么线？护盘线。护的什么盘？短线攻击延续的短线强势状态盘。

谁来护？当然不可能是中小散户，只会是资金力量强大的群体。为什么护？因为主力资金的攻击计划还没有完成(至少这一个上攻波是这样的)。那么，如果510通道能够保持住呢？说明主力资金继续上攻的决心很大。即使用各种“猛烈、凶狠”的手段来清洗获利盘，但510通道能够一直保持住，本身就是一种攻击力量依然很强势的信号。

大阴线、跌停板、盘中连续大单子猛砸盘，这些可能是真的在出货，也可能就是做给你看的。

关键是，无论怎么“折腾”价格，均线(通道)却可以暴露出真正的目的。

图5-021显示，在剧烈的震仓清洗动作中，不仅仅510通道保持着，MACD指标两线的多头攻击强势也一直保持着。这就很说明问题。

被清洗掉的都是什么人呢？是那些盯着价格、盯着大阴K线、盯着大阴量、盯着盘中买卖单换手的，并且是已经有一些账面获利的人。这些人很容易陷入莫名的恐慌和幻想中，最终寻找到一个自以为最安全、也最聪明的交易决定——先锁利撤离，再观察。

如果你是有“均线思维”的人，懂得“价线关系、线线关系”的逻辑规律，你就不会盲目地陷入恐慌中。因为，该股最短的510通道+MACD指标都没有出现死叉。

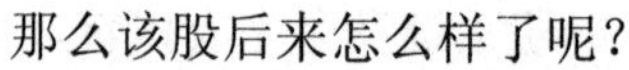

那么该股后来怎么样了呢？

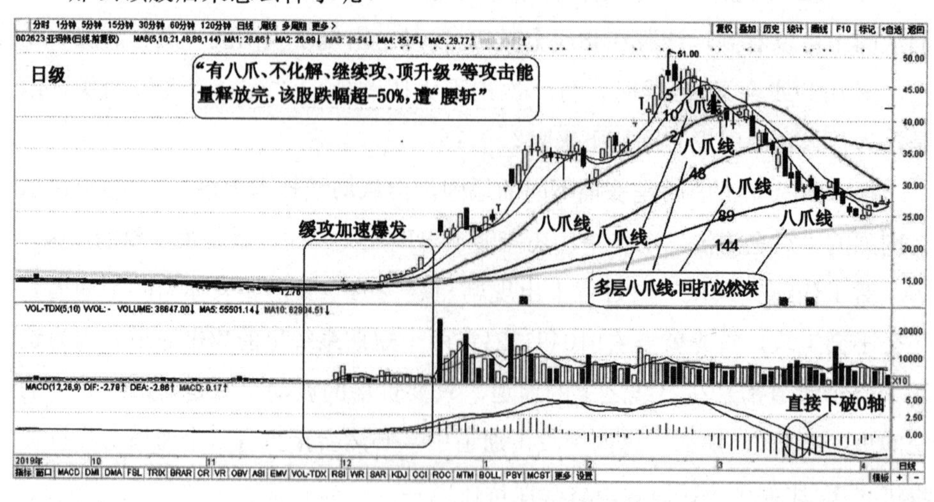

图5-022

见图5-022，亚玛顿剧烈“震仓清洗”时的位置在25元上下。后面一路上攻，在21线“护盘线”的支撑下(也就是1021通道对价格回打时的支撑)，最高上攻到51元位置，基本上又涨了一倍，整体涨幅达3倍。持续涨幅大，其间又没有回打下来化解2148通道和4889通道里的八爪线，这就印证了“有八爪，不化解，继续攻，顶升级”这个逻辑。所以，后面当价格见顶扭转下跌时，价格一路打到了89144通道(后来该通道也出现八爪线)，把多层里的八爪线一次性都化解了，而且MACD指标是直接下破0轴(都不在0轴附近停留)，价格才企稳。这是一口气涨幅太大的个股的常见现象。这就是，“前面欠的，后面还是要还回来”，自然技术上也就平衡了。

所以，在实战中，遇到这种强势股的时候，要有定力、要静心。但当价格见顶之后，也不要幻想，要对技术的“平衡现象”有“敬畏心”，及时拿走盈利撤离为上策。

(五)化解脱线爆发

化解脱线爆发是指在上攻过程中，当化解“脱线”，股价靠近最短均线时，所产生的爆发点。

在扭线技术中，常会讲到一个专业用语——“靠线再起”。这句话完整地讲，是“化解脱线，靠线再起”。价格出现“脱线”，说明短线价格的攻击能量已经达到极盛状态。盛极而衰就是价格的这种最强势释放完之后的必然结果。但是，在这种强势的攻击能量释放完之前，价格的这种强势攻击还会持续。所以，当价格进入脱线攻击状态时，通常也就意味着冲顶动作的开始。冲出高点后，攻击能量释放，出现衰减现象，顶也就出现了。

在实战交易中，要在扭线技术上判断价格脱线攻击的能量是否释放完，不是看价格上攻了多少，也不是看成交量是放大还是缩小(因为，其中的水分单很多)，而是要看以下两点。

①能不能化解脱线后，靠线再起。

因为有些股的攻击能量是有限的，一口气连续脱线攻击几天，攻击能量很快就释放完了，此时，价格从脱线状态回靠最短均线(日级上就是5日线)，但由于攻击能量已经释放，资金无力、无心支撑住价格的回撤压力，就会直接下破5日线。特别是，当连续脱线攻击不仅造成价格与5日线之间的“脱线”

乖离偏大，就连510通道(这个最短通道)里都出现了明显的八爪线乖离时，通常价格在回撤化解“脱线”的同时，也需要化解510通道的八爪线乖离。所以，回撤下破5日线就是必然的事情。

当攻击能量还没有释放完，但在脱线攻击中，获利累积盘越来越大，主动锁利筹码变多时，主力资金通常就会用化解脱线的方式，清洗掉不稳定筹码和短线的获利筹码。然后，靠线再起，继续上攻，直到释放完攻击能量后，出现高点顶。

所以，要判断该股的攻击能量是否释放完，就要看化解脱线时，会不会下破5日线(但有时“震仓”清洗时，价格会在盘中出现短时间的刺穿5日线支撑的情况，不过，会在尾盘或次日重新收回到5日线之上来)，特别是化解完脱线后，会不会靠线再起。

②小级别上的最短通道能不能继续保持。

在实战中，只盯着日级上的价格与5日线之间的“化解脱线，靠线再起”做判断，还是不太精准。所以，也可以结合小级别上价格与最短通道(2148通道)之间的关系变化，来进行更加精细的监控和判断。条件只有一个：小级别上的最短通道(2148通道)能不能继续保持。

如果再配合上MACD指标的“爆发点”信号，就可以比较准确地捕捉到此处日级上的“化解脱线”之后，是否会“靠线再起”。

“化解脱线爆发”是短线强势上攻过程中，最常见的一个“爆发点”。通常都会出现在热点龙头、妖股、连续暴涨股上，其“爆发点”的介入时机，是一种比较典型的短线中途介入博弈技术。一旦攻击能量释放完，攻击力衰减，价格高位攻击遇阻而回(比如，中字K线，特别是悬空的中字K线，或者高位“三板斧”组合，或者顶背离现象等，都属于价格高位攻击遇阻的见顶信号)，博弈者就应及时锁利撤离。因为你是半途进去的，就要在盈利之后，尽早撤离，才能够化解你成本高的交易风险，即“高进早走”。

很多人对于攻击力量超强的股，总是会有一种“依恋”，不舍得撤离。这是博弈者的大忌。有一首歌名叫《香水有毒》，其实，“香股”也有毒，并且，越香，毒性越大。

短线爆发力越强的股，最终总是用两种方式来实现技术平衡——一是再连续暴跌打回原形；二是绵绵不绝地震荡下跌。所以，做越牛的股，越要“无情”。

多年的实战经验总结，在牛股、妖股等这类连续暴涨的个股上，上攻途中“化解脱线爆发”出现的介入机会，通常不会超过两个。这可能与主力资金在组织集中力量攻击时，会出现一而再、再而衰的规律有关。

就在这两个里，第一次出现的“化解脱线爆发”介入机会最好，安全系数也高。而第二次再出现“化解脱线爆发”时，则需要警惕，这并不是最好的介入机会，因为博弈成功率明显降低——主要是此时距离最终冲出的高点顶已经比较近了。价格一旦冲出高点，回打动作稍微大一些，你在第二个“化解脱线爆发”时介入后的盈利，就有可能被“回吞”掉。

个人认为，两次以上的“化解脱线爆发”机会(也可以加上第二次“化解脱线爆发”的介入机会)，短线博弈技术比较高的人，才能够抓住，因为他们的短线盘感会比一般股民高很多。一般股民，还是要努力抓住第一次“化解脱线爆发”机会，这样风险会相对低很多。

另外，在选择“化解脱线爆发”的机会时，应首选每天换手率高的股。因为这说明该股的攻击能量充足，特别是此类股中，常常会有不同资金群体捧场，大家在赚钱的同时，也维护着该股的短线技术状态，使之能够延续得久一点，增加博弈的利润。

近几年，随着市场管理的制度越来越健全、规范、严格，很多个股已经打破了过去那种一个主力资金单打独斗的惯有模式，市场进入“集群化管理”的新模式——即一只个股中，同时存在几个方面的资金群体，形成“共同维护的集群化主力资金模式”。随着市场里各种资金群体的基金容量越来越大，未来这种模式应该会越来越普遍。

那么，每天换手率达到多少才算高呢？从经验归纳，通常平均每天至少应在10%之上(无量一字板除外)。而且，随着市场管理越来越规范，“一字板”的情况可能会越来越少，因为这种涨停(或跌停)方式，损害了市场正常、合理的交易换手。特别是当未来实施“做市商”“T+0”等交易制度后，“一字板”很可能逐渐消失，或被管理层严格监控起来。

另外，当日级上出现“化解脱线”动作时，通常会在哪个小级别上，与之形成“联动对应级别关系”呢？这个问题，在“多层级通道技术联动关系”一章中，已经讲过——日级上的“脱线”攻击，对应的是5分级上的2148通道。但是，要注意一点：这是指价格上攻时的对应通道。

而当价格要回撤化解“脱线”乖离时，5分级上的2148通道，通常会被破坏掉(2148通道出现死叉封闭)。除非价格是以盘中快速下探、又快速拉起来(留下长下影线)的方式来化解这个“脱线”，5分级上的2148通道才有可能得以保持而不死叉封闭。而这种情况不常见，即使出现，很多人也不一定能够抓住介入的时机。

所以，我们这里讲的“化解脱线爆发”动作，是指价格要至少由2天的强势震荡，向日级上的5日线靠拢，之后，靠线再起。这样的话，在5分级上，最短通道(2148通道)就会出现死叉封闭现象。通常，15分级上的2148通道，则承担着价格回撤、化解日级上“脱线”乖离的主要支撑力量。

简单讲：通常日级上的“化解脱线”、价格回撤震荡动作中，小级别上，主要是15分级的最短通道在支撑价格的这个震荡动作。

看一个“化解脱线爆发”的个股实例。

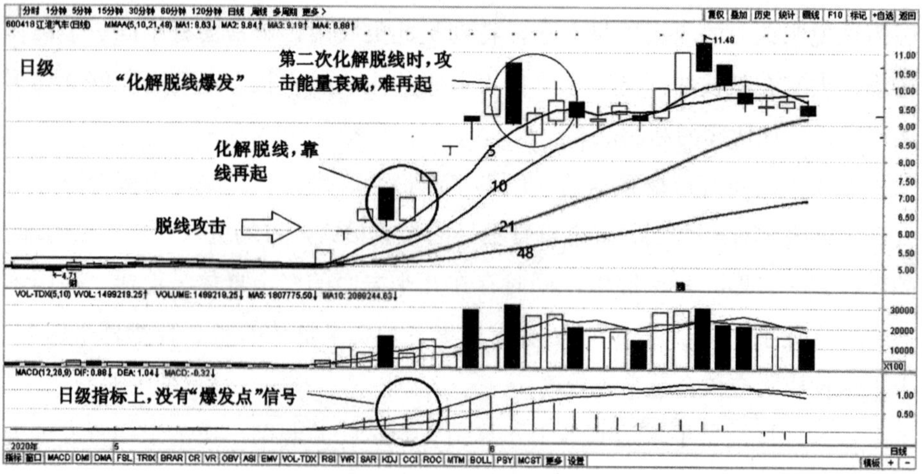

图5-023

从图5-023中江淮汽车的日级上看，在连续3个涨停板脱线攻击之后，价线之间乖离明显偏大(价格与5日线之间形成“脱线”)。随后价格用了两天时间来化解“脱线乖离”，并“靠线再起”。

在实战中，很多人可能会关注该股在化解脱线时的大阴K线+大阴量，但我要讲的是，以均线技术进行博弈的人，此时更要关注“价线关系”能不能“靠线再起”。无论你是想在此时介入，还是在先前已经介入，都要关注这一点。

特别是，这是第一次进行“化解脱线”的动作，如果该股攻击能量还没有释放完，必然会有再次上攻的动作出现。如果释放完了，这里就难以“靠线再起”。就像该股图中第二次出现“化解脱线”时，攻击能量衰减后便难以再起攻击。

在该股日级上，MACD指标在价格化解脱线和靠线再起时，没有很明显的“爆发点”信号，还是保持着多头攻击状态。这样一来，如果你依据日级技术动作来抓“爆发点”，很可能会错失最佳介入时机。所以，“化解脱线爆发”这个“爆发点”信号，并不是在日级上，而通常是在小级别上出现的。这一点，要与其他“爆发点”动作区别对待。

那么，该股小级别上的“爆发点”信号和机会在哪个级别上呢？看下一张图。

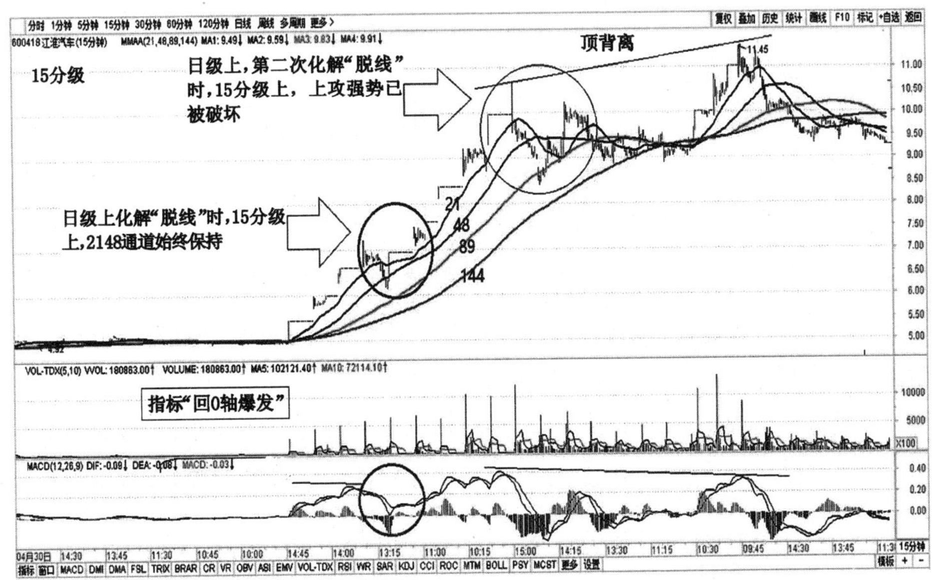

图5-024

图5-024是江淮汽车的15分级别走势图。一目了然，当价格回撤下来化解日级上的“脱线”乖离时，在15分级上，价格回打，但2148通道(最短通道)却能够始终保持，就说明该股的攻击能量还没有释放完。

同时，价格回打之后，MACD指标是一个“回0轴爆发”信号。价格回打+通道保持+指标回0轴爆发，该股此处在化解日级上的脱线时，15分级上，价格、通道、指标三者的“爆发点”(也就是日级上的“靠线再起”动作)信号非常明确，有利于介入时机的把握。

另外，从15分级上还可以看到，该股在日级上第二次化解脱线时，上攻强势已经被破坏。从短线博弈的角度讲，如果你是在第一次化解脱线时才介入的，那么，此处就要在价格震荡反弹时，及早锁利撤离。因为你的持筹成本偏高，交易风险高。

该股后期虽然再攻了一次，并创了新高，但15分级上，已经很明显是处于“顶背离”之中，属于“鸡肋利润”。

如果说，前面讲的“打空扭转爆发、多线聚拢爆发、牛铃启动爆发”这三个“均线爆发点”属于低位扭转启动时的“爆发点”博弈机会，那么，“化解脱线爆发”则属于上攻途中的一个“爆发点”博弈机会。这一点要理清，不要混淆。

(六)化解八爪爆发

化解八爪爆发是指在上攻过程中，当化解完短期四线中的八爪线时，所产生的爆发点。

八爪线的形成与价格攻击的速度、幅度、持续性密切相关。价格攻击的速度越高、幅度越大、持续性越高，必然会带动加快短期均线的跟随上行速率，从而短周期均线就会逐渐拉大与大周期均线之间的空间距离，形成“线与线之间的乖离率加大”，进而形成八爪线现象。

“出现八爪线，必然会化解”。但有时化解动作会马上发生；有时则会等一个攻击动作，或一个攻击波段完成，攻击能量一口气释放掉之后，才会来化解。

很多人问：那什么时候才会化解呢？两个方面来看这个问题：

①攻击能量、攻击节奏的把控，主动权在主力资金手里，我们掌控不了。

②虽然我们掌控不了攻击能量和攻击节奏，但我们可以通过技术工具来监控“攻击能量和攻击节奏”的变化。可以通过这些技术状态、信号上的变化，判断出什么时候价格才会化解八爪线。并且，还可以根据系统中八爪线或“多层八爪线”所处的位置，预判出以下内容：价格化解时的位置，价格化解之后系统状态将是一种什么样的运行状态，下一个博弈的机会点在哪里，博弈的“合理空间(注：是指价格波动的空间大小，这与技术压力位，支撑位有关)”有多大，有没有参与博弈的价值，博弈策略的设定，这些均是有助于交易的现实问题。

“化解八爪爆发”，就是针对这些在实战交易中的现实问题，而讲的一个“爆发点”技术。

“化解八爪爆发”与“化解脱线爆发”一样，也是在价格上攻过程中，最常见到的一种价格强势震荡清洗动作。但由于注重的是价格的短期系统强势状态，所以，在“化解八爪爆发”动作中，通常主要关注三个“化解八爪线”的“爆发点”博弈机会：一个是化解510通道(日级上最短通道)的八爪线后，再爆发起来；一个是化解1021通道的八爪线后，再爆发起来。注意：以上两个八爪线化解和爆发，是属于短期强势延续中的化解动作。还有一个，是化解2148通道的八爪线后，再爆发起来。

注意！化解2148通道八爪线，则属于波段性调整化解动作。当然也属于短期(四线)系统里的强势化解范围。但这个化解过程，是用一个回落下跌波动来化解的。不过，它与化解中期系统里(比如4889通道和89144通道里的八爪线)的八爪线动作，还是有区别的。毕竟，化解中期系统里的八爪线时，短期系统必然将发生死叉、扭转现象，该股的短期攻击强势状态就无法保持了。

另一个问题：八爪线，怎么才算是被化解了？答案很简单——两线出现收拢动作。

但在这个简单的答案背后，却包含着很多价格动作和技术动作。比如，要想让“发散”开的两条均线，发展成“收拢”之势。其中，价格的动作起着很重要的作用；同时，价格的重心也起着很重要的作用。

怎么讲？比如，价格上涨，5日线肯定是跟随最紧密的。但由于周期计算参数多，10日线必然就没有5日线那样跟随价格上行那么快(5日线的周期计算参数少，当然会是这样的)，所以两条均线虽然都是在上行，但一个(5日线)上行的速率快，一个(10日线)上行的速率慢，两线之间的空间，就会越来越扩大，形成八爪线。

要化解这个八爪线，怎么办呢？价格就要拐头下来，或者压在5日线上，“迫使5日线放慢上行脚步”，这时，10日线还是按照原有的速率上行，两线之间扩大的乖离率就会慢慢缩小——即，两线就出现收拢动作。

注意：这种价格回头来压着5日线，而不破5日线的走势，就是“强势化解”方式，是化解八爪线三种方式中最强势的一种。

第二种化解八爪线的方式，没有这么强势，但也并不弱，就是“合理化解”。价格回打到5日与10日两线的中间位置，这样，5日线的公式计算参数中加进来一个最新的、低一些的价格(收盘)参数，计算出来的5日线数值自然就会比前一天降低了一些——5日线自然就从前一天的上行(我们称之为“上攻”)状态，转变为平行状态发展了。而同时，10日线由于计算参数多，这种影响在计算的集体参数中，占比并不高，影响也就不大，所以，10日线会继续上行(上攻)。

5日线转平运行，10日线继续上行——两线自然就出现“收拢”动作了。

第三种化解八爪线的方式，比前两种都弱势，这就是“弱势化解”方式。怎么个“弱”？当然是指价格强度上的弱了。

“强势化解”时，价格回打(或者讲是“回压”)到5日线上，压迫5日线减速，实现与10日线之间的乖离空间缩小。

“合理化解”时，价格回打到5日和10日两线的中间位置，迫使5日线转平，实现与10日线之间的乖离空间缩小。

而在“弱势化解”时，价格通常会下破10日线，迫使5日线“快速转平，甚至拐头向下”，实现与10日线之间的乖离空间缩小。

由于“弱势化解”时，价格要回打的幅度比较大，并且下破10日线(比如出现“价破线不破”现象)，位置比较低，在价格处于上攻状态时，就是一种“变弱”的表现。

在这三种化解八爪线的方式中，前两种(强势化解、合理化解)里，在技术上都不会出现“危险信号”，而在这“弱势化解”时，由于价格回打比较深，技术上就很容易出现价格破位、MACD指标死叉等“危险信号”。事实上，也常常会有一些个股，看似是化解510通道中的八爪线，但在回打下来“弱势化解”中，价格却一蹶不振，彻底走软，没有延续继续上攻，直接变成拐头下跌了。

所以，在实战中，当遇到“弱势化解”动作时，要格外警惕，特别注意小级别上价格是否有破坏上攻系统状态、系统扭转等情况的发生。

“化解八爪爆发”有不同的方式，而这些化解方式与主力资金在此处清洗获利盘的动作有很大关系。比如，在清洗时间上的长短，也会影响八爪线两条均线的走势状态。就是说，如果价格回打的幅度并不大，但是价格横向震荡的时间长一些，5日线平走，当10日线上行靠拢5日线后，两条线就很容易形成“细脖子”(即，两条线并行，却不死叉，两线中间余留了一条细细的空间)现象。而这个“细脖子”虽然看似弱不禁风，但却蕴藏着很强的攻击能量。“细脖子”保持的本身，就说明多方力量一直在压制着空方力量，控制着局面的发展。通常，走一段“细脖子”之后，价格爆发起来的概率会很高。

从实战交易中的博弈机会来看，如果你想抓短线强势股的博弈机会，就要关注510通道和1021通道的“化解八爪爆发”机会；如果你想抓波段调整低点的博弈机会，就要关注2148通道的“化解八爪爆发”机会。

如果你想要抓住4889通道的波段调整低点博弈机会，要特别注意日级上的MACD指标会下破0轴，你要等到指标循环到下一次“上0轴爆发+价格冒头”时，才是最佳的博弈机会。而这种情况，在周级上，通常指标出现的会是“回0轴爆发，或者是不破爆发”，与日级上的“上0轴爆发”形成同步。

当日级上化解510通道和1021通道里的八爪线时，在小级别上，通常都会同步出现化解完成后的“爆发点”。

只是由于化解方式和化解时间以及主力夹杂着其他清洗动作，所以，有时，“爆发点”可能在30分级上，有时则会在60分级上，要根据个股的实际情况来临场捕捉。

先来看化解510通道里八爪线的“化解八爪爆发”个股实例。

图5-025中，神驰机电在连续涨停“脱线攻击”后，510通道出现明显的八爪线乖离，随后价格回打化解。价格回打化解八爪线时比较凶猛，连续2个

跌停板打到10日线处。第二个跌停板时，上午跌停，下午打开板收高。用连续跌停来清洗获利盘，这是主力资金惯常用的“极限震仓”手法。

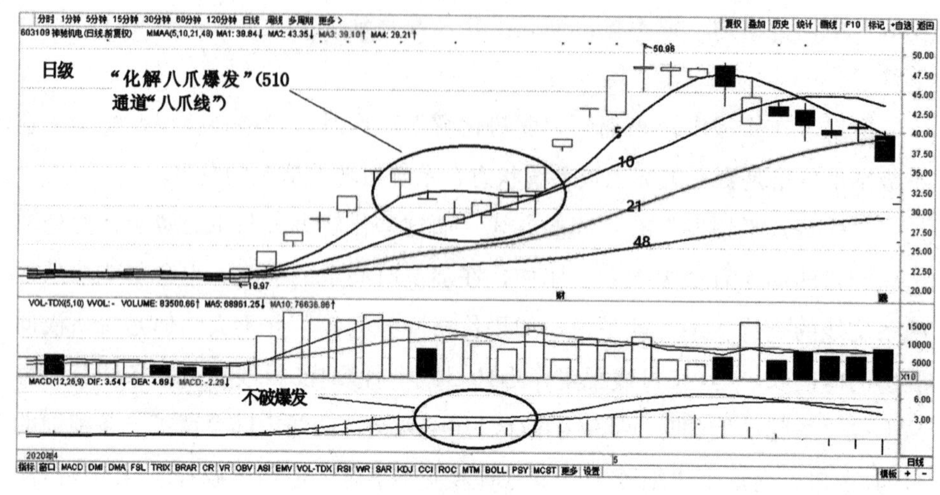

图5-025

可能有人会问：这样以跌停来“震仓”真的可以达到清洗获利盘目的吗？可以。因为价格管控的主动权在主力手中，用极限手法的跌停来“震仓清洗”时，不仅仅只是一个跌停就完事，而是会配合上“心理落差”这个砝码。

“震仓”，“震”的是什么？筹码？错。“震”的是人的“欲望心”和“恐惧心”。

打价格，只是牵着的一根“线”，这根“线”的另一头，拴着人们的“心”。用打价格、拉价格来牵动人们的“欲望心和恐惧心”，才能够达到“清洗”的目的。

当前面价格猛涨的时候，将人们的“欲望心”推向一个极端状态，然后把价格突然拐头打到跌停，在比较短的时间，把人们的“欲望心”快速切换成“恐惧心”。人们的心理是有“惯性延续”现象的，从一个极端心理状态快速切换到另一个极端心理状态，很多人会本能地出现“排斥和抵触”现象，但现实的跌停价格又让人们心理上总想着回避这种“恐惧心”，这是一种自我保护意识。

但问题就在这里：既然你回避了不了现实(价格跌停)，你就只有“自我安慰”——在股市中，“自我安慰”最典型的表现就是“幻想”。“幻想”着价格能够快速拉回来，转危为安。

主力通常只用一个跌停，是“震”不出太多筹码的。

必须要有配套手法，把价格“置于死地，但留一个活口”——既要打破人们的“幻想”，又要给人们一个能够撤出的“活口”。

因此，在该股的第二个跌停中出现了下面的走势：上午继续跌停，但在下午的时候打开了跌停板。就是把前一天跌停时对人们心理上形成的“恐惧心”在第二天继续跌停中推向极端，从“欲望心”到“恐惧心”，形成群体性“心理落差”。之后，再打开一个“活口”，很多恐慌筹码自然就会夺路而逃。清洗目的达到了。

有人可能会问：如果主力这样做，还是没有“震”出很多获利盘呢？回答这个问题，就要涉及技术上的“时间弹性”了。所谓技术上的“时间弹性”，是指任何一个技术状态(特别是移动平均线上，最为明显些)，都会有其延伸、延展的弹性空间。虽然，有时候这个弹性空间比较小，“时间弹性”比较短，但只要在这个技术状态转变为下一个技术状态之前，这个“时间弹性”就会延续一会儿。

就以图5-025中该股这里的两个跌停板“震仓”动作来讲，我们知道，510通道虽然出现了八爪线，而价格一两个跌停板打到了10日线附近，但是10日线由于计算的总参数值变化还不是很大(因为10天的计算价格中，只有最近两天的价格降低了，而其他8天的计算数值合起来还是比较大，所以，影响就没有那么大)，10日线依旧会继续上行。

而5日线呢？

5日线中，虽然有最近(跌停)的这两天价格数值降低，但其他3天的计算数值合起来还是大一些(但不多，比较均等)，所以，5日线此时就是从上行转为平行运行。关键是，此时5日和10日两线还没有运行到一定会死叉的地步。

这里要注意了：如果510通道两线死叉了，那么510通道原有的多头状态就被改变了。但是在510通道拒绝走向死叉，中间两个跌停之后，还存在着一点“时间弹性”——可能有人已经有点明白了，对，就是第三天，该股还存在大幅度低开“继续极限震仓”的“时间弹性”。但是，第三天的这个“时间弹性”很有限，因为价格(主要是收盘价)下行的时间已经超过了5日线周期的一半。

特别是第三天如果大幅低开，或者再打跌停，那么，就必须在尾盘时，以涨停板收盘，才能够化解5日线拐头下行死叉10日线的动作。而且，次日，无论高开，还是低开，最后还需要再次收高位盘，才能够彻底化解510通道两线发生死叉的危险。因为一定要用两个高收盘来平衡前面的两个跌停收盘。这样，总体上，5日线才不至于快速拐头下来死叉10日线。

当然，该股由于第二个跌停板在下午打开之后，成交换手明显放大，说明恐慌筹码已经涌出来了。所以，该股第二个跌停的当日收盘时，主力资金就收起来了。

但第三天，该股上午又打了一次前日的最低价，下午才震荡着一路拉高，几乎以最高价收盘。

也可以这样看：主力资金又测试了一下打压动作，但没有太多的筹码涌出，说明清洗基本达到目的，所以，下午才收高位盘。

把这几天清洗动作连贯起来看，你就会发现，主力资金的控盘手法很娴熟，因为连续用两天跌停板来清洗短线获利筹码，是需要对盘面有很高的掌控能力的。如果掌控差一些，把整个盘子做失控了，主力资金就不得不“顺势”向下打下去，打回原形后再重新梳理、清洗、蓄势。

因为这里用极限手段清洗的时间，技术状态的“时间弹性”就只有两天半的时间。大家有没有发现，这个“时间弹性”是可以用均线工具监控、测算出来的。这是移动平均线中一个比较“隐秘”的优势。

该股在化解510通道八爪线时，MACD指标继续保持着多头强势状态，然后“不破爆发”。

问题就出在“不破爆发”上。指标的强势保持虽然是好事，但什么时候“爆发”，在交易中，需要更加精细地把控和捕捉。

但在日级上，技术上还是有些模糊的地方——关键是，要确定最终510通道不会死叉。因为不死叉，肯定会再涨起来；如果死叉了，涨还是不涨，就有变数了。

而要监控该股这里清洗之后的“爆发点”，自然只有到小级别上去寻找才可以。

再看看该股小级别60分级上的技术状态。

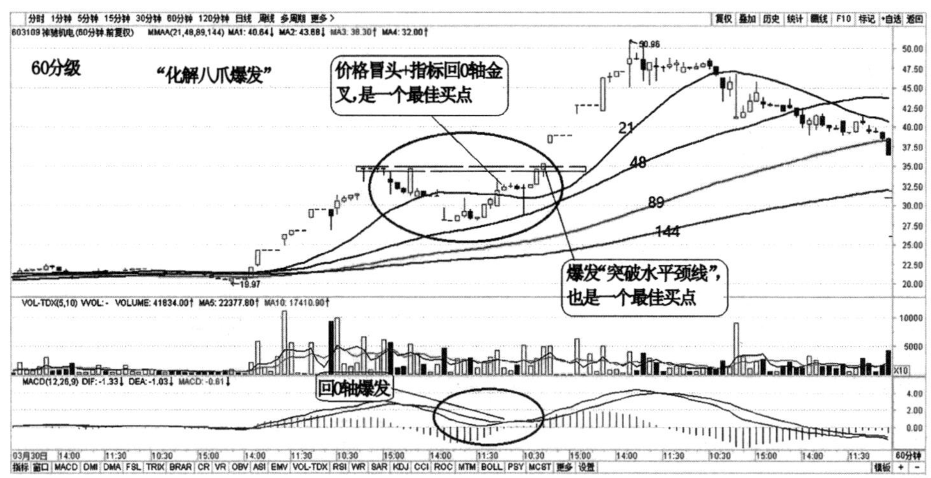

图5-026

见图5-026，在神驰机电60分级上，和日级上化解510通道八爪线相对应的，是2148通道里的八爪线化解动作。

日级上的两个跌停板，也许会让你“心惊肉跳、恐慌有加”，但在60分上看2148通道八爪线的化解过程，你会有一种“理所当然、正合其时”的感觉。

如果再同步看MACD指标的“回0轴”动作，以及“回0轴爆发+价格冒头”，最佳买点机会一目了然。特别是，价格“冒头”之后，虽然也有瞬间的下探动作，但瞬间又收回来，价格一直在21线之上小幅震荡着，这通常是上攻展开前的短暂休整动作。

之后的“突破水平颈线”又是一个最佳买点机会。之后展开涨停上攻，从价格和技术的顺势配合上看，都是协调、自然的动作，没有出现怪异、诡异、别扭的动作。所以，在价格和技术两者之间的关系上，顺畅、自然、接近于完美，是其强势的一种表现。

再看一只化解1021通道里八爪线的“化解八爪爆发”个股实例。

从图5-027中可以看到，大唐电信化解的是1021通道八爪线。在价格回打下来之前，价格已经横向震荡长达6天，用“强势化解”方式，化解了510通道中的八爪线。但与此同时，1021通道中的八爪线也越来越明显，因此，主力资金顺势也把1021通道的八爪线化解了一下，然后再继续上攻。

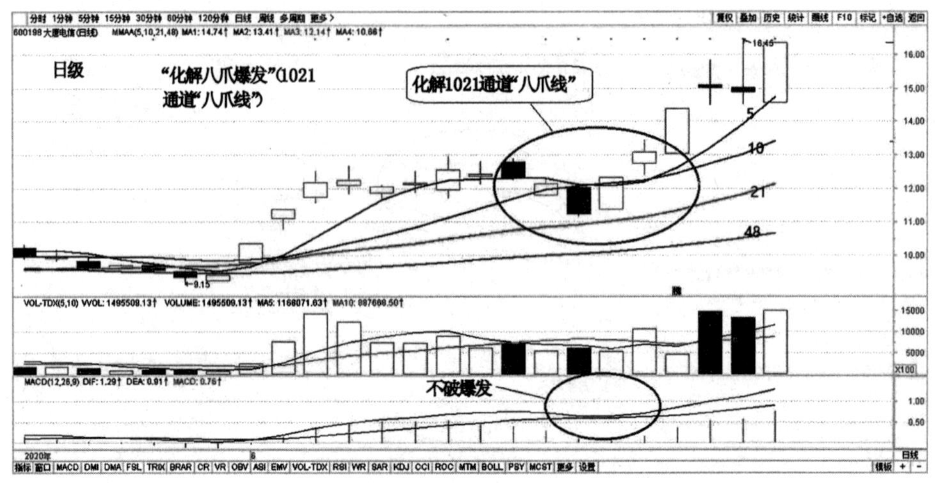

图5-027

从图中也可以看出，1021通道里的八爪线乖离并不是很大，也可以先不化解，等这一波攻击结束后，那时，1021通道里的八爪线乖离已经很大时，再回来化解也可以。但为什么主力资金会先化解这个八爪线呢？

下面从技术角度进行解析。虽然该股价格已经处于上攻中，但主力资金明显采用的是边攻、边洗、边吸货的手法，通常这个时候，主力资金总是会利用任何有利于“清洗和接恐慌筹码”的机会。而当主力资金进入推升价格的阶段时，就只对比较大的技术乖离(比如，短期通道中的八爪线)进行一下短时间的化解(当然也是清洗动作)，因为，要保持住技术上攻的“助力”状态不被破坏。从这一段的上攻动作看，主力资金对价格的推升并不急迫，所以，说明该股还没有进入主力资金推升价格的时候。

还有一个原因。看图中该股打下来的时机，刚好是510通道两线收拢比较近的时候，此时，也是技术上再次上攻的最佳节点。而主力资金却选择在此时将价格打下来收低位盘，造成510通道两线死叉，带有“反技术派博弈”的含义。因为，很多短线技术博弈者将510通道视为短线博弈的重要通道，而很多人又将价格下破510通道+510通道死叉，作为一个技术卖点来用。

“该起不起必有妖”这句话，是很多技术派做交易判断时常说的，所以，面对“该起不起”+510通道短期强势通道死叉封闭+价格当天尾盘收低位盘，就可以“忽悠”很多技术派的短线客交出筹码离开。

但是，该股在化解1021通道八爪线之时，MACD指标始终保持着多头强势状态，从这一点上讲，主力资金在这里的“忽悠”行为，仅仅只是“顺手做了一把”而已，并没有刻意展开做下去。被“忽悠”的大多只会是一些技术上还不成熟的新手，以及一些喜欢盯着盘内分时技术做T的股民。因为出现阴线的当天尾盘时，突然再次以大单子下打收盘，着实引发了一些盘内恐慌筹码涌出。

在次日，高开之后一路震荡上行，在上午收盘前就封住涨停板。可见主力资金前一天的清洗动作，“甩”掉了很多短线客。

有趣的是，股民都有一个“通病”——被“甩”掉后，会眼睁睁看着价格上攻起来，而不会再买回筹码。为什么呢？还是“心理落差”在作怪。

股民在心理上一时难以接受“低卖高买回”这种做法。因为很多人都认为“低买高卖”和“高卖低买回”才是对的，而对“低卖高买回”这种操作，从心底里是有抵触的，价格的高低差价(其实并不是很大)形成了“心理落差”，产生了不适感。

但要这样想——该股正在低位区域里进行着扭转、转强动作的过程中，不要为了一点价格上的高低“落差”，而不愿意买回筹码，纠正自己的错误。

但要注意：在价格中高位的时候，就不要这样做了。有趣的地方就在这里：反而是在价格处于高位之时，很多人却会“心甘情愿”地采取“低卖高买回”的操作，并且坚定地“站在高山”上。你看，同样一个操作方法，用的位置不对，其结果也会大相径庭。值得深思！

该股前面在化解510通道八爪线的日级指标，也是“不破爆发”。在实战交易中，细节介入点也许不好把控，所以，再看一下该股小级别上的技术走势。

见图5-028，大唐电信在60分级上，2148通道八爪线化解动作与日级上的1021通道八爪线化解是同步的。可以明显看到，MACD指标的“回0轴爆发”+价格“冒头”(这自然是同一个买点机会)，以及“突破水平颈线”(这自然又是一个买点机会)等走势细节均一一呈现。

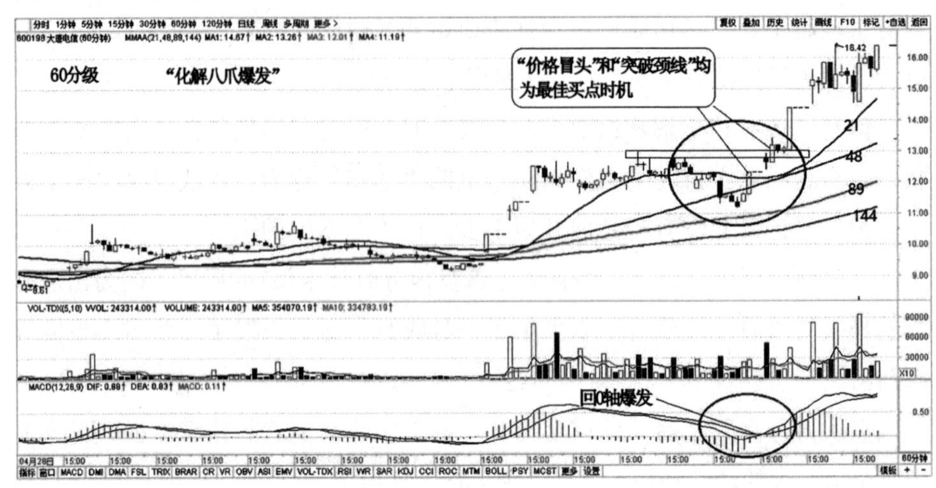

图5-028

可能有些人已经注意到一个问题：前面个股实例中化解510通道八爪线，与此个股实例化解1021通道的八爪线，两只股在化解完八爪线之后，爆发起来时，为什么“爆发量”都没有“超前量”呢？

这是因为，化解510通道和1021通道中的八爪线行为，是在价格一个上攻波之中的价格回打清洗动作，这个上攻波段还在进行中，资金没有进行大规模切换。而当比较好地清洗了短线获利盘之后，再次爆发起来时，就不会有那么多的抛压筹码出现，所以，爆发量没有超前量，是一种正常、合理的表现。

通常主力资金很重视这个方面，对盘面多空筹码的换手也很敏感，如果感觉多空筹码的换手出现了影响正常控盘的筹码时(比如，你拉价格我就卖)，主力资金还可以再打下来做震仓、洗盘等动作——有时，你会发现，一只股突然爆拉两天脱线之后，又打回来了，并且换手还挺大，就有这种原因。

从扭线技术来看，在价格上攻过程中，只要是短期系统里出现了八爪线，当价格回打下来进行化解时，在小级别上，总是会有一个级别上的第一通道(也就是2148通道)保持着，并与指标的“爆发点”形成同步走势。

记住这一点，就可以解开“化解八爪线时，何时才能化解完并再次上攻”

这个疑问了。

细节决定成败。

下面是化解2148通道里八爪线的“化解八爪爆发”的个股实例。

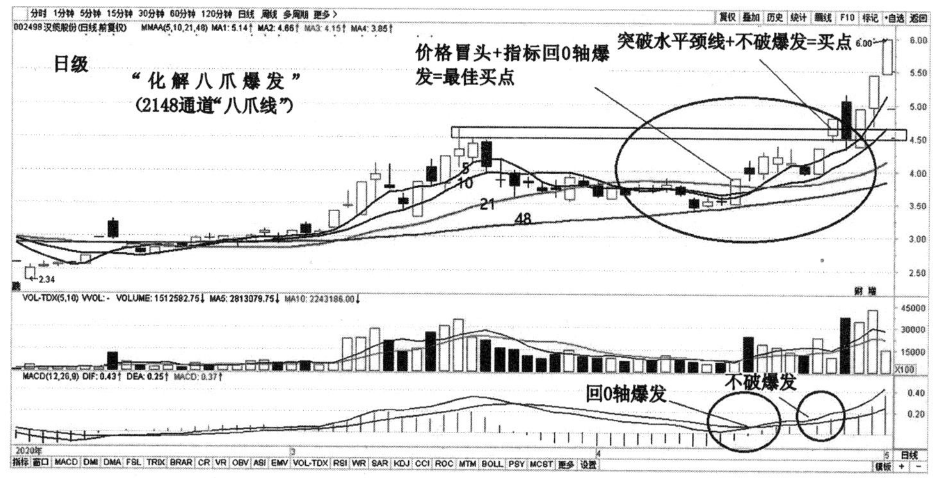

图5-029

图5-029中，汉缆股份化解的是2148通道八爪线。前面讲了价格化解510通道和1021通道八爪线中的技术细节，化解2148通道也是一样的。将价格、均线(通道)、指标、爆发量、价格冒头、突破水平颈线等这些技术动作和信号综合起来，再看这个2148通道的化解八爪线过程，就会明明白白。

我就不重复解析这只股了，大家可以按照我前面讲的方法，自己解析这只股的化解八爪线的过程，以及爆发时的最佳介入时机。

这里只解释一点：为什么在这个化解2148通道八爪线的个股实例中，没有小级别的图呢？

很简单，因为日级上的2148通道周期要比510通道和1021通道周期层级大，在小级别上(比如60分级上)，通常第一通道(2148通道)是难以保持住多头攻击状态的，甚至4889通道都有可能出现死叉封闭的情况，特别是60分级上的MACD指标下破0轴，而日级上的指标却不会下破0轴，所以，在实战中，遇到化解2148通道八爪线时，日级是最适合捕捉“爆发点”的交易级别。

而同步的，在周级上则是化解510通道八爪线+指标“不破爆发”的动作，所以，可以将日、周两个级别结合起来进行监控，周级是大级别，日级就成了小级别了。

当然，如果你还是想把日级作为大级别，在分钟级别上寻找一个小级别来做交易级别的话，就要在15分级或30分级的系统新循环——系统重新扭转+指标“爆发点”来捕捉交易时机。

关于这种方法，后面的“五步四级”就会讲到——相对简单、快速、准确地定位交易级别，并快速做出交易判断的技术方法。

下一节，讲讲“12个爆发点”在实战交易中应用的问题。

四、12个爆发点

世界上任何一件事情的发生，都不会是单纯的某一个因素所触发；通常会是不同方面的几个因素，在某个时刻，聚集到同一个节点而引发的；任何一个技术上博弈机会的出现，也是如此。

将“指标爆发点”和“均线爆发点”进行组合后，就提炼出12个日级上的组合型“爆发点”。在技术上，它们本身就是相互有技术关联性、又相互能够印证的爆发信号，技术交易的确定性也就由此产生。

那么，这12个“爆发点”是如何组合而成的呢(见图5-030)？

(1)“上0轴爆发”有3种模式：

①“打空上0轴爆发”；

②“聚拢上0轴爆发”；

③“缓攻上0轴爆发”。

(2)“不破爆发”有3种模式：

①“聚拢不破爆发”；

②“牛铃不破爆发”；

③“缓攻不破爆发”。

(3)“回0轴爆发”有4种模式：

①“打空回0轴爆发”；

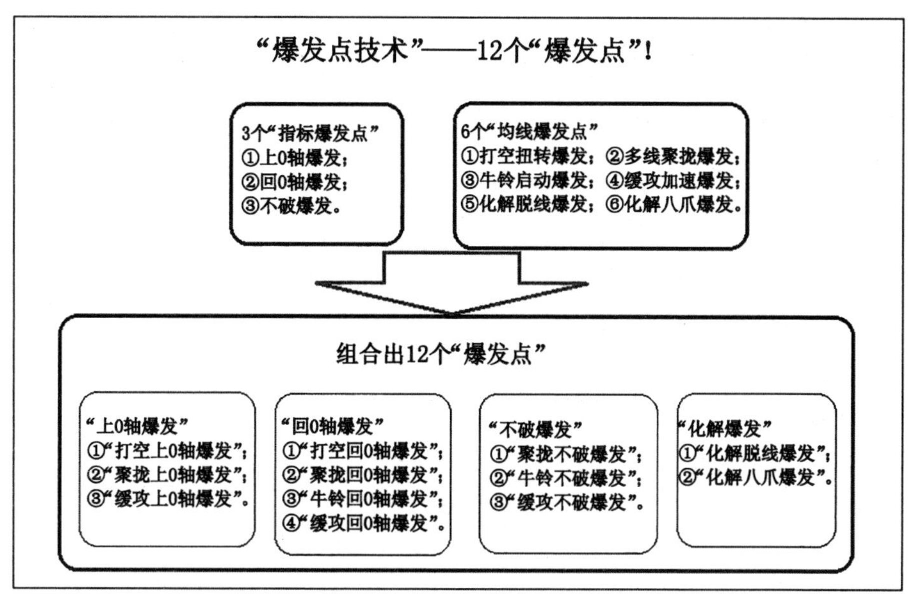

图5-030

②"聚拢回0轴爆发";

③"牛铃回0轴爆发";

④"缓攻回0轴爆发"。

(4)"化解爆发"有2种模式:

①"化解脱线爆发";

②"化解八爪爆发"。

(注:其他级别上的化解规律与日级别一样)

解释:

①在指标的"上0轴爆发"中,均线上会出现"打空扭转爆发""聚拢扭转爆发""缓攻加速爆发"这三个动作。但是,通常不会出现"牛铃启动爆发"动作。

为什么?因为"牛铃线"的形成,是先上攻了一段,然后回打蓄势而形成的。所以"牛铃线"形成时,已经经过了"上0轴"的"爆发点",因而只能形成"回0轴爆发"和"不破爆发"两个技术信号"爆发点"。

但是，这也不是绝对的。如果在“牛铃线”蓄势的过程中，价格回打比较深(下破了48线的支撑)时，MACD指标也有可能出现下破0轴的情况，但注意——此时2148通道两线是没有死叉的。那么，当价格重新启动爆发之时，MACD指标就会出现重新“上0轴”的爆发动作。

不过，在实战中，这种情况只在有些比较特殊的情形下才会出现。其中有一个均线与指标之间的技术关联现象——即，当2148通道两线出现死叉时，MACD指标就会下破0轴；反过来，当指标下破0轴(提示：如果DEA只是很轻微的下破了一点点0轴，是在合理弹性范围之内的，可以允许的)时，2148通道两线死叉也几乎会同步出现。见图5-031。

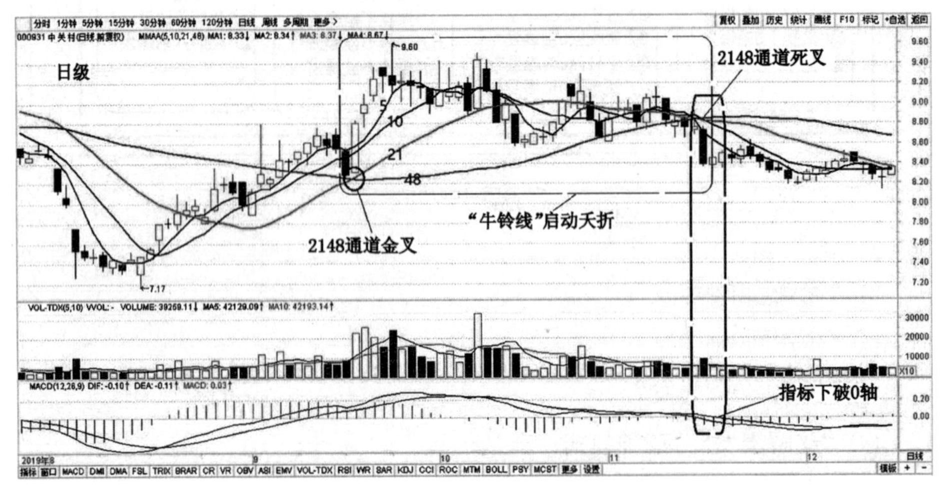

图5-031

图5-031中，中关村的这个“牛铃线”，在运行到启动爆发技术节点时(即2148通道两线收拢之时，通常也是“牛铃线”启动爆发的最后技术节点窗口)，没有启动爆发起来，夭折了。

从图中可以很明显地看到，当2148通道两线死叉封闭攻击通道的同时，MACD指标也下破了0轴。实战中，出现这种情况时，必须要做出规避交易风险的决断。

下面这个图，是“牛铃线”蓄势中，在启动爆发之前，MACD指标回落0轴附近时，DEA有轻微的下破0轴现象的个股实例。

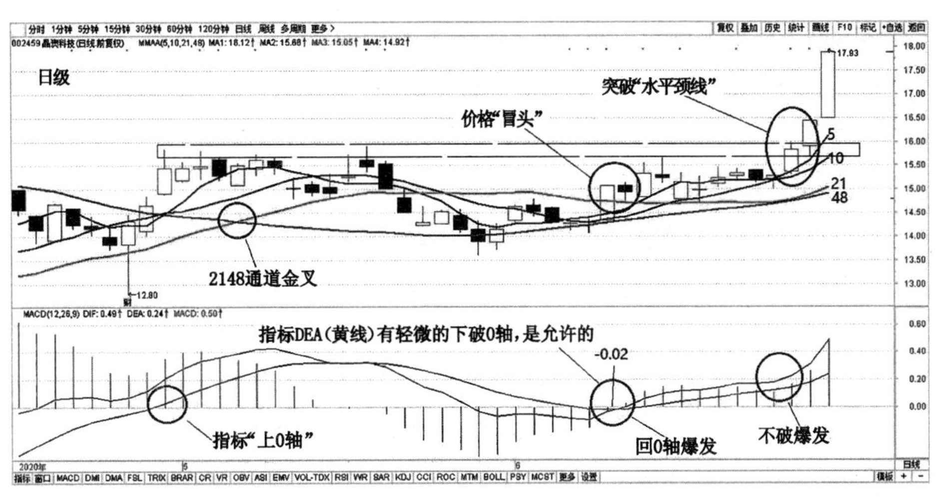

图5-032

图5-032中，晶澳科技也在2148通道金叉之后，走出了一个“牛铃线”的蓄势过程。价格回落震荡、清洗、蓄势，在“回0轴爆发”的启动爆发之前，可以看到一个细节——MACD指标的DEA(慢速线)是有一些轻微的下破0轴现象的，例如图中该股的DEA数值在金叉之前，就回落到了-0.02的位置，说明下破了一点点0轴。但这种情况，在实战中是可以允许的，因为此时指标轻微下破0轴的动作，并不影响“回0轴爆发”的指标金叉动作。

要知道，价格对指标线的计算中，是存在一些“弹性数值差”的，一般来讲，只要这个“弹性差”并不是很明显，并且并不破坏均线形态(牛铃线)的运行状态，就可以。就像一个主力控盘手，本来计划是将价格从5元回压到4元的，但在实际盘面中，不可能把价格就刚好打到4元整数就结束。有时，当打到4元时，价格刚一拐起头，就发现盘中有资金抢筹现象，此时，控盘手通常都会在盘中随机应变做反手，拉起来后，再打破4元，打出新低。直到价格再拐头起来，盘中已经没有人敢抢筹时，价格的打压才算结束。而在实战中，这种情况每天都会在不同的个股上出现，无论是上拉价格或是打压价格。所以，在交易进行中，没有哪个价位是“死”的，不能被破掉的。关键是，拉价格或打价格的目的是否达到了。

MACD指标的计算参数形成，与价格紧密关联着，因此，有时，指标DEA线回0轴附近了，但可能由于某些细微的因素影响，价格的回打重心又降低了一点点时，DEA线出现一点点轻微的下破0轴现象，就是合理的正常表现，只要不破坏“牛铃线”的运行，以及后面的“回0轴爆发”金叉动作。

在技术上，虽然细节决定着成败，但我们不能以“死板、僵化”的技术思维，来看待细节上的一些轻微变化；对那些没有改变技术运行状态和技术演变路径的轻微动作变化，应该有一份技术运行中的“宽容弹性”。当然，这个“宽容弹性”的范围比较小，不能破坏和改变技术运行状态。

下面的个股实例，是比较少见的在“牛铃线”蓄势过程中，MACD指标明显下破0轴，而2148通道未死叉封闭，还能启动爆发的个股实例。

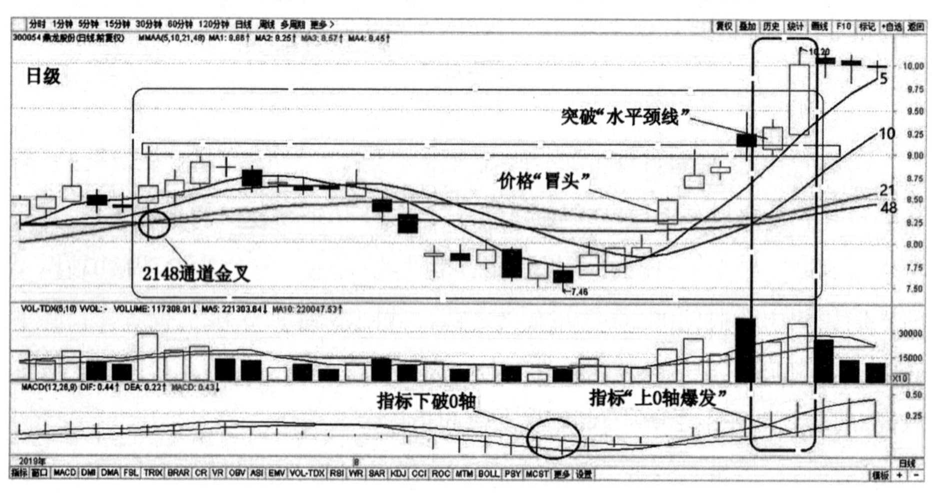

图5-033

图5-033中，鼎龙股份在2148通道“牛铃线”的蓄势过程中，价格回打不但下破了48线，并且价格重心下沉比较多。因此，MACD指标下破了0轴。但2148通道两线却一直没有出现死叉、封闭通道现象。最终，价格还是基本维持住了“牛铃线”状态，启动爆发起来，而指标重新进入新循环，再次“上0轴爆发”+价格突破“水平颈线”。

这种情况，虽然在“牛铃线”中并不是常见到，但如果出现指标下破0轴+均线通道不死叉封闭这种情况时，应该怎么做交易判断呢？

记住一点：当指标下破0轴，而通道不死叉封闭时，应以均线通道的运行状态为准来进行交易判断，也就是判定该股的“牛铃线”运行状态没有被破坏。

但这种情况下，在定位小级别上的交易级别时，要根据MACD指标在日级上已经下破0轴的情况，在小级别上去寻找指标和系统都开始新循环的级别来定为交易级别——比较多见的是在15分级上(个人经验，供参考)。

另外一点，还应注意到“牛铃启动爆发”中的一个技术现象：通常会有两次爆发动作，出现两个“爆发点”。第一个“爆发点”出现时，大多是“指标回0轴爆发+价格冒头”之时。第二个“爆发点”出现时，大多是“指标不破爆发+价格突破水平颈线”之时。

把这个记住，把具体的“相”“忘记”，因为“相”可以有万千，而技术动作变化的规律路径才是交易中，你真正需要“融化在血液中”的东西。

②在指标的“回0轴爆发”中，四个均线系统上的“打空扭转爆发”“聚拢扭转爆发”“牛铃启动爆发”“缓攻加速爆发”都会出现。

从这一共同点上，就说明一个问题：在实战中，无论是哪一种均线系统上的爆发动作，都要重视其出现的“回0轴爆发”博弈机会点。

虽然，某个“均线爆发点”动作在启动爆发时，也许不是在指标的“上0轴爆发”之时出现的，但是，只要是“均线爆发点”的准备条件与指标的“回0轴爆发”动作出现同步时，都应马上意识到这里的爆发点，在技术上的交易确定性是很高的。

很多人在做交易捕捉价格的爆发点时，都是以价格(或者讲K线)的上攻作为主要捕捉信号，特别是做短线博弈的人，已经习惯于这样做判断。

但是，为什么有时准，有时不准呢？这是一个技术条件的问题。可以这样理解：当技术条件还没有具备时，价格的上攻动作就会比较短暂，而持续性不强；当技术条件已经具备时，价格的上攻动作首先就具备了持续攻击的条件支持。

所以，在实战中，活跃的个股，几乎每天盘中都会有价格上攻的动作反复出现，但并不是每次都会形成持续性的上攻展开。你要关注的，那些在技术上已经具备了持续性上攻条件的价格上攻动作——“12个爆发点”。这其实就是告诉你，这些情况下的价格上攻，才是真正具备持续上攻展开条件的

“爆发点”。

有的放矢，就是指这个，要在有针对性、有目标、有更大成功概率的时候出手。而不是在盘中，一看到价格向上一攻，就以为确定性的博弈机会来了。

看图5-034至5-035。

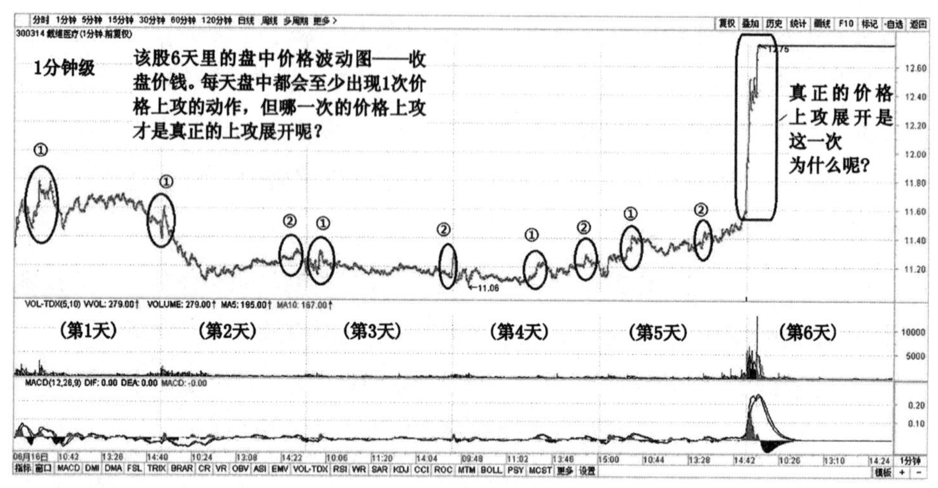

图5-034

图5-034是戴维医疗6天里的1分钟级(收盘价)走势图，与“分时图”走势是一样的。在“分时图”里，是1分钟收一个价格点。可以看到，该股在这6天时间里，几乎每天都至少会出现一次价格上攻动作，无论价格重心是在上升、下降，或是横向震荡中。

图中“第1天”，盘中只出现了一次价格上攻动作。但很明显这个上攻动作是短暂的。“第2天”的价格上攻动作是在开盘后不久出现的，但也很短暂。当天第二次价格上攻动作出现在尾盘收盘前，也是很短暂。其后“第3、4、5天”的盘中，每天盘中都会出现两次价格上攻动作，但都比较短暂，没有持续性，价格的动作幅度也都比较小，没有展开。“第6天”开盘后，价格一路展开上攻，最终封住涨停板。

在这么多天里，为什么只有“第6天”里的价格上攻，才是真正展开呢？如果你只看盘中价格的波动上攻，就像该图中，只有价格波动轨迹，没有技术系统的参考判断，很多人很容易就会“被价格牵着跑”。

只要给价格加上技术系统，也就是均线系统，然后再结合我们讲的“爆发点技术”，上一个自然段中的问题的答案就一清二楚了。

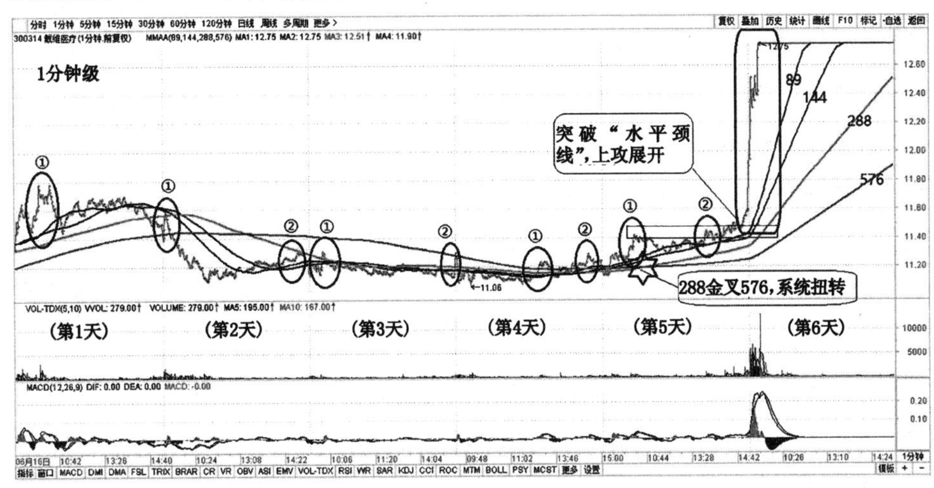

图5-035

见图5-035，当加上均线系统之后，6天时间里，为什么“第6天”时，价格的上攻才会真正展开？答案是很明显的。

“第1天”盘中价格的上攻动作，只是前面一波价格上攻短线高位时的震荡动作。

“第2天”开盘后的上攻动作出现时，系统已经开始向下扭转了，所以被压制了。而当天尾盘前的价格短暂上攻，只是出现低点之后的反弹动作。

“第3天”“第4天”两天里的盘中，虽然每天都会出现两次价格上攻动作，但这时，价格明显已经被系统压制着——但是，系统在“第4天”里，已经明显开始低位收拢动作了，这说明系统正在形成低位扭转的技术条件。所以，这两天里的价格几次上攻，都可以视为“冲线”动作。

而在“第5天”，系统完成扭转动作(288金叉576)，当天盘中的两次价格上攻动作，带有明显的试探+清洗+吸筹，但价格已经在缓慢震荡转强中。

到此，价格展开上攻的技术条件已经开始具备了，至于是“第5天”尾盘展开上攻，还是“第6天”早盘展开上攻，或者是“第6天”尾盘展开上攻，其实只取决于主力资金对盘面时机的把握，我们没必要去做“神仙”，掐指算是哪个时间。

关键点，是我们已经通过技术方面的变化和“爆发点”信号的具备条件上，知道了该股价格可以随时展开上攻。这对我们的交易来讲，才是最重要的。

我们通过技术想得到什么呢？技术确定性+交易机会的确定性。

得到这两个结果的同时，机会就已经摆在你的面前，抓不抓是你自己可以决定的事情。你可以不抓，也可以抓，关键是，你不能盲目去抓，而要依靠技术工具的力量，有的放矢地抓。这样一来，你的博弈和交易，才是脚踏实地、明明白白的。

有些人认为，价格是随机的，所以做交易只要随机应变就可以了。

也有人认为，博弈的胜率就是50%对50%，何必费心、费精力、费时间去学习什么技术技法，瞎猜瞎蒙也好，技术技法也罢，还不都是50%的胜率吗？

这些说法似是而非。人活几十年，天天浑浑噩噩是一种活法，天天自强不息也是一种活法；为什么股民不选择前一种活法，而是要搏一把呢？

我相信，在股市里进行博弈的人，都怀着一颗自强不息之心。想活得更精彩一些。一个想活得更精彩的人，通过自身努力、学习，多掌握一些实现这种愿望的技术技法，是很正常的充实、提高自己的方式。而且，通过自己的努力，将胜率提高到51%，并不是不可能的事情。很多人都可以做到，并且也许已经做到，只是，这种胜率对于很多人来讲，并不稳定，很容易又退回到一半对一半的水平。所以，就需要不断学习，提高自己的交易水准，将51%的胜率长时间稳定住，进而逐渐积累财富。

其实，做交易时，确实需要有“随机应变”、不死板、不僵化的交易思维，这个是很重要的。但是，价格的“随机性”表现，只是一种“相”的表现，并不是价格的真正面目，价格的真正面目是“人性”。而“人性”是有迹可循的，有迹可循的“人性”，必然就会在技术面上形成有规律的博弈波动轨迹，而这是“撬动”博弈中50%概率发生倾斜的重要支点。所以，技术的状态，反应的也是群体性人性的博弈心理的结果。只要你参与这场博弈，你就会不知不觉地步入群体博弈心理状态中。因为“人以群分”，是说人们按人性、人心的不同，自然形成了聚集现象。

也许有些人不认同我的这种观点，您可以慢慢感悟。

③在指标的“不破爆发”中，为什么没有“打空扭转爆发”呢？

这个应该比较好理解。因为在“打空扭转爆发”中，价格是被打压到所有均线之下的，此时，价格处于明显的弱势下跌状态中，MACD指标要想保持住不死叉的强势，是很难的。

指标只可能有两种情况：要么下破0轴，要么回到0轴附近。

指标下破0轴了，价格要从所有均线之下，扭转起来穿线而上，展开上攻，就必然要经过“上0轴爆发”的节点。如果指标都不能“上0轴”，价格还怎么可能会爆发，展开上攻呢？所以，指标下破0轴后，价格要展开上攻，必然会出现“上0轴爆发”。

而如果当价格打到所有均线之下的时候，MACD指标还没有下破0轴，而只是回到0轴附近，这其实是在“打空扭转爆发”里最容易判断的一种情况了。价格很弱，但指标并不弱(还在0轴之上的多头市场里运行)，本身就说明该股这里价格的下跌，具有比较明显的“清洗”目的。

为什么要“清洗”？当然是为了后面价格展开上攻。而指标回0轴而不破0轴，从时间上，也“画了一个圈”——指标回到0轴附近这里后，价格随时都有可能展开上攻爆发动作，时间上，已经近在眼前了。

如果你想进一步监控到爆发的时间是否已经很临近，还可以通过小级别上的技术条件准备情况，来进一步确定，后面“五步四级”内容，就是把这个过程进行了提炼。

我估计会有人在学习本书后，在实战之中会提出一个问题：“打空扭转爆发”中，是否也存在“不破爆发”信号点？是的，你没有看错。

但这个“不破爆发”信号点，不是出现在“打空扭转爆发”的第一个爆发信号点位置，而是会出现在第二个或第三个爆发点之时。这些时候的爆发动作，已经不是“打空扭转爆发”的“爆发点”了，而会转变为其他动作的“爆发点”。

我们讲的“打空扭转爆发”，首先在做交易判断时，要面对的是两种情况：指标下破0轴之后的“上0轴爆发”，或者指标的“回0轴爆发”。至于“不破爆发”，必然是发生在这种“爆发点”之后的。

这里存在着技术逻辑上的爆发次序，有“原生”和“衍生”之区别，不能混淆。

看下面的个股实例。

图5-036中，星徽精密出现过两次“爆发点”动作。第一次价格打空之后，扭转上攻时，MACD指标“上0轴爆发+价格冒头”，并且，510通道还是缓攻动作。所以，这个是“打空上0轴爆发”与“缓攻上0轴爆发”两个动作相结合的扭转动作。但由于没有“缓攻加速爆发”的后续动作，所以，主要还是“打空上0轴爆发”。

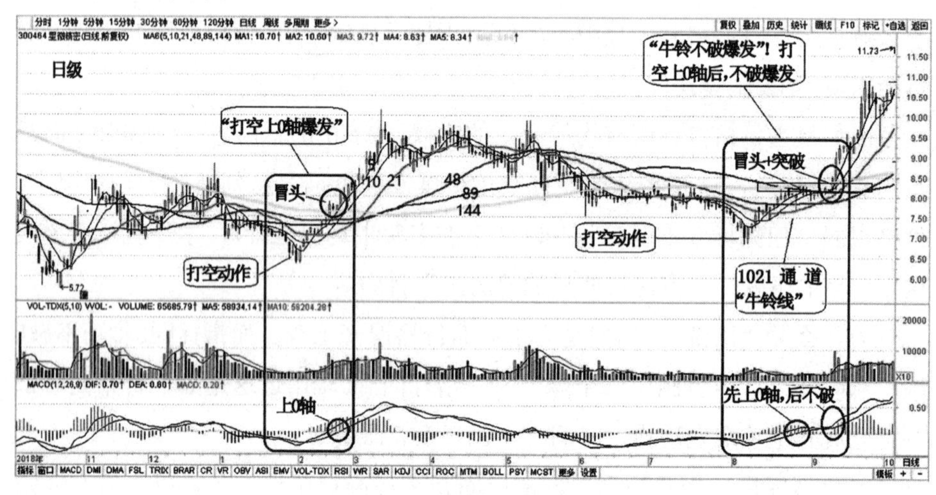

图5-036

第二次价格打空扭转之后，指标先“上0轴”，但没有爆发起来。而后来是在1021通道两线形成“牛铃线”的情况下，启动爆发起来的，同步指标上是“不破爆发”，所以第二个爆发动作，并不是“打空扭转爆发”，而是“牛铃不破爆发”的动作。也就是说，在前面价格打空之后，既没有出现“打空上0轴爆发”，也没有出现“打空回0轴爆发”，而是转变成另一个爆发动作(即“牛铃不破爆发”)。

这就说明：在指标的“不破爆发”信号中，虽然有些个股前面也有“打空动作”，但后面的“爆发点”中当出现“不破爆发”信号时，都已经不属于“打空扭转爆发”的动作范围了，而是转变成了其他“爆发点”动作。或者是

“牛铃不破爆发”，或者是“缓攻不破爆发”，也有可能是“聚拢不破爆发”，但难以出现“打空不破爆发”。所以，在“不破爆发”中，没有纳入“打空不破爆发”的动作。

再看图5-037中仙乐健康的“爆发点”。在价格“打空动作”出现之前，MACD指标已经“上0轴”了，只是没有出现“上0轴爆发”。而在“打空动作”之后，价格的爆发动作，在指标上形成的刚好是“回0轴爆发”的信号点。同步地，与“价格冒头+突破水平颈线”一同出现，形成几个技术条件的同步具备。所以，这只股此处是典型的“打空回0轴爆发”动作。

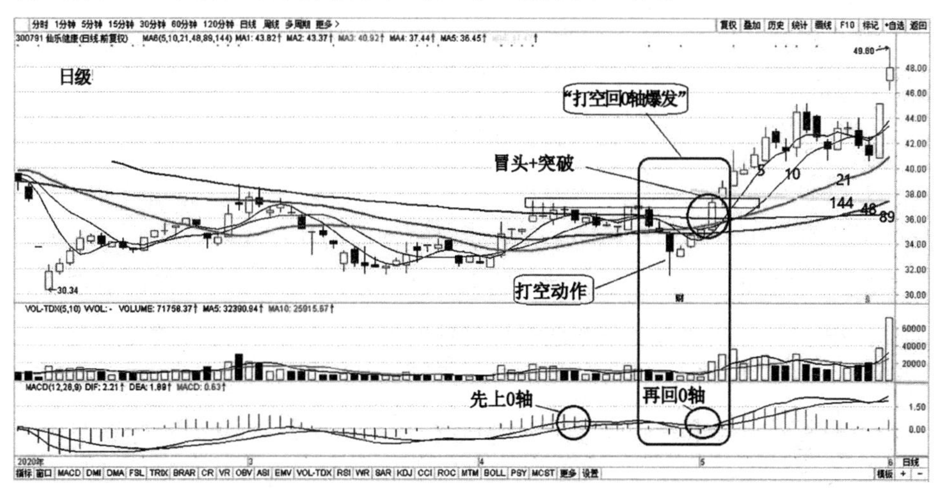

图5-037

通过以上个股实例，应该明白了为什么在“打空扭转爆发”中，没有“不破爆发点”了。

这就说明了一个技术动作现象——有些技术动作，只会在特定的、符合它自身条件的情况下，才会出现，并不是在任何情况下都会出现。这对于在实战交易中减少误判，会有很大的帮助。

④对于“化解爆发”，与其他几个“爆发点”博弈机会是有区别的。

首先，“化解爆发”是价格已经爆发展开上攻了，是上攻途中价格的再次爆发动作。无论是“化解脱线爆发”还是“化解八爪爆发”都是如此。而“聚拢扭转爆发、打空扭转爆发、牛铃启动爆发、缓攻加速爆发”这四个“爆发点”，都属于低位扭转时的“爆发点”动作。

若从更加细节性的技术动作来看，在这四个低位扭转的爆发动作中，也存在着有时“脱线”、有时八爪线的情况，所以也会有“化解爆发”的动作。不过，由于这个时候，价格的“化解脱线、化解八爪线”之后所产生的小动作爆发，必须“服从”低位扭转时的这四个大动作爆发，所以，这时的“化解爆发”更多的只是一种价格修复行为，而修复之后的爆发力度也并不是很强。只有当某次价格修复之后(就是化解了脱线或八爪线之后)的爆发，与四个低位扭转中的爆发动作形成重叠时，其爆发强度才会很强。

在“爆发点技术”中所讲的“化解爆发”，主要是以在上攻过程中的价格修复后的爆发再上攻动作来讲的。其中的区别要理清。

另外一点，“化解爆发”发生在日级上，但其交易级别有时会是在日级上，有时则会是在小级别上(分钟级上)。

其中有一个技术判断标准：如果价格修复的动作，没有破坏分钟级别上的系统循环延伸时，就要在分钟级别上寻找确定交易级别；如果价格修复的动作，破坏了分钟级别上的系统循环延伸时，也可以直接将日级确定为交易级别。

为什么？当价格进行修复动作时(化解脱线、化解八爪线)，如果分钟级别上原有的系统循环延伸被破坏掉了，就说明这个价格修复动作以及结束了小级别上的原有的系统循环延伸状态，当价格修复结束后，再次爆发起来时，小级别上(分钟级别上)的系统就会重新开始新一轮的循环。而此时，日级上还延续着原来的系统循环延伸状态，这是价格攻击延续性的一个表现。所以，可以直接将日级确定为交易级别。

当然，也可以在小级别上确定交易级别，但通常这个级别不能太小，在“爆发点技术”的实战应用中，小级别上的交易级别定位，最好不要小于15分级别，除非在价格攻击很强势、连续拉涨停板等情况下，才会定5分钟级为交易级别。通常情况下，只要15分钟级别上的系统新循环能够形成稳定延伸时，价格爆发起来后的攻击持续性才会高。

五、“爆发点”的路径规律

前面讲了“三个指标爆发点”和“六个均线爆发点”，在实战中，很多人或多或少也都了解其中的一些博弈机会，但没有系统地掌握这些爆发点内在的一些技术共同(共通)点。

有些人以指标中的某个爆发点来捕捉交易机会；有些人以均线中的某个爆发动作来捕捉交易机会。就像一套拳法，我们只对其中的一些零星招式比较熟悉，而尚未系统掌握的五花八门的招式之间，其实存在着一些固定的出现次序，以及前一个招式转变为下一个招式的变化规律。

大家都是从零散招式开始学习技术的，但要想提高技术水平，就要“忘记”这些招式，只记住每个招式中的精髓核心，以及在不同招式之间的转变过程中，一些“固定”的技术规律和技术节奏。这个问题，对做好实战交易很重要！

本节我们就要把这些“散招”归拢起来，重点讲讲实战应用中隐藏在这些“散招”中的交易秘密。

将这“12个爆发点”动作归纳到一起后，一条带有先后发展变化次序的“爆发”路径规律就会显露出来：打空打散—聚拢收拢—轨道缓攻—穿线冒头—上0轴爆发—回打坐线—两种爆发(不破爆发、回0轴爆发)—两种爆发量(爆发量超前量、爆发量不超前量)—两种化解(上攻途中—化解脱线、化解八爪线)。

(一)打空打散

在技术(均线)系统的“低位扭转”过程中，在价格启动爆发之前，几乎所有的价格都会出现“打空打散”动作。即先将价格打压到所有均线的下方，形成“打空”；短期系统也会跟随价格的“打空”动作而被“打散”。

技术细节上的区别只是：有时，只有短期系统被打成空头发散状态；有时，则是短、中期系统被打成空头状态，但中期系统通常不会发散，而是比较聚拢(虽然中期系统还没有完成理顺为多头)，只有短期系统出现空头发散现象。

此时，如果日级或周、月级上能够出现“底背离”现象，则是“潜伏性试探介入”的一个时机——也就是MACD指标在0轴下方的那个“金叉”爆发动作(虽然“爆发点技术”没有将其纳入指标爆发点中，但你可以在“打空打散+底背离”时，作为潜伏性试探介入的一个时机对待)。

看个股实例。

图5-038中，宣亚国际在“打空打散”之时，短、中期系统均为空头排列状态。通常情况下，这种时候，不宜贸然择低介入。但是，如果“打空打散”之时，出现了“底背离”现象，而该股又处于低位区域时，就可以考虑进行“潜伏性试探介入”的操作。

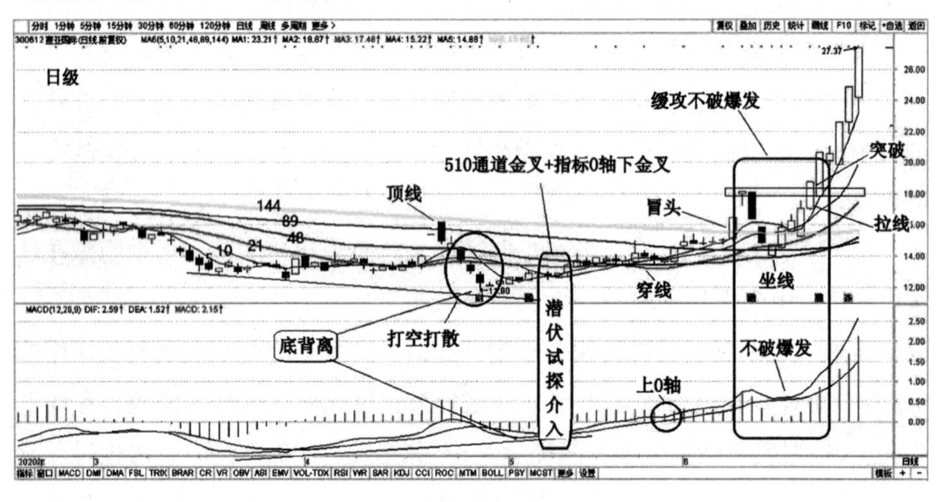

图5-038

对介入点的把握，最好能够选择在510通道金叉+指标在0轴下金叉之时开始。因为510通道的金叉扭转动作说明资金的推动力量在增加；而MACD指标的金叉动作则是对这种资金推动力量的同步确认信号。

图中该股在此之后，510通道形成缓攻通道，这说明有资金在积极地边吸筹码，边清洗，边缓攻。同时，也具有“穿线”的动作特点。一般来讲，确认了“穿线”动作，也是可以在“穿线”过程中择机介入。特别是当510通道或者1021通道形成“穿线”时，说明推动“穿线”的资金力量很强(强，并不一定要出大阳，关键是看这种强度的持续性)。

“穿线”+“冒头”，又是一个介入点。之后，回打“坐线”之后，价格拉起来时，也是介入点。“突破水平颈线”也是一个介入点。“拉线”动作也是介入点。从介入时机来看，介入点会有很多个。

但在实战中，不是所有遇到的个股都会是这样完成扭转和爆发起来的。有些个股由于各种因素的影响，也可能出现“一波三折”的情况。所以，我们为了保障交易的成功率，要更加注重“爆发点技术”中的这几个最佳介入时机点。因为一旦出现这些介入时机，说明在技术上已经具备了价格爆发的条件，交易的成功率会更高些。

该股虽然有“打空打散”的动作，但最终的爆发，却是“缓攻不破爆发”(因为1021通道在缓攻中一直保持着)起来的。所以，“打空打散”动作几乎会发生在任何一种低位扭转的动作中，但却不一定会发展成为“打空扭转爆发”。

这里要再次重点提示一个问题！当你学习掌握、熟悉了这些价格和技术系统的扭转规律关系，以及前后变化次序之后，请忘记所有这些“技术动作名称”吧。就像学会了武功招式之后，只有忘记一招一式的名称，才能够将自己与武功融为一体，才能够真正懂得其中的运用之妙！

(注：这些技术动作名称，只是为了让大家在学习时，能够更准确地区别开每个动作的不同特点而冠名的。熟悉了一系列运行路径轨迹后，可以忘记它们。)

(二)聚拢收拢

在“打空打散”之后，随着价格“穿线”动作的出现(无论是什么样的扭转，都会有“穿线”动作)，价格就像一根针，穿过所有压在头顶上的均线，把所有均线“收拢、聚拢”在一起了。

有些个股，在“打空打散”和“穿线”动作出现之前，均线系统(特别是中期系统或中长期系统)可能已经出现了低位的“多线聚拢”动作，但是，同样还是会出现“穿线”动作。只是，价格的“穿线”动作会被“多线聚拢”拉动起来形成向上的多头发展状态。

也可以这样看：当中期系统(或中长期系统)出现“多线聚拢”之时，价格出现“打空打散”之后的“穿线”动作时，由于多条均线收拢在一起，反而更容易“穿线”成功。

可能有人会问：如果不是“多线聚拢”，而是“井字形”(均线系统相对散开一些)时，价格“打空打散”之后，怎么确定“穿线”能够成功呢？“穿线”的通道越强，越容易穿越成功。

怎么才算强？如果价格是依托510通道缓攻穿越压制的层层均线，关键是510通道不八爪，价格贴着5日线持续缓攻。这就是攻击力量很强的一种技术表现。

如果不是510通道来“穿线”，那么，最起码也应该是1021通道来做“穿线”动作。因为1021通道也同样属于短期系统里的通道，虽然“穿线”的攻击强度要比510通道弱一些，但也算强势。

那么，如果是2148通道来“穿线”呢？也可以。但2148通道“穿线”时，由于其周期要大一些，所以，价格在“穿线”过程中，回打、回撤、震荡的动作就会比较多。510通道也容易死叉封闭、1021通道也会偶尔出现死叉封闭动作，这本身就说明价格的浮动幅度比较大一些。这种情况下的“穿线”动作，就会有“一波三折”的表现。

再较真一下，如果是4889通道或89144通道来“穿线”呢？这些中期通道的“穿线”动作，在实战中比较罕见，但也不排除偶然情况下会出现。如果出现了，还是要重点关注短期系统里的三个通道(510通道、1021通道、2148通道)的“穿线”动作变化。通常，都会是以短期系统通道来完成“穿线”任务。因为，“穿线”动作本身，在价格攻击达到一定强度时才会出现。

如果价格攻击强度太低、价格攻击力量太弱，通常“穿线”动作很容易夭折。所以，以中期系统通道来进行“穿线”动作的情况，很少见到。最次都会是2148通道来做这件事。

(三)轨道缓攻

在价格做“穿线”过程中时，伴随“穿线”的通道(无论是510通道、1021通道，还是2148通道)，通常都会是以“轨道缓攻”的状态来运行的。这是辨别是不是正在“穿线”的一个最明显的特点。

“穿线”时的成交量不一定会放得很大，但随着价格的穿越上行，成交量会逐步放大。这是因为短周期均线的压制力量，总是没有大周期均线的压制力量大，资金的推动力量就必须要伴随成交量放大才能够“穿线”成功。

伴随价格“穿线”的攻击通道，能够形成“轨道缓攻”之势，也同时说明了一点：价格会贴着、依托着攻击通道上攻穿越，小阴小阳比较多。所以，通道的状态，也说明了价格的动作状态。

那么，如果价格以大阳来“穿线”呢？大阳K线说明价格是加速上攻的，价格的加速，必然会造成至少510通道出现八爪线，除非价格能够连续以大阳涨停这些动作来“穿线”，即使510通道被拉出八爪线了，但价格肯定能够穿越上去，并拉开与中期压制均线之间的距离，到时，可以借助化解八爪线，打回来“坐线”。

但是，这也同时说明了，价格加速上攻“穿线”之后，大多数都会再打回到中期系统均线里来进行“坐线”动作。问题是，有时候“坐不住”的情况也常常会发生，这就会造成“穿线”夭折，而变成了“冲线”动作。后面还得蓄势重新“穿线”。

大踏步地穿上，又容易被打回原形，都是通道八爪线闹的，价格总是要依托着攻击通道来“穿线”才会成功。

所以，实战中最好的“穿线”动作，攻击通道，就是以“轨道缓攻”状态来伴随价格完成“穿线”动作的，成功率也高。

当然，只有一种连续大阳，价格加速“穿线”动作会一次性成功，就是连续涨停板(包括一字板)来“穿线”。也就是“冲穿一次过”现象。

这种情况，通常也会符合“爆发点技术”中的“打空扭转爆发(打空上0轴爆发)”动作。但是，需要将交易级别定位在小级别(5分或15分级别)上，以“冒头或突破”为介入点来捕捉博弈机会。因为，如果以日级上的爆发交易信号介入，可能有点晚，要追高。所以，通常遇到这类个股时，以小级别上定位交易级别来捕捉介入时机，往往会抓住价格刚开始爆发起来的机会。

看个股实例。

图5-039中，北玻股份在“打空打散”动作之后，扭转“上0轴爆发”(即：打空上0轴爆发)起来后，出现连续涨停上攻走势，相当凶猛。

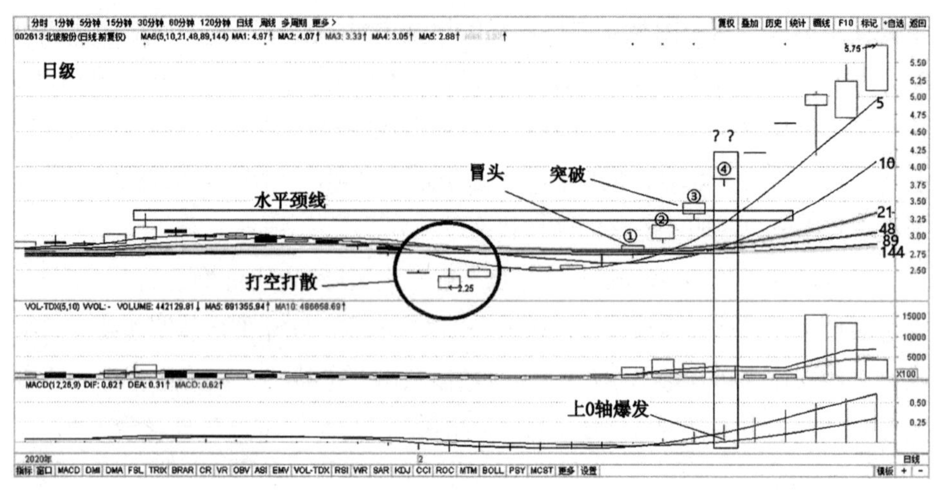

图5-039

对于这种连续拉涨停板的个股，由于其价格的上攻速度很快，如果在日级上以“爆发点技术”上的“上0轴爆发”(注：MACD的DEA黄线上0轴动作)信号作为介入点，往往就会有些晚，就像图中该股，当“上0轴爆发”信号出现时，已经是第④个涨停板了。

如果以日级上的“价格冒头”信号来买，此时由于MACD指标还没有“上0轴”，还在0轴之下，技术上买入信号的确定性有些差。

那如果在日级上的“突破水平颈线”之时买入呢？这是可以的。因为此时虽然指标的“上0轴爆发”信号还没有出现，但这个信号的出现已经是早晚的事情，特别是价格能够以连续涨停的方式“突破水平颈线”，本身就说明此时价格的攻击强度非常高，所以，指标的“上0轴爆发”信号必然会出现。技术上的确定性比较高，所以，早一天介入也是可以的。

但是，还是有个问题：当价格“突破水平颈线”时，这已经是第③个涨停板了，还是有一些短线追高的交易风险存在(别看这只股后面会继续涨停，就认为遇到其他这种上攻的股时，也会像这只股一样连续涨停这么多。所以，从重复交易的风险率来讲，能够更早一点介入，交易风险必然会降低一些)。

有没有更好的介入时机呢？当然有。就在小级别上。

日级上发现该股时已经出现了第一个涨停板也好，在它价格爆发之前，你就已经注意到该股也好，总之，对于这种类型的强势爆发股，如果抓不到第一个涨停板，也可以抓第二个涨停板。一般来讲，只要不超过2个涨停板，介入的时机都不错。并且，也都是相对比较低的位置。

而对于这种以涨停板来进行“穿线+冒头”的强势股，其交易级别通常都会出现在5分级或15分级上。

再看一下该股5分级上的情况。

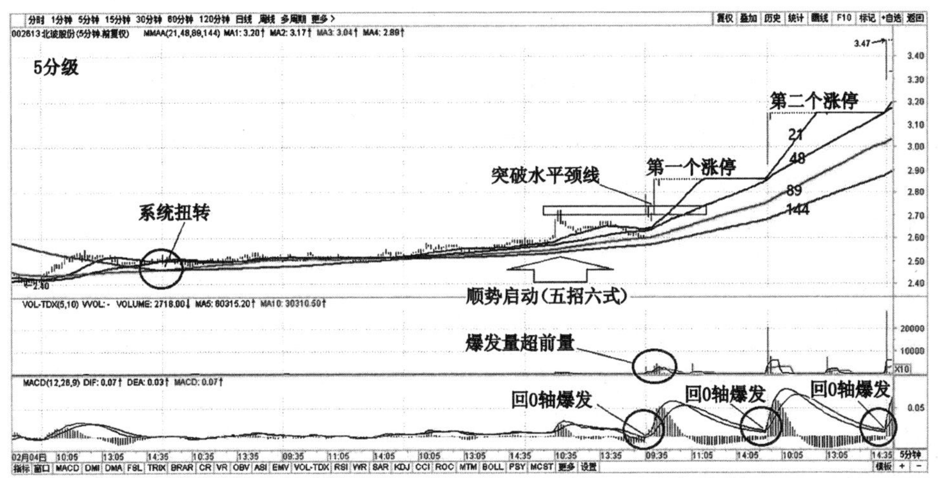

图5-040

见图5-040，从北玻股份的5分级上可以看到，价格的爆发并不是突然出现的，它是经过了连续几天的“准备工作”之后才爆发的。

在5分级上，89144通道两线金叉，完成“系统扭转”之后，虽然刚开始，2148通道(第一通道)和4889通道(第二通道)在震荡中，都出现过市场封闭的情况。但是，后来，系统中的三条攻击通道梳理顺后，就一直延续着最强的“顺势多头”状态，在爆发之时，也是以“五招六式”中的最强启动动作“顺势启动”来爆发的，同步地，MACD指标有一个“回0轴爆发”动作。“(均线)顺势启动+(指标)回0轴爆发+(价格)突破水平颈线+(量能)爆发量超前量”，几个动作信号同步出现，技术上的爆发点确定性很高，交易的确定性也很高。关键是，这是该股第一个涨停板时的爆发动作。

在实战中，除非你一直跟踪监控该股，否则，大多数人可能都是在该股出现第一个涨停板之后，才发现这个新冒出来的强势股的。

前面讲了，如果以日级上的介入信号买，第一个日级介入信号是“价格穿线冒头”之时。如果当时你及时发现了该股，然后快速地在5分级上确定出交易级别和可介入的信号，那么恭喜你，能在该股第一个涨停封板之前，及时买入该股。

在大多数情况下，人们不会这样“幸运”，这就要抓该股的第二个涨停板为介入的时机点了。

同样，还是只有定位在该股的5分级上，才可以抓住。

图中该股在第一个涨停板的次日，第二个涨停板并不是开盘封死涨停的，只高开了3.5%，而且，是在开盘10分钟后，才封死涨停板的。如果要介入，是有机会的。

问题是，在实战中，面对这种强势股时，很多人可能会犹豫不决，主要是担忧在自己买入后，价格又不封涨停板了，甚至又打下来，被套住了。

这种交易时的心理表现是正常的，单靠讲锻炼心态是不能彻底解决的。因为其中有一个最实际的问题，就是人们对价格的“不可预知”性存在很大的畏惧感。其根源在于一般人是难以左右价格的行动路径的。

试想，如果你能够左右价格的波动路径，你还会有这种“担忧”吗？肯定不会。

那么，就没有什么办法了吗？有。可以看价格攻击力量的强弱+技术系统状态的强弱，是否协调同步。

什么意思呢？价格攻击的强弱，是主力资金无法隐藏的力量。技术系统状态的强弱，则是价格强弱的持续轨迹影响形成的。这两种强弱的姿态，背后反应的都是资金的力量。

关键是，当价格的强势与技术系统状态的强势形成同步现象时，会引发跟风资金的介入惯性，而这种惯性常常被主力资金所“借用”。因此，技术系统上强势状态的惯性，是多方资金群体力量形成“合力”的结果，是客观存在的一种现象。如果要改变这种惯性的延展，首先要有一方资金群体加大做“反手(做空)”的力量，来打破这种价格和技术系统运行上的惯性。

当这种“反手(做空)”的力量出现之时，价格必然会出现破坏技术系统原有运行惯性的动作。而这种最先出现的“破坏”动作，也许在大级别上表现得并不明显，但在小级别上却无法隐藏。

特别是价格的强势延伸就出现变化了，就会与技术系统的惯性形成“不同步、不协调”的现象。这才是值得警惕的交易风险信号。

反过来，当价格的强势+技术系统的强势惯性同步、一致时，你的交易风险是最小的。

如果出现不同步、不一致时，你的交易风险就会增大。只要你及时撤离就可以规避这种交易风险。

利用技术工具做交易时，这一点必须要敏感。因为我们是通过技术工具的强弱状态变化与价格的强弱状态变化之间的关系，来确定交易的确定性和交易风险高低的。

再回到这种上攻强度已经达到极限的涨停板个股上，利用小级别(比如，图5-040中该股的5分级)上的价格+技术系统的强势延伸惯性，就足以监控该股的价格上攻的细微轨迹变化了。

如果该股的价格攻击强度出现新的变化(由强转弱)，价格必然会把5分级上的技术系统原有强势惯性打破(破坏掉)。这个可以看得很直观，也很及时。

所以，你已经在用很小的级别在监控该股的价格攻击强度了，在价格+技术系统两者没有出现新的变化之前，你心理上的担忧应该服从于现实的客观技术现象。

这也是为什么，你是在日级上发现这只强势股的，但你通过技术确定出的交易级别，会选择在5分级(小级别)上的一个重要原因——让你的交易与价格的强势+技术系统的强势同行。

“爆发点技术”与别的交易技术，不同之处也在于此。

从该股的5分级图中可以看到，在连续涨停板中，虽然你可能错过了第一个涨停板的介入机会，但第二个涨停板也是可以介入的。因为，该股的价格在5分级这么小的级别上的强度并没有出现新变化，技术系统已经形成的攻击状态也没有出现新的变化，特别是，MACD指标每次都是“回0轴爆发”信号。

没有新变化，原有的价格和技术系统惯性就会延展，交易介入的时机又是在价格刚开始爆发起来的时候，价格强度还维持着最强，交易风险还维持在最低程度。

明白了其中价格与技术的关系，交易的风险就会控制在比较小的程度。再给自己的交易加上“风险控制”(比如止损位)的纪律，你的交易心理就会变得更加成熟、自信起来。

(四)穿线冒头

“穿线冒头”动作在这一连串“爆发”路径中，有着举足轻重的作用。因为，前面的“打空打散+聚拢收拢+轨道缓攻”都可以视为爆发前的准备动作，而当价格出现“穿线冒头”动作时，就真正开始进入“爆发”环节。

“穿线”动作在低位扭转过程中，之所以重要，是因为此时的价格上攻穿越多条压制均线时，必须要有资金持续不断地推动力量供给，才能够形成“穿线”动作。

在价格穿越而出，从压制的层层均线之中“冒出头”来时，也是“爆发点技术”中最先可以确认的最佳介入时机。

有一点需要特别注意：价格穿越而出，并不代表“穿线冒头”会成功，而是“穿线冒(出)头”之时，510通道必须没有八爪线才行。并且，在MACD指标上也应该有同步确认这个“穿线冒头”的信号才好。

比如，指标“上0轴爆发、回0轴爆发、不破爆发”，有时，510通道金叉+指标在0轴下金叉两者同时出现，也可以(但交易爆发信号必须在小级别上确定)。当然，同步伴随的成交量放大(最好是超前量)也很重要，如果价格“穿线冒头”而量能没有明显放大时，也需在小级别上确认此时的价格和技术系统强度是否同步、同级。

看个股实例。

图5-041中，瑞丰高材出现过三次“穿线冒头”动作。

在第①次时，价格依托510通道缓攻穿越层层压制的均线，“穿线冒头”出来时，也没有明显的八爪线，看着价格很强，但没有同步出现“爆发量”。所以，这种只有价格“穿线冒头”+指标“上0轴”后维持多头状态，而没有“爆发量”伴随的情况，在技术上是有缺陷的，不具备爆发条件。

在第②次时，价格虽然穿越多条均线“穿线冒头”出来，但510通道是很明显的八爪线。虽然同步成交量放大很明显，但指标已经在0轴附近了，却没有“上0轴爆发”来确认价格的“穿线冒头”动作。所以，这一次爆发条件也没有完全具备。

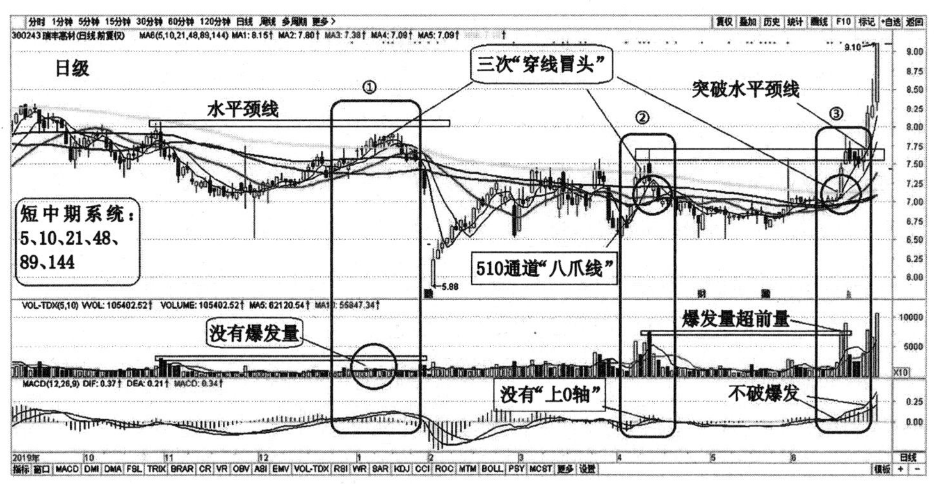

图5-041

在第③次时，价格的“穿线冒头+510通道没有八爪线+指标不破爆发+爆发量超前量”都具备了，所以，这一次才是真正的爆发动作。

包括后面的“突破水平颈线”时，510通道“化解八爪”后与指标的再一次“不破爆发”形成同步，同时“爆发量再次超前量”，攻击力量进一步增强。这都是同步具备爆发条件的攻击动作。

正因为“穿线冒头”动作已经是进入“爆发”环节里的动作，所以，此时也就成为最佳的介入时机。

市场情况千变万化，如果你在实战中遇到价格“穿线冒头”，难以确定其“穿线”动作能否成功时，还有一个“预备的确认条件”——“突破水平颈线+指标爆发点+爆发量超前量”。但你就要放弃掉“穿线冒头”时的价格(因为会相对低一些)，而以交易确定性+技术确定性为主来抓“突破”时的最佳介入时机。

因为，大多数情况下，如果“穿线冒头”之时，还没有到“爆发”的时机，价格一般不会再去放量突破水平颈线，而会很快拐头打下来(“穿线”夭折，变成“冲线”)，重新蓄势。

(五)上0轴爆发

“上0轴爆发”这个爆发信号，比较多见的是与“穿线冒头”这个动作同步，但也不是绝对。

在很多时候，指标在“上0轴”时，也不一定会出现爆发。这一点，与其他两个指标爆发点“回0轴爆发、不破爆发”有所不同。

“回0轴爆发、不破爆发”这两个指标“爆发”动作，都是在“上0轴”之后才会出现。如果前面在指标“上0轴”时，价格不爆发，那么，必然会在后面指标的“回0轴或者不破”时爆发。除非价格的“穿线冒头”动作夭折了，价格打下来(再次打空打散)蓄势，指标也会再下破0轴。

前面我们也举过例子，“上0轴爆发”很容易出现在一些价格“打空打散”之后，形成“冲穿一次过”的连续爆发强势股上。除此之外，其他个股都是在指标“上0轴”时，继续不温不火地延续着“轨道缓攻”的状态，完成“穿线冒头”时，再爆发起来；或者在“穿线冒头”之后，再回打进行短期的蓄势后，“回0轴爆发”或“不破爆发”(比如“牛铃启动爆发”或“缓攻加速爆发”)。

总之，熟悉了MACD指标这几个“爆发点”动作信号后，与价格、通道、爆发量等这些技术条件综合起来，就能够判断出“指标上0轴”时会不会爆发了，也可以在小级别上再确认一下爆发条件是否都已具备。

(六)回打坐线

怎么理解“回打坐线”动作呢？在价格“穿线冒头”后，如果不出现“上0轴爆发”，就必然会出现“回打坐线”动作。

“回打坐线”动作，是指在价格“穿线冒头”之后，价格以回调动作来确认“穿线”的成功。

一般来讲，在价格“穿线冒头”后，都需要有一个“回打坐线”动作来进行确认。但是，也有一种“穿线”动作，在穿线冒头之后，并没有明显的“坐线”动作(也就是说，价格穿越层层压制均线之后，没有回打清洗的动作)——这就是“冲穿一次过”。

“冲穿一次过”是资金推动价格攻击中，最强劲的一个技术表现动作，由于资金攻击力量很强，价格基本上是沿着510通道(不八爪线)上攻的，所以在“穿线冒头”之后，会以原有的攻击节奏和速度继续上攻。不但没有明显的“回打坐线”动作，也不像其他“穿线”动作那样会出现二次爆发动作。

比如，“牛铃启动爆发”中，前面是“上0轴爆发+穿线冒头”，之后价格回打化解“牛铃线”里的八爪线，进行清洗、蓄势，然后以“回0轴爆发或不破爆发”形成二次爆发动作。

因此，攻击强度很高的“缓攻加速爆发”个股中，常常都会看到“冲穿一次过”的情况。特别是当出现“缓攻上0轴爆发”时，通常价格的攻击强度会非常高，比如连续涨停板。

但是，在“缓攻加速爆发”中，还有一种情况，价格攻击的强度没有那么高，虽然也是沿着510通道攻击，但基本上以小阴小阳K线来形成“缓攻”的“穿线”走势。当“穿线冒头”之后，价格会有一个短线的回打清洗动作，但是，510通道还是会继续保持着，回打清洗之后，开始加速爆发。

还有一种“震荡缓攻+穿线”动作，不是依托510通道，而是依托1021通道或2148通道来进行“震荡缓攻+穿线冒头”的，这种价格攻击的强度会明显没有依托510通道“缓攻+穿线冒头”动作高。因此，会在“穿线冒头”之后，出现可能不止一次的“回打坐线”动作。并且，在“穿线冒头”之后，会走得“一波三折”，震荡动作很多，并不一定会马上进入加速上攻展开中。

所以，一定要注意这个区别：“爆发点技术”中的“缓攻加速爆发”(无论是“缓攻上0轴爆发”，还是“缓攻不破爆发”“缓攻回0轴爆发”)，都是以510通道(这个最短通道)为主来捕捉“爆发点”交易机会的。

也就是说，在“打空打散”之后，如果价格进行“缓攻+穿线冒头”，以及冒头之后的爆发，都是依托510通道为主要支撑通道来进行的。而依托其他攻击通道进行“缓攻+穿线冒头”的个股，不是“爆发点技术”中“缓攻加速爆发”所关注的品种。

在实战中，也可能会遇到一种情况：价格在“缓攻+穿线冒头”过程中，依托的是510通道，但在“冒头”之后，回打“坐线”、清洗、化解八爪线等等动作中，510通道死叉封闭了。

在这种情况下，应该怎样做判断？第一，这已经不具备“缓攻加速爆发”的技术条件了。

第二，说明该股在此处已经转变成其他“爆发点动作”。比如，转变成“牛铃启动爆发”是最常见的一种情况。第三，也可能该股“穿线”动作存在夭折的可能性。比如，打下来，“穿线”变成了“冲线”，重新蓄势之后，再择机“穿线”。

看个股实例。

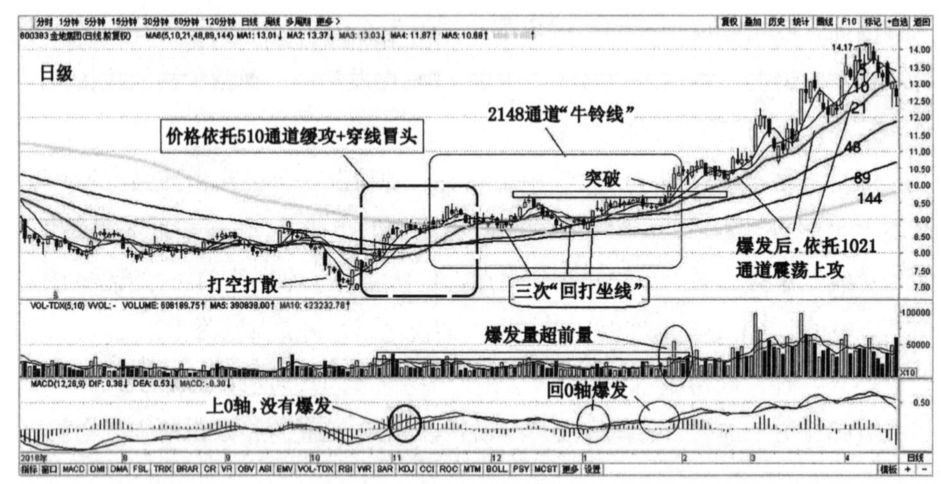

图5-042

图5-042中，金地集团在“打空打散”后，价格是依托510通道来进行“缓攻+穿线冒头”动作的。

这里有一个小技术细节：就是当MACD指标出现“上0轴”动作时，价格还没有“冒出头”。所以，价格在此处不具备出现“上0轴爆发”的条件。

如果指标“上0轴”时，价格也刚好“冒出头”来，是不是就一定会爆发？也不一定。但是，至少在技术上具备了“上0轴爆发”条件。

理清这一个小细节判断，在实战中，对于价格的爆发或不爆发，至少会有一个预判从而做好交易准备。

图中该股虽然是依托510通道进行缓攻和“穿线冒头”的，但是，在“穿线冒头”之后，并没有出现“上0轴爆发”动作。这个通过前面讲的小技术细节，已经可以做出一个预判——该股将有“回打坐线”动作，并且该股的“爆发点”，只会在“回0轴爆发”或“不破爆发”两者中出现。除非该股这里的“穿线”动作夭折了，价格再打下去，“穿线变冲线”——那你就不用关注它了。

在后面，该股出现了三次“回打坐线”动作(回打坐线的动作次数越多，说明该股价格所依托的攻击通道周期越大，在短线来讲，价格的强度，当然也就越弱)，510通道死叉封闭、1021通道死叉封闭，只留下了2148通道，在“回打坐线”中，化解着它的八爪线乖离。

该股的MACD指标虽然回0轴，但没有下破0轴，说明该股此处的“穿线”和“回打坐线”都是有资金支撑的，确认了“穿线”的成功(这就说明价格不至于会再打下去，重新再蓄势“穿线”了)。

其实，技术运行到此，该股的2148通道的“牛铃启动爆发”已经很明显了。

而后面的两次“回0轴爆发”，第一次没有爆发量，第二次才有了爆发量，并且有超前量。价格也“突破水平颈线”，价格展开上攻。但是，该股由于是依托1021通道展开上攻的，所以价格的攻强度和持续性并不是很高，510通道不断死叉封闭，攻击加速度始终没有出现。

从这一点上，大家也应该明白，为什么“爆发点技术”始终关注的是最短通道与价格之间的关系。因为，当价格依托其他通道进行攻击时，就像该股一样，攻击小波很多，不停地回打震荡，参与博弈的人几乎每天都睡不好觉，提心吊胆，逼着你把中线做成波段，再把波段做成超短。如果遇到这种股，除非你是做中长线博弈，如果是做波段和短线博弈的人，最好“吃一口肉”就自觉地退出来，寻找其他的博弈机会。

做波段博弈、做短线博弈，强势股必是首选品种。“爆发点技术”就是基于这样的定位来讲的。

(七)两种爆发(不破爆发、回0轴爆发)

可以这样讲：凡是在价格“穿线冒头”时没有出现“上0轴爆发”的个股(也就是指标“上0轴”时，价格没有爆发起来)，后面必然会出现“回打坐线”的动作。而出现“回打坐线”之后，如果价格要爆发，就只会是“不破爆发和回0轴爆发”这两个里面中的一个“爆发点”机会。这几个动作之间，存在着技术判断的逻辑链条。

价格“穿线冒头”出来时，与指标的“上0轴”动作不同步，就说明“上0轴爆发”出现的概率已经很低。没有“上0轴爆发”，那么，后面价格“回打坐线”就是大概率的事情。

“回打坐线”时，指标死叉了，就说明下一个爆发点，只会是“回0轴爆发”。

“回打坐线”时，资金支撑力量很强，价格总是以快打快拉起的动作来进行，510通道不死叉，指标也不死叉。这就说明，该股资金攻击力量很强劲，此处只是强势震荡几下，“不破爆发”的概率就很高。

其中，技术动作的变化和发展过程，是环环相扣的。

有人问：如果既没有“不破爆发”，也没有“回0轴爆发”呢？那MACD指标肯定是下破0轴的。而指标下破0轴的动作，均与价格破位、破坏系统运行状态的动作同步出现。

这样，价格又打下来了，“坐线”失败，“穿线变冲线”，下一个“爆发点”博弈机会自然就又回到下一次的“上0轴爆发+穿线冒头”的时候了。

你现在应该明白，其中的指标循环、价格循环、技术系统循环、爆发点博弈机会循环等，都有着循环运行的轨迹。

所以说，价格是循环的，资金是循环的，技术是循环的，博弈的机会也是循环的！

也许你没抓住这一次博弈机会，但你至少应该明白下一次博弈的机会在哪里。是哪一种“爆发点”信号？

看个股实例。

图5-043中，格力地产出现两次“穿线冒头+指标上0轴”。

第一次时，价格虽然出现“穿线冒头”，但510通道出现明显的八爪线，这种情况就说明该股在“穿线冒头”时，出现爆发动作的概率比较小——因为价格此时越上攻，510通道的八爪线乖离就越大，价格攻击的高度就越有限。

同步地，MACD指标此时还没有“上0轴”，而当指标“上0轴”时，价格却打下来了。这就说明该股这里不具备“上0轴爆发”的条件。

虽然这里的“爆发量”放得很大，但大量却没有“乘势而起”将价格推升起来，价格反而打回来，就说明这里的放量里面，攻击力量并未占很大优势。也可以说，主力资金并没有准备在此时发动上攻的计划。

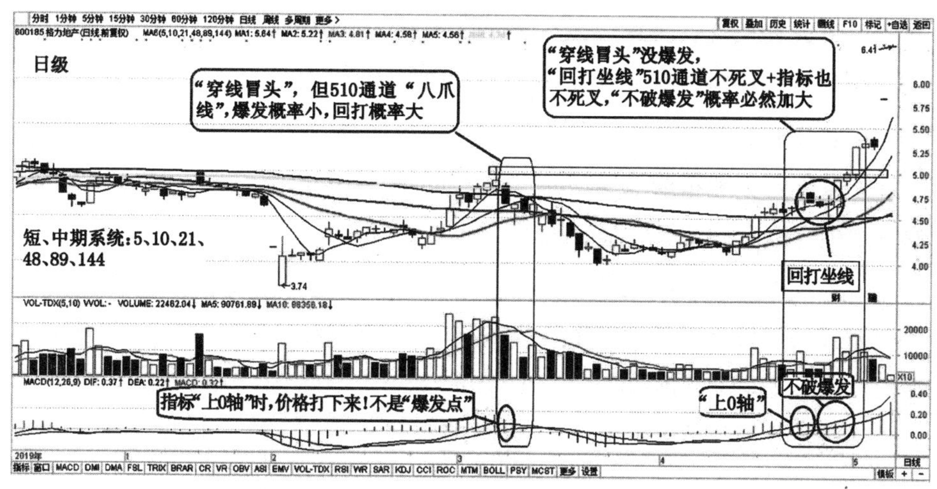

图5-043

可能有人会问：主力资金不上攻，为什么会放出这么大的量来？有很多种可能性。

通常，从这种放量不攻的情况看，主力资金将价格推升到此位置来，很可能是在“接手”其他方面的大量筹码。所以，后面该股价格再次打下来，指标也下破0轴，都是重新蓄势(也是在接手新筹码后的清洗动作)的动作。

问题是，这一次“穿线冒头+指标上0轴”而没有爆发(当然，条件不完备)之后，价格又打下来，指标也下破0轴后，你就应该知道，该股下一次的“爆发点”(博弈机会)必然会出现在下一次“穿线冒头+指标上0轴”之时。

这就是利用价格、技术系统通道+指标“爆发点”都具有循环运行的规律特点，准确预判出下一步的技术博弈机会点。

价格打下来，“打空打散”之后，再次扭转“缓攻”而上，510通道再一次成为价格“缓攻+穿线+冒头”的支撑通道。同步地，指标也在0轴下金叉之后，再次“上0轴”。

但是，“上0轴爆发”还是没有出现。此时，你还是可以预判出该股下一步的“爆发点”，必然会在“不破爆发或者回0轴爆发”这二者之中出现。

关键是，此处价格的“回打坐线”动作，是比较强势的震荡动作，510通道始终保持着，同步地，MACD指标没有出现死叉。此时，你就基本可以判断出，该股此处出现“不破爆发”的概率很高(如果出现510通道死叉+指标死叉，你就可以预判“爆发点”只有“回0轴爆发”了)。果不其然，是“不破爆发”展开了上攻行情。

如果你要更加精准地捕捉介入点，此时，就可以按照前面讲过的，在小级别上确定出交易级别来捕捉机会。

很多技术派人士，总是将关注点聚焦在价格一点一滴的波动上，忽视一个很重要的问题——我们并不是价格波动的掌控者。所以，在我们面前，价格的波动轨迹是难以预知的。

不过，我们却可以利用技术工具与价格之间的“亲密关系”，利用技术工具的运行状态变化规律，来解析价格下一步的波动轨迹。

做一个不太恰当的比喻：就像一辆行驶在环城高速路上的汽车，虽然我不知道它要去哪里，但是，我在监视器中可以看到它行驶的轨迹。当它在A路口处，越过了路口继续向前行驶时，我就可以提前预判出，它的下一个转向变化点，必然会是下一个路口B。

如果它想再回到A路口，就要完成一个循环。

(八)两种爆发量(爆发量超前量、爆发量不超前量)

价格在任何一个“爆发点”处爆发之时，都必须有明显的放量现象伴随，除非出现“一字板”涨停现象。但是，为什么有些股在“爆发点”上攻时，“爆发量超前量”；而有些股，却没有“超前量”呢？

这与主力资金在低位布局筹码时，所采取的不同策略有关：有些主力资金采取“打压吸货”策略获取低位筹码；有些主力资金采取“先打后拉”的策略，以价格拉起来解套前期被套筹码+清洗短线获利筹码来集中获得筹码，然后再将价格打下来清洗时，降低持仓成本；有些主力资金采取“先买再砸再买回”的策略，通过猛拉猛打，把水搅浑，把沉淀多年的筹码“翻腾起来”，收取低位筹码；有些主力资金是采取“拉高收、压低磨、穿头破脚”的策略，来慢慢挤压出不同群体手中的筹码。总之，手法、手段与时俱进，不断变化。

很多股民对于研究主力的吸货手法情有独钟。但我认为，看问题看本质、看结果，才最重要，不要纠缠在主力资金用哪一种手法、手段来获取筹码，关键是，你的博弈时机点在哪里？

就算你知道了某只股有主力资金在吸筹码，但是没有出现博弈时机点，对你的交易来讲，也没有什么实际的帮助，这是很简单的道理。你只需要把握住，主力资金启动爆发价格时的博弈时机点，才是最有用的东西。

正是由于不同的主力资金，针对某只个股时，采用了不同的吸筹策略，所以，有些个股在启动爆发时，主力资金低位筹码已经掌控得比较充足，而且盘面浮筹也被清洗得比较好时(跟风的浮动筹码成本都相对高一些，价格刚开始涨，获利不多，获利抛压盘也就少了)，“爆发量”就有可能没有“超前量”。

但这种情况下，价格还是照样能够顺利地越过前一波大量的价格顶(水平颈线阻力位)，这说明，前面的这一波大量堆，在主力资金的一个拉高吸货换手过程中，接走了大部分，现在突破这个价格高点，当然抛压盘就少了很多，换手量也就没有那么大了。

反之，“爆发量超前量”现象的出现，则是主力资金通过价格的启动爆发动作来吸引其他资金群体获利抛货出来，或者主力资金并不是为了获得筹码，而是为了制造人气，吸引其他资金来追涨跟风。这样，主力资金在推升价格时，就可以节省循环资金和资金使用的成本。

可能很多中小股民难以理解，为什么一只股刚开始涨，就有那么多的抛压筹码涌出来。其实，这对于很多大资金群体来讲，是一次很重要的撤离时机。因为，大资金群体手中累积的筹码多，资金使用量大，其在市场内的博弈方式与广大普通股民的博弈方式有很大不同。

普通股民在博弈时，由于资金量级小，持筹数量少，为了在相对短的时间里取得更多的收益，就必然很注重价差空间的大小(也就是说，一般股民都希望能够抓住一只涨幅很大、盈利价差空间大的个股)，为了达到这个目的，自然会在博弈中忽视博弈资金的安全性问题——这是一个“跷跷板”，你想一把赚个大的，就要冒更大的风险。

大资金群体则更看重博弈资金的安全性。由于使用的博弈资金量级大，也许对于普通股民只是一个并不大的价差涨幅，但对量级大、持筹多的资金群体来讲，却可能会产生很大的利润。如果不注重博弈资金的安全性，一旦失手或误判，其损失的资金也是普通股民的很多倍。

简单的例子：一个亿的博弈资金，盈利20%，就是2000万利润(很多上市公司苦干一年也不一定赚这么多利润)；而一旦出现风险损失，损失也会是千万级的。所以，大资金群体的博弈思维也必然和普通股民不是一个路径，也不是一个层次。

比如，对于大资金群体来讲，会存在一个很现实的问题：在产生了盈利的情况下，什么时候价格的交易风险最小，而又可以把手中大量的筹码集中变现出去？

答案只有一个，就是在价格攻击最强势、筹码换手(资金抢筹)最旺盛之时。这与普通股民“要卖在最高的价格上”的盈利思维是不同的。

而要价格上攻力量最强，大批筹码很容易脱手的时机，在一只股的上涨过程中，并不多见。因为你还要“照顾”该股主力掌控盘面稳定的需求，不能“砸了别人的场子”。

筹码多，利润空间也就不能苛求太大，怎么样在盈利的情况下，把手中大量的筹码顺利转变为现金，才是最重要的。

因此，在价格刚开始启动爆发之时，通常会有大量的跟风资金抢着进场，此时，恰恰也会成为能够把大量筹码变现出手的一个最佳时机。这个时候出手大量筹码，不但会被该股的主力资金接走，还会有其他涌进来的资金(其中也不乏大资金账户)主动抢走挂单抛出的筹码。

有时，有些资金手里的筹码不想在启动爆发时抛出，主力资金也会先做一个反弹波——这就是我们扭线技术上讲的“顶线”或“冲线”动作。然后在反弹波的价格高点部位，反手做空，此时，各路资金手里的筹码就会主动抛出来。如果你看到某些个股，在反弹波高位攻击遇阻时，出现了比较大的换手量，就说明有一些大资金群体正在将手中筹码变现给该股主力资金。而该股主力集中接受了大批筹码后，打下来，重新清洗、蓄势之后，再开始启动真正的上攻波时，所放出的“爆发量”级就可能没有那么大了。

所以说，主力资金在低位收集筹码阶段中，主要是与手里持有大批筹码的大资金群体在“斗智斗勇”。至于中小散户手中的持筹，只需要“先打空+再拉起+再打空”，这样折腾几次，相对就很容易收集到。

所以，你就会发现，一些在低位区域里磨蹭很长时间，而不进入上攻展开的个股，没有什么利空压着，也没有什么特殊的原因，甚至同板块的个股都一个个涨起来了，就它还是不急不慢地熬着。

这也许就是该股主力资金与其他也看好该股的大资金持筹群体之间，正在经历着“明争暗斗”的“冷战”过程。而普通股民有时会误以为该股主力是在折腾散户。

所以，在股市上，有时候，你所看到的事情背后，可能有另一番真相。

在股市中，清理散户手中的筹码，并不需要很长时间。散户是最好清洗的群体，因为散户这个群体即使拿着很大一堆筹码，但关键是各自为战，“羊群效应”明显，无法形成强劲的战斗力，无法威胁到主力资金的掌控地位。

对于该股的主力资金来讲，清理难度通常出现在一些大资金群体的持筹上。他们持筹集中，并且量大，又是一个单独的整体，不但持筹心态、博弈理念更加成熟，而且还有可能具有各自独特的信息渠道。如果有些持筹资金实力又强的话，对于该股主力资金来讲，日后谁说了算，还不一定。

因此，也就有一些主力资金会专门为了“请神走”，而预先做一次强劲反弹波，让他赚一笔利润，把筹码变现出来，移除这一类的“雷”，有利于后期工作的展开。

在股市中，普通股民看到的是一个“江湖”；而大资金群体看到的则是另一个“江湖”。这是客观现实中，不同博弈主体的必然处境。

普通股民只要做好自己的博弈定位，按照自己的盈利模式做自己可以掌控的事，就可以了。不要试图解开价格一点一滴的波动意图，要注重价格和技术的整体变化路径和博弈机会，因为有很多价格变动原因，是其他人难以了解和掌控的。

抓住一个关键——价格变动带动技术趋势，而技术变动反映价格趋势。

另一个最佳时机，就是大资金群体在涨停板上放货时，既要保持价格当天的强势状态，又可以不断放出大量的筹码。

还有一个最佳时机，就是在跌停板打开之时，也可以一次性放掉大量的筹码。当然，最好的放货时机，是在高位反攻，创新高之时(如果配合上涨停板就更好)。但是，这么多的放货好时机，并不是谁都可以使用的(针对大资金群体来讲)，中高位的放货最佳时机，通常都是该股主力资金的“重要窗口”。其他资金群体，通常都会自觉避开，选择在中低位的放货窗口(特别是低位价格刚启动时，该股主力资金也乐于接手)，并且，也会同时维护好当时盘面的稳定性。

股价在低位启动爆发时，各路新的跟风资金一起涌出来，你也可以抛掉很多筹码。特别是这些筹码可能在你手上已经拿了很长时间，就是没有一个好的时机“一把抛出”，这不，刚好出现这个好机会，别看这一把只赚了不大的盈利幅度，但不要忘记：多筹码+薄盈利=安全博弈策略。

把筹码换成现金才是博弈成功的关键。就算你赚了大堆钱，但变不成现金，就始终是“纸上富贵”。不能变现为资金，你随时都处于“被动地位”。

大资金群体之间的这种操作方式，散户之所以很难理解，是因为二者所站立的位置不同，对于筹码和资金的转换博弈思维也不同。

散户的成熟，在于理解机构的思维。

由此引申出另一个问题：为什么在价格上攻过程中，有时伴随的换手量小，有时伴随的换手量大呢？

其中包含着两方面因素：一方面，与价格上攻到某个空间位置时，遇到筹码抛压的阻力增大、主力清洗获利盘有关；一方面，与主力资金对盘面浮动筹码换手的掌控程度有关。

通常，每当价格上攻一段(大约30%的涨幅)时，短线浮动性筹码的获利盘累积就会越来越明显，所以，主力资金通常都会进行一次清洗获利盘的动作，清洗的手法有很多种，可以用强势震荡(震仓)来清洗；也可以用回打下破510通道来清洗；可以用一周到两周的时间把价格打破1021通道的支撑来清洗；也可以利用化解2148通道八爪线的机会来清洗。

总之，如果用一种手法无法达到清洗的目的时，主力资金就会换另一种手段来清洗。当达到清洗目的时，才会结束清洗动作。清洗目的达到后，还会推升价格上攻。

再问：如果不是清洗目的，而是出货目的，又怎么辨别呢？

如果是以出货为目的时，无论主力资金如何耍手段，如何掩饰，都无法隐藏这两点：攻而无力、攻而无续。意思是攻击会无力，也就是价格的攻击强度会明显降级；或者价格攻击看似很强势(有时猛拉一个涨停板)，但无法持续。

清洗动作总是与一波行情中的“主支撑通道”的有力支撑有很大关系。

可以这样理解：当一波上攻行情“完成任务”之前，这条“主支撑通道”会在各种五花八门的清洗动作中得以幸存。而这条“主支撑通道”，很有可能在2148通道以上的通道里出现。所以，对于2148通道，就要更重视一些。

一般来讲，在中低位时，价格化解2148通道里的八爪线，大多是主力资金在利用这个机会进行清洗。但若在价格高位时出现回打化解2148通道里的八爪线，就要特别警惕，这有可能是价格扭转展开下跌的动作。

所以，同样的一个技术现象，在低位时，风险系数低；而在高位出现时，风险系数就很高。

因此，如果某只股在涨幅很大的情况下，2148通道出现了八爪线时，最好在价格攻击遇阻，还没有打下来化解2148通道八爪线之前减仓锁利，特别是一个攻击波段或两个攻击波段，累积的涨幅就超过一倍时，更要特别警惕！

即使不是级别很大的顶部，也至少会展开几个月的震荡调整。如果是做短线、做波段的，就应该及早撤离；如果是做中长线的，也必须降低仓位，不要让账户坐“过山车”。

(九)两种化解(上攻途中——化解脱线、化解八爪线)

“打空打散—聚拢收拢—轨道缓攻—穿线冒头—上0轴爆发—回打坐线—两种爆发(不破爆发、回0轴爆发)—两种爆发量(爆发量超前量、爆发量不超前量)”这8个“爆发”规律路径，在“12个爆发点”中属于价格爆发前到爆发过程中的一些规律路径。而“两种化解”则就不同了，是价格在爆发起来之后的上攻过程中，所存在的“爆发点”博弈机会。

这“两种化解”的爆发点，是不是适用于任何一个层级通道和任何一个周期级别上？理论是这样，但是，在“爆发点技术”中，这“两种化解”主要应用在短期系统和价格之间的关系上。因为，“爆发点技术”捕捉的是价格短线强势上攻过程中的博弈机会。

这么说，是不是这“爆发点技术”中的“两种化解”，就只能用在短线交易和波段交易上？不是的。如果把它们用在周、月级上时，就是中线博弈的性质。应该明白一点：同一种技术博弈技法，用在不同的级别上，博弈的空间、时间、属性也会随之转变。

在价格上攻途中，价格与技术系统（通道）之间出现的技术关系有：

①价格依托均线(通道)上攻；

②价格脱离均线(通道)上攻；

③价格回打化解修复均线(通道)八爪线；

④价格扭转下来破坏掉均线系统(通道)的支撑。

除了④，是价格见顶之后的扭转下跌之外，其他三个价格与技术系统(通道)之间的关系中，就只有“化解脱线、化解八爪线”这两个是价格短线回打、回撤动作了。

“扭线技术”认为：上攻重底，下跌重顶。就是说，当价格在上攻状态中时，要特别重视价格回打、回撤下来产生的“底(低点)”的位置；而当价格下跌时，要特别重视价格反弹起来的“顶(高点)”的位置。

这是因为，上攻中产生的“底(低点)”位置的高低，会影响技术系统的上攻状态延伸性；而下跌中产生的“顶(高点)”位置的高低，会影响技术系统的下跌状态延伸性。

如果再结合上我们讲的“2148分水岭通道”，就会明白，价格在上攻行情中，回打化解的最大层级八爪线，最好的是2148通道里的八爪线(而且还要在中低位空间里时才好)。如果化解的八爪线层级大于2148通道层级，价格都会具有中期下跌、震荡、调整的技术特点——因为重新理顺短、中期系统，通常都需要至少3个月的时间(也就是一个季度以上的时间)，而化解2148通道八爪线通常只需要1～2个月的时间就可以完成。

要知道，价格沉下来的跨度时间越长，其短期强势就越难以维持。最佳的维持时间是不超过一个月。但在1～2个月的时间内也还是可以维持这种强势状态的。超过这个时间段，就很难维持了，因为技术在短中期系统上会“变形”，而如果短期四线系统(5、10、21、48)扭转为空头时，主力资金的维护盘面资金成本必然就会上升。与其硬挺着，不如主动打下来重新梳理短中期系统里，也可以借机清洗不同周期里的筹码群体。

这说明了一个重要问题：时间可以改变筹码的资金成本和博弈属性。

在实战中，当你手里的持筹，在上攻途中强势震荡超过1个月而不出现“爆发”时，就应警惕强势转弱；如果2个月内还不出现“爆发”时，就要警惕中期下跌、中期震荡风险的出现。（注：这是以化解2148通道八爪线为条件来讲的）

看个股实例。

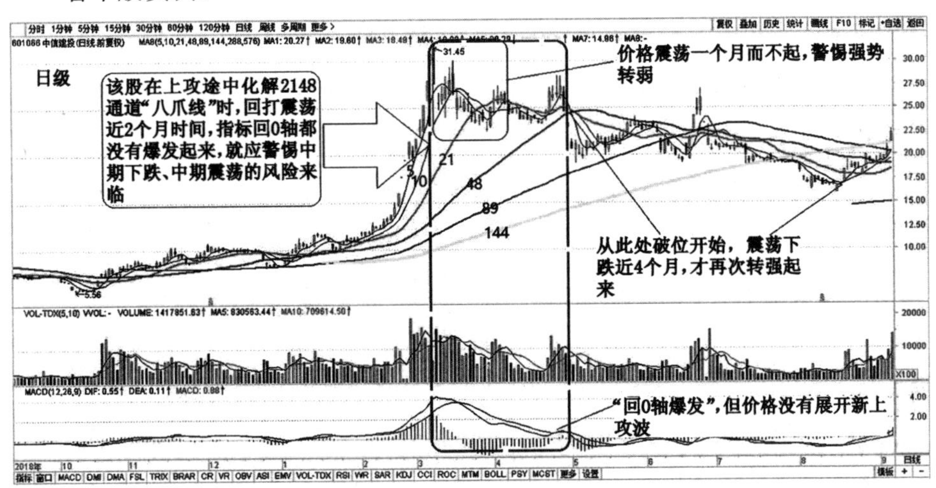

图5-044

图5-044中，中信建投本来上攻很强势，价格一直依托着510通道上攻，但在冲出31.4元高点之后，价格回打下来化解1021通道和2148通道里的八爪线。

关键是，此时，4889通道里也出现了八爪线，那么你就要警惕该股此处已经见顶了。因为如果价格要打下去化解4889通道里的八爪线，价格几乎就会跌去前期涨幅的一半。

再看该股在化解了1021通道八爪线后，价格并没有“爆发”起来时，你就应警惕该股已经由强转弱了。这个化解过程，通常都不会超过一个月，只需要2周左右的时间就可以化解的事情，拖了一个月时间还不再起，短期系统状态上就会由强转弱。该股即是这样下破的。

后面化解了2148通道后，价格还是不“爆发”。特别是当MACD指标“回0轴爆发”信号+放量都出现了，但价格还是没有展开新的上攻波时，就应特别警惕该股可能会出现中期震荡、中期下跌。

所以，该股后面震荡下跌了近4个月后，才再次转强起来。而价格的下跌幅度达49%，从31.45元下跌到15.97元。

其实，如果你再看一下该股的周级技术状态就更明白了——周级上，该股用了23周时间化解2148通道八爪线+指标回0轴爆发，价格回打位置刚好在48周线上，走势非常标准。所以，有时日级上看不懂价格为什么跌、为什么涨时，看看其他的大级别和小级别上价格与技术系统的关系，就可以找到答案。

在“两种化解”中讲这些，主要是让大家不仅仅在技术上了解价格与均线(通道)之间的技术关系；也要在实战中注意“化解脱线、化解八爪线”时所用时间的长短。短，则说明攻击力量依然很强；长，则说明攻击力量存在衰减、扭转的风险。在实战交易中，这些也是防范交易风险很重要的一个判断角度。

附：“通道+指标”判断标准——很重要！

最短通道保持+指标不破0轴=很好！

最短通道保持+指标下破0轴=很好！以通道为准做判断。

最短通道死叉+指标不破0轴=很好！以指标为准做判断。

最短通道死叉+指标下破0轴=警惕！短线震荡会加大。

说明：

①最短通道，在日级、周级、月级上，是指510通道；在分钟级别上，是指2148通道。

②指标，指MACD指标(原始值)。

第六章 “五步四级”

一、“五步四级”概述

在前面的章节中，讲了“爆发点技术”中的“指标爆发点”“均线爆发点”以及将它们组合之后形成的“12个爆发点”。在实战交易和技术判断中的细节性内容也讲了很多，目的是帮助大家更透彻地了解技术所表达的语言和在实战交易中应该采取的正确判断思维。

可能有人会有点“头大”：这么多的内容涉及了这么多的技术判断点，在实战中该怎么应用？

这里要特别提示一点：实战交易中，并不是每一种“爆发点”交易机会都要去抓！之所以把这么多的“爆发点”交易机会系统地讲完整，是为了让大家更清晰地了解“爆发点”产生的技术环境和不同种类的“爆发点” 博弈机会，在技术上的不同之处和相同之处。只有了解这种实战技术方法所产生的环境背景，才能够真正理解这种技术在实战中的应用精髓。

也许有人会再问：有没有更加简单、易判断、易操作的“爆发点技术”方法呢？

有。就是“五步四级”。什么是“五步四级”？

五步——指分“五步”来抓爆发点(买入时机)。四级——指：①日级别；②“一撑”级别；③“二含”级别；④“三托价”分时图级别。

“爆发点技术”已经不同于大家通常所学习的技术战法、技法、套路了，它打破了过去那种“单级别技术思维、交易思维判断”的简单解析、简单判断、失误率比较高的交易技术模式,而以“多层级技术思维、多层级交易思维判断”将交易技术模式突破性地提升到了新的交易技术模式上。这也是交易技术未来发展的必然之路。

但是，当交易技术思维从“二维”进入“三维、四维”之后，其所涵盖的技术复杂性必然会成倍增加，所以，当很多人初次了解“爆发点技术”时，可能在一段时间里，会有“云山雾罩”的感觉，但这只是被过去“二维单级别交易技术思维模式”固化了的原因。其实，我们每个人的大脑中，都是存在“多维思维功能”的，只是没有被自己开发梳理出来而已。

所以，必须有一套辅助性的方法，来促进、帮助大家真正进入“爆发点技术”的实战应用之中。

经过多年的反复摸索、总结、修改、提炼，我总结出了一套能够在实战交易中快速进行交易技术判断的简易方法。为了学习“爆发点技术”的人能够更容易掌握和将其更快地应用到实战中，我把它们提炼成了两套口诀：①“五步四级”交易口诀；②“爆发点”秒断口诀。

二、“五步四级”交易口诀

“五步四级”交易口诀:先找日线爆发点，再看分钟强与弱，一撑二含三托价，3060顺势强，爆发量级超前量。

(一)先找日线爆发点

日级别上，有没有“爆发点”机会出现？对应着前面讲的“12个爆发点”里的“3个上0轴爆发、4个回0轴爆发、3个不破爆发、2个化解爆发”来找。找到目标股后，进入下一步。

有些股，可能刚好正处于“爆发”时机中。此类股的“爆发点”技术形态已经显露，可以直观看到，这就需要在短时间里，对该股的“爆发点”交易性机会进行确定，并确定出交易级别，把握介入的最佳时机。

有些股则可能还没有进入“爆发点”的时机。这就需要锻炼自己的技术演化分析能力，“爆发点技术”中已经讲了很多形态在“爆发”前的技术运行路径规律，包括MACD指标的循环发展路径，通过这些技术规律，可以提前一步演化分析出该股的下一个“爆发点”在哪里，以及“爆发”时，价格+均线系统+510通道+指标“爆发点”+均线“爆发点”等等这些技术状态。不要主观猜想，而是总结这些技术变化的规律，必然得出一条走向“爆发”的发展路径。

在初选目标股时，对很多人来讲，最大的难度，就在于“图形视觉差异”对判断影响。

怎么讲？就是说，一只个股，在“爆发前”和“爆发后”，在图形的视觉上，经常会存在很大的差异性。用大白话讲：爆发前，怎么看都不顺眼；爆发后，怎么看都顺眼。

这种差异性，会在实战交易的选股时，使很多人对这只股后期走势产生误判——其实，这主要是“主观心理选股”造成的。

在爆发之前，必须要依靠价格运行规律+技术运行规律+指标运行规律，这些技术状态的发展路径来选股，才可以避免误判。

“爆发点技术”中，已经讲了很多这些技术上的运行规律路径，如果你学习掌握相关技术时，很注重股价是怎么一步一步运行到“爆发点”处，然后爆发起来的，那么，你就可以选到“爆发”动作出现之前的“潜力品种”。

抛弃掉主观的“审美视觉”，而是根据技术的这些发展、循环路径来看这只股的下一步里，会不会存在“爆发点”的机会。这样，才会避免“看走眼”。

看一些个股实例在“爆发前”与“爆发后”的技术对比，关键是“爆发前”在技术上都存在哪些“爆发的潜力条件”。

图6-001中，光大证券在上0轴“爆发前”有几个技术特点：

①价格在低位横向震荡的同时，MACD指标已经上行靠近0轴附近，但还没有“上0轴”，这说明从指标的循环运行看，下一个“爆发点”必然是“上0轴爆发”。但是，如果价格展开新的下跌波，指标就会拐头向下，与价格形成同步的下跌波。这说明指标已经进入一个“变盘窗口”：上，则“上0轴爆发”；下，则展开新的下跌波。

②再看价格，在“打空打散”后，短、中期系统形成了空头排列。这说明价格也进入了“变盘窗口”。向上扭转，则需要很强大的攻击能量来爆发，才可以突破层层压制的均线。从多年实战经验看，当短、中期系统形成空头

排列时，通常也是价格最容易发生向上扭转之时，但也有展开新下跌波的例子。所以，此时最好不要选择提前埋伏性介入，去赌它会扭转爆发。最好的策略是，跟踪监控它的“变盘动作”，若扭转“上0轴爆发+明显放大的爆发量”，就及时择机介入；若是向下跌，就放弃。重要的是，你已经知道了它正处于选择方向的“变盘临界处”。

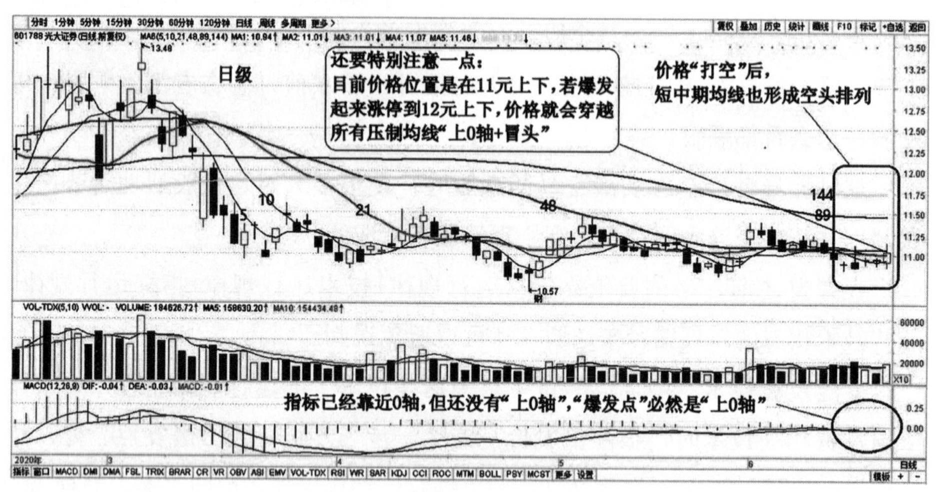

图6-001

③对于进入“变盘临界处”的具有“爆发点技术”条件的个股，不要看它现在很“弱”，而要看它现在的价格位置，与最上面压制的均线之间的价差距——是不是存在一个涨停板就可以被穿越的条件。因为，有很多“爆发即涨停”的个股，在爆发之前，所处的价格位置，都存在一两个涨停板就可以穿越所有压制均线的空间距离。如果只有一个涨停板的空间时，就要特别注意，这只股是否会出现“爆发即涨停”的现象。毕竟，这种个股很容易出现“一阳穿多线”的情况。

像图中该股价格所处位置是11元上下，一个涨停板价格就可以到达12元上下，而144线在11.75元一线。也就是说，该股只需一个涨停板就可以穿越所有的压制均线，形成“上0轴爆发+价格冒头”。

图6-002展示了光大证券爆发起来时的情况。价格一个大阳穿越所有压制的均线，价格冒头+指标上0轴爆发+爆发量超前量。“爆发前”看着很“弱”，

随时都会再下跌。而“爆发时”则石破天惊，凶猛异常。但从“爆发点技术”来看，“爆发前”该股已经进入“变盘窗口”。头顶上虽然有层层均线压制着股价，却能够被一根大阳线“破”掉，所以，有时在“弱势”中，要特别注意从细节上发现扭转乾坤的条件，是不是已经存在。

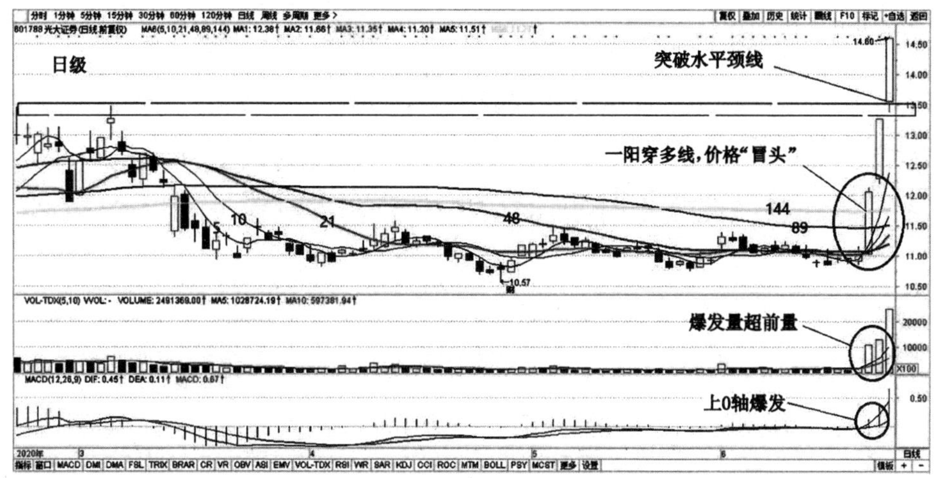

图6-002

当然，该股能够这样爆发起来，也与此时市场中券商板块出现整体活跃有关。但技术上的“条件准备+资金热点”，足以引发该股的“爆发”动作。

再看个股实例。

图6-003中，新华保险的短中期系统很明显形成了“多线聚拢”现象。与此同时，MACD指标是一个“回0轴”动作。那么，该股的“爆发点”在哪里呢？一目了然，必然是在“多线聚拢回0轴爆发”处。

在选股时，看到这均线系统和指标的状态，就可以一眼看出该股的“爆发点”博弈机会在哪里，现在有没有爆发，是不是即将进入爆发临界处，掌握了“爆发点技术”后，就可以很快做出判断。

该股在前面曾经有过一次“价格冒头+指标上0轴”的动作，但是，由于爆发量级不大，没有出现超前量现象，说明价格攻击的能量不够。当然，也有可能是主力资金先做的一次“冲线+试盘”动作。总之，没有爆发起来。但随着短中期系统聚拢越来越明显，而指标也再一次回0轴，说明该股再一次进入“变盘临界处”。

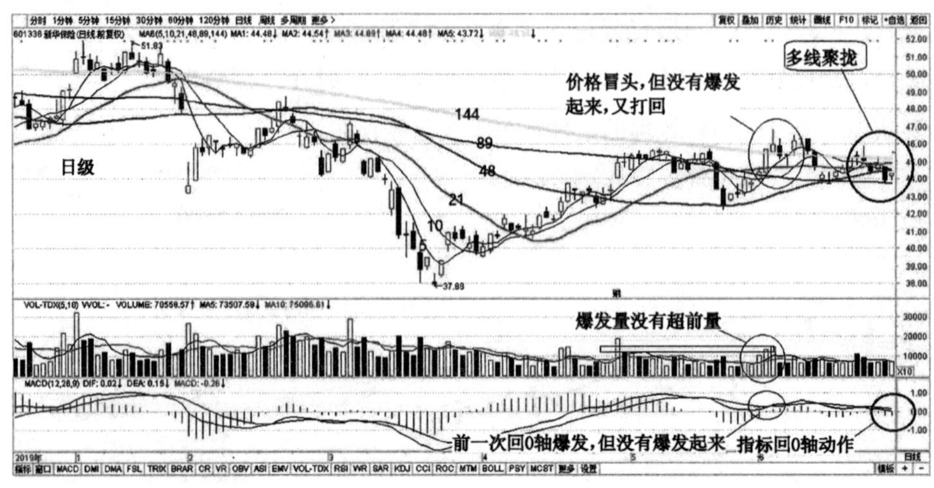

图6-003

可能有人会问：如果该股不爆发，会怎么样？价格会出现大阴K线+指标下破0轴。出现这种破位下跌的走势时，可以选择放弃。只有出现“多线聚拢回0轴爆发+价格冒头+爆发量超前量”时，交易机会确定性高，才可以出手介入。

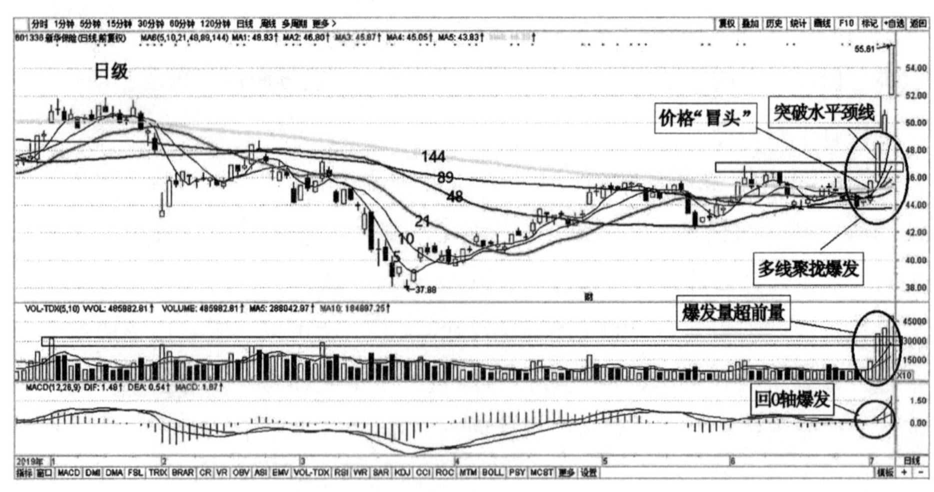

图6-004

一般来讲，这时候，只要你盯上它了，一旦它爆发，及时跟进就可以。

问题是，很多人忽视了个股爆发前的一些技术准备条件，或者根本就不知道有哪些技术准备条件，所以才会总是感到很多个股都是“突然”爆发起来的。相信当你掌握熟悉了“爆发点技术”后，再看很多爆发前的个股技术条件时，你的技术思维都会不一样，并且，会自然而然地形成技术演化的思维模式。

图6-004是新华保险爆发起来时的状态。看该股爆发起来时的技术状态，均符合“多线聚拢回0轴爆发”的技术信号和条件。

再看个股实例。

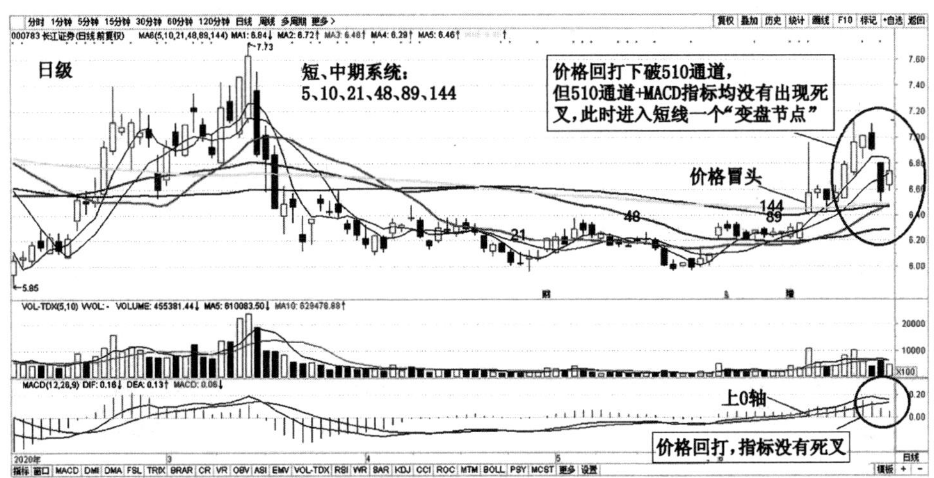

图6-005

图6-005中，长江证券已经经过了“上0轴爆发+价格冒头”的动作过程，但价格只是沿着510通道震荡攻击，并没有出现很强劲的上攻动作。恰在此时，该股出现了价格回打下破510通道的动作，这种回破510通道支撑的动作，在实战交易中很具有迷惑性。很多人会因此做出“该股又要下跌”的判断。

但是，且慢。

在实战中，当价格在上攻中突然回打下来破510通道(最短通道)时，首先要注意两点。一个是要注意看510通道是否会死叉。如果马上死叉，则说明至少价格的这个回打动作，会延续几天的时间来震荡蓄势。如果不马上死叉，则说明价格下切比较快，技术上存在着在510通道死叉之前，再快速拉起来的机会——主力资金经常会用这种“快速震仓”的手法，修复一下短期通道的乖离(一般是修复510通道和1021通道里的八爪乖离)，和清洗一下跟风获利的浮动筹码。由于“震仓”的时间短(要在510通道死叉之前完成，并拉起价格)，所以，清洗并不会很彻底，只是，谁害怕了谁就走，不会有很确切的清洗任务目标。这种动作被一些人称为“起跑前的下蹲动作”，但要特别注意510通道(最短通道)在“震仓”动作中，不出现死叉，才可以确定是这种动作。

另一个就是配合看MACD指标的情况。如果价格回打下破510通道的同时，510通道不死叉，指标也不出现死叉的话，就基本上可以确定这里的回破510通道动作是一次“快速震仓”动作，也可以视为“起跑前的下蹲动作”，都是指这种技术现象。

当然，用“爆发点技术”来看，指标的不死叉现象，也是将出现“不破爆发”的一个“爆发点”条件。

要特别注意一点——“时间因素对技术状态的影响”。像这种价格快速回破510通道的动作，由于价格短线回打比较多，是很容易引发510通道死叉+MACD指标死叉的。所以，价格打下来后必须很快再拉起来才能避免510通道和指标死叉的出现。从这一点，也就可以知道，回打之后，“爆发点”已经近在眼前了。但是，这时候还是不建议去“赌”它肯定会爆发起来。交易风险最小的方式，还是再耐心等一下，等这个“不破爆发”出现时，再择机跟进。这样，才能够保证交易机会的确定性和获胜率。

图6-006是长江证券爆发时的情况。由于该股前面已经经过了“指标上0轴爆发+价格冒头”，因此，该股此处的“指标不破爆发+510通道保持+爆发量+突破水平颈线”，就属于第二次爆发动作了。所以，价格攻击强度升级+指标攻击强度升级(讲过的，不破爆发的强度高于上0轴和回0轴爆发)+爆发量升级放大，这些技术动作都在攻击强度上是一次明显的升级现象。

如果第二次爆发时，不出现升级现象，会怎样？这表示存在爆发夭折的危险。并且，价格打下去形成“打空打散”，指标下破0轴，都是有可能出现的。

从实战经验来看，第二次爆发，由于是前一次爆发之后才出现的，绝大多数情况下，都会是一种攻击强度升级的表现。

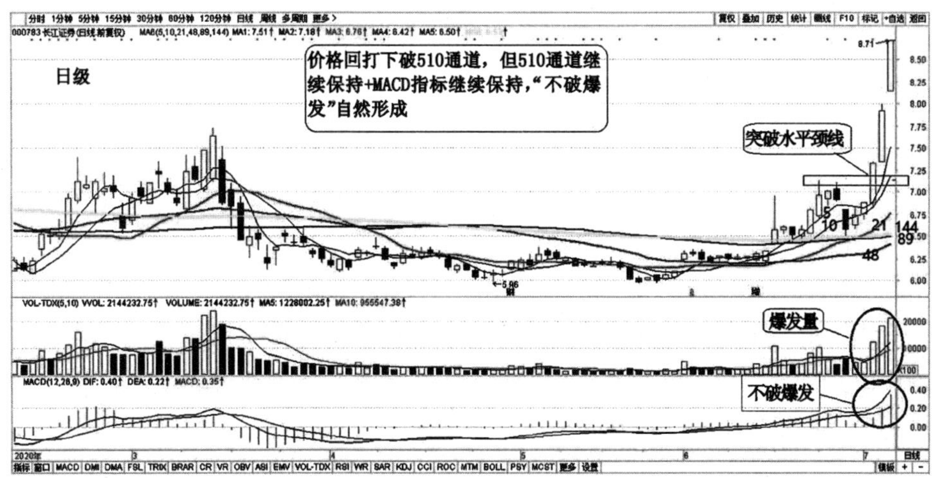

图6-006

再看个股实例。

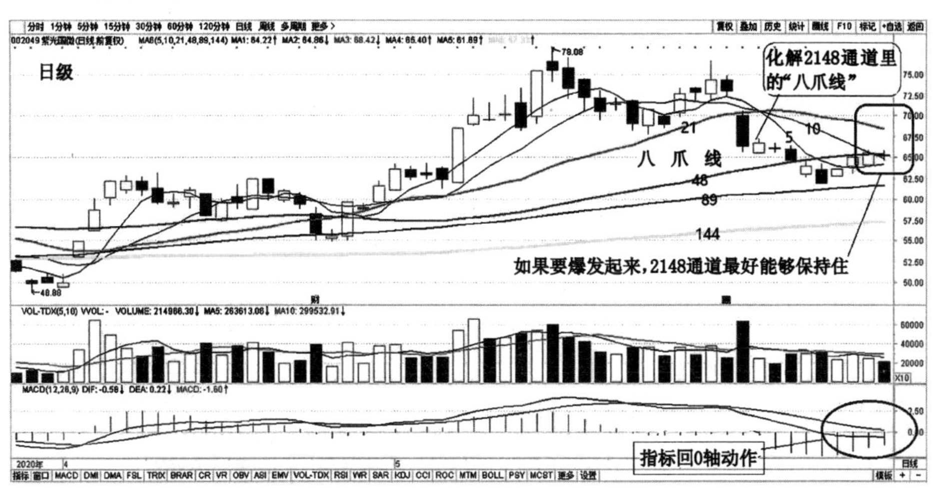

图6-007

图6-007中，紫光国微是在大趋势的上攻途中出现的一次价格回落震荡化解2148通道八爪线的走势。同步地，MACD指标是回0轴动作。由于此时必然会存在不少的获利盘，所以，是扭转下跌的开始动作呢？还是化解了2148通道

八爪线之后，还会再次上攻呢？这种问题，在实战交易中会经常遇到。

从“爆发点技术”中对于这种上攻途中化解2148通道八爪线的技术总结来看，主要监控两点。一个就是MACD指标是否下破0轴。下破，则说明价格下跌动作不仅仅只是化解2148通道里的八爪线，即使不是趋势性的扭转下跌展开，也至少会是一次横向的区间震荡过程的展开动作；不破，则说明技术上主要就是化解2148通道的八爪线。但是，仅仅依靠指标动作来做判断，还是有局限性。

另一个就是看2148通道会不会死叉。死叉，说明或是扭转下跌行情展开动作，或是进入横向区间震荡展开动作；不死叉，则说明该股在化解完2148通道八爪线后，还会再攻起来。

总之，记住一点：当价格回打化解2148通道八爪线时，一定要结合看MACD指标是否下破0轴。这两者在日级上，是具有同步判断性的。

在实战中选股时，如果遇到此类股，可以挑选出来进一步跟踪监控，因为这种看似“很不舒服，还有些危险”的价格回打化解2148通道(注意！只能是化解2148通道里的八爪线时才可以这样判断。若化解更大层级通道里的八爪线时，不能这样判断)的个股，也是一次“回0轴爆发”出现之前的技术准备过程。

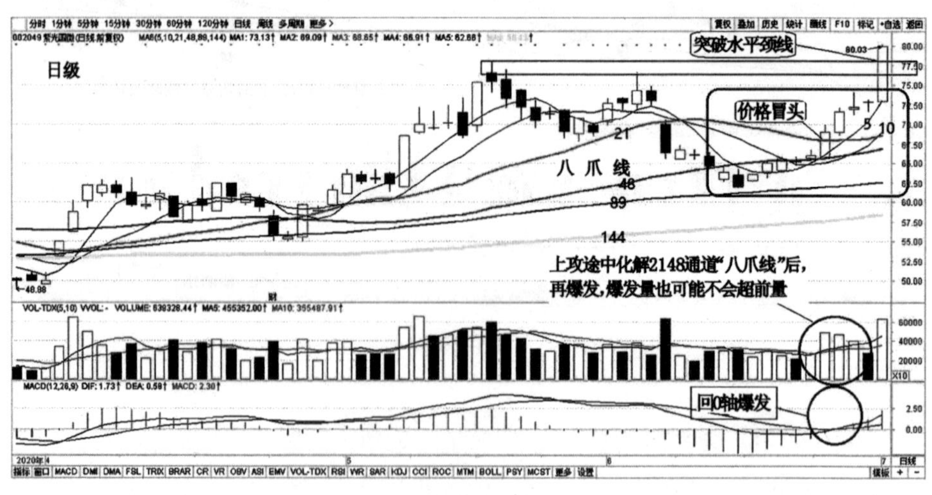

图6-008

若出现“回0轴爆发”，择机跟进介入；若不出现，放弃。

图6-008是紫光国微化解2148通道八爪线后，“回0轴爆发”时的情况。在化解完2148通道八爪线后，该股“回0轴爆发+价格冒头+爆发量+突破水平颈线”，都符合“爆发点技术”的爆发信号和技术条件。

可能有人发现，该股此处爆发量没有出现“超前量”。这个问题在前面章节中讲过——上攻途中价格回落化解2148通道八爪线+回0轴爆发起来时，由于这是一次清洗获利盘的动作，特别是清洗的时间比较长，清洗通常比较彻底，所以，再次爆发起来时，爆发量就不一定超前量了。

介入时机点，还是在指标回0轴金叉爆发+价格冒头时以及突破水平颈线之时。

以上的个股实例，大家要对比着看“爆发前、爆发时”在技术上的一些细节准备信号和条件。在挑选目标股时，不要被“爆发前”的一些“弱势、危险”等视觉上的错觉所误导。要锻炼自己的技术演化分析能力，打有准备之仗。这一点很重要！

在日级上初选“爆发点”的目标品种时，方法有很多，而且有些人可能已经有自己的一些方法。这里讲三条比较简单便捷的选股途径，供大家参考。关键是其中的选股思路，还可以“衍生”出很多选股路径来。

第一条，因为“爆发点技术”的交易品种，都是以市场热点、资金风口品种为主要选择目标的，所以，场内的交易资金热点在哪里就到哪里去找符合“爆发点技术”的目标股。要找交易资金追逐的热点股、资金关注的风口股，通过“换手率排行、当日量比排行”来筛选，当然是最便利的捷径。但选出的个股，均属于已经开始爆发或已经爆发起来正在上攻途中的品种。

第二条，在“爆发点技术”中，MACD指标的第一个“爆发点”是“上0轴爆发”。因此，也可以通过软件上的“选股器”——设置一个简单的MACD指标选股条件：DEA上穿0轴，来进行初选；然后在选出的个股中，再选“上0轴爆发+价格冒头+爆发量超前量”的个股。当然这是已经开始爆发的个股筛选。还可以筛选指标“上0轴+冒头”而没有爆发，但是该股短期四线都已经完成扭转(为多头状态)动作，这些股已经明显转强，只是还没有开始爆发，那么，只需要关注其在指标上0轴之后，“回0轴爆发或不破爆发”的机会。这就是提前(爆发点)之前一步，先期筛选出一批目标股来进行跟踪监控，并可以在监控过程中，进一步去掉走势不符合进入“爆发点”的个股。

当然，也可以用“MACD指标的回0轴金叉爆发”来初选“回0轴爆发”的品种。

第三条，如果喜欢提前跟踪监控目标股，还可以根据“爆发点技术”中，在价格打下来“打空打散”之后的“价格扭转+510通道扭转+(0轴之下)指标金叉扭转”开始，进行目标股的跟踪监控筛选。可以用软件上的“选股器”设置选股条件：①MACD指标0轴之下，金叉；②510通道金叉(或多头)。

一般来讲，此处选出的个股，在技术上转强、形成持续性上攻的个股会存在不确定性，所以，通常需要观察几天。重点是关注510通道形成“缓攻”的以及“多线聚拢”比较明显，价格沿着510通道“穿线”而上的个股。只有510通道保持住“轨道线”，不出现八爪线，那么，这类个股出现“上0轴+价格冒头”的概率通常会很高，当然是重点目标股。

(二)再看分钟强与弱

通过日级初选出目标品种后，第二步，就是把日级(大级别)与分钟级(小级别)之间的技术关系搞清楚。

怎么搞清楚？就是看比日级小的分钟级别上的技术状态强，还是弱。

在分钟级上，怎么才算是强势呢？一个很简单的判断标准——最短通道(2148通道)从系统扭转之后，能够始终保持着(还记得“五招六式”中的“顺势启动”吗？对，是一样的判断标准。简单、直观、能够快速做出判断)。

在分钟级别上，常用的交易级别共有6个级别：1分级、5分级、15分级、30分级、60分级、120分级。我们前面的章节中曾经讲过：级别越小，强度越高。因此，最短通道从系统扭转之后，一直保持住的这个分钟级别越小，说明该股的爆发强度越高。但是，分钟级别本身都属于“小级别”，只是在“小中辨强”而已。60分级和120分级，在分钟级别里算大的级别，但与日级相比，还是小级别，技术走势还是要比日级更细腻。

那么，1分级、5分级、与60分级、120分级相比较，有什么差异比较明显呢？攻击行情循环的持续时间不同。

在1分级、5分级上，如果最短通道要在(日级爆发开始后)系统扭转之后保持住，难度是很大的。虽然价格攻击强度更高，但是，别说最短通道了，就连系统都很难保持住。

而在大一些的分钟级别上，比如60分级、120分级上，最短通道的保持就相对容易一些了。通常来讲，只要价格的震荡动作不下破21日线，这两个大一些的分钟级别上，最短通道都是可以保持的。所以，最短通道能够持续的时间也就会更长些。

既然这样，那就只关注大一些的分钟级别上的最短通道保持情况，不就好了，为什么还要去关注那些更小的分钟级别上的最短通道保持情况呢？

两个原因：第一个，我们要通过最短通道能够在多大的级别上持续保持，来结合日级上的攻击状态，判断最佳介入点以及后面的出局点。第二个，大一些的分钟级别上，虽然最短通道能够保持，但是，很多时候，价格很可能是与最短通道脱离来进行上攻的，这样的话，价格总是“悬空上攻”，你如何依据价格与最短通道的相互影响关系，来判断价格什么时候出现高点，什么时候回打结束，什么时候会再次“爆发上攻”？除非，价格在这些大一些的分钟级别上，与最短通道的关系很紧密，依托上攻时，才好做这些判断。经过多年实战经验总结发现——如果15分级上的最短通道，在该级别“系统”扭转之后，能够保持的话，该股很快进入爆发、并且爆发上攻强度很高的概率大。

为什么？从日级上看，如果短线一只个股价格上攻很强劲时，大多都是沿着5日均线“贴线上攻”的。如果上攻强度再升高，就会出现脱离5日线的“脱线上攻”动作。特别是一些个股一旦升级到“脱线上攻”时，往往都是以连续涨停板的方式进行攻击。

而这种依托5日线进行“贴线上攻”的强度，在分钟级别上，与15分级上的最短通道保持着，支撑价格上攻形成统一强度级别。

而在日级上出现“脱线上攻”时，在分钟级别上，是与5分级上的最短通道持续保持着，支撑价格上攻形成统一的强度级别。

关键是，在日级上“贴线上攻”的价格，随着主力资金对价格推升速度加快，以及跟风资金涌进得越来越多，造成价格转为“脱线上攻”的概率很大。所以，这种攻击强度的转变，在分钟级别上，往往都是从15分级上开始的。

也可以这样讲：对于喜欢追逐涨停品种、短线强势品种、短线市场热点品种的博弈者来讲，15分级上的最短通道形成持续支撑价格现象时，就要特别留意该股了。

所以，应将15分级别作为分钟级别上(短期内)表现价格强弱的“分水岭级别”来看待。即，15分级别上的技术状态表现强势，则价格在短期内的强势攻击就会更多；15分级别上的技术状态表现弱势，则价格在短期内的弱势震荡就会多一些。

任何情况下，看看15分级上的均线系统、最短通道状态强不强，就可以对该股短线价格的攻击强度做个快速判断(只需几秒钟)。

那么，是不是所有爆发起来的个股，都会出现15分级上最短通道持续保持现象呢？不是的。

有些个股，在“爆发前”，分钟级上最短通道的保持，可能是在其他大一些的分钟级别上体现的(比如30分级、60分级上，你也可以视为一种“潜伏”动作)。而有些个股，则是在15分级上直接体现“潜伏”的。

但是无论是在哪个分钟级别上“潜伏”的，在价格“爆发起来后”，只要价格回打时，不下破日级上的5日线支撑，15分级上的最短通道就会支撑住价格的上攻和回撤动作。

也就是说，只要价格形成短线强势上攻，而价格是在5日线之上攻击时，在分钟级别上，都会在15分级上(或更小的5分级别上)，以该级别上的最短通道来支撑、延续、价格上攻动作。

总之，我们要在分钟级别里，找到价格与最短通道关系密切，最短通道又能够持续保持的那个级别，就可以根据这个级别的大小，来判断该股短线攻击强度的高低、攻击速度的快慢。这对采取什么样的交易策略有很大帮助。

下面是个股实例。

图6-009中，彤程新材在“打空打散”之时，形成了“底背离”。在系统“低位扭转”过程中，出现“底背离”现象时，是可以进行“试探仓”埋伏操作的。操作的时机可以选在510通道金叉扭转之时(但注意，价格必须站在金叉点上)。

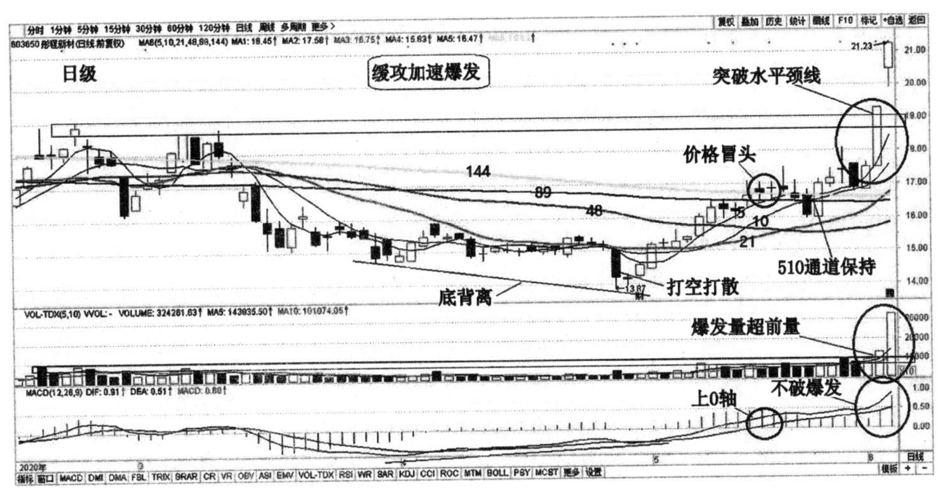

图6–009

该股在510通道金叉之后，价格沿着510通道“缓攻”，该通道也形成了比较理想的“轨道线”(形成“轨道线”的通道，就说明没有明显的八爪线现象，对于这种“缓攻”的个股，要特别重视)。一般来讲，形成“轨道线”的“缓攻”过程中，也可以做“试探仓”，介入时机就以5日线为参考价。

该股“缓攻+穿线+冒头+上0轴”，但是，虽然有“上0轴+冒头”，但没有出现爆发加速，看“上0轴”时的“爆发量”并不明显，所以没有在此处爆发。但这并不影响该股这里的“价格冒头+指标上0轴”，是一个最佳的介入时机点。

那么，会在哪里爆发？

指标“上0轴”后，必然下一个爆发点，就在“不破爆发”和“回0轴爆发”两个里面出现了。

但是，此时关键点并不是在指标上，而在510通道上。

主要看510通道能不能保持。能保持，说明该股距离价格的爆发加速不远，随时都可能出现；如果不能保持，510通道死叉了，那肯定是“回0轴爆发”的机会，还需要等一等(因为要等指标回到0轴附近)。

对于510通道的保持问题，有一个细节要注意一下。当价格上攻时，510通道保持着，这是自然的事情。关键是当价格回打时，还能不能保持住。这才是需要特别留意的地方。

该股在“冒头+上0轴”之后，回打下破了510通道，但次日很快就出现“变脸线”(阳吞阴)，保证了510通道继续保持而不会死叉封闭。这个动作，虽然不是很起眼，但技术作用非常明显，主力资金“维护短期紧挨耳光强势+技术强势状态”的意图很明显。所以，看得懂的人，就会陆续有跟进行动了。但放量并不明显，说明有分散资金(非主力资金哦！)，悄悄在做事。所以，在该股正式爆发之前，主力资金又做了一次“震仓”动作，震仓量有所放大，说明确实有不少短期筹码被震出来了，之后进入爆发。

关键是，这一系列过程中，510通道保持着多头，MACD指标也保持着多头，都没有出现死叉封闭的情况，技术上走势良好，怎么还是会有人在临近爆发起来之前，被震仓清洗掉了呢？

技术上没有破位、破坏的情况，而且强势保持得也很好，很持续，因此，被震仓清洗出去的人，多数应是太关注价格的一举一动(特别是对盘中价格的起伏涨跌太关注了)导致“心理失衡”，而被“诱出”场的。因为，如果只关注最短通道+指标状态的情况，是没有理由轻易出局的。

这又说明了一个很重要的问题：我们应利用价格，而不应被价格所利用；当价格波动没有影响技术原有的运行状态时，不要太把价格当回事。

“五步四级”中的第二步，是“再看分钟强与弱”。所以，我们再看看该股分钟级别上哪个级别最符合“价格保持强势+最短通道始终保持”，两者关系又密切，技术状态又能够强势延续。简单讲就是能够充分表现该股“爆发前—爆发”这段时间里的价格强势+技术强势。

图6-010展示了彤程新材的120分级和60分级。

120分级，直到“爆发”起来时，都还没有完成系统的扭转动作，但在该级别上，两次价格回打时，都基本上是21线来支撑的。说明这个级别上的21线支撑力量很强。但是，我们要寻找的是，价格与最短通道两者关系密切，又强势的级别。很明显，120分级不是我们要寻找的强势级别。

再看60分级，在“系统扭转”之后，最短通道(2148通道)一直保持着上攻。价格第一次回打时，即使下破了2148通道，该通道还是保持着(当然，这与价格回打下来后，又在短时间里拉起来有很大关系。但也说明主力资金目的就是短时间清洗一下，并不想以破坏掉技术攻击强势状态来做清洗工作)。

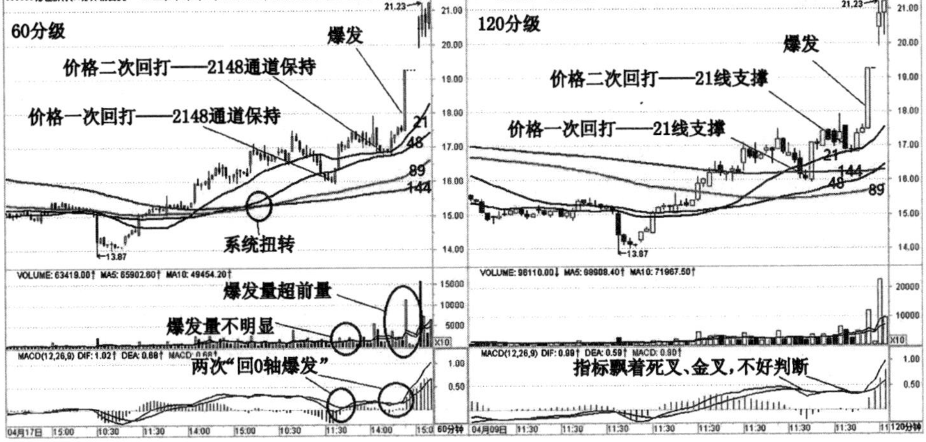

图6-010

第一次价格回打完，指标“回0轴爆发”，价格也拉回来了，但并没有爆发加速起来，因为这里的“爆发量”并不明显。

第二次价格再回打(日级上是“震仓”动作)，2148通道收拢后支撑住价格的回打动作。这个支撑位置，相比前面的第一次回打时价格下破2148通道的情况，这第二次价格回打没有下破2148通道。这说明虽然价格是一个回打清洗动作，但资金的支撑力量明显增强了——支撑力量升级，这是价格即将“爆发”前的一个先兆信号。

学会利用价格与通道之间的技术关系变化，来“透视”其中的支撑力量、压制力量、破坏力量等这些资金力量所表现出的强与弱、虚与实，看盘水平、技术水平、判断能力才能够真正进入高层次。

博弈，就是力量的比拼！

该股爆发时，在60分级上，“回0轴爆发+爆发量+2148通道顺势启动”同步出现。看60分级上的价格与最短通道的关系，从“系统扭转”到最后价格“爆发”起来，价格始终都是被最短通道支撑着运行，即使价格两次回打，即使回破了2148最短通道，该通道都保持着，这就说明在该级别上，价格与最短通道之间的关系，既强势，又具有持续性，很符合我们要寻找的表现——

该股在“爆发前—爆发”这段时间里“价格强势+技术强势”的级别条件要求。

那么，30分级和15分级上又是什么情况呢？是否也会符合我们寻找的级别条件要求呢？

见图6-011。再看彤程新材的30分级和15分级。首先，在“系统扭转”之后，两个级别上的最短通道(2148通道)都没有能够一直保持住不死叉封闭的条件要求。

在MACD指标上，在价格“爆发前”的上攻过程中，也都出现过下破0轴的情况。从实战交易的判断角度讲，最短通道保持不住+指标在价格回打时下破0轴，这种情况出现时，很容易产生误判。

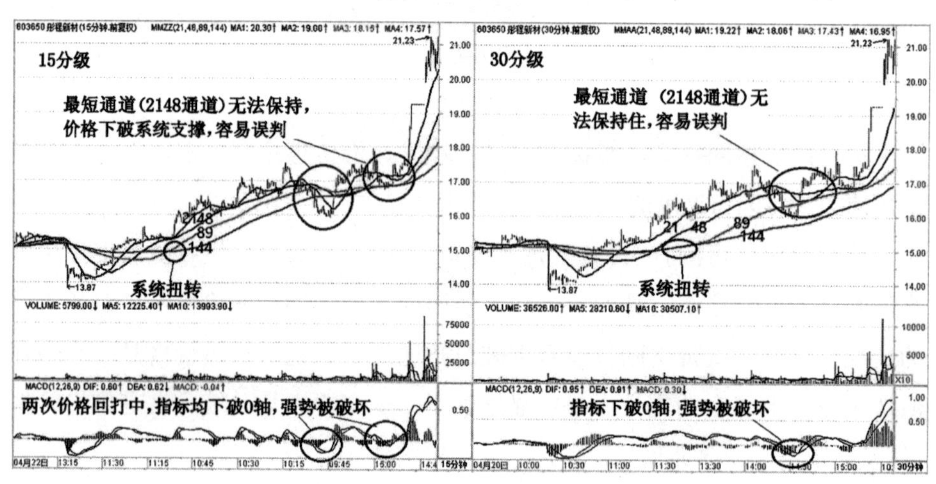

图6-011

可能有些人会问：像30分级上，在价格回打时，虽然最短通道(2148通道)没保持住，而出现死叉封闭的现象，但这个级别上的趋势框架线系统却没有被价格下破，其他4889通道、89144通道还保持着，也算是一种强势吗？是的。在讲“五招六式”时，像30分级上的这种启动招式，就是典型的“单交叉启动”。当然，如果是依照“五招六式”来做交易，30分级别上，也是可以确定为一个交易级别的。

现在讲的是“爆发点技术”的实战应用技术，要寻找价格的最强势+技术最强势博弈机会，所以就应主要关注“最短通道”与价格的关系，其他攻击通道与价格的关系，只是作为一个整体的系统去看待，不是我们关注的焦点。

因为最短通道，在技术上已经是最强势的通道了，而这个通道能够一直保持着不死叉封闭，则说明技术的强势就会保持着、延续着。这在实战交易的判断上，是一种最简洁，且客观实用的判断方法。

把该股分钟里的几个级别梳理一遍后，结果很明显——60分级是最能够表现该股价格强势与技术强势的级别。60分级上的这种强势与日级上的价格强势+技术强势，是同步的、一体的，只是60分级上运行得更细腻一些而已。而其他分钟级别上的技术状态与日级上存在着这样或那样的“差异”。

为什么一定要在分钟级上，寻找与日级价格强势和技术强势相同的级别呢？因为，你可以通过强度和状态相同的小级别，更细腻也更超前地把握该股的一些关键的交易时机。这对该股交易中的风险控制，是一件很重要的事情。比如，小级别上的价格与通道关系更加敏感，所以，如果两者出现破坏现象时，就会先一步掌握离场信号和时机。上攻、爆发时，也是一样的道理。

下面梳理1分级和5分级。

15分级的最短通道都保持不住，MACD指标也出现下破0轴的情况。比15分级更小的级别上，就更无法保持住最短通道，指标也会更多次下破0轴。所以，从寻找与日级上技术强势(别忘了，日级上的强势状态是，价格沿510通道缓攻，510通道保持不死叉，指标不下破0轴)保持一致的小级别来看，也就只有60分级是符合条件的级别。

还有一个问题：是不是在每只“爆发点”的个股上，梳理出的都是60分级呢？

不是的。也可能是5分级、15分级、30分级、120分级等其他分钟级别，但出现1分级的概率比较低。

因为级别太微小，最短通道很难长时间保持，即使是在连续拉涨停板的情况下(注：在“爆发点技术”中，1分级由于需要与其他级别上的系统形成统一性，所以，均线配置以长期趋势框架线89、144、288、576设定)。但可以肯定的是，在所有的分钟级别里，只有一个分钟级别，是最符合条件的。

再看个股实例。

图6-012中，鼎捷软件是一只短期趋势框架线系统(5、10、21、48，也称：短期四线)在低位形成“聚拢上0轴爆发”时的个股。

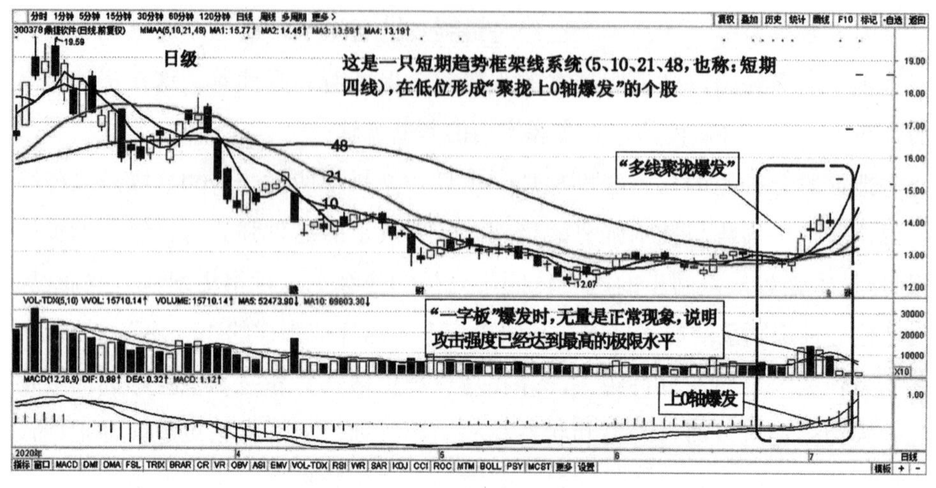

图6-012

在实战中，当一只个股本就在低位区域里，股价在“打空打散”时，下跌幅度比较大，这时要特别注意“短期四线”在低位形成的这种“多线聚拢”现象。此时“短期四线”与中期系统里的89线、144线两线拉开的距离比较大(89、144两线在“短期四线”的上方)。这种“打空打散”动作中，将短期系统和中期系统之间打出了乖离，而如果是“短期四线”在低位形成多线聚拢扭转的动作时，往往其爆发力量会很强——因为主力资金这时的“清洗”幅度大，在低位区域里，几乎将所有周期的筹码都作为“清洗”的对象，所以，在“清洗”之后，其上攻速度也就会比较快、比较猛。该股就是这种情况。

图中该股在短期四线“多线聚拢爆发”时，同步的MACD指标也出现“上0轴爆发”，所以，形成“聚拢上0轴爆发”。

有人可能会发现，该股在爆发时，“爆发量”并没有出现“超前量”的现象。这是因为，该股是以连续“一字板”爆发的。通常，“一字板”涨停时，无量是一种正常现象，因为会有非常大的封板买单顶在涨停板价格上，其他持仓资金自然会“坐享其成”。这也说明该股主力资金前面的“清洗”工作做得很成功。

像这种很强势的“爆发”个股，在分钟级别上怎么寻找“价格强势+最短通道强势”的级别呢？下面就看看该股分钟级别上的情况。

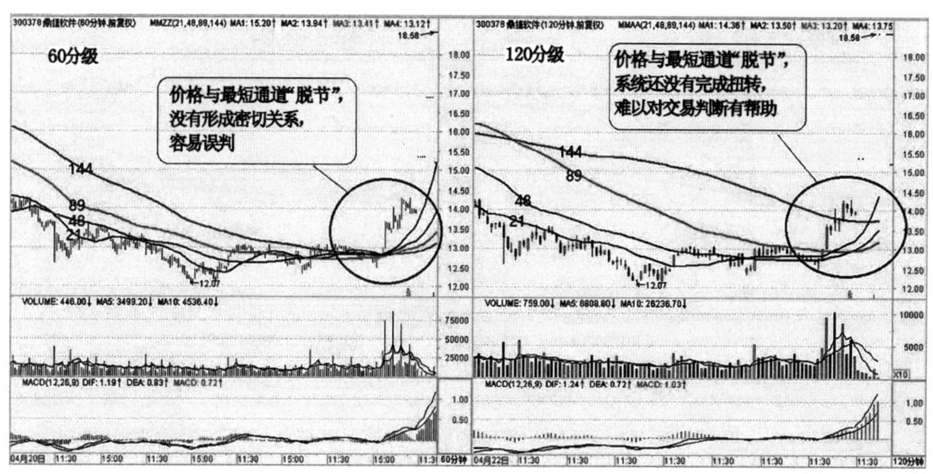

图6-013

见图6-013，先看鼎捷软件的120分级。由于120分级属于“半日级别”，对于这种短线爆发比较快的个股，该级别上的均线系统扭转动作往往会滞后一些。但如果股价震荡上攻，该级别上就会出现“系统先扭转”，然后“再爆发”的走势。

从图中可以看到，该股的120分级上，不但系统扭转没有完成，价格与最短通道之间也存在很明显的“脱节”(脱线)现象。这种情况，对交易的判断没有什么太多的时机帮助，所以，该级别很明显不是我们寻找的级别。

再看该股的60分级。系统扭转+多线聚拢爆发+上0轴爆发+不破爆发，这些技术信号和动作都有。但细看，就会发现价格与最短通道之间也是“脱节(脱线)”的，没有形成密切关系。

注意一点：图6-013把“事前和事后”的情况都反映出来了，这是为了让大家清楚这些技术信号的延伸轨迹。事后回头看，似乎可以抓住交易时机。但若退回到当时，由于价格与最短通道之间关系不紧密，反而容易出现误判发生的情况。

既然120分级和60分级上都不具备我们寻找的技术条件，就再接着看更小的分钟级别上情况。

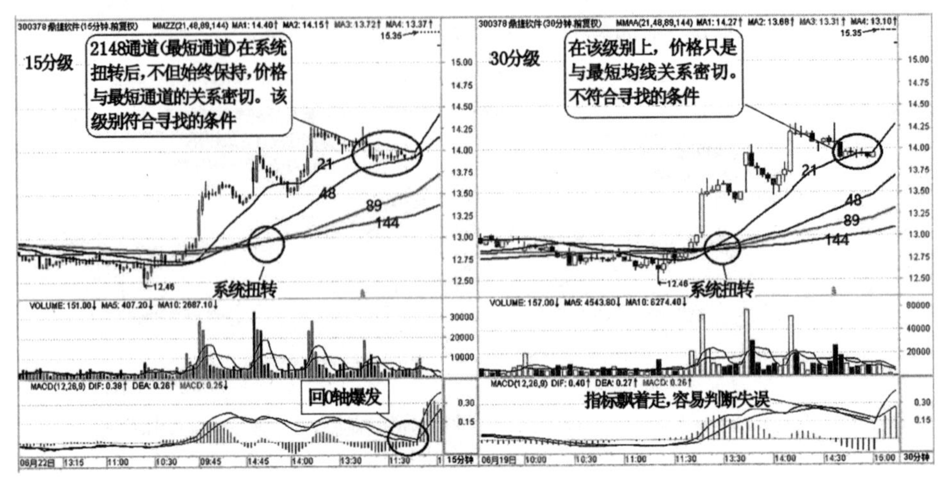

图6-014

见图6-014，先看鼎捷软件30分级上的技术情况。系统扭转之后，最短通道也是保持的，但价格基本上都是沿着21线(最短均线)震荡上攻的。虽然，这是一种价格的强势表现，但我们要寻找的是价格与最短通道之间的紧密关系。所以，该级别也不符合要求。

另外，30分级上的MACD指标，在“爆发”时，没有明显的“回0轴”动作，虽然指标死叉了，但却是“飘着走”的。指标的这种“飘着走”现象，本身是一种技术强势的表现。问题是，在做交易决断时，不好把握价格的回打动作是否会继续向下打，影响指标彻底“回0轴”。所以，容易出现判断失误。

再看15分级。在“系统扭转”后的价格上攻过程中，价格与2148通道(最短通道)之间技术关系很紧密，但最短通道却能够一直保持着而不死叉封闭。同步地，MACD指标也是标准的“回0轴爆发”动作。因此，很明显，15分级符合我们寻找的技术条件级别。

关键是，该股日级上的“聚拢上0轴爆发”与15分级上的“顺势启动+回0轴爆发”形成同步，在实战交易时，对该股“爆发点”具有超前的预判技术条件，这对于捕捉交易时机有很直接的帮助。

前面讲了，15分级是价格在分钟级别上强度高低的“分水岭级别”。所以，该股15分级上的最短通道在价格震荡上攻能够保持住，就说明该股价格距离爆发已经很近，并且其爆发的强度也会很高。

日级上看爆发，分钟级上找交易级别，就可以形成一个实战交易的套路动作。

为了大家能够更清晰地了解和掌握所有分钟级别上，该股在“爆发前”的技术准备情况，我们再看看更小级别5分级和1分级上的技术情况(在实战中，只需要看一眼就可以)。

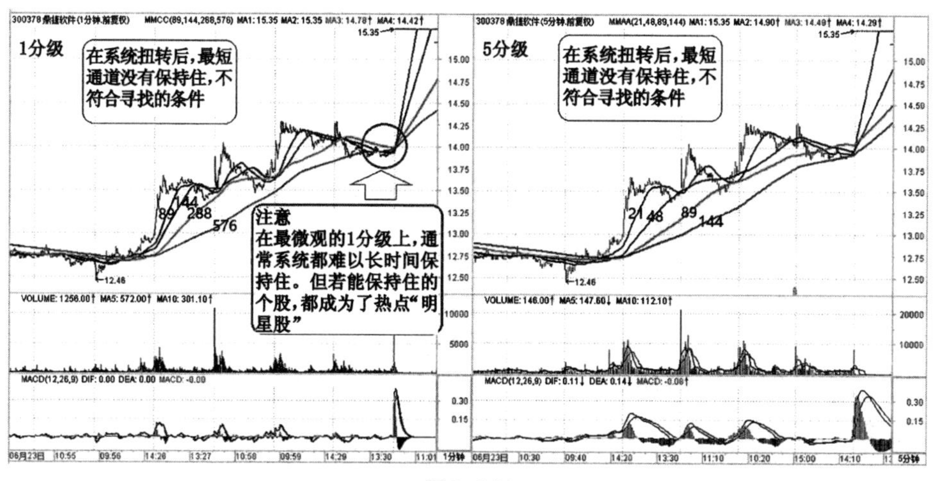

图6–015

见图6-015。从图中可以看到，鼎捷软件5分级和1分级上的最短通道在“系统扭转”之后的上攻过程中，都无法始终保持。因为这两个级别都比15分级小，这种情况是正常现象。

这也说明了一个技术现象——当你在分钟级的某个级别上寻找到价格与最短通道之间关系紧密，而最短通道又能够始终保持的级别时，那么，比它小的级别上，最短通道必然是无法始终保持的。

被找到的这个级别，就是该股在交易时，在技术判断上，最能够体现该股强度的级别。当上攻途中，一旦价格出现新的强弱变化时，这个级别上的价格与最短通道之间的技术关系就必然出现新变化，就会很快被你捕捉到

“异常现象信号”，这对做交易决定帮助会很大。

很明显，该股的5分级和1分级是不符合我们寻找的技术条件的。

这里要提醒大家注意一个重要的技术现象：在1分级上，虽然该级别由于太微小，技术系统的稳定性最差，配置“长期趋势框架线系统：89、144、288、576(也称：长期四线)”。但是，该级别上的最短通道(89144通道)通常还是难以长时间地保持住。

不过，要注意的是——在1分级上，如果某只个股的“长期四线”系统能够保持住的话，那么，该股的价格攻击强度就说明很高。这种情况若能够持续的话(注意：是这个均线系统的保持，而不是最短通道哦！)，该股通常都会成为市场中的“热点明星股”。因为，这种技术强度的股，很容易出现连续涨停的走势。

一般来讲，当出现连续涨停走势时(不是“连续涨停”前，而是出现连续涨停后)，最短通道能够保持的级别，最小都是在5分级上。但是，1分级上，则会出现在连续涨停前，系统扭转后，始终保持的技术状态。

我相信，在学习掌握“爆发点技术”的精髓之后，你的技术交易水平会很快提高，一日千里。

“爆发点技术”实际上是在剖析“资金力量的强弱变化”，在技术上形成的一种“立体呈现”的分层轨迹规律，其中蕴含着大量博弈机会。

特别提示：在实战交易中，第二步“再看分钟强与弱”和下面要讲的第三步“一撑二含三托价”是可以同时进行的。

(三)一撑二含三托价

当日级别上处于某个技术启动爆发点之时，进一步细化到分钟级别(小级别)来判断出该股的强弱，以及何时爆发是必然的一步。但是，分钟级别上有六个级别(1分级、5分级、15分级、30分级、60分级、120分级)，再加上分时图，判断起来一费时间，二费精力。

在实战中，最佳时机转瞬即逝，需要快速进行精确判断，以免贻误战机。有没有更简洁、更方便的办法来细化定位和快速判断呢？有。提炼出一句口诀：一撑二含三托价。

只要记住这个组合型判断技术强弱和爆发的口诀，就可以快速、准确地定位出分钟级别上的“爆发点”交易级别和交易时机，达到事半功倍的效果。

“一撑”指在大级别上(相对于“二含”的小级别来讲)，以最短均线支撑住价格上攻动作的技术现象。

“二含”指在小级别上(相对于“一撑”的大级别来讲)，以最短通道包含、支撑价格的震荡回打、回落、回撤动作，最短通道始终保持而不死叉封闭的技术现象。

“一撑”的级别大于“二含”的级别，两个级别是相邻的。比如：120分级“一撑”+60分级“二含”。或者，60分级“一撑”+30分级“二含”。或者，30分级“一撑”+15分级“二含”。或者，15分级“一撑”,5分级“二含”。

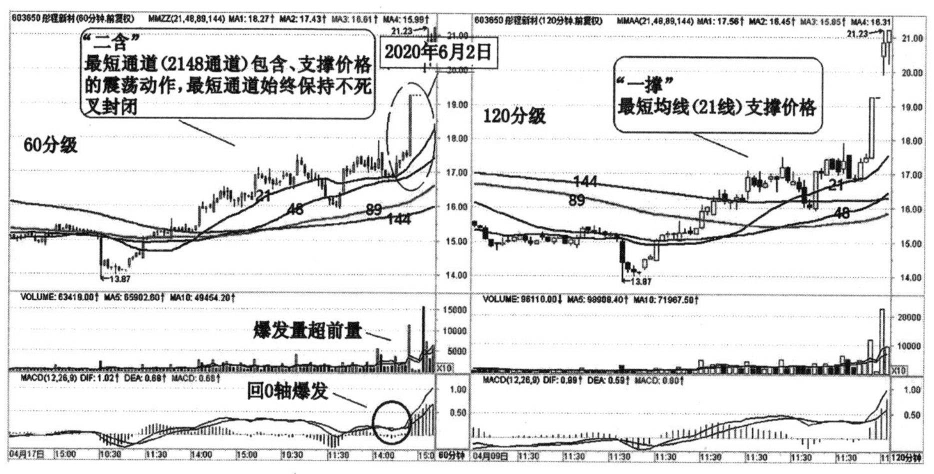

图6-016

见图6-016，彤程新材120分级上，最短均线(21线)支撑价格的震荡动作，所以，是“一撑”现象。

关键是在60分级上，最短通道(2148通道)在系统扭转之后，始终包含、支撑着价格的震荡动作，并且，最短通道始终保持着多头攻击状态，而不死叉、封闭。这就是“二含”的技术动作现象。

另外，注意在60分级上，当“回0轴爆发”时，是2020年6月2日，后面将会看到该股爆发当日，在“分时图”上形成的“三托价”现象。

什么是“三托价”？是指在“分时图”级别上，交易价格始终依托着“均价线”(通常都是“黄色线”)进行回打、震荡、横走、蓄势的技术现象。

还是看彤程新材(603650)这只股，在60分级上(“二含”)的2020年6月2日“回0轴爆发”时，“分时图”就出现了“三托价”现象。

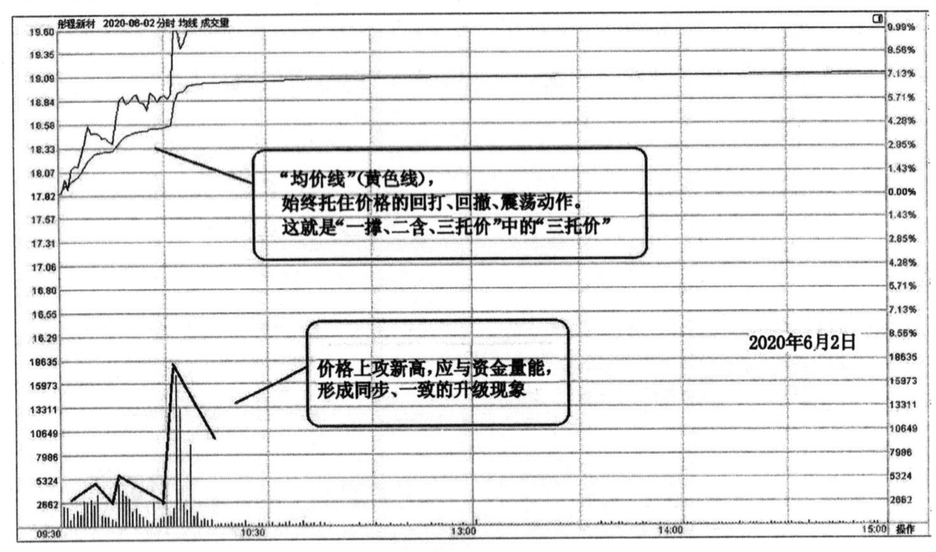

图6-017

见图6-017，彤程新材在60分级“回0轴爆发”当日盘中的分时图上，很明显，在价格开盘之后的强势上攻中，几次回打、震荡、横走、蓄势时，“均价线”(黄色线)都会支撑住价格的这些回荡动作。最终该股在爆发当日开盘40分钟之内就封住了涨停。

对于分时图上的“三托价”现象，在盘中还要注意一点：“价与量”的同步一致性。就是说，当价格在盘中每创一次新高，同步的换手资金量能也应选出同步、一致的升级现象。这样的“三托价”现象，才是良性的表现。反之，则需要注意，当日有可能会破坏掉“三托价”现象。

口诀：一撑二含三托价！

解释：大级别上，最短均线支撑着价格；小级别上，价格在最短通道之中运行(通道收拢、不八爪)；分时上均价线托着股价。

归纳了一些常见的“一撑二含三托价”的级别组合，在实战中做参考。

①日级上21线“一撑”+120分级上2148通道“二含”(指标不破爆发或回

0轴爆发)+分时图上均价线托着股价横走。

②120分级上21线“一撑”+60分级上2148通道“二含”(指标不破爆发或回0轴爆发)+分时图上均价线托着股价横走。

③60分级上21线“一撑”+30分级上2148通道“二含”(指标不破爆发或回0轴爆发)+分时图上均价线托着股价横走。

④30分级上21线“一撑”+15分级上2148通道“二含”(指标不破爆发或回0轴爆发)+分时图上均价线托着股价横走。

⑤15分级上21线“一撑”+5分级上2148通道“二含”(指标不破爆发或回0轴爆发)+分时图上均价线托着股价横走。

⑥5分级上21线“一撑”+1分级上89144通道“二含”(指标不破爆发或回0轴爆发)+分时图上均价线托着股价横走。

从以上内容可以看出,在“爆发点技术”中,“一撑+二含+三托价”是在多级别上形成的一个立体的技术组合。“一撑”和“二含”两个动作现象,就像一对兄弟,你找到“一撑”,就可以找到“二含”;反之,你找到“二含”,也就可以找到“一撑”。再加上分时图“三托价”,三者就组成了一个多级别的技术“铁三角”现象。

任何一只股,短线如果在三个级别上,出现了这种技术上的“铁三角”现象,这只股可能很快就会有上攻动作出现。如果再结合“二含”级别上的“爆发点”,还可以对该股的“爆发上攻”时间点,有一个预判准备。

“一撑”和“二含”在分钟级别上的形成,本身就说明该股短线的价格攻击,明显已经有主力资金的活动和调控在其中。攻击的强度已经开始出现,并且,还具有资金推升股价的持续性动作。

如果主力不准备马上展开上攻,只是进行试盘行为,价格虽然也会有强劲的上攻动作出现,但上的快,下的也快,基本都是打回起涨位置,这样,在分钟级别上,就很难形成价格与最短通道持续性的攻击节奏。无论是哪个级别上的最短通道,都很难始终保持住向上的攻击状态,而不死叉封闭。因为,价格一旦完成试盘上攻后,打回原形来,也许只能是60分级和120分级上,最短通道才有可能保持住。如果价格接着再往下打,这两个级别上的最短通道也难以保持住。所以,只有短线的价格上攻,得到了主力资金持续不断的输送和支撑时，才会在分钟级别上出现“一撑”和“二含”现象。

主力资金的这种攻击展开动作，不仅仅表现在“一撑”和“二含”级别上，同时，也在“分时图”盘中交易上表现出来。

还有一个关键点：出现“二含”的级别，本身就属于“交易级别”。而且，“二含”级别上的“爆发点”，比较多见的是“回0轴爆发”信号。有时也会出现“不破爆发”，这种情况通常是在“爆发”前，价格提前上到最短通道的上面位置(就是最短通道“顶”着价格小幅震荡、蓄势)的时候常见。

在实战交易中，当目标股出现“一撑、二含”之后，并不一定就会马上出现“爆发”，那么，什么时候才会爆发呢？把“二含”级别上的“爆发点”(回0轴，还是不破？)的时间点，与分时图级别上的“三托价”现象结合起来跟踪监控，就可以捕捉到“爆发而起”的时机。

这里面还有一个小细节：“二含”级别上的“水平颈线”在什么价位上，要提前找到并记住，作为价格突破时买点位置的参考。

这样，当分时图级别上“三托价”中，价格爆发而起时，当价格突破这个“水平颈线”价位时，就是一个最佳买点(注：这只是技术上的“最佳买点”标准示范，实战交易中，可以根据盘面实际情况，灵活捕捉最佳买点)。

当然，也可以提前根据“二含”级别上，MACD指标运行临近“爆发点”时，先做“试探仓”。

至于，在“爆发点”位置价格爆发而起时，还必须要有“爆发量超前量”来配合，这也是必备条件之一。

下面看个股实例。

图6-018中，首商股份是日级上“一撑”+120分级上“二含”。日级上的21线在价格上攻中支撑着价格的回打、回落、清洗、震荡等动作。这种走势的个股，在上攻过程中，短期系统中的最短通道2148通道通常都会出现死叉封闭现象，因为价格的回打震荡的支撑系统，走的是中期趋势框架线系统的支撑。所以，21线就成了短线价格回挡时的最短支撑均线。

日级上的21线与周级上的5周线，是同周期级别的均线。通常来讲，当看到日级上的21线支撑价格回挡动作时，就应明白，周级上是最短均线5周线在支撑价格上攻。而相对应地，日级21线是“一撑”，小一级的120分级上，必然是其最短通道(2148通道)在支撑价格上攻和回挡动作。所以，120分级上也就很容易出现“二含”。

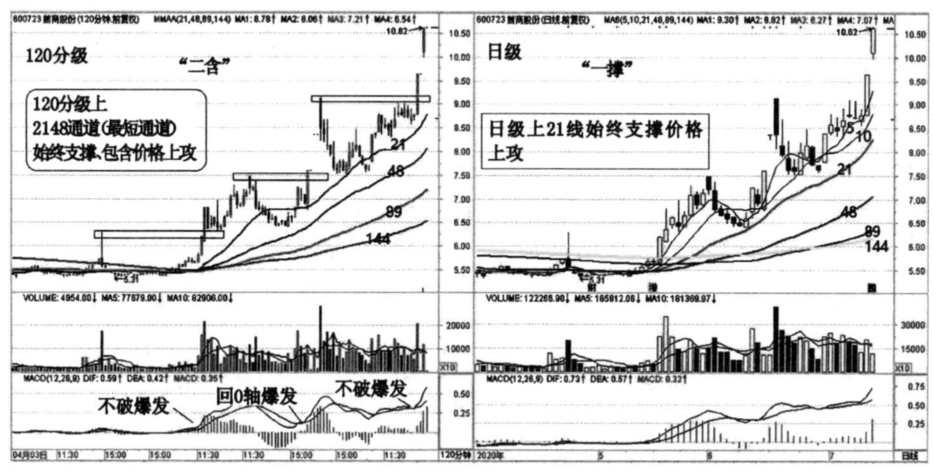

图6-018

因此，找到“一撑”级别，就会确定出“二含”级别。确定出“二含”级别，这个级别也就是“交易级别”。通过“二含”级别上价格与最短通道之间的运行关系，就可以把握住该股攻击的强度变化，当价格加速上攻时，攻击强度自然会升高；当价格回破“二含”上的最短通道时，攻击强度自然会减弱；如果最短通道也出现死叉封闭，攻击强度就会进一步减弱，价格也就会出现扭转向下的信号。

从图中可以看到，该股从低位爆发上攻之后，共出现过三次明显的“爆发上攻”动作，而每一次的价格爆发，都与指标上的“爆发点”+突破水平颈线+爆发量，形成同步。

有些人很喜欢抓强势股、龙头股的博弈机会。特别是，当强势股出现爆发而起时，才去跟进。如果不爆发，反而不愿意跟进。

我想说的是，对于这部分人来讲，学习“爆发点技术”后，可以把过去“凭感觉追买”，改进到以价格+技术上的“爆发点”时机来择机跟进，会对获胜率有更客观、更实际的帮助。“毕竟，好运气也是给有准备的人准备的。”

有些人则刚好相反，不喜欢追买爆发而起的强势股，而喜欢在强势股爆发之前，潜伏进去等待“爆发”。

对于这部分人来讲，学习“爆发点技术”后，可以更清晰地看到一只股价格+技术爆发的条件，以及是怎么一步一步走向“爆发点”，然后再“爆发而起”的。关键是，你能够提前寻找、并确定出契合该股目前状态的“交易级别”也就是“爆发而起”的技术细化级别。因此，对于预判+潜伏仓+试探仓介入等，都会有更精细的技术帮助。“谋，则立。不谋，则废。”

博弈中，不外乎存在两类人群，或者“买起(涨)”，或者“买回(跌)”。

在“爆发点技术”的实战交易中，“买起(涨)”的人，看重“爆发而起”中的时机。将“价格冒头+指标爆发点”，以及“突破水平颈线+指标爆发点”熟练掌握(当然，要在“交易级别”上捕捉)。而“买回(跌)”的人，看重的是“回而企稳”中的时机。将“一撑、二含”两个级别上的价格回挡而得到支撑(注意！表面上是技术支撑，实际上是资金支撑的力量在起作用)时，结合上指标的“回0轴、不破”动作，也要熟练掌握。

再看个股实例。

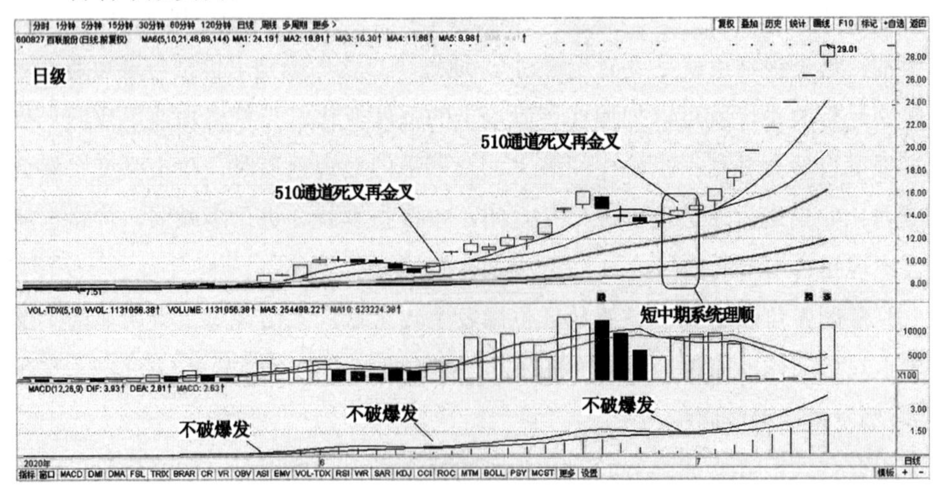

图6-019

图6-019中，百联股份在日级上爆发上攻过程中，每上攻一波，在价格回落时，510通道就会出现死叉后再金叉的现象。这种情况在实战交易中常常会遇到。那么，该股的“二含”级别(也就是“交易级别”)通常在哪个级别上

呢？一般会在60分级上。

该股虽然在上攻途中510通道出现死叉封闭现象，但该股上攻强度还是挺高的。因为一旦价格结束回打、清洗动作后再次上攻，价格都会沿着5日线。从技术上讲，一般依托着5日线进行上攻的价格，其支撑级别都是在15分或30分级上的。但为什么要看该股的60分级呢？因为有一句快速判断口诀：破10看60(这个口诀下一节中会专门讲)。意思就是，当价格回打破10日线时，相对应地要看60分级上的指标“回0轴”动作。

另外，在图中还可以看到一个技术现象，就是当短中期系统完成理顺后，价格展开了连续涨停的上攻动作。这可以视为展开了“主升波”。还有，该股在从低位到上攻途中的三次爆发点，在指标上都是“不破爆发”动作。我们讲过，“不破爆发”在指标爆发点里的强度是最高的，因为指标不出现死叉的动作，而是顺势而上的爆发动作。同时也说明资金对价格的推动能量很大。

看该股的“一撑二含”级别。

见图6-020，百联股份的“一撑”出现在120分级上；“二含”自然是在60分级上。在60分级上，两次价格回打、清洗动作，都出现了“回0轴爆发+最短通道(2148通道)不死叉封闭”现象。

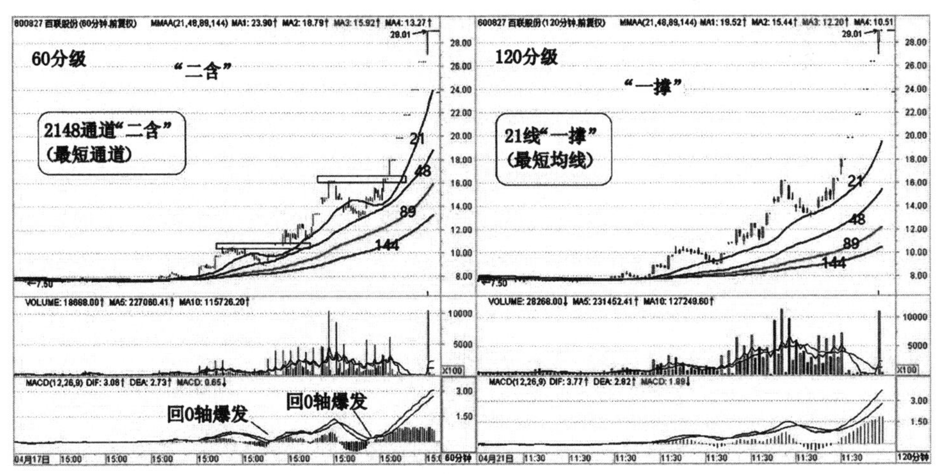

图6-020

有些人会对一个问题感到困惑：为什么不用120分级上的“一撑”动作中

“指标爆发点+最短均线支撑”来做判断，非要用60分级上的“指标爆发点+最短通道保持”来做判断呢？因为，一条最短均线，在被回打的价格下破时，是难以判断出价格会不会再次拉起来上攻的。而一条通道就不同，因为，不仅仅要看价格的下破通道动作，还要看这条通道会不会被价格拽动成死叉封闭了。

还有一个重点，就是MACD指标，与价格动作、通道动作，三者形成的一个组合体。用单一的技术点做任何判断，由于必然存在很多技术盲点，所以，误判率就会很高。而用一组技术点做判断，由于存在的技术盲点大幅度减少，所以，误判率就会大幅度降低。

简单讲，价格下破一条均线时，指标可能还在0轴之上运行着。这时候，不好判断价格会不会继续下跌，以及下跌到哪里才可以确定价格出现扭转。而用一条通道+指标回0轴动作来做判断，就简单明了很多。

价格回打，虽然下破了通道里上面的一条均线，但通道的攻击状态没有被破坏，就可以判断价格只是回挡动作。再加上指标的回0轴动作，还可以监控价格的这个回挡动作在什么情况下会结束。若价格下跌动作不结束时，指标下破0轴，同时，这个支撑通道也会出现两线收拢、死叉的现象。这样，判断起来就比较简单：价格轨迹、通道支撑、指标状态，同时都一目了然，可以很快做出判断，利于交易操作的及时性。

另外一点，就是价格对于上攻状态时，不是看价格的上攻有多高，而是重点看价格每次回挡时的“底(低点)”是否在抬高。价格的“底(低点)”不再抬高时，也就是这个级别上的最短通道支撑不住价格的回挡动作之时。而该股的回挡动作，最短通道能够支撑住价格(而不死叉)的级别，就是在60分级上。其中的技术原理逻辑是：“上攻重底，下跌重顶”(注：这是“扭线技术”提出的一个价格攻击中的规律现象)

在价格上攻时，“重在看底”。价格的一波一波攻击，其“底(低点)”必然会一级一级地抬高起来。那么，什么时候价格才不再上攻，而转为下跌呢？第一个动作，是攻击遇阻；第二个动作，是下破、切断依托的上攻通道；第三个动作，是价格再次下跌+上攻通道死叉封闭。

在价格的第一个动作“攻击遇阻(而回)”时，一般来讲，难以辨别价格回挡后是否还会再上攻。但是，若用上“扭线技术”中不同层级通道出现的八爪线乖离现象，再加上价格的攻击幅度高度，以及换手量能的变化，再加上指标的“顶背离”等现象，可以对价格的“攻击遇阻(而回)”时，价格风险是否已经很大，做出客观、准确的判断。

而当价格出现第二个动作“下破、切断依托的上攻通道”时，价格的“底(低点)”出现向下沉的现象，这是“价格与通道”之间关系出现最明显变化的一个风险信号。

也可以这样讲：价格涨幅越大，价格位置越高(通过该股的历史高点来对应看)，价格的下破、切断依托上攻通道动作的风险度也就越高。就是说，价格在低位区域时，价格回打下破、切断依托的通道，其交易的风险度，肯定没有在价格处于高位时，出现这种动作时高。

而价格的第三个动作“价格再次下跌+通道死叉封闭”，则是将价格的扭转下跌进行确定的典型动作信号。

第一个动作，判断难度高；第二个动作，则会出现价格“底(低点)”明显下沉现象；第三个动作，已经无须做判断，扭转已成立。

第二个动作中，价格回打底下沉现象，就是出现相对较早、并且风险信号相对更明显的动作。因为，价格回打底(低点)下沉现象，本身就说明攻击资金的力量已经明显难以承受住压力盘了。

再看个股实例。

图6-021中，深赛格爆发起来之后的上攻过程与前面那只个股不同，510通道是始终保持着的，价格回打时，也都是以510通道来做支撑的。

我们在前面讲过——“价格冒头+指标上0轴(虽然价格没有出现爆发)”时，是一个最佳买点。

而该股价格的爆发加速上攻动作，则是出现在日级上“突破水平颈线+不破爆发”时。

这些技术点和介入时机点，在小级别的“二含”级别上，都会更加细致地表现出来，只不过，可能是用另一种方式来表现。

看看该股的“一撑二含”。

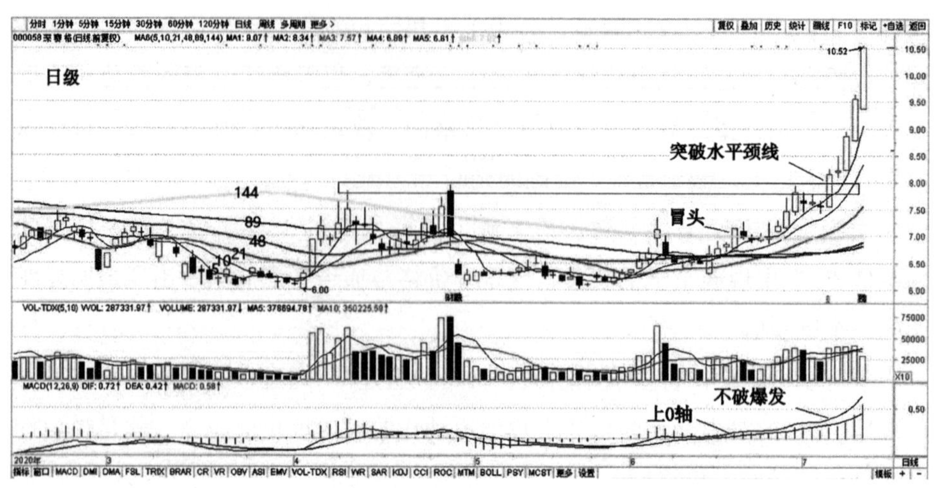

图6-021

见图6-022，深赛格分钟级别上，60分级是“一撑”，30分级是“二含”。但是，首先注意到一点，该股在30分级上，“系统扭转”得比较早，但在系统扭转之后，系统里的几个通道却陷入“纠缠”中，没有理顺。这种情况下，最短通道都是难以保持住多头状态的。

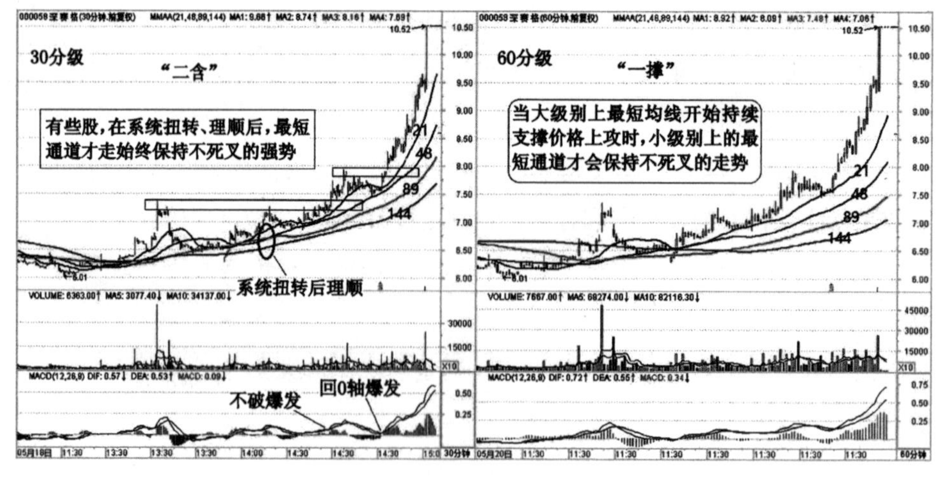

图6-022

因此，若实战交易中遇到此类情况时，一定要等待系统“理顺”之后，再看价格回打时，最短通道能不能始终保持+指标回0轴而不下破0轴。通常，在系统处于“纠缠”时，对价格的支撑力度比较弱；当系统“理顺”之后，对价格的支撑力度就会比较强。

还有一点，在系统处于“纠缠”时，MACD指标也很容易下破0轴。此时，该指标的强弱信号也不稳定，可靠度也差一些。而当系统“理顺”后，该指标的信号才会稳定起来，强弱信号的可靠度也明显上升。所以，当“二含”级别上的系统处于“纠缠”中，理顺之前，不要贸然进场做交易，此时，即使低价格会有一定的吸引力，但属于盲目交易行为，带有很大的“赌运气”成分。

再有，如果在实战中对“二含”级别上的最短通道支撑价格回打的资金力量做判断时，要将“一撑”级别上最短均线对价格的支撑动作结合进来，这样判断准确率会提高。

再看个股实例。

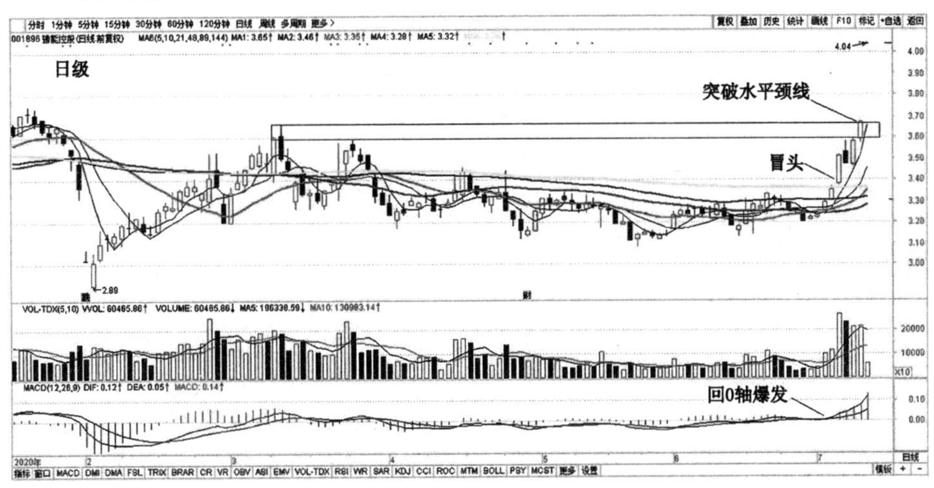

图6-023

图6-023中，豫能控股在前面曾经出现过一次“多线聚拢扭转”动作，但却没有爆发起来。该股又经过了3个月的震荡，重新蓄势之后，再次爆发。价格始终依托着5日线的支撑上攻，爆发量能够连续保持放大状态，说明该股的攻击强度明显很高。

指标先“上0轴”，然后再“回0轴爆发+价格冒头”，形成一个最佳买点。接着价格“突破水平颈线”时，又形成一个最佳买点。那么，该股的“一撑”和“二含”在哪两个级别上呢？请在图6-024中找一找。

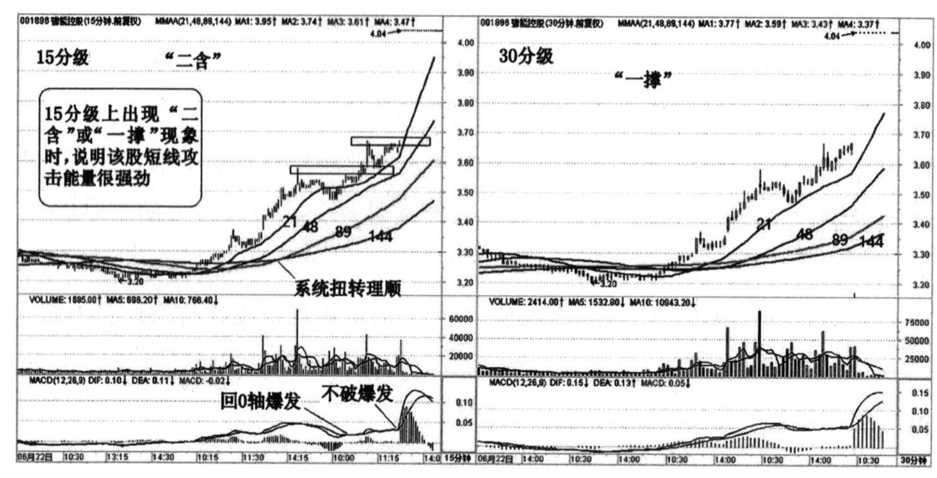

图6-024

通过寻找，确定豫能控股30分级是“一撑”，15分级是“二含”。

可能有人注意到了一点：为什么在15分级上价格在刚扭转上来时，没有“画出爆发点”，而是在系统完成扭转理顺之后的价格爆发时，才“画出爆发点”呢？

原因很简单，在系统没有完成扭转理顺之前，虽然价格率先翻身起来了，但此时系统对价格的支撑力度还不是很强。当系统扭转理顺后，支撑价格的力度增强后，再捕捉“爆发点”的时机，交易风险会大幅度降低。

很多技术交易中的一些小细节，说起来很简单，但却往往在实战交易中被很多人忽视，导致失误，这是非常可惜的。

做交易时，无论是多么牛的策略、技术、方法，首先要考虑的是降低交易风险！

再看个股实例。

图6-025中，美力科技与上一个股实例，有一个共同点：价格都是依托5日线强势上攻+日级上的“爆发点”也是“回0轴爆发”。

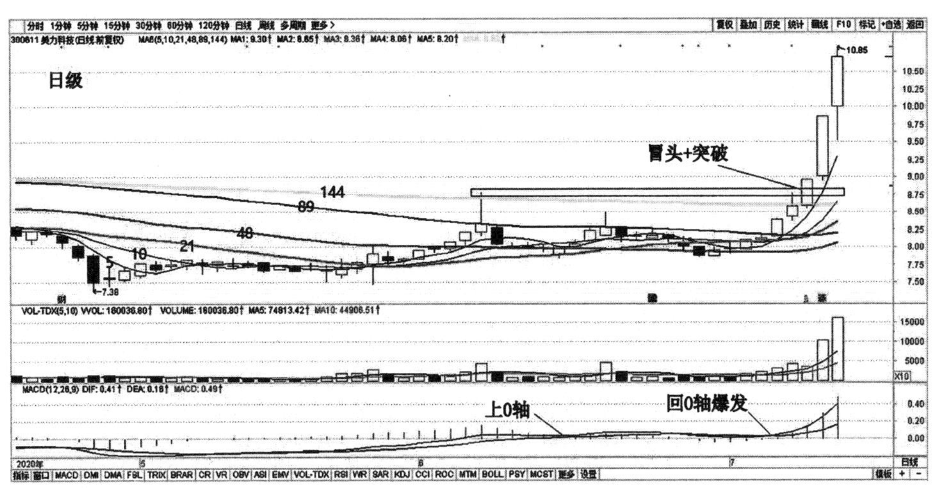

图6-025

当然，二者也有不同之处，图中该股是“冒头与突破”同时出现的。这就说明，该股在日级上看，只出现了一个最佳时机。不过，这种将两个最佳时机合二为一的现象，反而更加增强了这个最佳时机点的交易确定性。所以，在实战中，若是遇到了，可以直接、快速地判断介入时机。

看看该股的“一撑二含”。

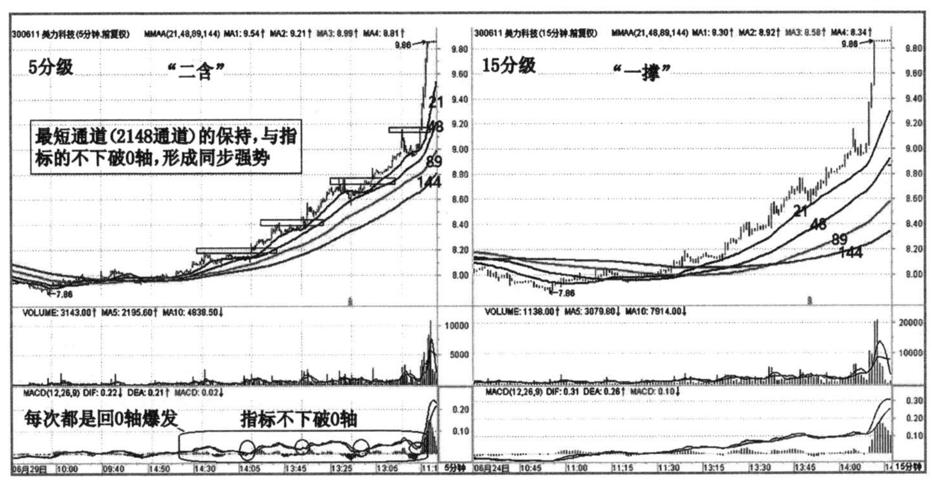

图6-026

见图6-026，与前面的个股实例不同，美力科技虽然在日级上也是5日线支撑价格爆发、上攻的，但该股的“一撑”是在15分级上，“二含”级别在5分级上(注：前一个股实例豫能控股上，是30分级“一撑”+15分级“二含”)。

这就有意思了。为什么同样在日级上都是5日线支撑价格爆发和上攻，但却在小级别上，“一撑+二含”的级别会不同呢？是因为“价格攻击强度”存在细微差别。

虽然在日级上价格都是依托5日线的支撑进行攻击，但在攻击强度上，还是会存在差异性。因此，在实战交易中，当出现5日线支撑价格上攻时，还必须要在分钟级别上寻找确定一下“一撑+二含”的级别。价格攻击强度越高，在分钟级别上的“二含”(交易级别)级别就会越小。

但是，凡事有利也有弊。虽然价格攻击强度高的个股，“二含”级别小，但小级别上的价格与最短通道的关系很难保持。需要资金持续不断地推升，以及价格回挡幅度不能太大，才能够保持住这种攻击强度。

一般来讲，如果“二含”出现在5分级上，价格的攻击强度就需要达到最强状态(也就是涨停状态)才可以保持住这种价格与最短通道之间的强势关系。若是像图中该股这样只是“贴线(通道)攻击”，难以长时间保持。

但这也说明了一个博弈机会——当发现某股5分级别上是“二含”时，在加速上攻之前，都是比较好的介入时机。而在价格加速之后，就要特别注意，攻击强度能不能保持在最强状态(连续涨停)。若能保持，就不要轻易出局；不能保持时，则要及时出局。因为，一旦5分级上价格强势不能保持时，最短通道被价格切断、下破，通道死叉封闭很容易出现。那么，价格强度就必然会降级到15分级或30分级上的最短通道里，寻找资金的支撑。

价格在涨停状态下(特别是连续涨停)，分钟级别中只有5分级上的最短通道可以保持(1分级上的最短通道是保持不了的，因为均线周期值太小)。所以，在任何情况下，一旦短线价格的攻击强度出现衰减时，5分级上的最短通道都是难以保持的，都会出现“二含”级别从5分级上，降低到其他大一些级别的情况。

这就说明，凡是刚开始以5分级“二含”级别作为“交易级别”的，会存在“第二次博弈”的机会。不过，“第二次博弈”的“二含”级别，并不一定是15分级，也可能是其他分钟级别。这要视价格回打下来企稳在哪个级别上的最短通道里来确定。因此，如果是以5分级的“二含”级别作为“交易级别”的人，在5分级上价格与最短通道的相互依存关系被破坏时，就必须及时择机锁利出局。然后再以价格回打后企稳的、新的“二含”级别上的“爆发点”时机，重新择机进场博弈(特别是选择短线博弈的人，需要注意第二次博弈机会的风险大小)。

这种“二次博弈”的情况，并不是在每个分钟级别上都会出现。

从多年实战经验总结看，在攻击波段中，通常最强势的是“一波到顶”，就是一口气连续上攻，完成整个上攻波之后，就会进入扭转下跌。而“一波到顶”中“二含”的级别，绝大多数都是在15分级上。也有一部分是在30分级上出现，而5分级上出现的，大多都是连续涨停的攻击走势。简单来说，就是在5分级上，最短通道承受不住价格稍微大一点的波动和震荡动作。

实战经验总结：当价格回撤幅度超过-5%时，5分级上的最短通道就存在死叉封闭的风险。当价格回撤幅度超过-10%时，15分级上的最短通道就存在死叉封闭的风险。当价格回撤幅度超过-15%时，30分级上的最短通道就存在死叉封闭的风险。当价格回撤幅度超过-20%时，60分级上的最短通道就存在死叉封闭的风险。

通常，当60分级上的最短通道被破坏或被价格切断时，日级上的510通道也会同时被切断和破坏(注：是以价格冲出的最高点为基准，测算价格回撤幅度。另外一点，这是以分钟级上最短通道没有明显八爪线状态下的测算，如果最短通道出现了比较大的八爪线时，回撤幅度必然会加大，最短通道才会出现死叉封闭的风险。但要注意！价格回撤幅度太大，本身就是交易风险。所以在最短通道出现明显的八爪线时，价格攻击一旦遇阻，就应高度警惕)。

在5分级别上，还有一种常见的技术现象——“顶背离”现象。

通常，分钟级别相比日级别，容易出现“顶背离”现象。但在5分级上，当价格攻击了一小波之后，出现攻击遇阻时，则更容易出现“顶背离”现象。这与主力资金在攻击过程中的资金切换动作有关。

因为主力的浮动资金和浮动筹码在价格上攻过程中，是一小波一小波循环着进行的。在这个循环过程中，随着价格位置的抬高，资金成本和筹码成本必然会处于不断变动中。所以，每上攻一小波后，主力资金就要把资金和筹码进行一次重新整合、调整，然后再进入下一个小循环。而这个重新整合、调整的过程，在其他级别上，也许表现得不是很明显(因为其他大一些的级别上主要以K线状态来表现的)，但在1分级和5分级上，则会表现得比较明显一些，价格与最短通道的之间的关系，由于级别的微小而变得很敏感，价格在循环中切换时，势必会持续出现大一些的价格波动幅度，从而影响攻击强度的持续性。

那怎么来解决这个问题呢？最常见的手法是，拉(冲)起来，快打。

这种手法，表现在技术上，虽然可以避免最短通道的死叉封闭，但却很容易形成“顶背离”。之所以在其他大一点的分钟级别上看不到，是因为这种细微的手法，被“收纳在K线的波动中”了。

但5分级上的“顶背离”现象出现次数太多，对于交易中做判断，也就增加了一些干扰因素——因为有很多这种主力资金进行切换、整合所形成的“顶背离”现象，并不出现价格真正见顶的结果。

解决这个问题的办法也很简单：无论5分级出现“顶部信号”还是“底部信号”，都需要在15分级上进行技术确认。

为什么？因为5分级上最短通道容纳价格波动的空间幅度太小，而15分级是分钟级别里的“分水岭级别”，对于5分级上的一些价格动作和技术信号具有明显的“过滤”作用。

比如，如果5分级上出现“顶背离(或底背离)”现象时，15分级上也同步出现了“顶背离(或底背离)”现象，这就是对5分级上的技术信号的一种确认现象。

不仅如此，5分级上的“顶(底)背离”现象，需要15分级上的“顶(底)背离”来确认。30分级、60分级、120分级上的“顶(底)背离”现象，也需要与15分级上的“顶(底)背离”现象进行相互确认。从这一点就可以看出15分级“分水岭级别”在分钟级别里的重要性了。

再一个，就是15分级上的最短通道(2148通道)与5分级上的89144通道，是相对应的级别。所以，当5分级上的系统出现高位扭转+“断头阴”动作时，

15分级上的最短通道，也会出现同步的高位扭转动作+价格“断头阴”动作。这一点，也须注意。

再看一只5分级上连续涨停、强势上攻的个股实例。

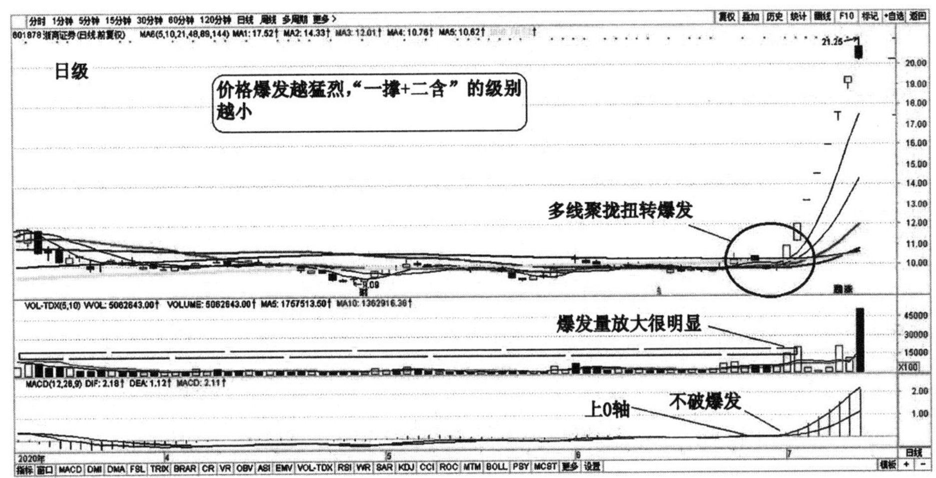

图6-027

图6-027中，浙商证券在低位“多线聚拢扭转+不破爆发+爆发量”爆发而起后，以连续8个涨停板的最强之势“脱线攻击”。

像这种价格爆发较为猛烈的个股，其在分钟级别上的“一撑+二含”级别就会较小。通常“二含“级别都会在5分级上，“一撑”在15分级上。

看一下该股的15分级+5分级。

见图6-028，先看浙商证券的15分级“一撑”。由于15分级上，每天交易产生16根K线，在21线周期以内，在当天始终处于涨停板状态情况下，21线就会自然形成“一撑”动作。连续涨停时，21线的支撑状态就会伸展成一条斜直线。而MACD指标则会形成悬空“飘着走”的状态。在连续涨停上攻时，无论是价格、均线、指标，都会呈现最简单的上攻状态。而这种简单，就意味着最强势——因为没有比这种攻击强度更强的技术表现了。

再看5分级上的“二含”。每个交易日中，会产生48根5分钟交易K线，因此，在开盘即涨停的情况下，48根K线，刚好到达48线处，结束当天的交易。

而21线周期值小于48线，在涨停位置的第21根K线时，21线与价格“合二为一”，然后延伸到48根K线完成交易时，21线与48线刚好贴合在一起。

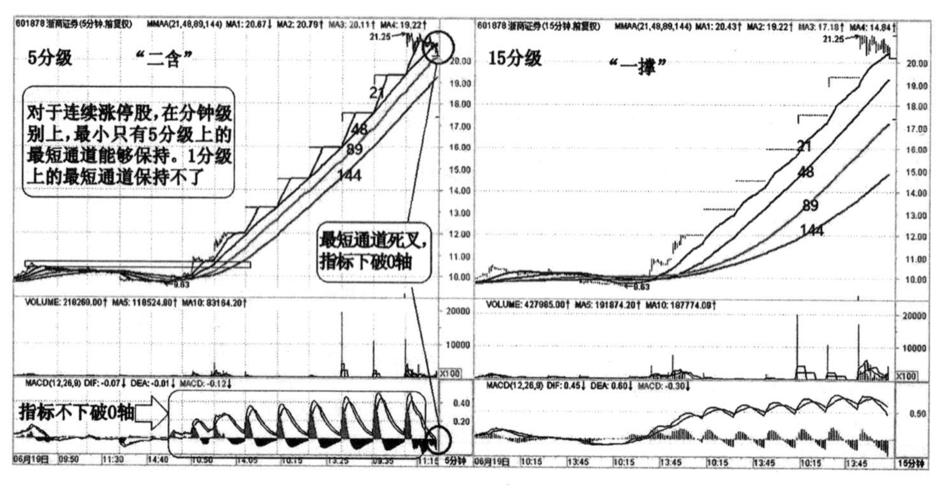

图6–028

从这一点就可以看出一个问题：当21线上移与涨停价格“合二为一”之后，21线与涨停价格是平走向48线靠拢、收拢。那么随着21线越来越靠近48线之时，若价格打开涨停板而下跌，价格就很容易下破切断5分级上的这个最短通道(2148通道)。不仅仅是价格下跌切断2148通道，由于2148通道两线是收拢动作，更容易引发该通道的死叉封闭动作。所以，就会出现技术上的交易风险。

从涨停时间上看，上午盘中涨停的个股(无论是否开盘涨停)，若是在当天下午打开涨停而出现-5%以上的下跌动作，该股5分级上的最短通道也很容易出现死叉和封闭。

从这一点来讲，先不涨停后涨停(封住板)的个股，或者当天一直保持涨停板不打开的个股，5分级上的最短通道都可以保持住。而涨停后打开且震荡幅度超过-5%的个股，即使下午收盘前又涨停了，其5分级上的最短通道，保持住的概率还是很小。

有点绕口、绕脑，记住一句话即可：无论当天早或晚，封住涨停不打开，5分级上最短通道会继续保持。但先封涨停后打开，震荡幅度超-5%，5分级上最短通道死叉封闭概率高。

了解这些对实战交易有什么意义？对于喜欢博弈涨停板的人来讲，下午冲板的个股，可以择机跟进，因为该股会保持住5分级(短线强势攻击级别)的最短通道攻击、支撑价格的状态。

而对于上午冲板的个股，就要选择攻击能量最大的个股为目标品种，并且还需有预备风控方案。

这种5分级上的技术运行路径，还可以拓展开来用。

对于早盘冲高、高开盘的个股，盘中回打震荡时，在10点之前，价格回打破一下“分时图”中的“均价线(黄色线)”一般还不会马上改变5分级最短通道的运行状态，但在10点之后，若价格再出现回打下破“分时图”中的“均价线”动作，则需要特别警惕——因为该股即使昨天还是一个涨停板，但今天震荡的概率很大，甚至还有可能出现下跌。那么，此时就要谨慎一些，应将捕捉时机放到5分级上的“回0轴”位置，若“回0轴爆发+爆发量”时，才能够考虑择机跟进。若“回0轴不爆发”，下破0轴，则至少该股短线的强势衰减就很明显了。需要重新再梳理出“一撑+二含”的级别，重新确定出“交易级别”再择机跟进。

很多人会认为，昨天该股进入涨停榜了，看着攻击能量很猛，打算今天跟进操作。但买进后就当天被套了。

现在通过解析5分级上的攻击强度保持和变化(当然是以价格与最短通道的关系来表现的)，大家就可以对于该股昨天的5分级上的强势能不能保持住，在技术上有一个客观、直观的了解，这样对于自己的交易决断应会有很大帮助。其中的技术逻辑很简单：原来的价格+技术强势(程度)能否保持住？能，则可以跟进；不能，则需谨慎。

看图6-027，该股在连续涨停攻击之后，最后一个涨停板(第8个涨停板)，并没有封住，而是高开之后，全天都在高位震荡，其间，也有过四五次冲击涨停板，但由于抛盘很大，难以封住板。当天换手超过15%，达到自低位爆发扭转以来的最大换手量。很明显，大资金群体出现大换手。

很多人可能会根据这些盘面因素来判断该股是否见顶，但终究还是带有很大的主观性。要印证这些主观判断，还需要客观的技术因素。

从图中可以看到，在当天收盘前，价格在震荡中逐渐回落，最终在下午

14：45分时，5分级上的最短通道(2148通道)出现死叉封闭，同步地，MACD指标也下破0轴。这就说明，该股短线的攻击已经在5分级上结束了。

该股后期要再出现上攻博弈机会，分钟技术上就要重新梳理出“一撑+二含”级别，再战。如果该股就此见顶下跌了，那么，在分钟级上，也就不会再出现符合“爆发点技术”的“一撑+二含+爆发点”的最佳时机了。

有一个问题：1分级上会出现“二含”动作吗？有时也会。但是，由于级别太小，价格持续攻击的稳定性差，技术系统的稳定线也就差，因此，难以长时间保持住。所以，分钟级别上，通常能够用到的交易上的“二含”级别，最小就多为5分级了。

比如，由于1分级上的最短通道(89144通道，尽管这个最短通道周期值要比其他分钟级别上的大)周期值，还是远远小于每天240分钟的交易时间，所以，1分级上的最短通道可以保持一会儿，但很难长时间保持住。所以，在实战交易中，不同于其他分钟级别，通常对于1分级上来讲，是对“价格+系统”的关系监控和判断(而非“价格+最短通道”的关系判断)。

这个问题，前面也讲过——当一只股的1分级上，“系统扭转”后，这个(长期)趋势框架线系统能够持续保持时，就说明该股的攻击强度已经明显升高。

热衷于超短线交易的人，只要做好风控和不贪大利，选市场中资金活跃度高的股，跟着1分级上系统的循环节奏，做“复利”，持之以恒，也会有大成。

但要注意一点：由于1分级上的系统循环节奏比较快，做有些股时，需要提前先“潜入”拿到一批浮动筹码(价格高点低点不重要，但低一些当然更好)，然后再作为“循环交易”中的“对倒筹码”来用。最终这批“对倒筹码”的出局位置，只要不低于“潜入”时的成本即可，盈利的主要是做“循环交易”的空间利润筹码。

如果想掌握交易的主动权，就要调控好“资金与筹码”的循环交易关系，对于应用“爆发点技术”操作来讲，就是一种升级的应用。

再延伸一下：“一撑、二含、三托价”中的“一撑+二含”只会发生在日级和分钟级上吗？

当然不是。这种现象，可以发生在任何级别上。只是，当有些周期级别太大或太小时，会影响价格在该级别上与最短通道之间的技术关系密切度和持续的时间。

通常在实战交易中所用的月、周、日三个级别上，也会出现“一撑、二含”技术动作现象。但会有一些技术细节上的差异。

比如，如果价格在日级上是在2148通道是“二含”动作的话，是不是在周级上，就是21周线支撑住价格呢？不是的。因为周级与日级之间的换算与日级和分钟之间的换算不一样。从实战中的经验归纳的结果看，当日级上2148通道出现“二含”动作时，在周级上的“一撑”通常发生在10周线上。但是，“爆发点技术”中，对“一撑”动作的确定标准是“最短均线”。

细化来看：周级上，如果短期趋势框架线系统，最短均线是5周线；如果是中期趋势框架线系统，最短均线是21周线。很明显，10周线不是“最短均线”。

当日级上2148通道(中期趋势框架线系统)出现“二含”动作时，在周级上，不是10周线在支撑价格上攻，而是510通道在支撑价格上攻。因此，周级上的510通道与日级上的2148通道走势是同步的，也是“二含”。

这就是一个很特殊的情况：日级2148通道是“二含”，周级上510通道也是“二含”。从确定交易级别的角度讲，日级上和周级都可以确定为“交易级别”。

注意一点：日级上“二含”通道层级的不同，对分钟级别上的“一撑+二含”是有影响的。就是，当日级上2148通道(中期系统中最短通道)为“二含”动作时，在价格进入主升段之前的上攻过程中，分钟级别上难以有哪个级别上的最短通道，能够一直保持。分钟级别上的“一撑+二含”级别，就只能是小波段形式的存在了。因为没有一个分钟级别上的最短通道，能够从低位扭转爆发而起到价格上攻见顶，一直保持住。这是因为日级上“二含”中的最短通道周期值比较大的缘故。因此，这种情况下的交易级别和“爆发点”交易信号，就是日级上“二含”中的“爆发点”交易机会。

相对应地，如果日级上出现“二含”的最短通道是510通道时，则会在分钟级的“二含”级别上，出现最短通道从低位扭转爆发而起，一直保持到价格见顶。所以，也就可以将分钟级别上寻找到的“二含”级别，确定为“交易级别”。

记住一点即可：当日级上2148通道是“二含”动作+周级上510通道也是“二含”动作时，“一撑”就自然是月级上的最短均线5月线，在支撑着价格上攻。而交易级别，既可以确定在周级上，也可以确定在日级上。分钟级别里的“一撑+二含”级别，都是一小段、一小段存在的，若把“交易级别”确定在分钟级的“二含”级别上，就会影响整体盈利空间的获取机会。

还有一种情况也比较常见，就是周日级别上的“一撑+二含”现象，是发生在周级上——5周线“一撑”+日级上510通道“二含”。但无论是哪一种情况，只要周级上和日级上形成的组合型“一撑+二含”现象，都是典型的中期行情特点。

再者，无论是月级、周级、日级上哪两个级别上出现了“一撑+二含”动作现象，要落实到实战交易的具体价格位置点上，即可以以周、日级上的“二含”级别，确定为“交易级别”；也可以在分钟级别上进一步细化寻找出“一撑+二含”级别，确定为“交易级别”，然后再加上“分时图”上的“三托价”现象，就是一个完整的多(层)级别技术交易组合模式。

所以，正确答案是，当日级上2148通道形成“二含”动作时，“一撑”不在周级上，而是月级上最短均线——5月线。

而当周级上5周线为“一撑”时，日级上，则是510通道为“二含”动作。

当周级上510通道(最短通道)形成“二含”动作时，“一撑”则发生在月级的最短均线5月线上。

综上，在月、周、日三个级别上的“一撑+二含”动作组合中，能归纳出两种情况：

①周级上5线“一撑”+日级上510通道“二含”+分钟级别上的“一撑”和“二含”+分时图上“三托价”。

看个股实例。

图6-029中，蓝英装备是一只周级(5周线)“一撑”+日级(510通道)“二含”的个股实例。当市场处于强势状态时，会涌现出很多此种攻击走势的强势股。

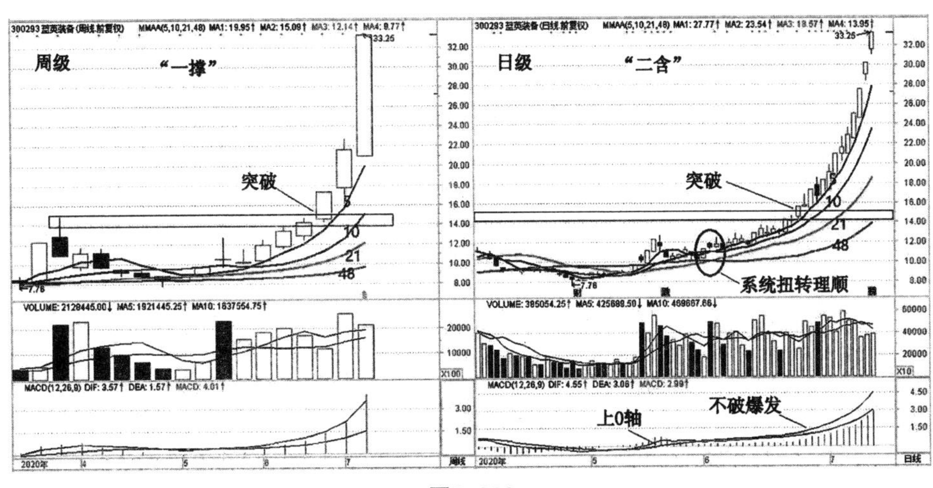

图6-029

像这种日级上510通道(短期趋势框架线系统)形成“二含”动作的个股，在分钟级别上，必然会同步形成“一撑+二含”的组合级别，就可以确定为“交易级别”。

看该股的分钟级别上的“一撑二含”。

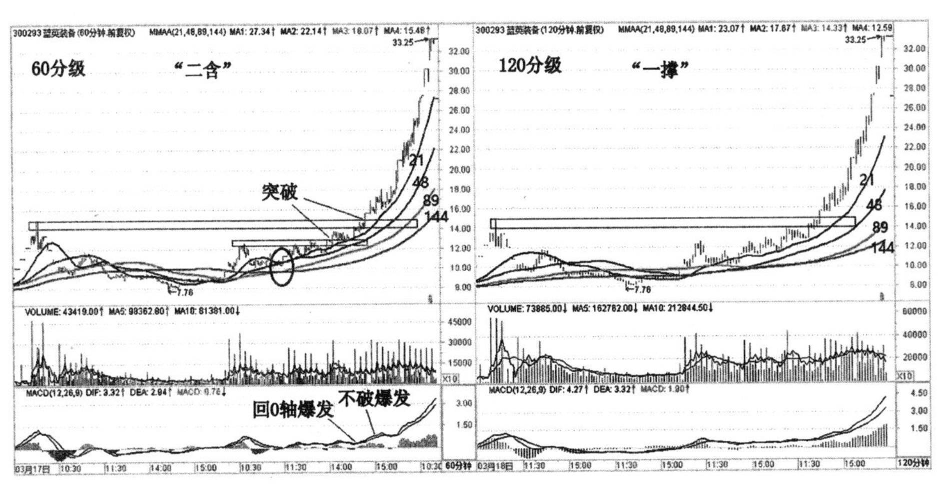

图6-030

见图6-030，蓝英装备120分级和60分级上，就出现了“一撑+二含”的组合级别。

最佳时机的把握，前面已经反复讲了，这里就不重复了。

进一步细化捕捉接入点，就是“三托”之时。

见图6-031，在“分时图”级别上，“三托价”现象在价格上攻过程中，并不是每天都必然会出现。

有些强势个股，可能会连续上攻2天或3天时间，但肯定会出现“均价线”拖托不住价格的情况，这与主力资金调控价格和跟风浮筹的动作有关。但只要不影响分钟级别上“二含”级别的最短通道保持，就属于上攻过程中的正常波动。

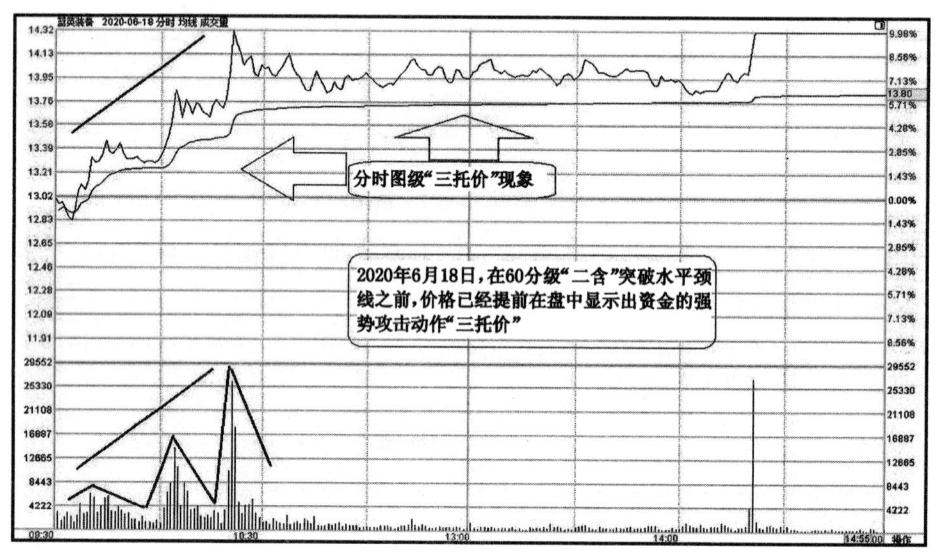

图6-031

对于交易者来讲，什么时候介入才是最佳机会呢？是当日分时图上出现“三托价”之时，还是没有“三托价”之时呢？

首先要明白一点：分时图上出现“三托价”现象，是价格上攻的动作表现，而没有“三托价”现象，则是价格进行震荡之时。

价格在分时图上震荡时(价格总是下破均价线的支撑)，又分两种情况：一种，在“二含”的分钟级别上，价格不破坏最短通道的攻击状态；另一种，在“二含”的分钟级别上，价格破坏了最短通道的攻击状态。

如果是前一种情况，属于价格的正常震荡+清洗动作，也属于强势状态保持中的震荡动作。可以把“二含”分钟级别上的最短通道收拢保持+MACD指标回0轴动作结合起来，预判“爆发点”临近时，提前潜伏性介入试探仓。通常情况下，价格会在“爆发点”处再次爆发起来。

如果是后一种情况，则需要警惕价格是否会强度降低、扭转向下。因为价格破坏最短通道的攻击状态方式，通常只有一种现象——价格下破最短通道+MACD指标下破0轴+最短通道死叉封闭。出现这种破坏性动作的技术诱因，通常与在小一级的分钟级别上，或者就在本级别上，出现价格攻击遇阻的“顶背离”现象；或者，在大一级的分钟级别，或者本级别的均线系统中，出现比较明显的八爪线乖离，需要价格回打化解有关。

很多时候，这两种技术诱因会同时存在。而在“二含”级别上，出现这种情况时，大多都是结束这一波段攻击的时候，最先在分时图+“二含”分钟级别上开始出现。所以，你也可以将其视为提醒你应考虑锁利撤离，或减仓规避短线调整风险来临的一个警示信号。

可以这样理解：在一个攻击波段完成之前，分时图中出现的“均价线托不住价格震荡动作”的情况，都会被“包含”在“二含”分钟级别的最短通道中，不会影响最短通道的攻击状态。

但有时也会出现一种情况——价格短线震荡比较剧烈，最短通道死叉封闭了，但MACD指标却没有下破0轴；或者，最短通道保持着，而MACD指标却下破了0轴。怎么办？

解决这个问题的标准是：通道和指标只要有一个没有被破坏，就说明没有相互确认，就没有问题，还会重新走强。

有些人可能会有疑问：这样，最短通道就难以持续保持了，“二含”级别还能算保持吗？

这种情况，属于技术性的短暂死叉封闭最短通道动作，主要是与价格在很短的时间里震荡幅度过大，造成均线公式的计算数据出现快速下跌，从而形成了最短通道的两线死叉。而后虽然价格又很快重新拉起来了，但均线延伸到相互死叉的动作却难以避免。但因为价格很快重新拉起来了，所以，MACD指标并没有下破0轴(特别是DEA黄线即慢速线，没有下破0轴)。

反过来也是一样，当指标回到0轴附近时，价格如果突然剧烈震荡一下，指标很容易被打下0轴，但最短通道(2148通道)却由于价格快速又拉回来，并且还爆发而起了，所以，通道两线就没有出现死叉封闭的情况。

这种情况，最常发生在临近“爆发点”之时。因为，有些主力资金在价格出现上攻之前，总喜欢先打一下，再爆发而起。所以，在“爆发点技术”实战交易中，对于这种临近“爆发点”之时，由于价格剧烈波动一下再起而造成的最短通道，和MACD指标两个中有一个被短时间破坏一下的动作，应特别注意细心辨别判断。如果是价格真的是下跌动作，就不会再拉回来了。最终，最短通道和指标都会被破坏掉。价格能够快速拉回来，通常最短通道和指标中，就会有一个继续保持原有的强势状态。

②月级上5线“一撑”+周级上510通道“二含”+日级上2148通道“二含”(注意！在进入主升段之前，分钟级别上的最短通道都难以始终保持)+分时图级别上的“三托价”。

看个股实例。

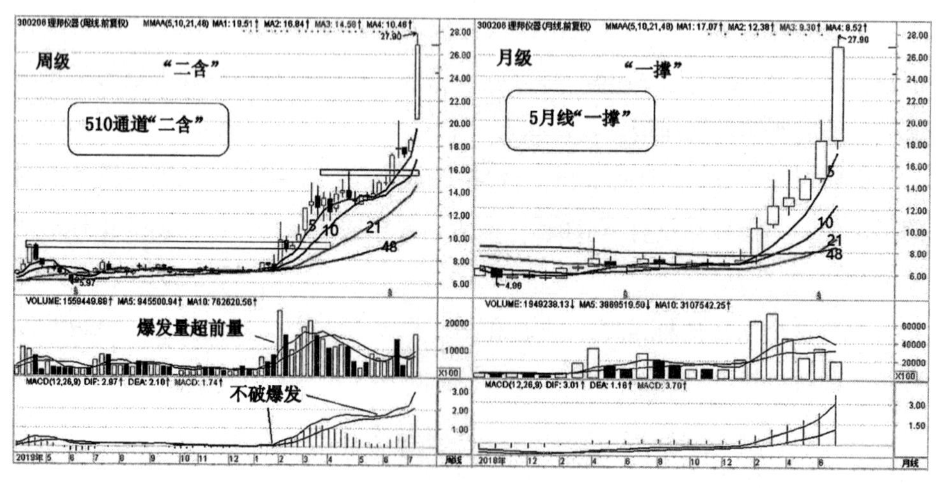

图6-032

图6-032中，理邦仪器月级上是“一撑”动作(5月线支撑价格上攻)，周级上是“二含”动作(510通道包含、支撑价格上攻，通道一直保持)。周级上的两次爆发，都是“不破爆发”。

从交易来讲，周级是“二含”动作，也就可以确定为“交易级别”。

通常，喜欢以周级做中线持仓的人，可以轻松地寻找周级“二含”动作的个股来做中线就可以。

该股在上攻途中，周级上曾经有过长达12周的横向震荡平台，化解510通道八爪线和1021通道八爪线。

在这个比较长时间的横向震荡平台中，周级上的510通道保持+MACD指标没有死叉，说明虽然价格震荡动作多，但价格强势+技术强势还是保持的状态。

如果心里还是七上八下、忐忑不安，也可以结合日级上中期趋势框架线系统里的最短通道(2148通道)的运行状态来看。

这种情况下，有一个简单的判断方法：周级上的510通道+日级上的2148通道，这两个级别上的两个通道，有一个出现死叉封闭现象时，通常没有问题；除非两个都出现死叉封闭了，才要警惕风险。

而通过两个级别(周级和日级)上的MACD指标运行情况，也可以对该股什么时候才会结束震荡平台，再次爆发上攻，有个时间上的预判。

再看该股的周级+日级：

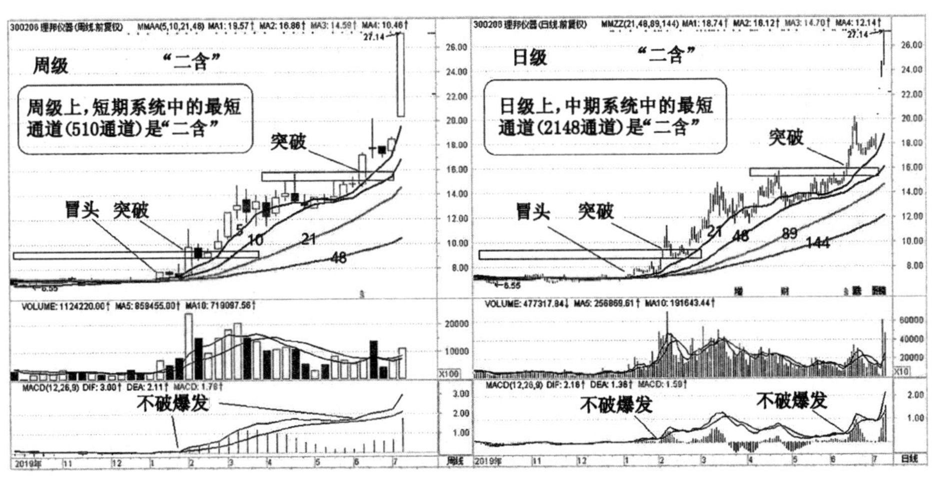

图6-033

见图6-033，把理邦仪器的周级与日级放到一起来看，周级是“二含”，日级上也是“二含”，只是日级上是中期趋势框架线系统中的最短通道，而非

510通道这个最短通道。

很明显，周级上的510通道(最短通道)与日级上的2148通道(中期最短通道)，两者是相对应的同级别攻击通道。

注意对比两个级别上的MACD指标运行情况。特别是在上攻途中的震荡平台时，周级上的指标是“不破”，始终不死叉；而日级上是“回0轴”，最终在回到0轴附近时，从指标金叉开始，该股的价格虽然没有猛烈爆发，但就此开始，逐步开始震荡走强，最终爆发而起，是在“突破水平颈线”时“不破爆发”起来的。

从两个级别上指标一个不回0轴、一个回0轴的现象中可以发现：中小级别上，通常都是以“回0轴”来保持强势状态的；而大级别上，则是以“不破”来保持强势状态的。

这种指标上形成的“强势组合现象”，在“爆发点技术”中的“一撑+二含”级别上，也是很常见的现象。

这种指标“强势组合现象”，不仅仅是保持价格强势+技术强势的一种具体表现，而且还可以通过小级别上的指标“回0轴”动作来预判出价格“爆发”的时间位置。

虽然，价格并不是在每个“爆发点”处都一定会爆发而起，但有了这个技术上的直观监控点，对于判断监控、捕捉价格爆发而起时的技术条件是否具备，还是有很大帮助的。

这里要提示一下：不能只单独看指标的动作。指标的这种组合动作，一定要在两个级别上的最短通道都能够继续保持时出现，才能够做价格爆发而起的确定性判断。如果最短通道保持不住时，其对价格爆发而起的确定性判断，就会打折扣。最好等价格爆发而起之时，再做确定性判断。

再看该股的分钟级别上情况。

图6-034是理邦仪器分钟级别里的120分级和60分级。可以看到，即使是120分级(分钟级别里的最大级别)上，最短通道(2148通道)都难以“包含”、支撑住价格的回挡动作。

当周级和日级上都是“二含”时，分钟级别上的“一撑+二含”级别很难稳定确定在某两个级别上，因为日级上价格的震荡幅度通常比较大(因为日级上是2148通道包含、支撑着价格的上攻)。即使在分钟级别中级别最大的120分级上，最短通道也常常被价格的回落震荡动作切断、破坏，造成最短通道的死叉封闭现象。

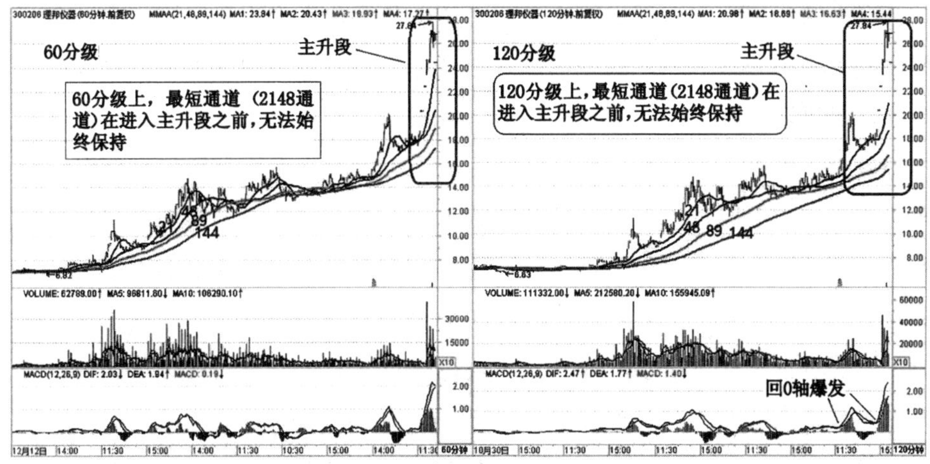

图6-034

那么，是不是在这种情况下，分钟级别上就不会有“一撑+二含”的动作组合呢？

在进入“主升段”的情况下，分钟级别上必然会出现比较典型的“一撑+二含”动作组合。

因为通常当价格进入“主升段”上攻时，日级上，价格往往是以510通道做依托和支撑来持续上攻，完成“主升段”的攻击。

所以，在价格进入“主升段”之前，分钟级别上(无论是哪个分钟级别)的最短通道都难以长时间保持。所以，也就很难形成持续性的“一撑+二含”动作组合。

“一撑+二含+三托价”这个内容，之所以讲了很多其中的技术变化点和实战交易中的一些技术判断要点、方法等，主要是因为对这个“铁三角(一撑二含三托价)”的技术判断，是“爆发点技术”中确定交易级别、判断交易时机中很重要的一个环节。虽然讲了这么多，但当你熟悉掌握之后就会发现，其实并不复杂。

在实战交易中，从大到小，一层层、一级级地将技术理顺，再落实到具体交易价格点上，自然就会形成一个完整的“环环相扣”的技术思维、交易判断操作体系。

有人问：你把这些都讲出来，主力资金是否会利用这些来围剿中小散户股民？不用担心这一点。因为“爆发点技术”是以价格的爆发和强势攻击为基点，来讲多层级上的技术系统构造、价格循环轨迹的。无论是什么性质的主力资金，无论是怀着什么计划和目标的主力资金，无论是以什么样的项目理由来运作一只股，无论是以什么样的手段、手法来调控价格的上攻动作和清洗震荡动作，等等，最终都会通过价格的爆发和上攻动作来实现这些计划和目标。

只要有价格的爆发和上攻动作出现，在技术的多层级上，必然就会出现符合“爆发点技术”的交易条件——“上0轴爆发，回0轴爆发，或不破爆发”，以及肯定会在某个级别上的最短通道将始终同步保持。

如果某个主力资金要想把每一个技术层级上的技术状态都破坏掉，也很简单——就是让价格只跌不涨。

提示一点：若将“爆发点技术”的技术信号和条件状态颠倒过来使用，就可以抓住向下爆发、向下攻击的交易机会(比如，在双向交易的一些市场里，就可以这样应用)，这是技术的“镜像应用原理”。任何契合价格循环规律的交易技术，都是具有双向交易特点的。

通常主力资金若要针对其他资金群体时，方法、手段有很多，各种各样的清洗手法，就足以达到将其清洗出去，或吸引进来的调动目的。刻意消耗资金去破坏某个技术运行状态，是“损人不利己”的低端手段。

一个很简单的例子：一只股看着涨得很好，也很持久，技术构造很简洁，几乎天天都有机会介入，但是却始终不敢跟进。想过为什么吗？其实，是该股的主力通过调控价格的强度、节奏，就达到了让很多人都不敢跟进的目的。而当大家都敢跟进的时候，也是主力资金通过对价格的调控“撩拨”大家，让人忍不住进去了。

价格，是形成技术循环轨迹的基本因子。因为主力资金可以调控价格，所以，在他们眼里，关注的是价格的循环调控。

我们调控不了价格，就只有跟着价格的循环轨迹捕捉交易机会。而主力资金对价格的循环调控手法，自然就形成了技术系统的循环轨迹。而当价格的循环轨迹与技术系统的循环轨迹形成一致之时(当然，也是主力资金用大量资金调控价格而获得的结果)，其中必然就蕴含着主力资金对价格调控的目的因素。

世界上没有无缘无故用大量资金对价格进行调控的事情。所以，主力资金这样做，必然就是为了自己的利益目标可以完成。我们只是通过技术工具上的一些数据信号，捕捉到了这些而已。

主力资金在利用我们，我们也可以利用主力资金，大家其实是博弈与共存的关系。只是，我们始终处于弱势地位，要懂得适可而止。如果放大贪心，就必然适得其反。

股市中，没有哪个主力资金是“讨厌”中小散户资金群体的。反之，任何一个主力资金在实施自己的计划时，都会把借助中小散户资金群体的力量，作为计划中的一个重要部分纳入进去。

当然，目的不是让中小散户资金群体赚大钱，而是利用这个资金群体的力量，减少自己的资金消耗和维持盘面的活跃度，以及在“资金与筹码”的循环中，充分利用中小散户群体的追涨杀跌的“羊群效应”，来为自己的运行计划服务。因为中小散户群体是最容易被利用的群体。

最让主力资金“头疼”的，恰恰不是中小散户资金群体，而是那些通过各种特殊渠道或信息优势，手握大量该股筹码的资金群体，即“大筹码群体”。

因为，这些群体才是对主力资金在调控该股价格过程中，最大的潜在威胁群体。很多主力资金在运行过程中消耗太多的资金，甚至影响到一些计划的实施，都与这些大筹码群体的资金(筹码)进出行为、进出量、进出时间点，有密切的关系。

所以说，对于中小散户来讲，怎么利用好主力资金开拓出的价格波动空间，价格循环轨迹，是决定盈亏的一个关键。

世界万千，人生莫测，世事难料，只有跟对人，做对事，弱小才能变强大。

(四)3060顺势强

3060顺势强指在进行“五步四级”的技术梳理、交易级别确定(就是确定出“一撑+二含+三托价”中的“二含”级别)、交易时机判断的同时，也必须看一看分钟级别上的30分级和60分级上的技术系统状态(哪怕看一眼)。

怎么看呢？主要看3点。

1. 扭转理顺：无论确定出的“爆发点”交易级别是哪一个(当然也包括30分级和60分级)，在30分级和60分级上，趋势框架线系统都必须是已完成扭转(或正在完成扭转)的顺势向上、强势延续的状态。

在实战交易中，要注意两个问题。

①由于级别大小的关系，30分级上通常会率先于60分级完成“系统扭转”动作。此时，60分级上，虽然还没有完成，但只要30分级上的系统在扭转之后，能够持续保持住攻击状态，60分级上就会完成“系统扭转”。

②在30分级和60分级都完成“系统扭转”之后，还需要注意系统中四条均线是否理顺。

如果系统扭转了，但四条线相互纠缠，没有理顺时，要特别注意价格很可能会有回打、震荡的动作出现，甚至也会有价格在回打中下破整个系统支撑的情况发生。

因此，对于没有理顺的系统，即使扭转了，也应先观察一下，不要贸然做交易。须等“价格和系统”理顺成多头关系后，才可以做交易。

有些个股完成“系统扭转”后，系统里的四条均线就自然形成理顺状态。这种情况下，是可以依照“五步四级”确定出交易级别开始做交易的。

2. 支撑强弱：无论确定出的“爆发点”交易级别是哪一个(也包括30分级和60分级)，在30分级和60分级上，系统支撑价格攻击的力量都必须强。无论价格如何回打、震荡、清洗、蓄势，趋势框架线系统都能够支撑住价格的回打动作。

比如，完成了“系统扭转”(89144通道金叉扭转)+系统梳理好后，价格的回打动作都可以被系统支撑住，并且不会破坏系统的这种强势延伸状态。

这里面有一个技术内在联动：因为毕竟相对日级来讲，分钟级别属于微观级别。虽然60分级是分钟级别里是大级别，但该级别上若能“系统扭转+理顺”，那么，就会强化日级上的价格与短期四线(也就是短期趋势框架线系统)之间的强度延续关系。

而这种个股，通常都是短线的强势品种的典型技术特征。

在这种短线强势的技术环境中做博弈，成功率自然会高。交易风险会相对大幅降低。

3．八爪现象：在30分级和60分级上完成“系统扭转”之后，无论确定出的“爆发点”交易级别是哪一个(包括30分级和60分级)，在30分级和60分级上的最短通道(2148通道)都不能出现明显的八爪线现象。因为这两个级别上的最短通道里若是出现八爪线，短线价格回打化解的概率会很高。

如果原来的上攻爆发级别小于30分级和60分级时，由于价格要回落化解30分级或60分级上的最短通道里的八爪线乖离，因此，下一个“爆发点”就有可能降级到30分级或60分级上出现。甚至，如果120分级上最短通道里也出现八爪线现象时，30分级上的“回0轴爆发”就难以出现，而“爆发点”将会是60分级或120分级上“回0轴爆发”。

一个关键点：当价格化解一个这个级别上最短通道的大八爪线时，比这个级别小的级别上的最短通道基本上都会有死叉封闭+指标下破0轴的情况发生。

如果在小的级别上，最短通道和MACD指标两个里，有一个没有被破坏，则说明该股短线价格回打化解八爪线时，资金支撑力量很强，强度保持得很好。这种情况下的交易风险相对较小。

有人可能会问：为什么主要看30分级和60分级上的“系统扭转+理顺”，而没有说120分级呢？这个问题很关键。

120分级也并不是可有可无的级别，虽然它的时间周期是日级与60分级之际的“过渡级别”，若应用好120分级，可以为做好“爆发点技术”消除掉很多技术层级之间的技术盲点。

首先一点，如果120分级的最短通道里出现了明显八爪线时，价格也会出现回打化解的情况。

再一点，120分级的技术系统扭转也很重要。

还有一点，从技术联动性上讲，只要60分级上能够完成“系统扭转+理顺”的动作，120分级上的系统扭转就不会有问题。

这是因为120分级，是日级的“半分级”；60分级的“倍数级”，介于60分级与日级之间，是60分级与日级之间的技术“过渡级别”。

可以这样讲，60分级上的技术系统状态必然会影响到日级上的技术系统走出同向的状态，那么处于两个级别之间的120分级也就自然是同向状态了。

特别是在反映日级上价格与最短通道之间强弱变化的关系上，60分级要比120分级反应得更加细腻、准确。

若是从日级+120分组合来讲，都应用“短期趋势框架线系统(短期四线)”，两个级别系统中的均线级别才会相对应统一起来。但在“爆发点技术”中，在120分级上应用“中期趋势框架线系统(中期四线)”，主要是为了与其他的分钟级别形成系统层级上的统一性。

这样做还有一个考虑，就是在有些时候，120分级上也可以形成“一撑”或者“二含”的动作，有利于确定一些技术动作细节介于日级与60分级之间的交易机会。

下面用两张图例，来对比一下“日级+120分级+60分级”三个级别上，价格与最短通道之间关系的技术反映情况。

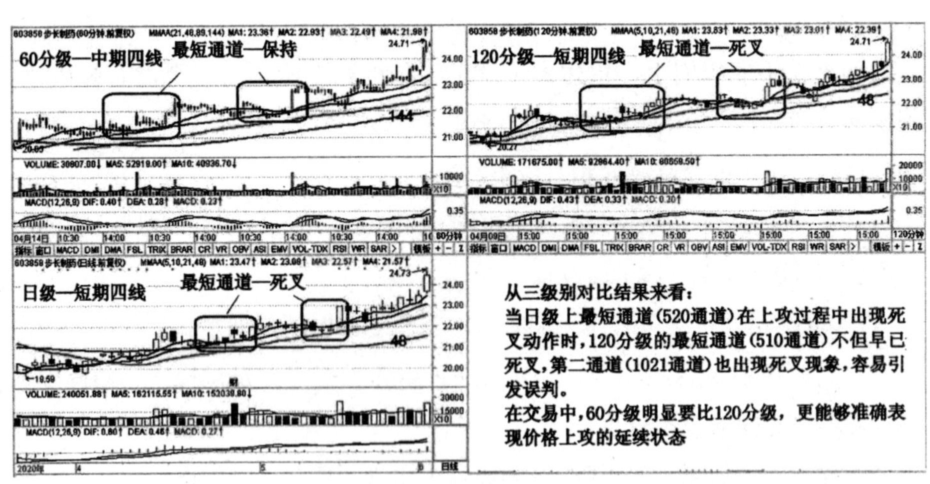

图6-035

见图6-035。从图中步长制药日级+120分级+60分级三个级别上，价格上攻过程中的对比，就可以看出120分级与日级和60分级上技术细节的差异性。

注意一点：图中日级上是“短期四线(5、10、21、48)”；120分级上，也是“短期四线(5、10、21、48)”；60分级上则是“中期四线(21、48、89、144)”。

首先看图6-035中的日级上，最短通道(510通道)在上攻过程中，出现过两次死叉封闭动作。与此同时，在120分级上，由于用的是“短期四线”，所以，不但最短通道(510通道)死叉封闭，甚至第二通道(1021通道)也出现了死叉封闭动作。

而在60分级上呢？这两次里，最短通道(2148通道)均为通道保持的状态。

对比的结果，就是60分级明显要比120分级(因为用的短期四线嘛)更能够体现价格上攻的延续状态——虽然日级上的最短通道死叉封闭了，但这只是价格上攻过程中波动加大时造成的暂时现象，价格的上攻状态、上攻强度并没有改变，而在这关键点的表现上，60分级的最短通道与价格的关系，要比120分级表现得更为准确。

这个对比也说明了一点：在120分级上，应用短期四线(5、10、21、48)系统来监控价格与最短通道之间的关系变化，太过于紧密(比日级上的价格与短期四线关系还要紧密)，如果最短通道与价格的关系过于紧密，就会被价格一点一滴的波动搞得“七上八下”，波动过于频繁，反而容易引发交易中的误判。

既然如此，那么就把120分级上的短期四线换成中期四线，再看看。

图6-036相对于图6-035，日级和60分级上的系统都没有变。只是将120分级上的“短期四线(5、10、21、48)”更换成“中期四线(21、48、89、144)”。

有趣的一幕出现了——在日级上最短通道(510通道)两次出现死叉封闭的位置，120分级和60分级，很明显形成了“一撑(120分级)+二含(60分级)”的“爆发点技术”交易机会。并且两次都在60分级上出现了符合交易条件的“爆发点”。前一次是“不破爆发”，后一次是“回0轴爆发”，60分级上的最短通道都是持续保持状态的。

而120分级上的21线(最短均线)持续向上的攻击状态，也很好地表现了这一段里价格无论怎么“折腾”，但上攻的强势状态都没有改变的关键特点。

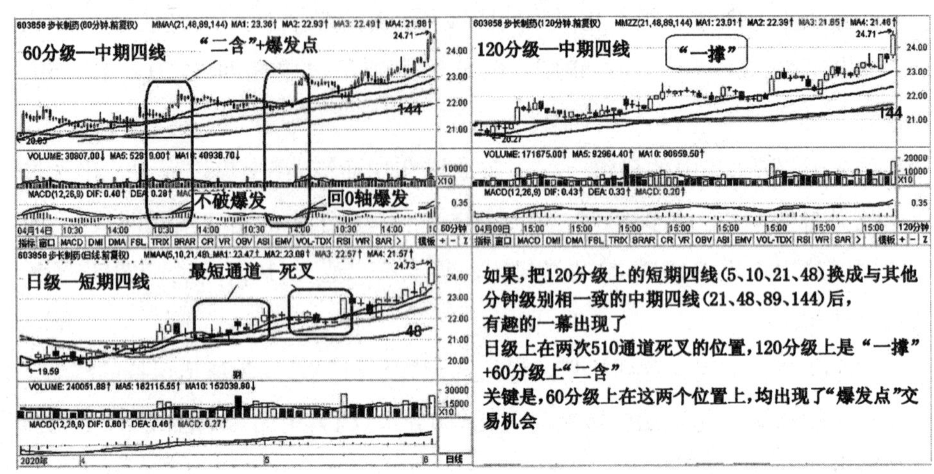

图6-036

在“爆发点技术”中，120分级一个重要性，是与日级形成“一撑+二含”爆发点交易组合，或者与60分级形成“一撑+二含”的爆发点交易组合。

另一个，就是在120分级上，使用与其他分钟同层级的中期趋势框架线系统(中期四线)，也更能很好地体现120分级在日级与分钟级之间关系中的“过渡级别”价值。

但是也要清楚，在120分级应用了中期四线系统之后，也必然存在一些系统扭转相比60分级迟缓了很多的情况。如果等待120分级系统扭转之后，再捕捉交易机会，就可能错失一些很好的低位“爆发点”交易机会。因此，30分级和60分级上的技术状态变化，还是要比120分级更能够提前一步，也能够展现更为细腻的一些技术变化“先兆”信号。所以，“3060顺势强”就是一个很重要的判断点。

下面，把多年来在实战中总结归纳出的30分级和60分级上的技术系统循环与“爆发点”的判断，做了一个提炼，在实战交易中，大家可以参考一下。

附：“3060”双级别判断指标“上0轴、回0轴、不破”的爆发点初判(仅供参考)。

(说明：此判断只是对分钟各级别循环过程中的“爆发点”级别初步判

断，进一步确定，还需要用“五步四级”中的“一撑+二含”。）

①30分级上0轴+60分级上0轴：新一轮循环开始了；爆发点在5分或15分上；

②30分级上0轴+60分级回0轴：新一轮循环，爆发点在60分上；

③30分级上0轴+60分级不破：爆发点同步在30分、60分上出现；

④30分级回0轴+60分级上0轴：爆发点在15分或5分上；

⑤30分级回0轴+60分级回0轴：这种情况出现时，首先要警惕是不是短线见顶了；其次，先看30分上会不会爆发，再看60分上的爆发点机会；

⑥30分级回0轴+60分级不破：爆发点同步在30、60分上出现；

⑦30分级不破+60分级上0轴：新一轮循环的开始阶段；

⑧30分级不破+60分级回0轴：这种情况不会发生，因为不可能30分强于60分；

⑨30分级不破+60分级不破：爆发点很可能在15分或5分上，说明很强势了。

(五)爆发量超前量

1．“爆发量超前量”，这个很简单，也很直白。但细究起来，在“爆发量超前量”中，还是存在着两种差异现象。

(1)突破前高时，爆发量超前高量。看个股实例。

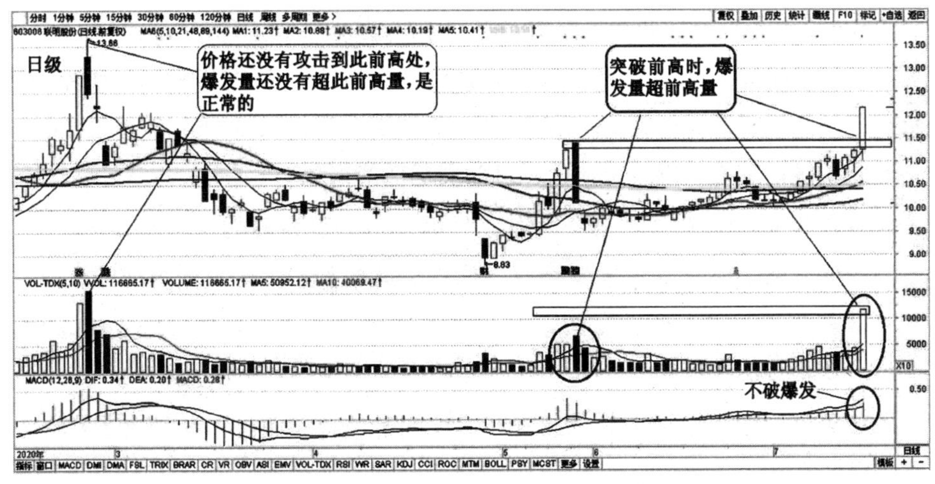

图6–037

图6-037中，联明股份在短中期系统收拢、聚拢扭转中，“不破爆发”而起时，当价突破最近的前高点“水平颈线”压力之时，“爆发量”很明显也同步超过了这个前高点顶时的最大量级。这是一种很常见的“爆发量超前量+价格突破前高顶”的情况。

在图6-037中还可以看到，在更前期的时候，曾经也出现过一个前高点顶(13.66元)+更大的换手量级，目前的“爆发量”还没有超过该量级。

这是正常的现象，因为价格是一级一级上涨的，成交量也是一层一层换手的。当后期价格突破最大换手量级的13.66元价格顶时，也就会出现针对该高点顶部压力盘的化解而放出相适应的量级。

但是，其中也有主力资金的调控方式影响。比如，有些主力资金在价格突破某一个历史上换手量级很大的压力位之前，就提前做一些震荡、蓄势的动作，甚至采取“逼近但不突破”或者“冲破而回但不突破”的多次冲击、震荡动作来化解历史上这个位置上的压力盘，直到该位置压力盘逐步减小后，价格才轻轻松松突破越过。如果是这种手法的话，就会将“大量分散成小量”一群一群地化解，如果以区间来统计，突破前换手量级往往会超过前高点的量级，但若是只看单日单根最大量级来对比的话，就可能没有超过前高点顶时的大量级。所以，要客观、辩证地来看一些“爆发量没有超前量”的情况。

(2)突破前高前，爆发量超前高量，看个实股例。

图6-038中，鼎信通讯在打空打散之后，先上0轴，然后“不破爆发”而起。要注意的是，虽然价格还没有突破前高点顶的“水平颈线”压力位，但放出的“爆发量”却提前超过了前面三个量堆中的最大量级。这就是“价格还没有突破前高点，爆发量提前超过前高量”的现象。

这种现象，自然与主力资金在此处爆发启动价格时的决心有很大关系。往往一些强势品种，从爆发开始时，成交量就放得很大，有一种通吃抛盘的气势。但仅仅是一天的大量级别，有时也会存在一些价格攻击的不确定性。所以，放量，就要成堆。

如果仅仅放出单根大量，而没有后续的继续放量跟随，这种量通常存在着诡异的交易，就要警惕价格攻击的不持续性。

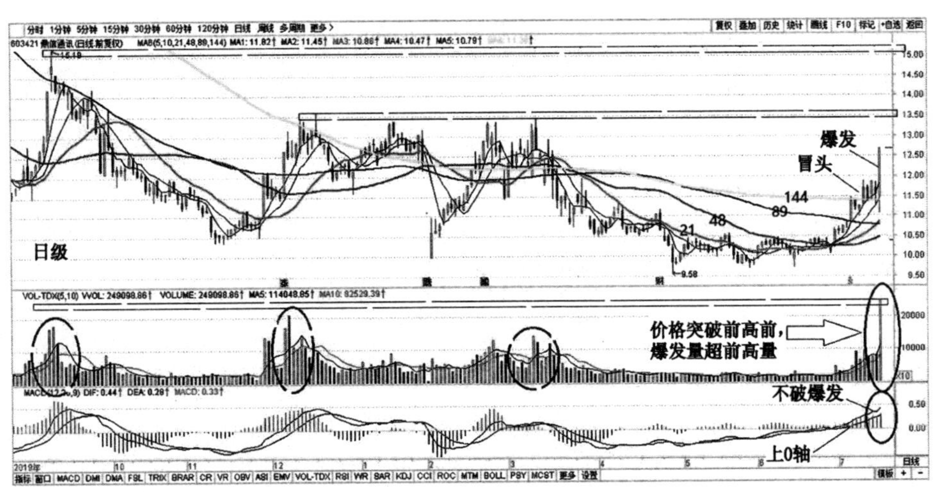

图6-038

这与K线判断思维是一样的，有时，突然一根大阳或一个涨停，你不知道为什么，也不知道能不能持续，就需要通过次日的K线来确认这一根大阳或涨停动作。

成交量放量现象也是如此。突然一根大量出现了，也需要后面有继续放量的动作来确认这根大量的意图。

很简单的逻辑：爆发的开始动作(无论是价格或是爆发量)，都是用资金堆出来的。如果主力资金上攻决心很大，必然不会有前而无后，而是会继续价格上攻和继续放量通吃。没有后手的先手，都是“诱攻”行为。

2. 在3种情况下，“爆发量”可能会出现不超前量的现象。并不是所有的“爆发量”都必然是“超前量”现象。在三种情况下，“爆发量”也可能不会“超前量”。

(1)上攻途中再爆发时，看个股实例。

图6-039中，百联股份上攻很强势，这一点，从MACD指标一直保持攻击状态而不死叉(即使510最短通道都死叉时)就可以直观地看到。但有意思的是，最近的一次价格再次爆发，突破上行新高时，“爆发量”却没有超前量。这就是“上攻途中再爆发时，有时可能不会超前量”的现象。

为什么没有超前量呢？可以看到，在最近这一次爆发之前的价格回打清洗动作中，放出的成交量虽然一天比一天减少，但整体量级还是比较大的，几乎与前面上攻时放出的量级不相上下。这说明，虽然只有三天的回打清洗动作，但获利盘和短线跟风盘，则在集中撤离。这与该股前期涨幅已经超过一倍有很大关系。

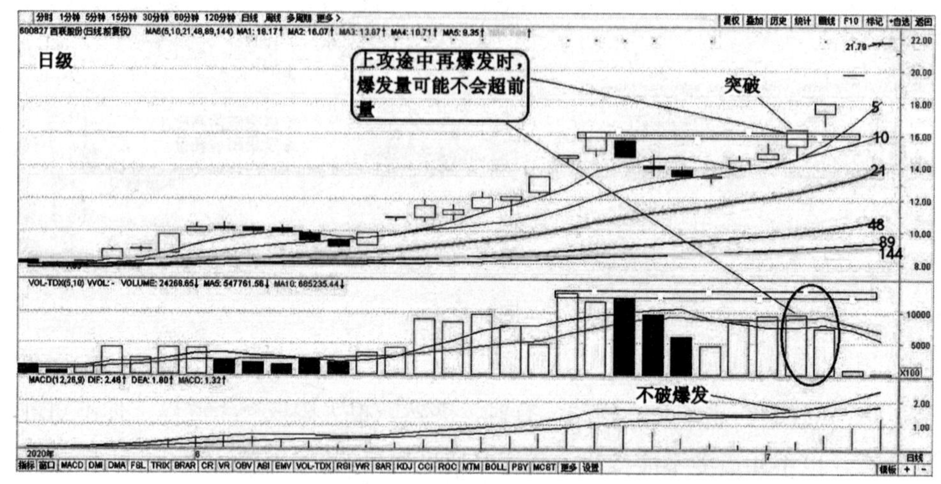

图6-039

通常，短线跟风盘的最大盈利目标多在30%以内，如果短线价格连续上攻幅度超过30%，只要主力资金做一个冲高回落、快速回打、尾盘突然打下去收盘，或下破短线支撑均线(5日线)再下破10日支撑均线的动作，短线获利盘以及短线跟风盘大多都会“明智”地选择离场(特别是在盈利达到或超过30%的情况下)。

当然，这也是为什么通常一只(不冲顶)上攻的个股，一个攻击波段大多都是在30%上下幅度，或者是30%的倍数幅度上下的原因所在。不要以最低价起算，要以最短通道510通道金叉点的价格起算，到最高价，因为很多短线跟风盘都把510通道金叉作为首选博弈机会的一个重要条件。

有很多做短线博弈的人，把卖出信号看得很重。但这是有问题的。

做短线博弈，买，可以靠技术，但卖，最好以自己的“戒贪意识”来锁利。因为，从选择做短线开始，就奠定了短线博弈者必须“积小利而成大利”的利润累积之路。可以不刻意去做“复利”，但博短线利者，必做“复利”才能成事。因此，判断短线博弈者成功与否，不是看一次赚了多大的利，而是看获胜率的高低。当然，风控“红线”每次操作都必须设定。只求多赚，不备风控，一着不慎就会前功尽弃。

有一位朋友，做得很成功，买，靠技术，卖，靠止盈。每次都是在价格还距离高点还有一段距离时，就主动止盈离开了。他的资金累计翻滚增长得很快。反而是那些恨不得把每一分钱都赚到的人，资金却越做越少。

我问他：有什么秘诀？他说：贪怕了。

只要他想贪低价买，就被打脸；只要他想多赚点再卖，就会被打脸。所以，他就每次老老实实按照技术条件信号买，然后，在完成盈利目标的情况下，主动卖。特别是在价格上攻状态没有改变前卖，慢慢地也就习惯了，资金反而翻滚加快。所以，这不仅仅是技术的问题，也是交易思维、交易心态的事。

有些人觉得一些人的成功，很神奇、很高深、很有禅意——有些可能是的，但并不一定都是。就像一位老农，他也许不懂什么禅意，但他知道，什么时候必须赶快播下种子，什么时候必须及时收割。早播种子不行，晚点收割也不行。如果错过季节的良机，就会得不偿失。

做短线博弈，关键是怎么去看待每次已经到手的利润，与最终成功之间的因果关系。只要想通、做到，就能够最终达成心愿。

如果你做交易也是总被“打脸”，除了反省技术上的问题外，也许该改弦更张，以“买靠技术+卖靠止盈”为博弈原则，时运很快就能够转变！

(2)开盘很短时间里涨停时(包括“一字板”)，看个股实例。

图6-040中，中大力德先缓攻一段，然后再爆发(不破爆发)+突破前高点的“水平颈线”压力位。

为什么价格突破了前高点，“爆发量”却没有超过前高点时的量级呢？因为价格突破前高点时，是“一字板”涨停开盘的。这种情况下，只要当天涨停板没有打开，成交量就没有机会放大。

包括一些个股，在开盘后很短时间里就封住了涨停板。封单量级很大，很多卖盘就缩手了。所以，“爆发量”也会出现没有超前高点量级的情况。

但需要注意的是，在这种情况下，“爆发量”的性质，就会出现转变——转变为“卖盘爆发量”。“卖盘爆发量”会在价格封不住涨停板时，倾泻而出。那时的换手量级肯定会很大，有些还会达到历史性级别的最大单日换手量。

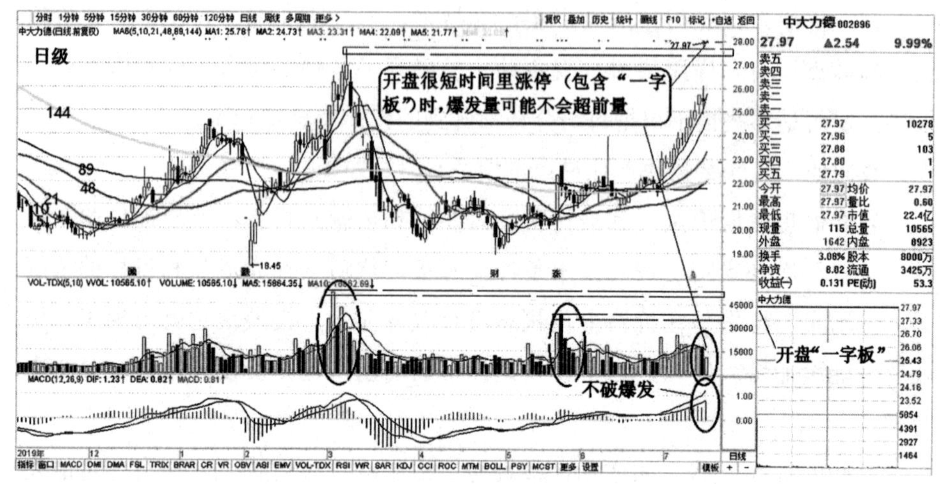

图6-040

这是因为，“卖盘爆发量”里面，既包括了原有的准备卖出的筹码群，也包括了新进资金获利之后的卖出筹码群体，以及一些其他大资金群体手中本来就持有了很多年的筹码。几方面筹码累积在一起，当然，很容易放出很大的“卖盘爆发量”来。

如果说股市中有一个很典型的现象，那就是在某股涨停或连续涨停之后，当不再涨停时，那一天的换手量级必定会很大。

所以，当你手中个股正处于涨停榜之时，或者正处于连续涨停之中时，就要特别注意“卖盘爆发量”的出现。因为“卖盘爆发量”，是很考验主力资金实力的。如果不能够很好地处理“卖盘爆发量”涌出的局面，主力资金将可能失去对价格的调控地位。

总之，对于“无量上涨、无量突破”的现象，一定要明白一点：当“无量上涨、无量突破”(无量是否涨停)一旦变成“放量滞涨”时，“卖盘爆发量”就出现了，短线价格必然出现剧烈震荡。

(3)在扭转爆发前，曾经有过试盘大换手情况，看个股实例。

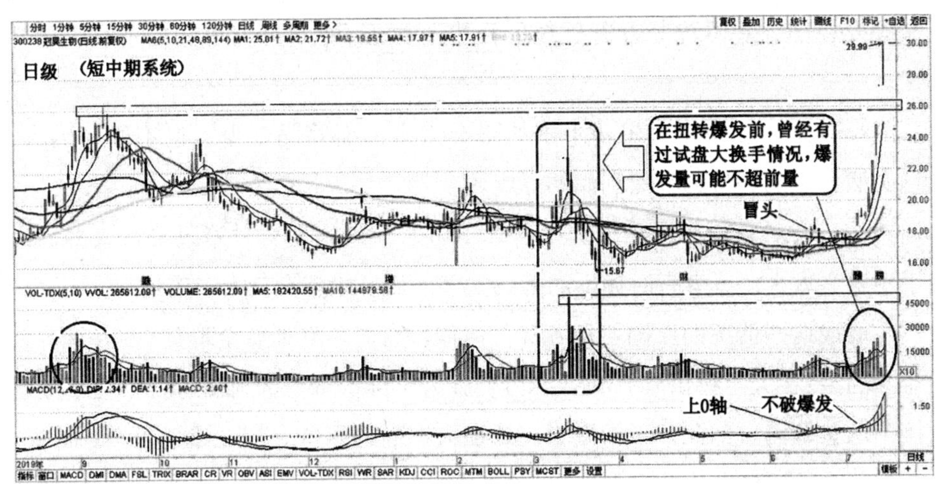

图6-041

图6-041中，冠昊生物也是在爆发起来后，突破前期高点“水平颈线”压力位时，“爆发量”没有超前量。

如果注意细看，就会发现，在扭转爆发之前，曾经有过一次短时间的上冲动作，上的快，下的也快，但换手量级却很大(即图中间纵向虚线方框处)。

特别是这个很短暂的上冲动作中，价格的高点几乎与前期的高点顶位置平齐，这说明价格已经切入前期高点顶的价格区域里了。这么大的换手中，必然会有前期被套筹码的借机出来。

其中，主力会借助“试盘”动作，实现化解前期高点顶区域里被套筹码的目的。这样就可以为后来的扭转爆发突破该位置时，减轻压力。

所以，如果在价格扭转爆发前，曾经有过借助试盘大换手高位筹码的动作，后来的扭转爆发量也就可能不会超过前量级了。

股民是很重视换手量大小变化的。因为“价与量”是博弈的根本。技术只是解析这两者关系变化的工具，但在主力资金的眼里，“价与量”则是盘面上“外在的表现形式”，其内在的真实较量则是“资金与筹码”。

可以这样讲，主力资金“管理、调控”价格和成交量的最直接手段，就是怎么“管理、调控”好不同群体手中的“资金与筹码”的关系。

对于主力资金来讲，手中筹码太多，而手中资金太少，并不是一件好事，必须要将部分筹码转变为资金拿在手里，才可以抵御任何未知的不利因素冲击。

反过来，如果主力资金手中的资金太多，而筹码太少，也不好。因为，这必然会影响到最终收取利润的厚度。

在日常对盘面的维护过程中，会不可避免地出现有时筹码拿得太多，而手中资金太少；或者有时抛出的筹码太多，而手中资金又太多的情况。

造成这些情况的原因各种各样。比如，有时，其他资金群体(各人有各人难念的经)在大量抛出筹码时，主力资金为了维护掌控的地位，就不得不被动接手这些筹码。如此，手中资金用量加大，而筹码持有超过计划数量。这样，就必须在日后想办法抛出去一部分筹码。

怎么抛?

必须有策略。因为，其中蕴含着很多博利的因素。

这就是为什么有时，你会看到盘中一幕：有大单不断抛出来打低了价格，而同时，有资金并不是主动去抢吃，而是被动地一步一步退守着接手这些大单筹码。

而在次日，或这种情况结束之后，该股价格又突然被主力资金快速推升起来，形成了一小波上攻动作，但却并不是展开大的上攻波，而是上攻2、3天后，在大家都以为该股要持续大涨时，却又被大单筹码砸下来了，回归到原来的平静中。

这种有些“无厘头”的短期折腾走势，背后的真正原因，可能就是有一批资金撤离了，而主力资金被动接手了一大堆筹码。但之后，又必须减掉一部分超计划的筹码数量，所以，做一小波上攻，高抛出去部分筹码，之后，价格又回归原来的盘面正常波动中。

从这个小例子中，就可以看出：股市中每天都充斥着各种各样的盘面解读“故事”。但真正的原因，也许是另一番场景。

关键一点，要懂得主力资金的关注点，主要是资金、筹码之间的关系调控。不但要调控自己的，也要调控其他参与者的。他调控得好，你手里有钱也不敢买，手里有筹码也不愿意拿；调控得不好，不用别人搞他，他自己就会陷入“困境”。而避免出现陷入“困境”的最简单方法，就是“让资金和筹码循环起来”；这是主力资金运作中的最核心的东西，谁能掌握好，谁就是“王者”。

在循环中淘汰别人，巩固自己的“掌控地位”；在循环中“旧水换新水、老鱼换新鱼”，让别人不停地、盲目地跑来跑去、进进出出，才能够更好地强壮自己的“资金与筹码”数量。

调控得好，手里的资金能生资金，手里的筹码能生筹码；调控的不好，资金与筹码在循环中的良性的、相互促进的关系就会丧失、卡壳。

价格上攻，是资金与筹码的循环滚动；价格下跌，也是资金与筹码的循环滚动。只有滚动起来、转起来，才能够产生利润。其实，任何一个股民都可以这样做，要想通过市场放大资产、增加利润厚度，方法虽然有很多，但“循环交易”无疑是既能实现这两大目的，又能自主调控交易风险的最佳方式。关于资金、筹码、成本三者之间“循环交易技术”的实战技法，有机会我们可以出一本书来讲，这里就不展开了。

三、“爆发点”秒断口诀

“爆发点秒断口诀”(见图6-042)与“五步四级交易口诀”相辅相成，是实战交易中的快速预判口诀，可以快速准确判断出价格和技术的变化点(爆发点)将会出现在哪个级别上。通常这个级别就是重点监控的“二含”交易级别。

“爆发量秒断口诀”还包括了一些“爆发点技术”及“指标爆发点与均线爆发点”中的技术关键点，以及其他“爆发点技术”实战交易中的一些技术判断点。

(一)脱线看5分

当日级别上价格出现“脱线攻击”时，“爆发点”级别，主要在5分级上，看个股实例。

图6-043中，华联控股在日级上“回0轴爆发”后，出现连续“脱线攻击”动作。可注意一点，这只股的“脱线攻击”过程，并不是连续涨停攻击，但

在技术上，这种攻击动作的强度却与连续涨停的“脱线攻击”是一样的。

爆发点秒断口诀！

1. 脱线看5分；
2. 靠线看15；
3. 破5看30；
4. 八爪看60；
5. 破10看60；
6. 60破坏日回0轴；
7. 短线强弱看15；
8. 中线强弱看月10；
9. 震荡清洗看回0轴，不破爆发属最强；
10. 打空聚拢牛铃线，唯有缓攻是霸王。

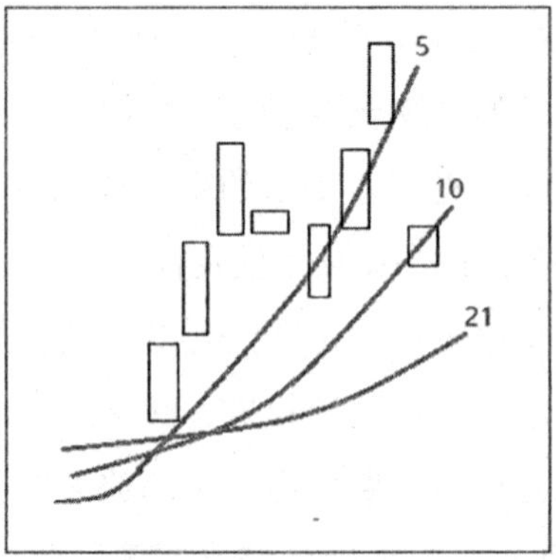

5
10
21

图6-042

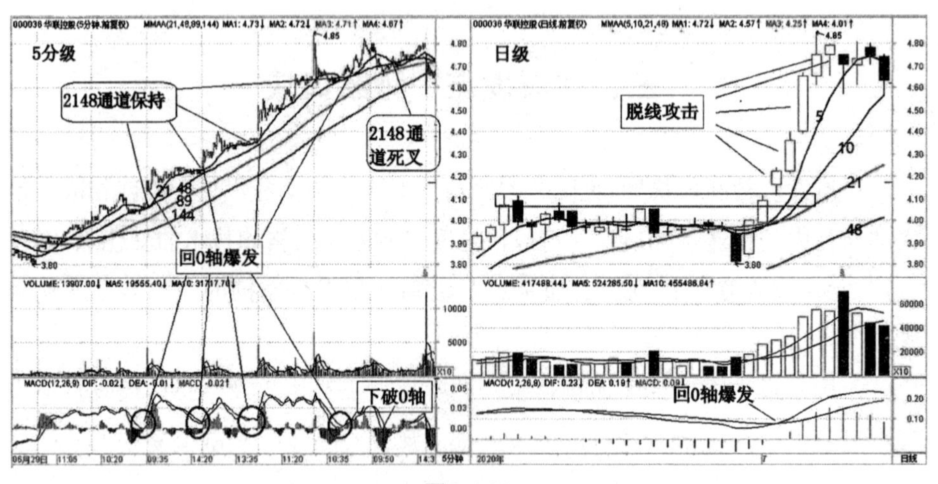

图6-043

从图6-043中5分级上可以看到，价格攻击强度与最短通道（2148通道）持续保持的攻击强度同步、同级、同顺势。与此同时，在每次价格回打震荡时，不但最短通道都能够保持住而不死叉封闭，MACD指标也回0轴而不下破0轴，因此，产生“回0轴爆发”动作。

前面讲过，短线价格攻击时，最强势的攻击保持状态就出现在5分级上的最短通道与价格关系中。

这种状态直到该股连续“脱线攻击”到高位后，最先出现攻击遇阻、攻击力量衰减的信号，就是5分级上的最短通道保持不住，而死叉封闭。

通常，由于5分级是微观级别，最短通道首次出现死叉封闭后，虽然价格的攻击遇阻，攻击力量减退，但价格还会出现至少一次的反弹(不创新高)或反攻(再创新高)动作。而且，最短通道死叉动作与MACD指标下破0轴一般会同步出现。这是技术工具之间相互确认破位的动作。

如果从短线交易保证获胜率的角度讲，当最短通道首次死叉封闭后，价格反起来时(无论是反弹动作还是反攻动作)，都可以择机锁利离场，此为最佳的卖出时机。若此时已经有“顶背离”现象出现，则卖出信号就更为明确。

当然，做中线博弈的人也可以抓住这种短线的高卖机会，做浮动仓的循环交易操作。

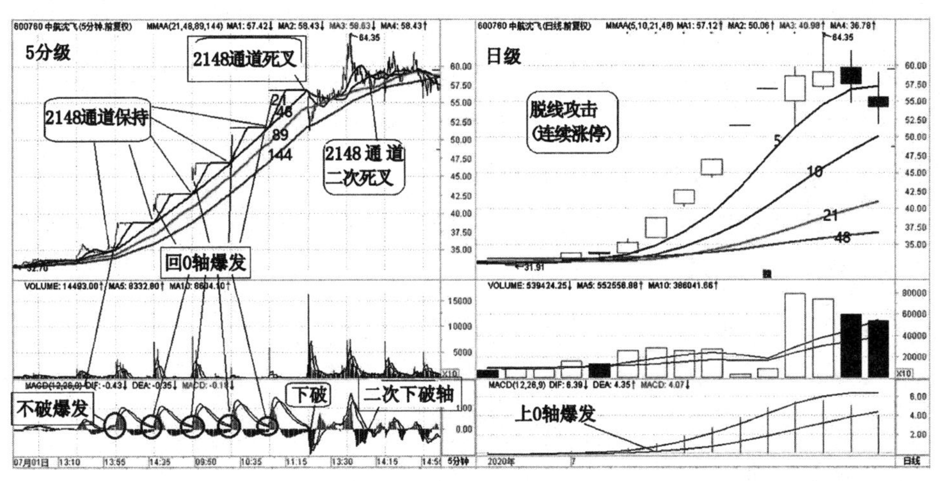

图6-044

再看“脱线攻击”的个股实例。

图6-044中，中航沈飞在日级上“上0轴爆发”后，也出现了“脱线攻击”动作。与前一个股实例不同的是，这只股是连续涨停的“脱线攻击”动作。从图中同步的5分级上看到，其价格攻击强度与5分级上最短通道之间的强度同步、同级、同顺势的关系，与前一个股实例是一样的。

这就说明，无论价格在日级上以什么样的姿态进行连续的“脱线攻击”，在5分级上的价格与最短通道关系，都有着一样的表现。包括最短通道的一直保持、不死叉封闭，以及MACD指标每次的“回0轴爆发”，直到价格攻击到高位后，攻击遇阻、攻击力量减退时的最短通道死叉+MACD指标下破0轴等等，这些技术动作和信号，都是一样的。

前一个股实例中，5分级上，在高位攻击遇阻时，最短通道首次死叉封闭后，价格出现的是反弹动作(不创新高了)；而此个股实例中，最短通道在价格攻击遇阻时，出现首次死叉封闭后，价格之后是反攻动作(再创新高)。

但要特别注意的是，在最短通道首次死叉后，价格无论是反弹还是反攻，当最短通道出现“二次死叉”封闭+指标下破0轴，说明该股5分级上的攻击状态已经出现明显的减弱现象。

有些人可能会想：既然如此，为什么一定要在最短通道首次死叉后的价格反起来时离场？可以等最短通道二次死叉后再离场也是一样啊！

问题是，有些个股最短通道的“二次死叉”动作，伴随的是“断头阴”或跌停板；有些个股甚至没有“二次死叉”，因为在最短通道首次死叉封闭后，虽然价格反起来了一下，但最短通道却没有出现金叉动作，就直接开始下跌了，所以，也就不会有“二次死叉”。

在实战交易中，很多人总是“贪图小利，而损失大利”。特别是，技术工具上给出的首次信号，往往价值意义更高，但“贪心”的人，却总是希望能够再多赚一点，寄希望于“二次信号”的预警。

想法很美好，但现实是，你不是掌控价格波动的人，只是跟随价格波动从中取利的跟随博弈者。博弈者必须时刻铭记自己的劣势所在，扬长避短，才能够达到目的。

(二)靠线看15

当日级别上价格上攻出现脱线后，强势震荡靠5日线时，此时的“爆发点”级别主要看15分级，也就是“靠线再起”的爆发点级别。但15分级别上的“爆发点”，还不仅仅局限于价格的“靠线再起”动作时。当价格沿着5日线“贴线攻击”时，其分钟级别上最短通道(2148通道)的保持状态，绝大部分也是在15分级上来表现的。

不过，也要注意一点：由于有些个股，在沿着5日线“贴线攻击”过程中，有时偶尔会出现价格下破5日线支撑的情况，虽然总体上看还是在沿着5日线的支撑“贴线攻击”，但这种情况下，却有可能破坏掉15分级别上的最短通道保持状态，而在30分级上以最短通道(2148通道)支撑价格上攻。

遇到这种情况，要因地制宜、客观对待，不要纠结于15分级和30分级选定哪一个的问题，可以客观一些，把15分级和30分级上的最短通道与价格关系结合起来，跟踪监控价格在日级上的“贴线攻击”动作，在最后的高位攻击遇阻和价格见顶时，两个级别上相互确认一下，反而会提高判断的准确率。

再看个股实例。

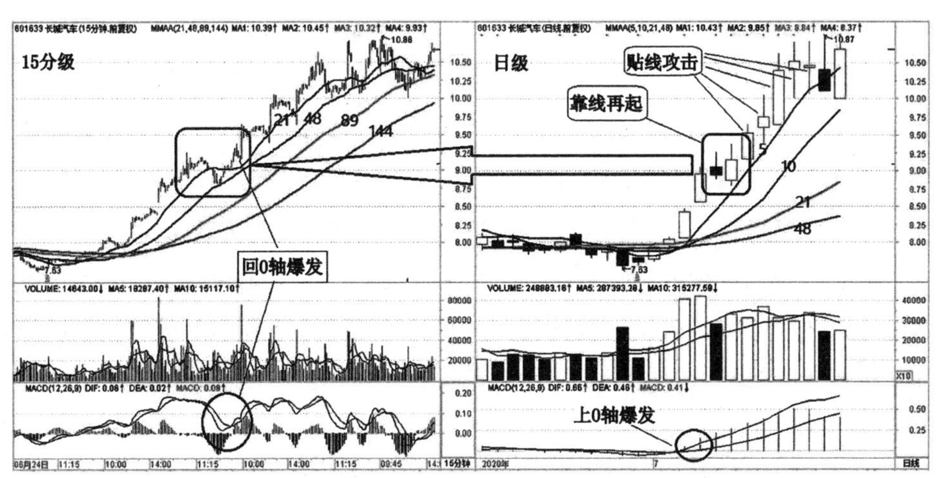

图6-045

图6-045中，长城汽车日级上，在价格“脱线攻击”两天后，价格化解“脱线”乖离，“靠线再起”。

整个过程中，价格没有下破过5日线支撑。这种情况下，通常都应监控15分级上的最短通道(2148通道)保持+指标爆发点(该股此处是“回0轴爆发”动作)。

从图中还可以看到，“靠线再起”之后，价格始终依托5日线支撑在“贴线攻击”过程中，15分级上的最短通道(2148通道)还是继续保持攻击状态。

所以说：当上攻过程中，价格在“脱线”之后，“靠线再起”时，只要价格在靠线时，没有下破5日线支撑，那么，“爆发点”就会在15分级上出现。

另外，当价格沿着5日线“贴线攻击”时，只要价格没有下破5日线支撑，15分级上的最短通道还是会继续保持多头攻击状态。跟踪监控15分级就可以了。

而当价格下破5日线支撑时，就会威胁到15分级上的最短通道(2148通道)，也可能出现死叉封闭的情况。若如此，“爆发点”就会降级到30分级上。

如果价格攻击遇阻，见顶了，就首先要看30分级上是否出现“顶背离”现象(注：最短通道一直保持的级别，和“爆发点”“二含”出现的级别，要首先注意“顶背离”现象的出现)。另外还要看大一级的60分级与日级上的最短通道里有没有明显的八爪线存在。因为，“本级别顶背离+大级别上最短通道八爪线”，很容易在价格攻击遇阻后，引发短线价格的扭转下跌动作。

出现这些情况后，有没有不下跌的可能？只有一种情况下，价格才延续上攻状态——无论价格短线如何剧烈震荡，日级上的510通道始终保持，不死叉封闭。因为，这样的话，分钟级别上，至少在30分级和60分级的两个级别上，会有一个级别上的最短通道始终保持着，短线的攻击强势就还会保持。

再看个股实例。

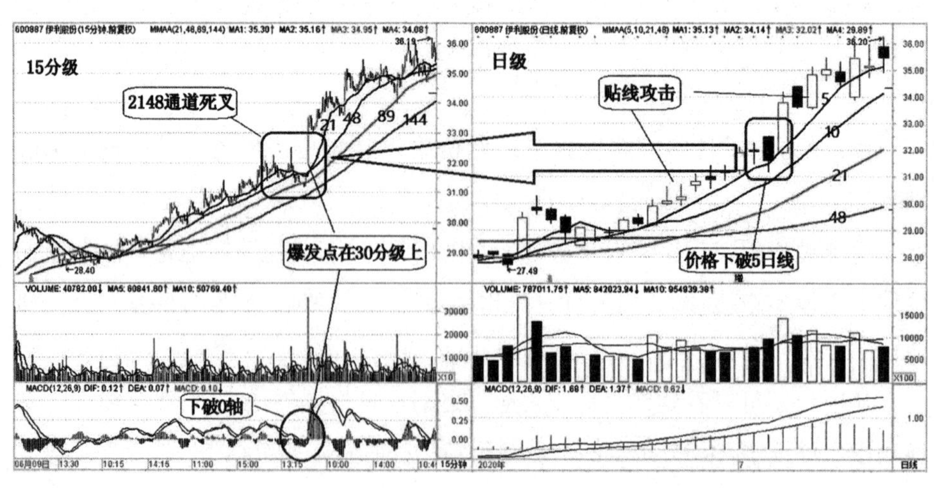

图6-046

图6-046中，伊利股份日级上，价格基本上都是沿着5日线的支撑“贴线攻击”，但是在上攻途中有一次价格下破了5日线的支撑。而这个动作，在15分级上就会威胁到最短通道(2148通道)的继续保持。从图中可以看到，日级上，价格下破5日线的动作，在15分级上造成了最短通道(2148通道)的死叉封闭，以及MACD指标的下破0轴。这种情况下，“爆发点”就自然会降级到30分级上出现。

如果在持股交易过程中遇到这种情况，应该怎么应对呢？

两个方法：①在30分级“回0轴爆发”之后，价格如果继续沿着日级上的5日线支撑“贴线攻击”，可以继续回到15分级上来，继续跟踪监控最短通道的攻击保持状态；②以30分级来继续跟踪监控后面的上攻过程。

如果出现这种情况，我通常会把15分级和30分级同时跟踪监控，因为后面的价格还是依托15分级上的最短通道上攻的话，就可以当价格最后在高位攻击遇阻之时，在15分级上，提前发现攻击遇阻、价格见顶扭转的动作信号，而把30分级作为辅助性的技术同步确认级别来使用。也就是说，15分级的价格在高位遇阻震荡时，30分级上的最短通道出现死叉封闭动作，那么，就可以通过这两个级别上相互的技术动作来确认该股短线价格见顶的信号。

当然，你也可以只用其中一个级别来进行价格见顶确认，只是在确认时间上和确认准确率上会存在一些小差异。

确认价格攻击遇阻、技术见顶信号时，还有一点很重要——不要幻想，要尊重客观现象信号。

(三)破5看30

当日级别上，价格在上攻过程中震荡回破5日线时，“爆发点”级别主要看30分级，看个股实例。

图6-047中，旗滨集团日级在上攻途中，当价格回破5日线支撑时，通常15分级上的最短通道会出现死叉封闭+MACD指标下破0轴的情况。而30分级上的最短通道(2148通道)是承担这种价格震荡+清洗动作的主要支撑力量。

在实战交易中，此时要把跟踪监控的重点放到30分级上的最短通道+指标回0轴上。当指标回到0轴附近时，通常也是最短通道两线收拢之际。所以，容易产生结束震荡、“回0轴爆发”的动作。

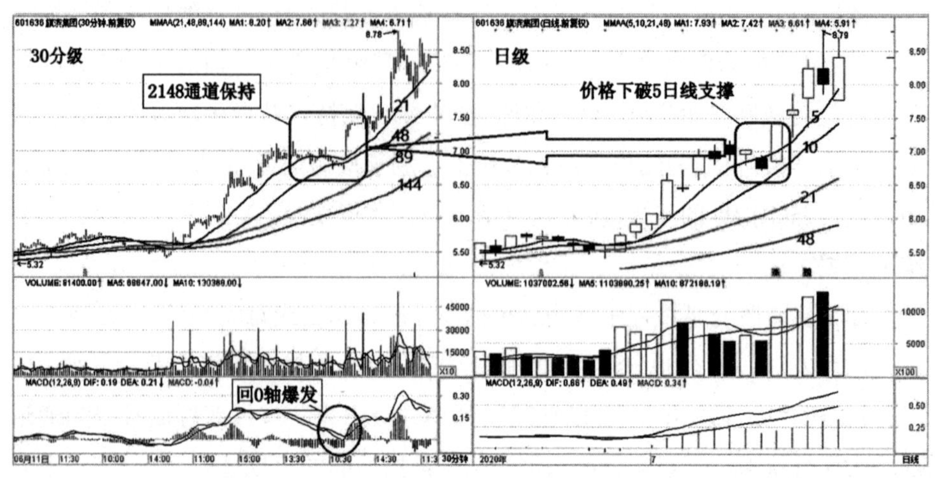

图6-047

再看个股实例。

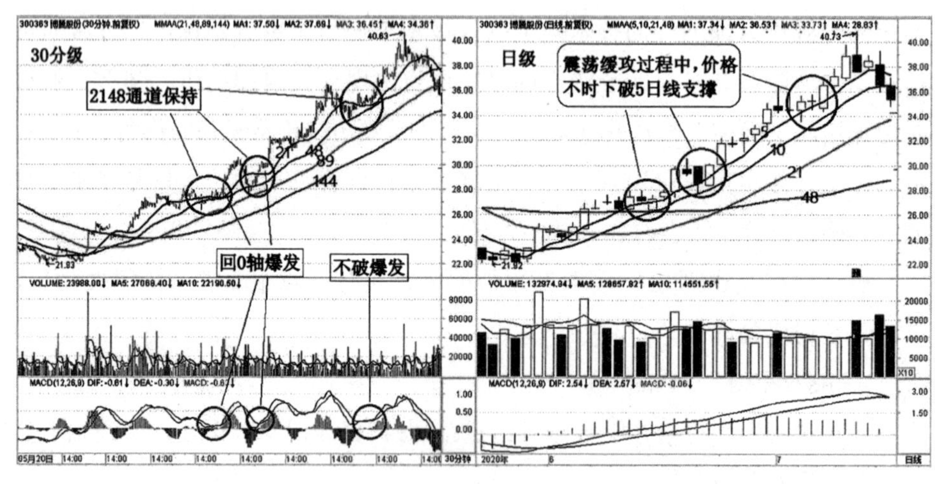

图6-048

图6-048中，博腾股份日级在上攻过程中，实战依托510通道的支撑力量进行攻击和震荡。这种情况下，通常也需要将跟踪监控的重点放到30分级上。

从图6-048中可以看到，在日级价格上攻过程中，每当价格回破5日线时，同步在30分级最短通道(2148通道)继续保持+MACD指标回0轴而不破0轴，往往会产生一次“爆发点”的博弈机会。

但需要注意的是，在实战交易中，这种“爆发点”的博弈机会，不是每次都要抓住，一般来讲，抓住前一两次这种“爆发点”博弈机会比较好，而超过2次之后的“爆发点”，虽然价格还是会爆发而起，但通常距离这一个攻击波段的高点顶就相对比较近了，进场参与博弈，盈利空间变小，交易风险也会升高。除非只是做一个很快的差价博弈。有些短线客喜欢每次只博弈3%～5%的盈利空间，可以借助这种在一个波段中相对高位时的“爆发点”机会，快进快出博弈一下，但要注意做好风控红线的设定。

而对于一般采用前一两次“爆发点”机会进场博弈的短信交易者来讲，当30分级上出现“顶背离”时，就应主动择机离场。

有一个基于经验小建议：通常以本级别作为“交易级别”进行交易时，当价格出现攻击遇阻而出现震荡时，应多注意小级别上是否出现“顶背离”信号。因为这是价格攻击力量出现衰减时必然出现的信号。然后和本级别上的价格高位徘徊+最短通道(包括最短通道里的八爪线)被破坏+MACD指标回0轴而不爆发等状态是否出现了同步的走弱现象，结合起来做判断。这样判断价格见顶扭转，准确率会提高。

简单讲：本级别+小级别均出现“顶背离”=价格见顶概率高。

本级别价格高位徘徊+小级别“顶背离”=价格见顶概率也高。

本级别最短通道明显大八爪线+小级别“顶背离”=价格见顶概率也很高。

小级别出现系统扭转(向下)动作+本级别价格破坏了最短通道=价格见顶概率也很高。

总之，只有本级别上的最短通道+MACD指标，能够“支撑住”小级别上的价格破坏最短通道的动作时，价格才属于正常的震荡+清洗动作(注：这种判断，最小要从15分级+30分级的双级别组合上开始。太小的级别上，虽然价格也见顶了，但价格回撤、下跌震荡的幅度有限，比较容易重新扭转起来)。

(四)八爪看60

首先说明一下，这里所说的“八爪线”，特指日级上的510通道(最短通道)出现了八爪线现象。当日级别上，510通道出现八爪线后，价格回落化解八爪线时，此时的“爆发点”级别，主要看60分级。

但也要特别警惕一种情况，就是由于价格这一攻击波中，攻击比较快、比较凶猛而造成日级上不仅仅是510通道出现了八爪线，在1021通道中也出现了明显的八爪线，甚至2148通道中也有八爪线乖离在扩大的情况时，就要格外警惕，这一波攻击可能会结束，并且价格存在扭转下跌、破坏掉60分级上的最短通道+MACD指标的强势保持状态，而形成日级上的指标“回0轴”动作的可能性。

若是在实战交易中一时难以确定这波攻击是否结束时，还可以用一个很简单的“多级系统八爪线”快速判断法，即把日级+120分级+60分级+30分级上的最短通道(也就是第一条通道)和第二条通道组合起来看八爪线。

如果几个级别上的第一条通道里都出现了八爪线+价格攻击遇阻、高位徘徊，那基本意味着这一波攻击结束，价格见顶的概率会很高。

如果几个级别上的第二条通道也都出现八爪线，基本就可以确定价格将会扭转下跌，并且下跌幅度会比较大，甚至存在“打回原形”(跌回起涨位置)的可能性。

而且，价格下跌的位置，通常可以用合理化解八爪线的价格位置来测算(注：如果是多层八爪线的话，就以最下面一层八爪线两线的中间位来测算)。

这样综合起来判断，即使几个级别上都没有出现“顶背离”现象，也应在此波攻击结束，价格见顶将扭转向下震荡时，择机尽快离场避险。

以上是以短线博弈、波段博弈来讲的。如果是做中线博弈，遇到此情况，也可以借机做“浮动仓循环交易”。

来看日级上攻途中，化解510通道八爪线的个股实例。

图6-049中，王府井日级在上攻途中，出现过两次510通道八爪线现象。化解八爪线过程中，60分级是通常首选的“爆发点”关注和交易级别。

从图中可以看到，60分级上，最短通道里也同步出现了八爪线，而化解的过程中，MACD指标均为“回0轴”动作。“爆发点”也都在指标回到0轴附近时，出现“回0轴爆发”。与60分级相对应的，在日级上的MACD指标，则是“不破爆发”。

这里要注意一个“双级别指标信号组合”现象，即一般小级别上是“回0轴爆发”时，大级别上多为“不破爆发”。也可以称之为“回0轴+不破”指标组合。

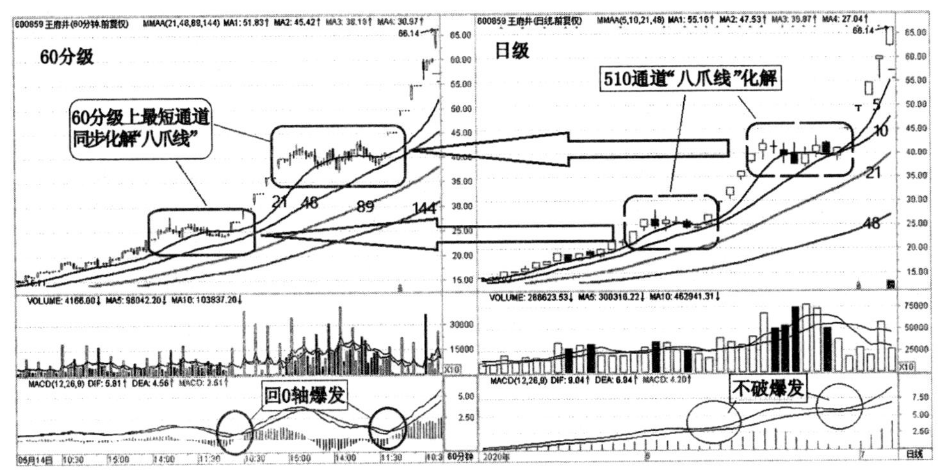

图6-049

这种“双级别指标信号组合”现象，通常会发生在两个技术关系相邻，又相对应的级别上。

在实战交易中做判断时，这种大小级别上的“回0轴+不破”指标组合，其技术判断的确定性，一般都很高。熟悉掌握后，在实战中，可以“秒断”。

虽然“不破爆发”在技术信号上的强度要高于“回0轴爆发”，但在实战中捕捉交易时机上讲，“回0轴爆发”要比“不破爆发”更容易提前做预判，精确度高，也好把握。

这是因为，MACD指标的两条线“回0轴”会有一个过程，并且有0轴做参考，更容易被跟踪、监控、捕捉。

那么，“回0轴爆发”动作中指标的两条线，回落到什么位置才算是“0轴附近”呢？在分钟级别上：当MACD指标中的DEA(黄色线，慢速线)回落到0.10数值以内时，就应特别注意“价格+最短通道+指标回0轴爆发”的异动情况。在日级上：当MACD指标中的DEA(黄色线，慢速线)回落到0.20数值以内时，就应特别注意“价格+最短通道+指标回0轴爆发”的异动情况。这是我多年总结的经验，仅供参考。

这只是一个参考数值，价格波动中是存在一些“弹性差异”的，所以，在实战中，要实事求是，灵活应用。

有人可能会问一个有连带性的问题：如果MACD指标中的DEA(黄色线)在回0轴时，有时，会出现一点点的下破0轴现象，这种情况是否要按“下破0轴”来对待？不一定。

出现这种情况时，首先要看最短通道是否有死叉或者即将死叉的现象。如果没有，只是指标有下破0轴的情况，前面也都讲过，说明均线通道和指标相互之间没有形成确认关系——就是通道没有确认指标的下破0轴动作。

但如果当指标下破0轴时，最短通道两线也有死叉，或虽然还没有死叉，但从两线已经靠拢很近，未来死叉已不可避免时，指标的下破0轴动作，就很可能是由于指标要比通道更为敏感，所以指标先下破0轴(走坏)，之后通道死叉也会跟着走坏。

所以，在实战中，要多注意跟踪“最短通道+MACD指标”的运行细节。多掌握和积累判断它们在什么状态下，走坏会不可避免；什么状态下，只要价格不断头下来，通道和指标就不会走坏。这种技术盘感，还需要个人在实战中不断积累。其实，只要多注意积累这方面的经验，不需要太长的时间，就可以做到比较准确的预判。

相对应地，如果指标回0轴，但并没有下破0轴，而只是最短通道出现死叉动作时，该怎么判断呢？最短通道与MACD指标之间，没有形成相互确认的关系，不能判定是走坏了，对继续交易没有什么影响。

因为，通道毕竟是均线组成，而均线的形成，是通过公式得出的数值结果。关键是，均线的计算数据中包括了很多时间点上的收盘价数值，所以，均线就会有“天生的惯性”运行现象。

实战中，有时价格在“爆发”前，先打破通道，然后再快速爆发拉起来，均线的计算数据中，就会加入一些低位收盘价格数据，整体拉低计算的结果数值，这种情况下，价格是上去了，但通道两线却因为惯性延伸，而出现相互死叉，属于计算公式导致的死叉现象，不能反映价格的最终动向。所以，不能过于纠结。

而如果这个过程中，MACD指标却一直没有下破0轴(或者出现死叉)的话，就更加说明了这一点——价格并没有走坏，只是“调皮”了一下。

因此，如果是走坏的情况，那么，当最短通道死叉时，价格自然应该是“顺势的”在最短通道的下方运行。与此同时，MACD指标(由于比较敏感)，可能早都下破0轴了。

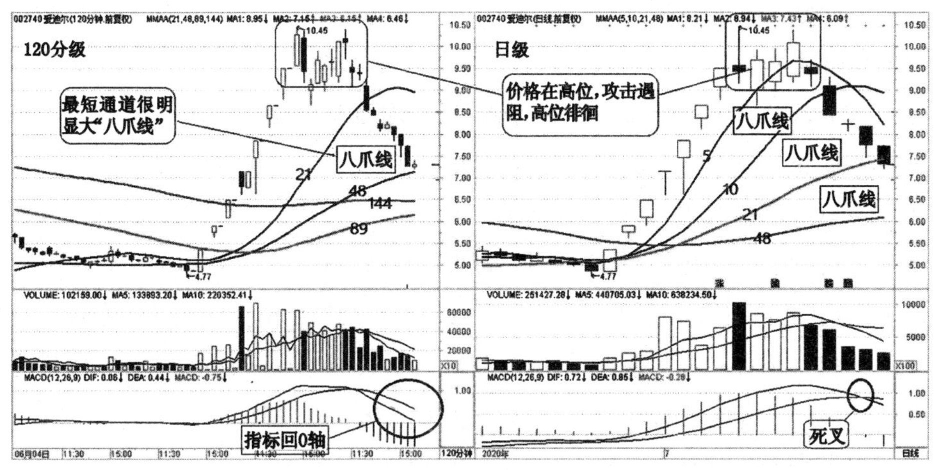

图6-050

再看一只多级别上同时出现“多层八爪线”的个股实例。

图6-050中，爱迪尔的日级上，在价格先快速上攻一波，价格在高位攻击遇阻震荡徘徊时，就出现了“多层八爪线”现象。

出现这种多层八爪线现象后，通常来讲，价格回打化解八爪线的概率是很高的。

不同于只有510通道中出现了八爪线，价格回打化解的幅度并不大，一般回打到10日线(或者快速刺破一下10日线)就可以完成化解任务。510通道的攻击状态不会受到影响。所以，对应的“爆发点”通道，就是60分级。

“多层八爪线”，往往意味着价格要化解两个或两个以上叠加的八爪线，价格回打的幅度自然就要大一些。这样的话，510通道很难保持不死叉封闭。而日级上的510通道死叉封闭，相对应的60分级上的最短通道，死叉封闭的概率也是很高的。而60分级上的最短通道死叉封闭，又与其级别上的MACD指标下破0轴形成对应关系——都破位走坏了。因此，60分级难以成为“爆发点”的关注级别。

60分级上的最短通道+指标都走坏了，那么，比60分级更小的级别，肯定会早一步走坏的。

因此，当价格攻击遇阻、在高位徘徊震荡时，看一下日级+120分级+60分级+30分级这四个级别上，是不是都存在“多层八爪线”，就可以预判价格的交易风险大小。

图中该股日级上，510通道八爪线+1021通道八爪线+2148通道八爪线，有三层八爪线，按照最下面2148通道八爪线，以“合理化解方式”(即，价格回落到八爪线的两线中间位置)来预判，价格要从9.5元上下，回落到6.7元上下，价格回落幅度将达到30%左右。即使只下跌到21线(7.4元)附近，下跌幅度也会达到22%左右。这样计算一下，就可以预判自己所要面对的交易风险有多大，自己是否能够承受这种利润回吐的损失。——这还是按照通常的价格回落化解三层八爪线来测算的，并不是对最坏情况的测算。

如果想进一步测算，还可以再看看其他级别上的情况。看120分级上，最短通道里这个大大的八爪线就很说明问题了：这么大的八爪线乖离现象，价格回打下来化解的概率又增高了。

特别是八爪线越大，化解时价格回打到最下面的均线上的概率越高。所以，120分级上2148通道的八爪线中48线的位置来看，价格回到7元上下的概率是很高的。所以，图6-050中后来价格回打到这个位置，是一种合理的正常现象。

而120分级上的系统还没有完成扭转，所以，也不能够排除价格存在进一步回打到144线找寻支撑的可能性。而144线的位置，就在6.5元上下。这个位置，与日级上刚才测算的价格回打化解三层八爪线的合理位置，是一样的。

还有一点，就是120分级上在价格回打化解八爪线时，指标必然是一种“回0轴”动作。

这样，下一个“爆发点”，就会在120分级和日级这两个级别上出现。这也是一种预判——是根据MACD指标的“爆发点”循环规律来做的预判。

当然，还需要再看看30分级上的情况。但是，60分级上都走坏了，30分级比60分级小，肯定会更早一步走坏的，还有必要看吗？很有必要。

看看该股的30分级+60分级情况。

见图6-051。爱迪尔60分级上的情况，刚才已经看过了——价格攻击遇阻、高位徘徊震荡时，有两层八爪线，价格一旦回打下来化解，最短通道+指标走坏的概率都很高。所以，60分级上很难成为下一个“爆发点”级别。下一个“爆发点”级别，只会在120分级和日级上出现，并且，出现“回0轴爆发”的概率会很高，除非该股就此跌下去，一蹶不振，也就没有必要关注它的下一个“爆发点”了。

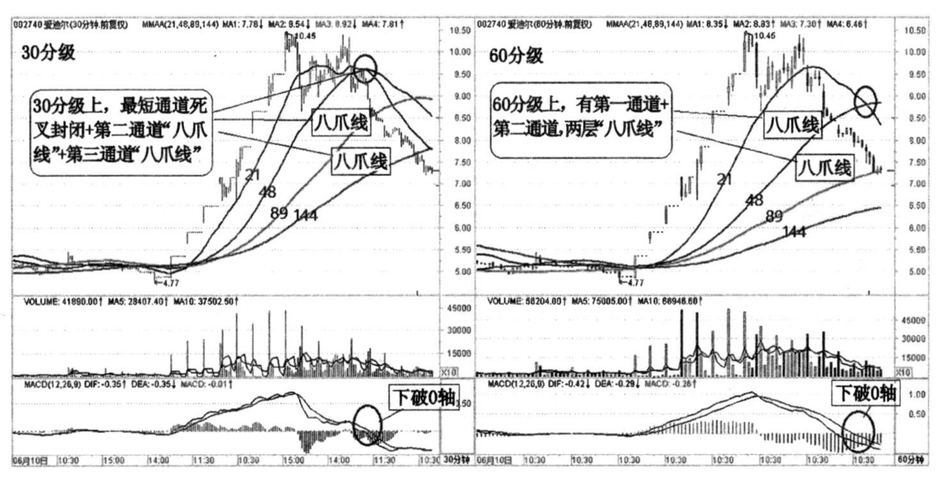

图6-051

30分级上，也出现两层八爪线。这样的话，可以统一起来看：日级上，三层八爪线+120分级上，最短通道“大八爪线”+60分级上，两层八爪线+30分级上两层八爪线(这种情况下，周级上肯定会有“脱线”或510通道八爪线出现)。

并且，价格回打化解的合理位置，应会在6.5元上下。支撑力量强一些，价格在7元上下企稳；支撑力量弱一些，下跌到6元上下企稳。如果转为下跌走势，就不用再关注了。

做出这些预判后，如果价格还没有开始下跌，还在高位徘徊震荡中，30分级上的最短通道还没有死叉封闭，指标也没有下破0轴。那么，就可以择机尽早锁利离场，也可以视30分级上的最短通道死叉封闭+指标下破0轴为离场信号。

为什么不按照“八爪化解看60”这个标准，以60分级上的最短通道死叉封闭+指标下破0轴来做离场信号呢？因为，经过前面分析了4个级别上的客观技术状态后，基本上已经可以判断该股价格回落化解“多层八爪线”，是确定性很高的事情了，而60分级会在回打化解中走坏，那么，就没有必要再死盯着60分级上的走坏信号来做交易了。

有些事情不能够确定时，可以继续跟踪60分级上的技术走坏变化。有些事情已经基本明朗后，就可以提前一步到30分级上的走坏，来进行信号确定。因为这已经不是普通的只有510通道八爪线化解一下的问题了。

只要按照严格的多层级技术思维逻辑和技术运行规律来分析、判断，准确性通常都会很高。这是多年的经验之一。

(五)破10看60

当日级别上，价格下破10日线时，此时的“爆发点”级别，首选要看60分级上的最短通道(2148通道)+MACD指标的状态。

通常，价格下破10日线，会在两种情况下发生。

第一种情况，价格依托510通道震荡上攻过程中，由于510通道两线相互比较靠近，因此，一旦价格震荡的幅度大一点，就很容易出现下破10日线的情况。而这种情况，一般不会影响价格的上攻延续。只是在上攻节奏上，增加了价格的细微波动动作，对于价格重心上移没有明显影响，但价格上攻的过程时间拖长了。还有，这种情况通常出现在价格先震荡缓攻的过程中，而后期一般会从“缓慢攻击变成加速攻击”。

第二种情况，就是当价格在出现了“加速上攻”一段之后，价格从高位扭转下跌时，下破10日线的支撑。这种情况，则需要警惕日级别上价格短线见顶后扭转下跌的风险，因为，由于价格上攻的速度比较快，势必在比较短的时间里，将系统中各层级通道里产生出“多层八爪线”的情况。

若是这样，与前面的“八爪看60”是一样的，当日级上价格下破10日线时，只需将“日级+120分级+60+30分级”几个级别组合起来看一下，有没有出现“多级别八爪线”的现象即可。当价格在高位攻击遇阻、高位徘徊震荡时，价格往往会存在短线扭转下跌的交易风险(也就是这一波攻击结束了)，就要注意规避了。

所以，当价格下破10日线时，会出现两种情况。一种是这一波攻击结束，有明显的交易风险；一种是攻击还在延续，交易风险很小。实战中，要仔细区分开。

有人问：如果价格短线见顶了，也下破了一下10日线，却没有下跌多少，也没有“打回原形”，怎么办？

这就是日级上价格下破10日线支撑后，转为横向震荡(平台)的一种走势路径。

通常，这种情况与日级上在中低位区域(就是距离系统扭转低位扭转起来涨幅还不大时)时，2148通道里出现了八爪线，需要化解有一定关系。而化解日级上2148通道八爪线，不是几天就可以完成的任务。通常需要3周以上。

关键是价格若横向震荡而不是向下跌震荡时，虽然60分级上的最短通道+MACD指标被破坏了，但由于价格横向震荡运行，也是一种相对的强势表现(注：日级上2148通道不死叉、封闭的横向震荡过程，是“强势震荡平台”)，因此，“爆发点”大部分会在120分级上出现(只有少数情况下，会在日级上“回0轴爆发”)，并且，基本上都是“回0轴爆发”的动作。

可能有些人还是有些不明白：为什么在日级上价格下破10日线，而60分级上的强势也被破坏后，有时，下一个“爆发点”是日级上“回0轴爆发”+15分级的新扭转循环？而有时，则是120分级上的“回0轴爆发”呢？两者之间为什么会不一样？这与价格的运行状态方向、价格在日级短期系统中的震荡幅度有很大关系。

可以这样来理解：当60分级上的强势被破坏(最短通道死叉+指标下破0轴)后，如果价格横向震荡运行，就说明价格和日级短期系统状态，还是在相对强势中的，这种情况下，下一个“爆发点”就还会在分钟级别里，只不过从60分级降级到120分级上而已。

但是，如果在60分级上的强势被破坏之后，价格向下跌、“打回原形”时，就说明短线价格已经不再处于强势了，下一个“爆发点”自然就要循环到日级上的“回0轴爆发”位置处。

关键是日级上的“回0轴爆发”，对于分钟级别上来讲，是价格的新一轮循环。而这种分钟级上的新循环，只有从15分级上开始出现时，稳定性才会强。因此，15分级上的系统重新扭转和新循环动作，就自然与日级上的“回0轴爆发”动作形成同步。所以，此时主要跟踪监控日级“回0轴爆发”+15分级“爆发点”的同步出现，就可以捕捉到下一个“爆发点”。

来看日级上攻途中，价格下破10日线的个股实例。

图6-052中，老白干酒日级在依托510通道震荡上攻途中，出现价格在震荡中下破10日线的情况。由于日级上的510通道、1021通道、2148通道中都没有明显的八爪线，而且60分级上的几条通道里，也没有明显的八爪线，所以，这种情况下的价格下破10日线，属于震荡+清洗的动作(主力资金借下破10日线动作清洗一下，很正常)。因此，从交易上讲，价格还处于攻击状态中。

从大小级别上讲，日级大，60分级小，而小级别相比更灵敏，更容易出现八爪线现象。但该股60分级上的几条通道里，都没有明显的八爪线现象，就说明攻击状态尚属正常。

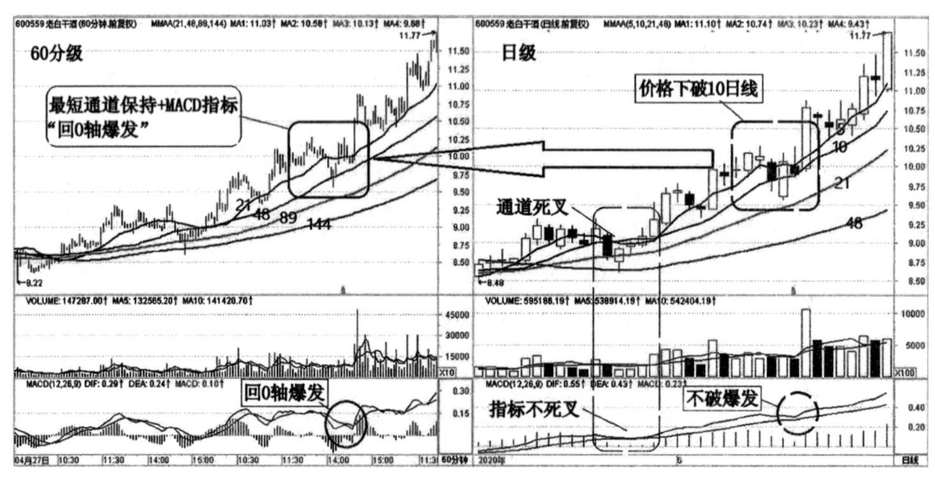

图6-052

这体现了一个判断逻辑：当大级别出问题时，关键要看小级别上的状态。小级别上没有异常现象，大级别的运行状态就不会有问题。

可能有人会问：该股日级上的2148通道里，好像已经开始有一些八爪线的迹象了，难道价格不会打下来化解吗？

要看两点：一看小级别上的八爪线；二看日级上的510通道和1021通道的

八爪线(相对2148通道，这两个通道也属于小层级的攻击通道)。如果这些上面都没有八爪线现象出现，也没有破坏性动作，即使2148通道里开始出现八爪线了，但与价格攻击最密切的支撑关系中，510通道和1021通道运行都正常，则说明短线价格攻击的依托支撑力量还处于正常推动状态。而且，小级别60分级上三个攻击通道里，也没有出现八爪线，运行也正常，则进一步印证了日级上短线价格攻击的正常状态——攻击将延续。

那么，什么时候才会下来化解2148通道里的八爪线呢？简单讲：小层级的通道或小级别上出现了运行异常时，就要警惕价格会打下来化解2148通道里的八爪线。

比如，一个条件，日级上的510、1021通道这两个通道中，至少要有一个出现了明显的八爪线(通常只有价格加速攻击时，才会出现这种情况)。

一个条件，价格在加速攻击后，攻击遇阻+高位震荡。这种情况，说明价格的攻击力量被反向力量(也就是抛压筹码)遏制、阻断了。而通常反向力量的出现，本身就说明该股这一波攻击已经产生、累积了很多的获利筹码群体。如果价格再强硬上攻，这个获利群体只会越来越壮大。所以，通常价格容易在此时见顶，进而扭转向下。那时，价格要回落的位置，起码都是化解2148通道八爪线的位置区域了——因为，那时，2148通道里的八爪线肯定已经很大、很明显了。

还有一个条件，就是小级别上也出现了八爪线。特别是小级别比较灵敏，所以，当价格加速上攻时，就会同时使系统里的几条均线之间距离越来越大。这样，小级别上出现的八爪线就很容易在价格加速上攻中，形成“多层八爪线”现象。

那为什么有时小级别上(比如60分级上)出现了“多层八爪线”，但价格在震荡之后还会继续上攻呢？这是因为日级上的510通道和1021通道中的八爪线还不明显，攻击的力量还没有释放完。你也可以理解为，大小级别上的“多层八爪线”还没有共同形成时，如果攻击力量强大，就会先释放攻击力量。

但也要有警惕性，因为小级别上的“多层八爪线”越来越大时，也往往预示着该股的上攻动作随时可能戛然而止。因为有时，价格只要连续拉一个涨停板+一个冲涨停的动作(你也可以理解为冲击两个涨停板的动作)，就很容易在510通道和1021通道中，产生出八爪线现象，而结束价格在这一波的攻击。所以，从小级别上来看，就出现了在“多层八爪线”越来越大的情况下，攻击戛然而止的现象。

在实战交易中，经常会见到一些震荡上攻的个股，在最后加速时，加速段的时间并不持续很长，也许就只有两三天的时间就结束了。而绝大多数情况下，都会夹杂着一根光头大阳K线或者涨停板；然后再来一个“脱线”的冲高回落动作，形成一个“悬空的中字K线”或者留下长长的上影线(高点冲出来了)；然后再来一个阴线打下来。这就是“三板斧”组合，是比较典型而又很常见的价格冲顶、见顶动作组合中的一个。

“三板斧”价格见顶组合，关键不在“形”上，而在价格的动作的内在规律组合上。“先上+再冲+后压回”是其内在规律，表现形式(在K线上)可以有很多变化，但万变不离其宗。

“先上为逼、再冲为诱、后压回为断”，一逼、一诱、一断，高点就出现了。这种三个动作形成的价格见顶组合，几乎可以应用在大大小小所有的价格见顶(高点)中。

除此之外，还有两个动作组合，就是“变脸线”，先阳后阴。一冲一断、冲中带诱、断中藏刀，形成价格高点。

有没有一个动作形成高点顶的？没有。

有人可能会说：不是吧，有些上市首日的新股，上市首日是一根长长的大阳线，涨了200%多，第二天低开低走收阴线，价格见顶就是首日一天形成的啊？其实，答案已经在这个问话中了。

首日无论涨多高，冲出了高点(一冲)，次日收阴(一断)，还是双动作价格见顶的组合。

为什么价格见顶，最小的组合是双动作？

因为，高点顶的形成，必然是价格先要上去，然后再下来，才能够形成。这就像“阴和阳”的“太极”，没有阳就没有阴，没有阴也就没有阳。万事万物中，都没有单数的组合，最小的组合都是双数。

就像有生必有死，有前必有后，有上必有下，有开必有关；有一，也会必有二。其核心，是因果关系，也是循环关系。

再看日级上价格下破10日线后，转为横向的“强势震荡平台”走势的个股实例。

图6-053中，焦作万方在日级上，短线先连续上攻一波，然后攻击遇阻。

此时，日级上，510通道八爪线，1021通道八爪线，2148通道八爪线——出现了“多层八爪线”现象。价格回打下破了10日线支撑，却没有直接连续打下去化解1021通道和2148通道里的八爪线，而是在价格下破10日线后，又拉回来了，但也没有继续上攻，形成横向的“强势震荡平台”走势(注：强势震荡平台，是指在“短期四线”范围里的震荡平台过程，2148通道不会死叉、封闭)。

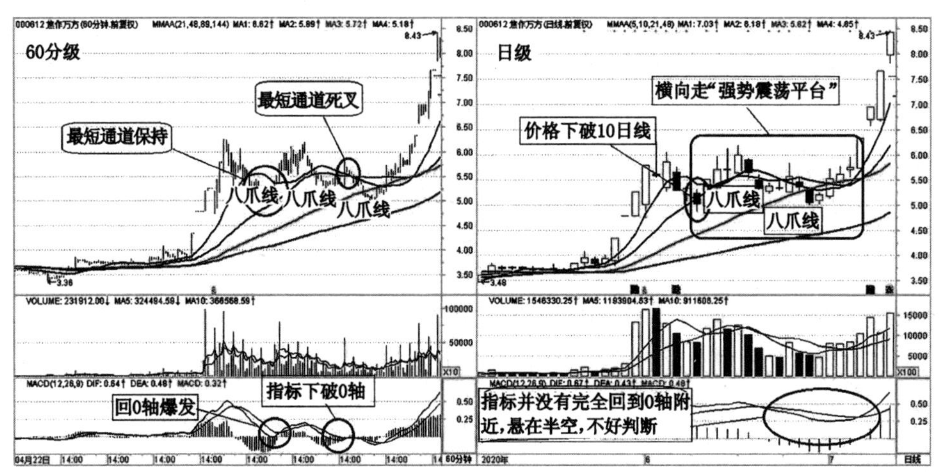

图6-053

如果价格不打下去，而是“以横代打”，用横向震荡平台来等待出现八爪线的通道均线都上移上来，形成收拢时，就自然化解了它们的八爪线。

这就是典型的“以时间换空间”现象——用横向磨时间(震荡平台)的方式化解“多层级八爪线”。

但要注意一点，这种化解“多层八爪线”的方式，只有在价格仍然处于比较强势状态时才会出现。因此，这种在“短期四线”范围内(2148通道不死叉封闭)的“横向震荡平台”，就是“强势震荡平台”。

其他震荡平台还有“小型震荡平台”(2148通道会死叉封闭)、“中型震荡平台”（2148通道和4889通道都会死叉封闭，只有89144通道不死叉封闭），以上这三种“震荡平台”都属于“三线内”（就是89144通道不死叉封闭）的“震荡平台”。

如果89144通道也死叉封闭了，但价格还是在“震荡平台”运行中，那就是“三线外”的“震荡平台”，“三线外”的“震荡平台就是“大型震荡平台”了（注：《玩转移动平均线2：趋势框架线》第三章“横盘震荡平台”中有详细讲解，可参看）。

从图中日级上的MACD指标运行中可以看到，指标在死叉后，由于价格拉回来形成横向震荡走势，因此，指标并没有回落0轴，而是“悬在半空”，最终形成扭转金叉。

这种指标没有回落0轴附近，而在半空中金叉的情况，在实战交易中，是不太好做判断的——指标会继续下行呢，还是不下行了？价格是继续震荡呢，还是要“爆发”了？这些判断都很难有客观、准确的技术信号做支持。

像这种情况，必然要到小级别上去寻找更清晰、准确的技术信号。

当日级上价格下破10日线时，该股60分级上最短通道八爪线很明显。但当MACD指标回落0轴后，“回0轴爆发”拉回来了，最短通道还继续保持着。

虽然最短通道继续保持，价格却不上攻了。这是因为日级上是“多层八爪线”，60分级上也是“多层八爪线”——此处化解“多层八爪线”的事情还没有做完。

随着价格在转为横向的“强势震荡平台”中运行时间的推移，60分级上的最短通道最终还是难以保持住，死叉封闭了，同步的MACD指标也下破了0轴。至此，60分级上就失去了下一次出现“爆发点”的最佳条件。

当60分级上失去“爆发点”的条件，同时也说明，在小一级的30分级上，早都已经最短通道死叉+指标下破0轴了，所以，更不具备“爆发点”条件。

这样看来，日级上不具备“爆发点”的条件，60分级上、30分级上也都不具备“爆发点”的条件，那“爆发点”到底在哪个级别上呢？只有一种可能性——120分级。

再看该股的120分级+60分级。

见图6-054，焦作万方的120分级（为了有一个更清晰的技术变化对比，将

60分级与120分级放在一起看)，在价格做横向“强势震荡平台”时，MACD指标一路回落0轴，然后“回0轴爆发”。这是很标准的“爆发点”信号，路径清晰、信号准确。而这种情况，不仅仅发生在这一只股上，在市场中经常可以看到。

所以，记住一点：当日级上，价格下破10日线后，并不继续下跌，而是拉回来，走横向的“强势震荡平台”运行时，“爆发点”的关注级别，就应放在120分级上的“回0轴爆发”。

还要注意到120分级上最短通道(2148通道)，在价格爆发起来“突破水平颈线”时，有过一个“死叉再金叉”的动作。这是比较典型的均线计算公式造成的惯性延伸影响。

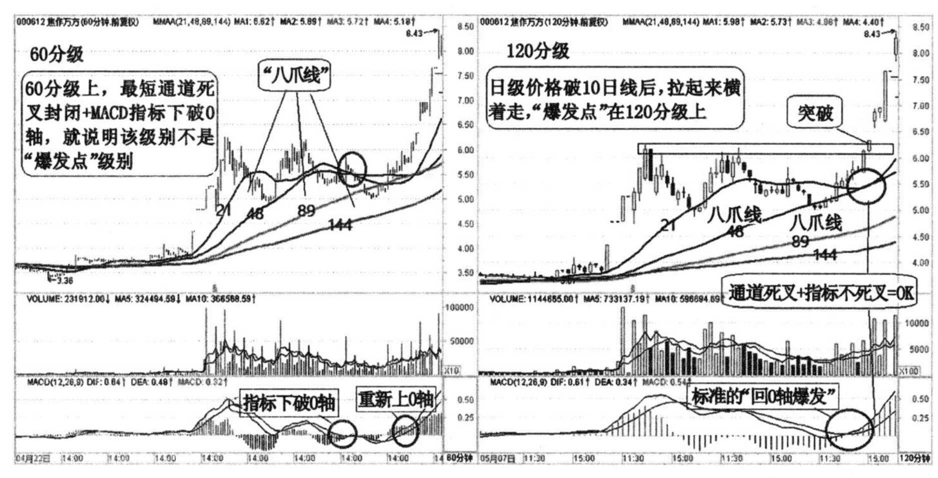

图6-054

不过，即使是最短通道有死叉动作，同步看MACD指标，却是爆发向上攻击的状态，说明通道的这个“死叉”动作，指标是不确认的。这个问题前面也讲过。通道+指标，两者只有相互确认对方的破坏性才可以判断破位了，否则，并不影响对价格继续保持强势的判断。

在日级上，价格下破10日线后，60分级上的最短通道死叉+指标下破0轴都出现后，不像该股日级上的MACD指标是“悬在半空”的，而是一直向下回0轴的走势。“爆发点”肯定也就不会在120分级上出现了，会直接在日级上出现“回0轴爆发”。同时，分钟级别上的这一轮循环就都结束了，而下一次循环，将会在日级上“回0轴爆发”时重新开始。所以，就有了“60破坏日回0轴”这句秒断口诀。

(六)60破坏日回0轴

在任何情况下，当60分级别上出现“指标下破0轴+最短通道死叉”时，都说明60分级上的这一轮上攻波循环结束了。那么，后面价格还能否再次上攻，或什么时候才会再次上攻呢？

前面在“破10看60”中讲了——如果价格下破10日线后，又拉回来了，但转为横向“强势震荡平台”运行时，60分级依然被破坏了(最短通道死叉+指标下破0轴)，那么，“爆发点”就看120分级。

但是，60分级上被破坏的情况有时是其他走势形成的。比如，无论什么原因，最终60分级被破坏了，120分级也被破坏了，怎么做判断？

那就只有一条路——“60破坏日回0轴”。就是日级上的MACD指标，会“老老实实”地回落0轴。自然，下一个“爆发点”就在日级上的“回0轴爆发”。那么只看日级上的“回0轴爆发”就可以了？表面上看，好像就是这么简单。但如果你想判定日级上的这个“回0轴爆发”动作，会不会最终出现；如果出现时，通过哪些技术细节可以捕捉到最佳买入时机等这些在实战交易中很实际的问题，应该怎么做？

记住两点：一看日级“回0轴爆发”；二看15分级系统重新扭转。就是说，把日级上的MACD指标“回0轴爆发”，与15分级上趋势框架线系统重新低位扭转(上0轴)的动作结合起来跟踪监控，就可以捕捉到新一轮分钟级别上的循环“爆发点”(当然，也与日级上是同步“爆发”的，只是技术轨迹、价格轨迹更细腻些)。

看个股实例。

图6-055中，大东南在日级上出现过两次MACD指标“回0轴爆发”的动作。而每次日级上的“回0轴”动作中，60分级上的最短通道死叉封闭+MACD指标下破0轴都会出现。所以说，在实战交易中，每当日级上510通道死叉封闭后，60分级上的最短通道+指标出现破坏动作，都会同步出现。而当60分级上技术强势被破坏后，都应关注日级上MACD指标的回0轴情况。

前面讲过了，只有两个路径：一个就是120分级上的“回0轴爆发”；一个就是日级上的“回0轴爆发”。这一点，一定要牢记。

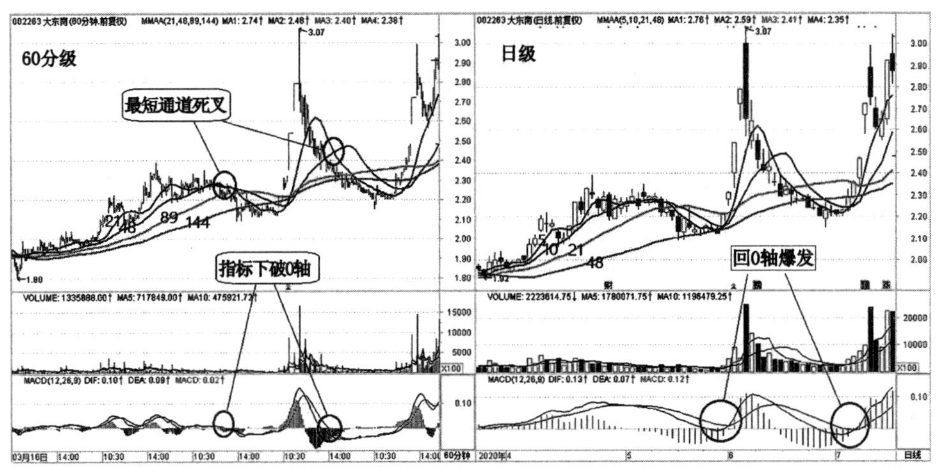

图6-055

再看该股的日级+15分级。

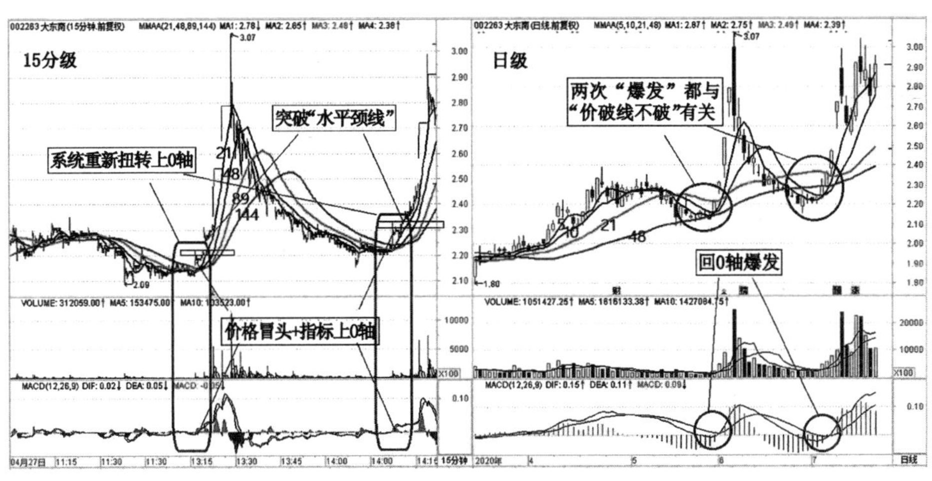

图6-056

见图6-056。只关注日级上的指标“回0轴”动作，缺乏其中的细节走势。日级上“回0轴”后会不会出现“爆发”动作，也很关键。因此，就需要对应跟踪监控15分级上的系统扭转“上0轴”动作。

注意：日级上“回0轴”+15分级上系统扭转“上0轴”。这两个级别上“一回一上”是一个组合的价格转强动作。

为什么要跟踪15分级上的系统扭转和“上0轴”呢？

一个原因，当价格重新扭转走强时，虽然更小的1分级和5分级上也会有系统扭转和“上0轴”动作，但由于级别太小，稳定性差，反复性高，不利于判断价格转强的确定性。

另一个原因，在大一些的级别上，比如30分级、60分级、120分级上，趋势框架线系统要么从下向上扭转时，比较慢一些(价格与系统之间的关系密切度就降低了)，要么系统本身还没有完全扭转向上，只是处于纠缠、震荡中。这些情况下，就要在一堆均线纠缠中来判断价格转强，路径不清晰，判断中的技术盲点也比较多。

而15分级上，系统与价格的密切度关系保持得刚刚好。从下向上扭转转强时，趋势框架线系统，会有一个很明显的“低位收拢、聚拢扭转、上0轴+价格冒头、爆发而起”动作过程。这些动作有利于跟踪、监控、准确判断。

其中“价格冒头+上0轴”和“突破水平颈线”动作是两个最佳介入时机点——而这也是在同步情况下，日级上“回0轴爆发”时，更精细地捕捉到最佳介入点的时机。技术上的各方面介入条件一目了然。

如果再将“一撑二含三托价”结合起来，就可以层层锁定技术转强时的价格爆发细节变化，提高交易的确定性。比如，“30分级一撑+15分级二含”(这种价格转强的攻击强度是通常强度)，或者“15分级一撑+5分级二含”(这种价格转强的攻击强度更高，图6-056中即是如此)。

技术本身并不复杂，复杂的是在实战中怎么用好它。

再看日级回0轴的个股实例。

图6-57中，紫光国微日级上是先横向震荡了一段，但2148通道的八爪线还是越来越大，因此，价格最终还是打下来化解这个八爪线，同步地，MACD指标就跟随价格下跌出现了回0轴动作。

从60分级上可以看到，当价格攻击遇阻后，在横向震荡中，最短通道(2148通道)就已经死叉封闭+MACD指标下破0轴，其攻击强势的延续性就已经被破坏了。虽然随后价格又拉回来继续震荡，最短通道金叉+指标上0轴，但在横向震荡中，是一种“纠缠”现象。

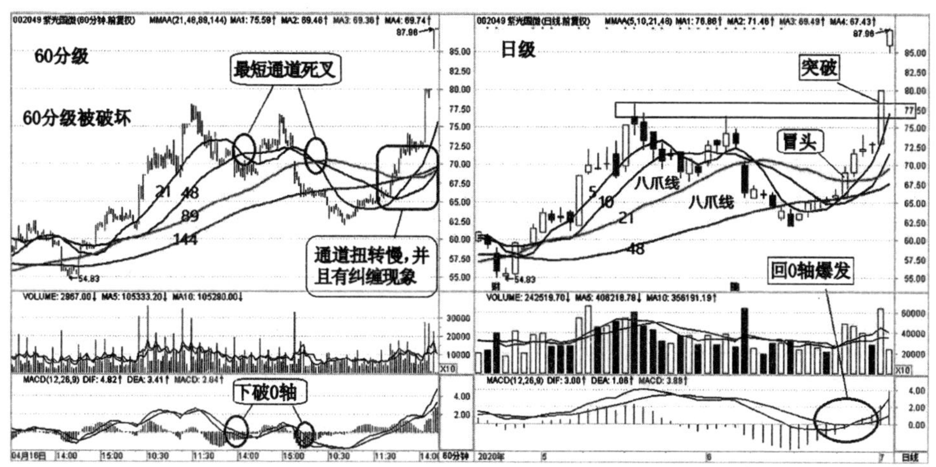

图6-057

最终，最短通道还是再次死叉封闭+指标下破0轴。而且还可以看到，后来，当价格重新“爆发”起来时，60分级上系统中的几条线还是处于“纠缠”状态中，没有理顺。

该股当日级上指标回0轴时，在60分级上是这种纠缠、反复被破坏的走势，其他走势的个股，当遇到日级上指标回0轴时，也都是60分级上的强势攻击状态会被破坏掉，这是共同的特点。因此，当日级上MACD指标出现死叉时，一定要注意60分级上是否会被破坏。如果没有，就说明价格的强势还在；如果被破坏，就要高度警惕了。

但看该股走势，关键是看在60分级上的价格和技术强势被破坏之后，日级上“回0轴爆发”时，分钟级别上的“爆发点”机会捕捉问题。很明显，60分级上不具备捕捉“爆发点”的技术条件。

那么，就看看该股30分级+15分级上的情况。图6-58是紫光国微30分级和15分级上的情况。

前面已经讲过，当日级上“回0轴爆发”时，一定要关注15分级上技术系统重新低位扭转起来爆发的动作。该股图中15分级上从系统的低位聚拢扭转、到上0轴、再到价格冒头、系统完成扭转理顺、再到突破水平颈线、回0轴爆发等，都是我们前面章节中反复讲过的个股低位爆发的过程。

而这一切，既会发生在日级上，也会在分钟级上的系统低位扭转+爆发中出现，这是价格与技术系统的规律性动作。

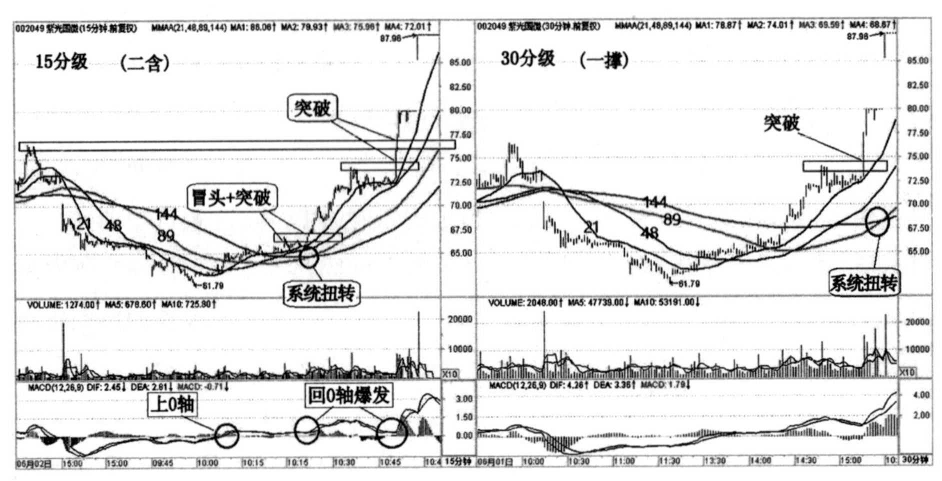

图6-058

如果再把“一撑+二含”结合进来，很明显，30分级是“一撑”，15分级是“二含”。这样的话，两个最佳介入时机可以被看得一清二楚：价格冒头+回0轴爆发，以及突破水平颈线+回0轴爆发。

30分级上也是系统重新扭转的，为什么不以30分级+日级相结合呢？

从该股的图中也可以看到，60分级上价格重新扭转起来爆发时，系统中的均线还没有理顺，还在纠缠状态中。30分级上呢？当价格重新扭转爆发时，系统也还没有完成扭转和理顺，当“突破”起来之后，系统才完成扭转理顺(约在80元处)，而此时，价格已经距离第一个最佳介入时机点(约在67元处)涨了19%了。很明显，将30分级与日级相结合，也会有介入点偏高、滞后的现象。从多年实战交易中总结得出的，能够体现日级上“回0轴爆发”的细节性动作的相对应级别，主要是15分级。

该股是30分级“一撑”+15分级“二含”，但这不是固定的模式。

有些个股上，可能是15分级“一撑”+5分级“二含”，价格的攻击强度就会更高些。

具体情况灵活应对，但必须抓住一个关键点，就是15分级或为“一撑”，或为“二含”，这个级别始终最重要。而其他组合级别，是30分级，还是5分级的，是“因股而异”的。

(七)短线强弱看15

在实战交易中，有很多时候需要在当天交易开盘时间内，快速、准确地判断出一只股短线处于强势或弱势：是在转强，还是在转弱？

很多人很自然地会看日级上的价格与5日线之间的关系，或者价格与510通道之间的关系。

但对于一些技术判断还不够成熟的股民来讲，在很短时间里，要准确判断出一只股的强弱状态，或者强度有多高，是一件比较难的事情。

有没有一种又简单、又直观，又能够快速、准确地判断一只股强弱状态的方法呢？有。只需要记住一句秒断口诀——“短线强弱看15”。

因为15分级别是“分钟级别上的强弱分水岭级别”。通常短线价格攻击强度高、技术系统攻击强势的个股，都会在15分级上率先显露出来。所以，短线强不强，先看15分级。

具体看什么呢？就看15分级上的最短通道保持状态。

在15分级上系统扭转之后，在上攻过程中，最短通道能够一直保持着，不八爪、不死叉、(指标)不背离，就说明该股短线攻击强度很高。

一些喜爱捕捉强势龙头品种的交易者，应特别重视目标品种15分级上的强势情况。

在15分级上，当价格开始进入连续拉涨停板攻击时，攻击强度自然会“升级”到5分级上的最短通道。只要连续涨停攻击不断，5分级上的最短通道就会一直保持，直到价格不再出现连板时，强度又会“降级”回到15分级上，价格在15分级的最短通道上寻找回打的支撑力量。若15分级上的最短通道被价格切断、死叉、封闭，并出现“顶背离”时，分钟级别里价格的攻击强度减弱，就是该股在技术上可以确定转弱的最初信号——而它，是率先在15分级上被确定的。

价格短线转强，15分级上的趋势框架线系统会率先扭转上0轴“爆发”起来；价格短线转弱，15分级上的趋势框架线系统，也会率先高位聚拢扭转再下跌。

如果再加上“底背离、顶背离”现象，MACD指标的“上0轴、回0轴、不破”爆发点动作，成交量级放大缩小等，就可以总是会“先人一步”通过15分级上的技术变化，做出准确的价格强弱判断。

还有，当日级上价格攻击遇阻，结束这一波段的攻击时，其价格扭转转入弱势并展开下跌的最先确认级别，也是15分级上系统的高位聚拢扭转+断头阴动作。而此时，日级上还只是一个价格回打的动作，很多人还没有意识到交易风险的来临——大祸临头而不知。

另外，有些个股在高位顶扭转向下时，也可能在日级、120分级、60分级、30分级上，都没有出现“顶背离”现象。但是，15分级上却很大概率会有“顶背离”现象。这是因为15分级对价格强弱的变化敏感度不但很高，而且信号的稳定性和准确性又高于1分级和5分级。这也是在15分级上考验快速判断价格强弱的一个优势所在。

看15分级上的强势和弱势转换节奏和表现，实际上也是在看该股中主力资金对价格调控的节奏和资金运行的方式。

主力资金对价格攻击紧凑时，反而不一定会出现大阳加速动作，而会是连续小阳、中阳，沿着最短均线“贴线攻击”——这时，15分级上是“一撑”，而5分级上必然会是“二含”。

当价格攻击强度并不高时，15分级上价格的位置虽然会不断上移，但主要还是价格重心的上移为主，沿着最短通道震荡上攻，就是最常见到的一种手法。

在此过程中，价格的回落、回打动作会很频繁，细碎的价格小震荡动作很多，也很密集。这种情况如果一直持续，价格强度不升级的话，这个攻击波可能持续时间不会长，因为最短通道最终会在遇到压力盘涌出时，出现死叉封闭的情况。通常此情况，与主力资金调整筹码与资金比例关系有关，也有着“边攻边清洗”的目的。

当价格攻击强度很高时，15分级上的价格在不断上移，最短通道就会一直保持，很顺直，很坚挺。价格的回打、回落动作频率不高，而且回打、回落幅度也均局限在最短均线上。这通常与主力资金加强筹码的快速吸纳有关，往往也预示着该股价格即将在大级别上出现“爆发”或“突破”动作。所以，我们看到的15分级上的强弱，与主力资金对价格的调控手法密切相关。

但有一点：无论该股15分级上如何折腾，只要价格开始进入“爆发点”前后，15分级上的最短通道就会变得一直能够保持住。

来看15分级强势的个股实例。

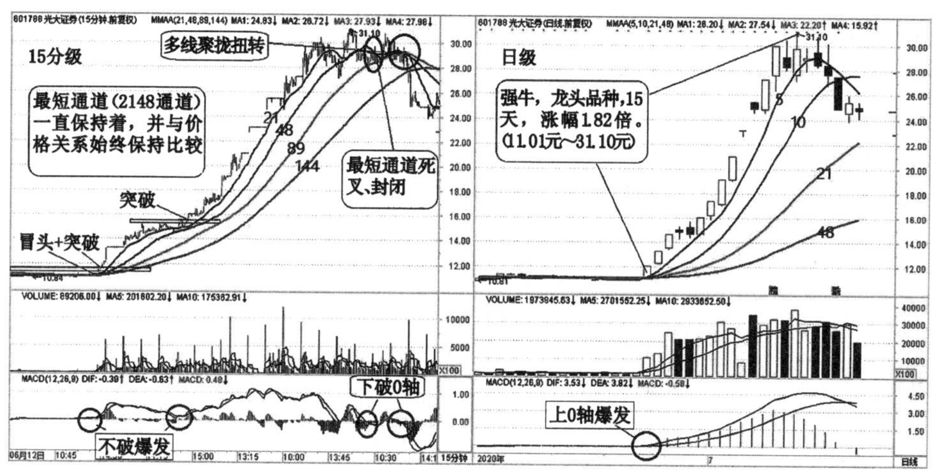

图6-059

图6-059中，光大证券是一只强牛龙头品种，日级上，在15天时间里，涨幅高达1.82倍(从启动爆发时11.01元～31.10元见顶)，典型的“一波到顶”走势。

要注意的是，这种强牛股从扭转爆发开始到价格见顶，15分级上的最短通道(2148通道)是一直保持的，没有死叉封闭过。而且，价格与攻击通道之间还保持着比较密切的关系，不像30分级、60分级等这些大一些的级别上，虽然最短通道也是保持的，但价格与最短通道之间的关系是有“脱线”距离的，并不密切。

当然，5分级上的最短通道与价格关系也很密切，但其最短通道(2148通道)在价格上攻途中，还是出现过两次死叉封闭的情况，所以，相对比之下，只有15分级上的最短通道从低位系统扭转理顺之后，一直“伴随”价格攻击到冲出最高点，“全程陪护”。

从该股不难看出，价格攻击强度高的个股，在15分级上，最短通道通常都能够一直保持，除非价格在上攻途中出现比较剧烈、幅度比较大的震荡、清洗动作，才有可能“打断”最短通道的持续性。而市场中往往价格攻击力量越强的股，反而走势很简单、明快，一气呵成，就像该股一样。

所以，15分级是捕捉市场里的强势、龙头品种、判断短线价格攻击力量强弱的最直接的重要级别。所以说“短线强弱看15”。

再看15分级强势的个股实例。

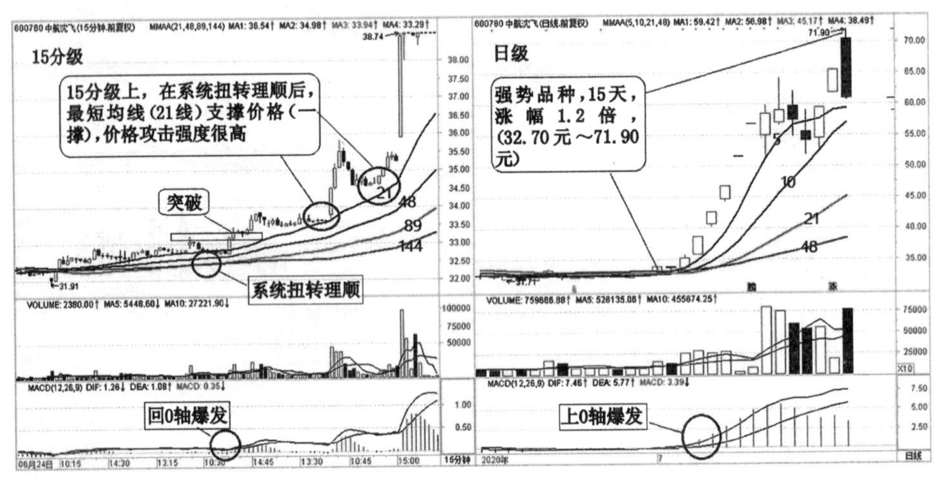

图6-060

图6-060中，中航沈飞也是在15天时间里，涨幅高达1.2倍，日级上也是“上0轴爆发”。特别是15分级上价格的攻击强度也很高。

但与前一个股实例不同的是，该股的15分级上，在系统扭转理顺价格“回0轴爆发”而起之后，价格的回打动作都升级到最短均线(21线)支撑了。很明显，15分级是“一撑”级别，那么，5分级自然就会是“二含”级别，也就是交易级别。

再看该股15分级+5分级。

为了大家有个对比，图6-061将15分级和5分级两个级别放在一起(注：也为了使大家能够看清该股爆发初期时的技术细节，所以，把15分级和5分级上这一时段的走势图都放大了)。

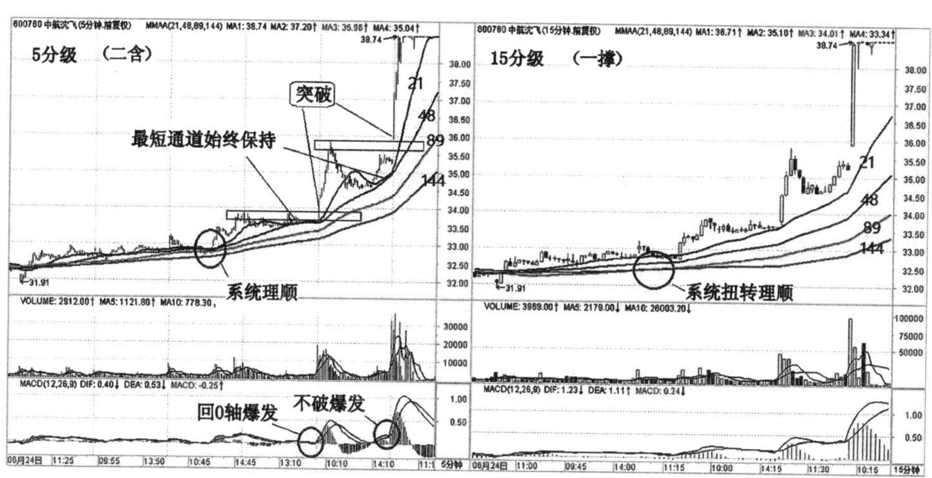

图6-061

很显然，15分级是“一撑”，5分级是“二含”。按照“爆发点技术”捕捉最佳时机的条件要求，当5分级上趋势框架线系统理顺之后，就可以择机捕捉买点。第一个最佳介入时机，是化解最短通道(2148通道)八爪线后的“回0轴爆发+突破水平颈线”之时。第二个最佳介入时机则是“不破爆发+突破水平颈线”之时。但第二个最佳介入点，由于该股当天开盘后在30分钟内就封住了涨停板，虽然可以买到，但是有点短线追高。不过，只要价格的攻击强度继续保持在5分级上的最短通道支撑上，交易风险反而并不大。

在实战交易中，要注意一点：在追买强势股时，不能盲目去追，而是要在技术强度+价格强度保持的条件下，在一只股刚开始爆发的前2个涨停板内，只要符合“爆发点技术”中的最佳买点条件，特别是“二含”级别起码应在15分级或5分级这种价格攻击强度很高的两个级别上时，是可以进行追买的。但同时，也要做好风控止损位的设定，以防意外情况出现。

因为该股的5分级是攻击强度最高的“二含”级别，而且，这是该股的第一个涨停板，又符合最佳介入时机的技术条件。所以，是可以在此时追买的。

再延展一下讲讲：日级上“回0轴爆发”，对应的是15分级上的“系统重新扭转+爆发点”，路径会很清晰、完整，适宜捕捉其中的技术细节。

那么，120分级上的“回0轴爆发”，对应的是哪个级别呢？是5分级。

那么，60分级呢？是1分级。

30分级呢？还是1分级。

为什么还是1分级？因为1分级是最微小的级别，无论是哪个级别上的“回0轴爆发”动作，1分级上都会出现系统重新扭转的现象，但其稳定性也是最差的。即使价格在不断上升，只要出现大一些的震荡，1分级上的系统都很容易被破坏掉(系统扭转向下+指标下破0轴)，然后在价格再次上攻时，1分级上的系统也会重新扭转上来。

60分级以下都是小级别，如果它们本级别上出现“回0轴爆发”动作时，只需对应看1分级上的系统扭转动作，就可以跟踪监控到“回0轴爆发”中的技术细节。

当然，还可以将5分级和1分级两个级别组合起来用(我在实战中做价格微观监控，看价格细节和技术细节时，习惯将这两个级别组合起来看，进而做出判断)。

因为1分级上系统如果有扭转动作时，也可以用5分级上的系统扭转动作来进行相互验证。这样，会显著提高技术判断的准确率、精确性。

也就是说，1分级上的技术系统可以对应所有其他的技术级别，但1分级上的系统稳定性又很难长时间保持住，所以把1分级和5分级组合起来，从它们的同步、顺势、强度来判断，准确性就会提高。而60分级、30分级、15分级、5分级，本身也都属于小级别。所以，在这些小级别上的“回0轴爆发”动作中，要想看其中更细节的系统扭转动作时，都可以用1分级+5分级(组合)上的系统重新扭转来进行技术细节上的判断。

(八)中线强弱看月10

“月10”不是单指10月均线，而是指月级别的510通道对价格的支撑。也就是讲，一只股的中期趋势强或弱，走得顺畅或波折，看月级别上的价格与510通道的强度关系，就可以做出判断。

通常，在月级上，价格的攻击强度有三种。

第一种，攻击强度是最高的，价格在月级上，沿着510通道中的最短均线(5月线)贴线上攻。但由于攻击强度非常高，所以，每个月的上攻幅度都比较大(通常平均每个月都在40%涨幅上下，加速时除外)，价格上攻的速率比较快。

这种攻击强度，对应到周级上，就是510通道始终保持，支撑价格中期趋势的上攻和回落、震荡、清洗动作。5周线则支撑价格短期趋势的上攻、回落、震荡、清洗动作。而对应到日级上，则是2148通道始终保持，支撑价格中期趋势的上攻、回落、震荡、清洗的动作。510通道支撑价格短期趋势的上攻、回落、震荡、清洗动作。

第二种，攻击强度也很高，仅次于“第一种”的攻击强度。价格在月级上，也是沿着510通道中的最短均线(5月线)贴线上攻。但攻击的速率不是很快，所以，每个月里的价格上攻幅度比较适中(通常平均在30%以内，加速时除外)。

这种攻击强度，对应到周级上，1021通道支撑中期趋势攻击(也可以看作21周线支撑中期趋势攻击)，510通道支撑短期趋势攻击。对应到日级上，则是4889通道支撑中期趋势攻击，2148通道支撑短期趋势攻击。

要特别注意到一点：“第一种”和“第二种”，虽然价格在月级上都是依托5月线“贴线攻击”，但在周级和日级上，支撑中期趋势攻击的通道和支撑短期趋势攻击的通道，却是有区别的。这种技术层级上的区别，恰恰说明了价格攻击强度的差异性。

在实战交易中，辨别价格攻击强度时，应重视这一技术细节上的区别。通常当价格上攻的时候，看着都很强，似乎都是一样的攻击强度，有时，很难辨别哪个更强，但当价格回落、震荡、清洗时的支撑通道层级的不同、强度的不同就一目了然了。因为更强的价格，更容易保持住更短的攻击通道。

第三种是比较常见、多见的攻击强度。在月级上，价格依托510通道的支撑，进行上攻、回落、震荡、清洗的动作。在攻击过程中，价格不时回破5月线，在510通道中得到支撑。

这种攻击强度，对应到周级上，是2148通道支撑中期趋势攻击，510通道支撑短期趋势攻击，1021通道会形成波段性的死叉封闭现象。

对应到日级上，则是89144通道支撑中期趋势攻击，2148通道支撑短期趋势攻击，4889通道也会形成波段性的死叉封闭现象。

这种月级上攻击强度的个股，震荡动作比较多，特别是在中、低位区域里时，虽然价格重心也会逐步抬高，但比较缓慢，运行得比较磨人。并且每完成一个小波段的攻击后，基本上都要回落到89144通道中来进行清洗动作，之后再上攻。随着价格攻击强度逐渐增加，价格的回落支撑通道，也会逐步“升级”，这就是前面讲的“通道升级”现象。

这种走势的个股，如果太重视日级上的波动，很多人都会在最后加速攻击之前，失去耐心而“下车换股”。只有以月级上的510通道+周级上的2148通道为跟踪监控重点，才能够守住中线仓。

虽然日级上走的九曲回肠，很折腾，周级上的2148通道也走得并不顺直、顺滑，但通常周级2148通道还是会保持住攻击状态和强度，并不会轻易地死叉封闭，除非遇到某个意外情况的冲击，周级上的2148通道才会出现死叉封闭现象。

这种走势的个股，在后期价格加速攻击冲顶时，也是很猛的。一两个月的时间，价格上攻幅度超过2倍，也是常有的事。

在攻击前半部分虽然看着攻击强度不是很高，但价格毕竟还是会上攻一大段的空间涨幅，而随着后期价格攻击强度不断升高，价格的涨幅快速扩大，有些个股最终累积的涨幅也并不比“第一种”走势的个股差，历史上甚至有高出很多的个股实例。

比如在月级上，刚开始从低位扭转、启动上攻时，是依托的510通道上攻，震荡攻击动作多；然后，升级到依托5月线“贴线攻击”时，震荡的幅度就会明显减小；若再是增加一个“脱线攻击”的冲顶动作，其累计涨幅就会非常大。

一般来讲，如果价格沿着5月线“贴线攻击”，本身就已经很强势了，如果再出现“脱线攻击”，或者出现长长的大阳K线攻击，特别是双月内累计涨幅超过1倍时，均应警惕冲出一个价格顶。

这个价格顶，即使只是中期攻击趋势过程中的一个价格顶，其随后通常也都会伴随至少2个月(或以上)的调整期。因为，“脱线”后，要“化解脱线”、靠线再起。如果是510通道出现八爪线则价格的调整时间通常都会在半年时间(或以上)。如果中期趋势结束了，由于此时月级上的2148通道中必然会出现八爪线现象，所以，通常价格回落的位置，都会到2148通道的八爪线中来进行化解。如果市场的下跌带有“股灾”特点的话，价格的回落位置，至少应以低位区的启动爆发位置作为支撑参考位——即打回原形。

但无论是什么结果，当月级上加速冲出一个价格顶时，均应以中期价格风险来临为应对策略，死守不动的，利润回吐幅度都很大，此时追高被套的风险也很大。因此，当月级上出现大阳加速攻击动作时，只能做短线博弈。虽然操作时间短，但价格上升快，利润在短时间里也会有很多，关键是要知足而退。

月级上的价格顶风险度很高，对于一些此时脱离其内在价值，以题材、故事为炒作理由大幅溢价的个股来讲，多年时间积蓄的攻击能量一旦释放完，价格回落时往往都会出现超跌现象，打回低位区域起涨位置的概率非常高，甚至再创新低也不鲜见。

而对于那些有良好业绩支撑的蓝筹品种来讲，即使有好业绩背书，由于价格在攻击中，不可避免地会出现大幅溢价、偏离其估值均衡水平的现象。说明该股的后期价格攻击中，掺杂了太多的跟风炒作水分，因此，当其在月级上出现价格顶之后，其价格通常也都会出现超跌现象，因此，应以2148通道为价格回落的参考位置。

总之，前面讲的“第一种”攻击强度走势的个股，最大的特点就是“又强又快”。从一开始就很强势，然后一直保持住这种强势到最后，跟随博弈的话，由于价格很强势，感觉会很爽。

“第二种”攻击强度走势的个股，最大特点，就是“又强又稳”。跟随博弈时，只要不是太心急，当周级上的价格稳定在510通道中攻击时，利润基本上每个月都会有明显而又稳定的上升。

“第三种”攻击强度走势的个股，最大特点就是“先缓后强”，要想赚取最后的加速攻击段的大利润，就需要有足够的耐心和韧性，熬过上攻前期中低位的折磨期，才可以将低位筹码坚守到最后，获得大利润。

如果选择中线目标品种时，要注意一点：510通道顺畅、流线好、股价回打震荡不会下破10月线(不下破5月线当然更强)，就是中线强势品种的典型表现。

也许你选到它的时候，看它和大多数个股一样，没什么特别、亮眼之处，走势也可能比较缓慢，但只要510通道保持流畅(不哆嗦、不死叉)，后面越走越快是大概率的事情。当进入(月级上的)加速攻击动作时，你才会看到它与众不同的“闪光”一面。

关键是，周级上一直依托着510通道上攻的个股，更要特别关注。这种个股并不常见，碰到了就要拿住。最佳介入时机通常应在5周线上下时(510通道不能八爪)。

总之，无论是哪一种，在月级上，510通道不要出现明显的八爪线现象。一旦出现了，就要特别警惕。因为在月级上，看着只有一点点的回打动作，在日级上，可能就是30%以上的回打跌幅。因此，当月级上出现“脱线攻击”+日级见顶时，要记得锁利(哪怕只锁定一半利)。当出现长长的“大阳K线”攻击+日级见顶时，也要记得锁利(哪怕只锁定一半利)。当510通道出现八爪线+日级见顶时，还是要记得锁利(哪怕只锁利一半利)。因此，当月级上出现这三种“价格与均线通道”之间的关系变化时，第一要务是先锁定部分利润。若等价格跌下来时，再匆忙考虑锁利的问题，就已经回吐了很多利润。

这种大小级别上的技术落差与价格落差上的区别，其造成震荡损失幅度，通常都比较大(即使其月级上的攻击趋势没有结束，也是如此)，所以要始终牢记这一点。

还有一个关键点：一只股从低位到高位的攻击过程中，特别是在低位扭转、横盘震荡、完成一个攻击波之后的价格回落、清洗动作等，这些比较折磨人心的阶段里，会显露出该股月级属于哪一种攻击强度。

而当上攻后期，价格加速攻击、冲顶时，大家在技术上基本都是相同的攻击路径。技术层级上的区别不大，只是细节上的震荡清洗动作有所不同(这与不同的主力资金清洗手法存在差异有关)。所以，并不是等价格上攻到比较高时，才能够看出是哪一种强度的攻击。在低位区域和启动震荡阶段细心甄别，就可以一窥其中乾坤。

会当凌绝顶，一览众山小。

看月级、周级、日级上的攻击通道相互关系时，要从上往下、从大到小来看——从月级往周、日级上看。技术思维上要从“俯视技术层级”的角度看。

站在小山顶上看众山，与站在大山顶上看众山，看到的每座山的地理位置、在山川河谷中的分合阻隔、与周围山的共处条件、生养关系，都是不同的。山川、江河、大漠、荒壁，也是分层分级、相互依存的循环生养关系。

看山是山，看水是水，是智者之眼；看山不是山，看水不是水，是智者之思；看山还是山，看水还是水，则智者之慧。

来看价格攻击强度最高、沿着5月线“贴线攻击”的个股实例。

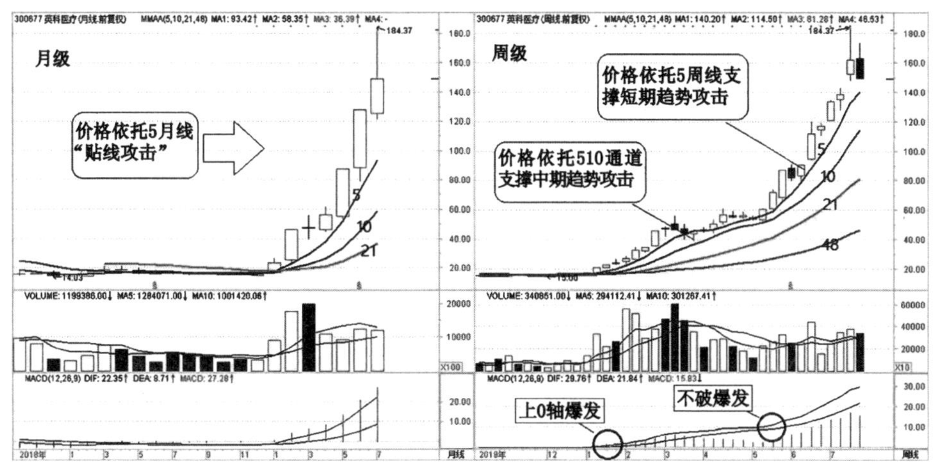

图6-062

见图6-062，英科医疗是“第一种”最高攻击强度走势的个股实例。从图中可以看到，该股月级上走得很简洁。低位扭转之后，价格一直依托5月线“贴线攻击”，直到上攻速率越来越快、单月涨幅越来越大。从扭转启动上攻开始，直到截图时为止，7个月时间，累积涨幅10倍。不只是涨幅大，主要是涨速快，平均每个月以1.4倍的速度上涨。

关键是看周级上，从低位扭转开始，510通道始终支撑着价格上攻。特别是在中低位区域时，价格曾经有过近10周的强势震荡动作——对应的就是月级上的2个月“靠线”动作。主要是在此期间，价格震荡动作比较多，但始终都没有下破10周线的支撑，而且510通道也能够一直保持。这种周级上最短通道在价格横向震荡过程中能够始终保持的个股，说明其主力资金对价格支撑力量很强。

这里还要强调一点：很多人看最短通道的保持，都习惯于在价格上攻过程中看。价格本身就在不断上攻中，攻击强度本来就很高，最短通道能够保持，是正常的。

攻击通道能不能保持住，关键要看当价格压下来的时候，价格在不断震荡过程中，还能够保持住，才说明资金对价格的支撑力量很强。

从该股周级上可以看到，周级上最短的510通道就能够支撑该股走出一个中期趋势来，这就是价格最强状态在技术上的典型表现。在此过程中，5周线(最短均线)还能够支撑该股价格的短期趋势攻击中的回落、震荡、清洗动作，也是价格攻击强度非常高的一种表现。

再看该股的周级+日级情况。

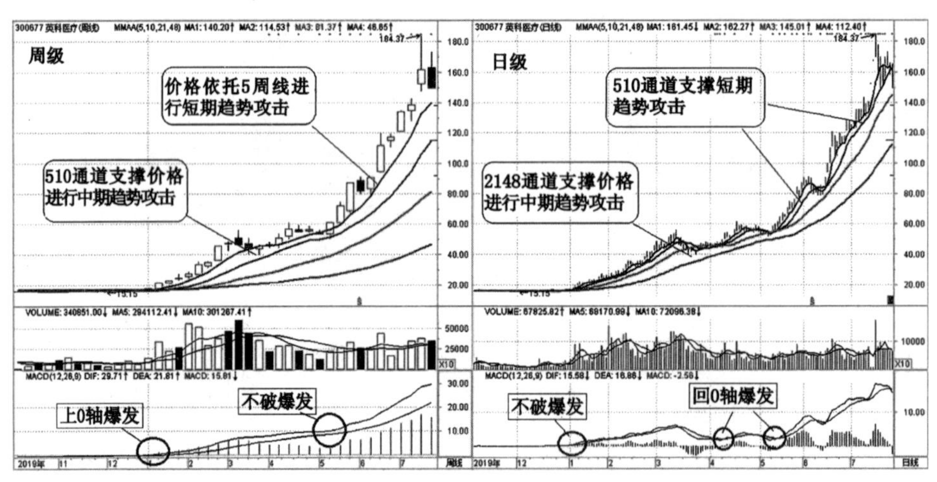

图6-063

见图6-063，英科医疗周级上的510通道(最短通道)支撑中期趋势攻击，5周线支撑着价格进行短期趋势的攻击。

在日级上，对应的就是2148通道支撑着价格的中期趋势攻击动作，而日级上的510通道则支撑着价格进行一个波段、一个波段的短期趋势攻击动作。

前面曾经讲过，2148通道是“分水岭通道”，若价格在上攻过程中虽有回落、震荡、清洗动作，但始终能够依托2148通道支撑，本身就说明该股的攻击强度很高(因为，大多数个股只有在短期呈现攻击强势，或者在最后主升阶段时才会依托2148通道)。所以说，这种价格攻击强度最高的个股，不仅仅是月级上强，周级、日级上也会出现“同步、顺势、强”。特别是在实战中，若某股的价格在日级上始终依托2148通道的支撑进行攻击、震荡、清洗等动作，就要高度关注此股，因为它很可能会成为一只强势牛股。

同样相关联的，如果某股在周级上，震荡、回打、清洗时，始终依托着510通道的支撑，也是资金支撑价格很强的一种表现。

虽然讲“中线强弱看月10”，但是，其中所包含的技术信息是具有层级性质的。不仅仅要看月级，还要同时、同步地对应看周级、日级上的价格攻击强度、资金支撑强度是否都是最强的层级(通道)。把工作一层层做细致，才会大幅降低误判率，才不会让“一条大鱼”从眼前溜走。

再看价格攻击强度很高，也是沿着5月线“贴线攻击”的个股实例。

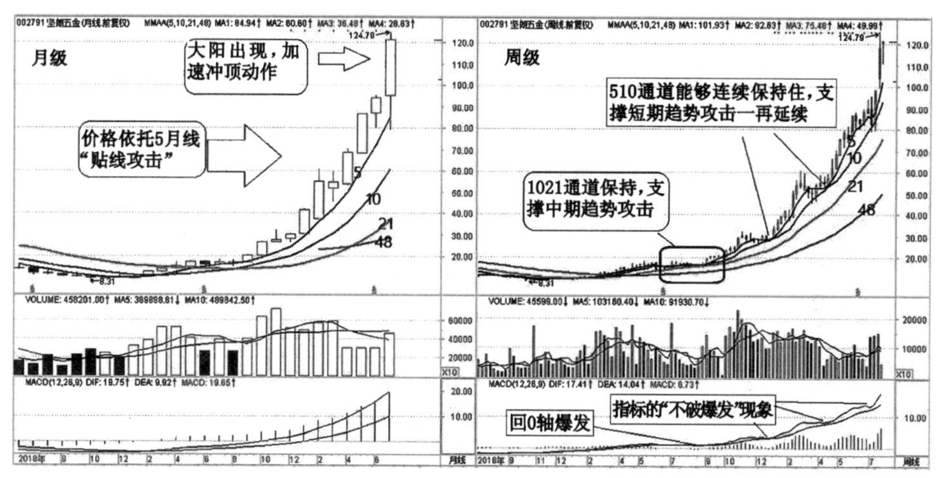

图6-064

这是“第二种”攻击强度的个股实例，是一只很经典的价格依托5月线“贴线攻击”的个股实例。图6-064中坚朗五金至截图时为止，22个月的时间，涨幅高达14倍。特别是自月级上510通道低位金叉扭转开始，每个月的收盘价均在5月线之上，其价格的攻击强度显而易见。

有人可能会说：现在看是这样，这是因为已经走出来了，但是，当初价格在低位的时候，我怎么知道它是很强势的呢？

这种月级上最强势个股的技术走势，在低位时，其实就已经显露出与众不同之处了。

第一，当510通道金叉扭转后，价格就连续每个月收盘在5月线上。如果有脱线现象，就会靠近5月线。即使当月出现下破5月线的动作，也会在月底收盘在5月线上。要知道，将价格稳定在510通道中，随着510通道的向上延展，也可以将价格推升起来，但如果价格能够始终沿着5月线上行，则说明该股主力资金调控价格的手法很强势。

第二，把月、周、日级上的攻击通道支撑层级对应起来看，就会发现，当月级上价格始终依托5月线上攻时，在周级上1021通道就会始终保持而不出现死叉封闭现象。在日级上呢？则4889通道始终保持着不死叉封闭。

三个级别上的这种强势层级对应联动关系，也是价格在不同层级上的攻击强度的表现。只是，很多人总是很关心价格在短线攻击时的强度表现，而忽视了价格在中期趋势中的这种不同层级上的对应强势关系。

这就必然会造成一种情况——看着某股短期上攻非常猛，强度很高，就“联想”该股中期趋势也会很猛、强度很高。

其实，这是对“短期技术强度与中期技术强度在表现上存在着差异性”的不完全认识而形成的误判。

短期价格的强势，会有价格与技术之间短期技术的强势表现；中期价格的强势，会有价格与技术之间中期技术的强势表现。由于两者强势延续的时间宽度不同、空间宽度不同、强势的技术层级(可以理解为攻击通道)支撑价格攻击的不同，以及在价格上攻过程中，所要进行的筹码清洗手法、价格调控的手法不同，等等，最终在技术面上表现出的攻击路径就必然会有不同。

就像短期强势的个股，在月级上看，都是沿着5月线上攻的；在周级上也是依托着510通道上攻的；在日级上也是依托着510通道上攻的。但是，当一个波段攻击结束，价格回落清洗时，在哪个位置上(通道层级上)主力资金会出手进行价格的维护和筹码的吸纳？价格止跌企稳出现在哪里？这些都是可以从技术层级上跟踪到的，而主力资金对价格的调控态度和意图也能在其中反映出来。

过去，很多人只看某一单个的级别上，价格与均线通道之间的支撑和压制关系，看到的技术信息难免有局限性，有时，看到了强的局部，就认为该股有大机会；有时，看到了弱的局部，就认为该股没有什么好机会。盲人摸象，即是如此。

而现在，当学习掌握“爆发点技术”后，就自然会从立体的角度、不同级别之间的技术联动对应关系中，来判断价格与技术层级之间的支撑和压制关系。这样，也许有时小级别上变弱了，但大级别上还保持强势；或者有时，大级别上看着有风险，而小级别上却保持正常运行状态，就可以很好地避免误判。

比如，有些个股短期攻击很强势，当价格回落震荡清洗时，价格回落到5月线处、周级上价格回落到510通道里、日级上价格回落到2148通道里时，就会有资金(你可以不用管是谁的资金)出手，价格也会止跌企稳，转强而起。那么，此时你就可以做出一个判断，该股不仅仅是短期价格很强势，中期价格攻击强度也很高。

再比如，有些个股短期攻击很强势，当价格回落震荡清洗时，价格回落到510通道里、周级上价格回落到2148通道里、日级上价格回落到89144通道里时，才会有资金出手，价格才止跌企稳，转强而起。这就说明该股短期的价格攻击强度虽然很高，但中期价格攻击强度并不是那么高。其中期趋势发展必然曲折多一些、震荡多一些、每次回打的幅度也大一些。

而这是基于中期价格资金支撑的层级不同而在技术面上形成的特有路径，做出的客观、实事求是的判断。

关键是，当价格在低位区域里运行时，就可以得出这些结论。

有人可能会有些担心：把这些技术点都讲出来了，主力资金难道不会“反向而为之”，“破掉”这些技术点和路径吗？人们总是这样“聪明地反思”。实际上，主力资金很难反其道而行，或者讲，只能“反掉”一些技术点的短期路径，但这也会增加主力资金调控价格的资金成本和时间成本。我讲的是一个立体的、多面性的问题，不是某一个单面的、单点的问题，无法“反其道而行”。

只要主力资金(无论是谁，即使是新的主力)要推升该股价格的时候，就不可避免地回归到我讲的这些价格与技术之间的关系、路径中去。除非永远不推升该股价格了。

只要价格上攻，就自然会在不同层级上形成价格强度路径，以及价格与技术层级之间的强度关系。这是万事万物共通的成长路径规律，其中是一环扣着一环的技术逻辑关系。

还有一点，很多技术派人士总是认为，主力资金在“反技术”。其实，主力资金盯住的是参与该股的所有群体手中的筹码和成本的差异性。

技术方面，他们更多的是利用一下技术的节点，因为出现技术节点时，往往是价格选择短线方向的时候，如果此时涌进来的跟风资金多，在抢筹码，主力资金自然就可以利用这些技术节点容易引发“群体性操作”的特点，领头推一把价格，或者领头打一下价格，目的还是调控大家手中的筹码和成本。这才是主力资金调控盘面的真正目的，其他都是别人所说的“主力的影视剧”。

主力资金不会无缘无故去“演戏”，如果非要“演一把”，这出“戏”的目的，也是调控大家手中的筹码和成本。因为，任何“一出戏”，都是有成本的。

再看一下该股月级+日级的技术联动对应关系。

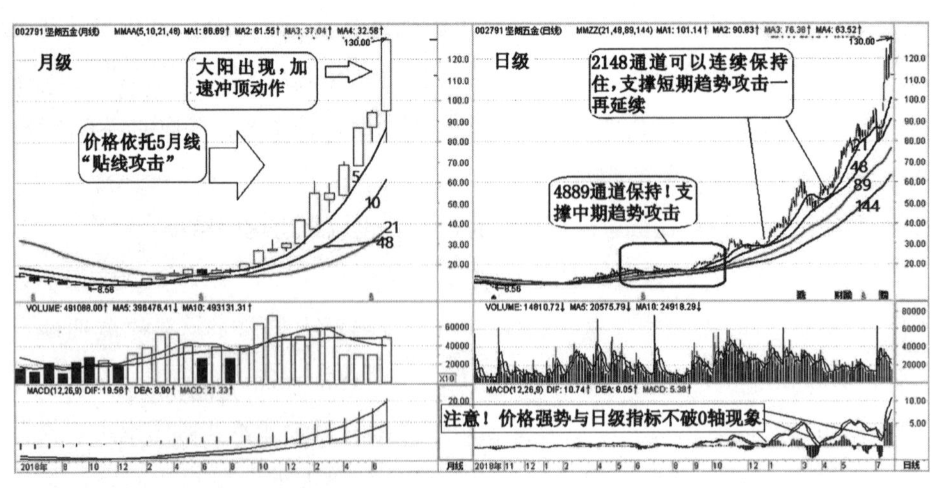

图6-065

图6-065展示了坚朗五金月级与日级上价格强度与技术层级联动的对应关

系。当价格依托着5月线形成上攻轨迹时，在日级上，一直保持攻击强度的是2148通道。这一点，从每次价格回落、震荡、清洗时，均是2148通道形成支撑，并能够一直保持，就可以检验出来。从该股图中月级+日级上还可以看到，当月级上价格完成低位扭转，在启动展开上攻之前也曾经历了一段长达3个月时间的横向震荡过程。而在此震荡过程中，日级上的2148通道没有保持住，形成死叉封闭。只有4889通道始终保持，这就说明，支撑该股中期趋势攻击的是4889通道。

从该股日级上也可以看到一个现象——当日级上2148通道在价格横向震荡过程中死叉封闭时，MACD指标也是下破0轴的。而当该股在展开上攻的过程中，2148通道始终保持着的情况下，MACD指标每次都会出现标准的“回0轴爆发”动作，不再下破0轴了。

再看比较常见的价格攻击强度依托月级上510通道攻击的个股实例。

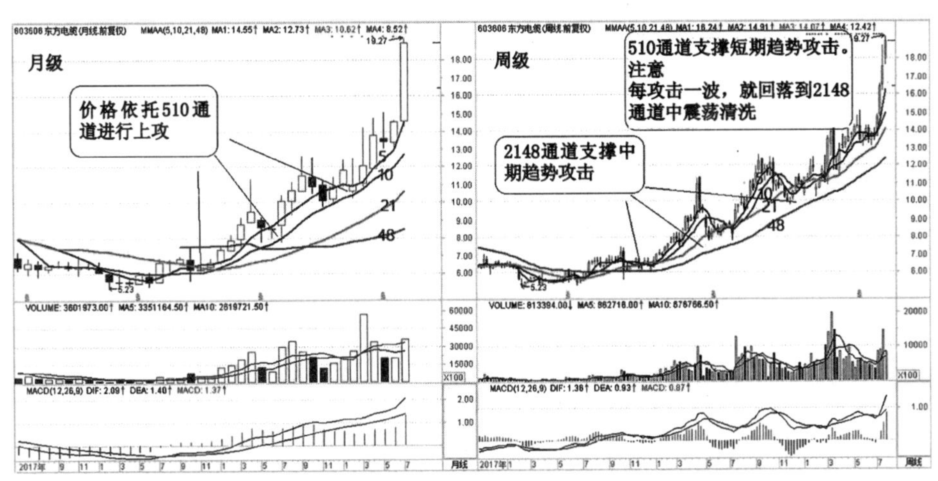

图6-066

图6-066中，东方电缆是“第三种”攻击强度的个股实例。在月级上，很明显地，价格从低位扭转时开始，就始终依托510通道进行攻击。这种攻击强度虽然相对于“第一种”和“第二种”明显减弱，但有着这种攻击强度的个股数量，却在市场中有很多，可以说占了大部分。所以，必须了解这种攻击强度个股的价格与技术关系和走势路径。

识弱，才知强中强；知弱，才懂利中利。

记住第一点，只要价格的上攻、回落、震荡、清洗动作能够被月级上的510通道所“包容”支撑住，通常这种个股在上攻趋势的前半程里，曲折坎坷，但在上攻趋势的后半程中，也会表现出与“第一种”和“第二种”几乎相同的攻击强度和攻击速率。简单说，就是最后的冲顶动作强度和路径，大家都是一样的。

第二点，这种攻击强度的个股，攻三退二或者攻三横二，是其最大的价格攻击节奏。

很多人做这种攻击节奏的个股时，心里苦水倒不尽、吐不完。问题就出在拿着“第三种”的股，做着“第一种”的梦。也就是说，操作策略与个股实际走势“错拍”。这种情况，基本上都会以微利离开，甚至止损离开为最终结果。其实，找到针对这种走势个股的交易方法后，反而会有意外的收获。

第三点，针对此类攻击强度和攻击节奏路径的个股，好方法有两个：一个是，若想吃到大块的肉，就不要跟踪周级和日级上的价格波动走势，而只跟踪、监控月级上价格与510通道的走势关系就可以达成目标。

一个是，充分利用这种价格上攻一段后，必然会有一段价格回落、震荡、清洗动作，关键是价格回落的幅度每次都不小——因为周级上要回落到2148通道里资金才会出手，价格才会企稳，可以用浮动仓做“循环交易技术”，既可以不断降低中线持仓的成本，还可以增加中线持仓的筹码数量，从而达到扩大账户盈利厚度、增大利润幅度的目的。

可以这样讲，“第一种”攻击强度的个股，由于大涨小回，价格每次回撤的幅度有限，做浮动仓的“循环交易”时稍有失误，反而会抬高持仓成本。“第二种”攻击强度的个股，也可以做浮动仓的“循环交易”，但在很多情况下，价格会“以横代(替)(下)跌”，价格的回撤幅度也比较有限，操作中的价差、利差对整体持仓会有影响，但也相对有限。

所以，如果在实战交易中，遇到“第一种”和“第二种”攻击强度的个股时，持仓不动才是最佳策略。

但是，这“第三种”攻击强度的个股，价格在上攻过程中，回撤幅度大，非常有利于做浮动仓的“循环交易”。不用每次都抓住做，只要能够抓住一、两次机会做，对整体持仓的有利影响就会很明显。

看问题，不能只看其劣势的一面影响。更重要的是看到“化劣势为优势”的博利机会。

再看该股的月级+日级。

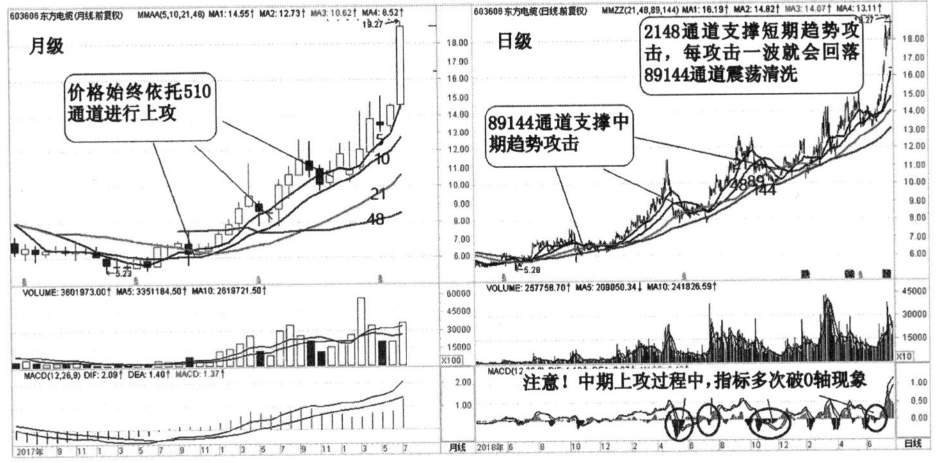

图6-067

再看东方电缆的日级，见图6-067。89144通道支撑着该股中期趋势攻击，以及价格的回落、震荡、清洗动作。

从图中的MACD指标上就可以看出，由于每当价格回落时，都会靠近或回到89144通道，价格短期的回落幅度比较大，因此，指标不断地下破0轴。但是，价格的重心却还能够逐步抬升。

这种日级上的“破坏性”走势，不仅仅会把短线跟风资金搞得叫苦连天，就连想守住好好做一把中线仓的股民，也会整天提心吊胆、心神不宁、备受煎熬。这是该股主力资金刻意而为的。

主力这样做有一个目的：不希望其他资金(不仅仅是针对中小散户的)群体，舒舒服服地待在里面。就像煎鱼，把鱼的两面反复煎烤。除非你会利用主力资金的这种“煎鱼”手法(比如，应浮动仓做“循环交易”)，或者直接无视这种花招(比如，只看月级510通道攻击路径来持仓)，才能够博弈出大利。

(九)震荡清洗看回0轴，不破爆发属最强

“震荡清洗看回0轴”这句，点出了价格无论在何种情况下，只要出现回落、震荡、清洗的动作时，技术上都会出现“回0轴爆发”的现象。区别只是，在哪个级别上出现。

在不同的级别上出现，则代表着不同的博弈机会和博弈空间。这个博弈机会和博弈空间，是在不同的级别上各自循环过程中自然形成的。

在价格回落、震荡、清洗时，其回撤的动作幅度有大有小。不一样的价格回撤幅度，在技术层级上所影响到的技术表现也就不同。

比如，当价格在日级上回撤，靠拢5日线，化解“脱线”乖离时——日级上的MACD指标不会出现死叉封闭动作。相对应地，其“回0轴爆发”动作会在15分级上或者5分级上出现，说明价格回撤中资金的支撑力量很强。

当价格在日级上回撤，但510通道能够持续保持时——日级上MACD指标通常也不会出现死叉封闭的动作。相对应地，其“回0轴爆发”动作会在30分级上出现(有些个股也会在60分级上出现，个股有些细节存差异)，说明价格回撤中资金的支撑强度也很高。

当价格在日级上回撤，造成510通道死叉封闭时——日级上的MACD指标通常也会出现死叉封闭的动作(如果指标不死叉，则说明不确认通道的死叉动作，是好事)，相对应地，其“回0轴爆发”动作会在60分级上或者120分级上出现。说明价格的回撤动作，必然与哪一条攻击通道中出现了八爪线乖离，需要进行化解。

当价格在日级上回撤，但2148通道能够持续保持时——日级上的MACD指标就会处于回0轴中。但由于个股的资金力量不同，有些个股资金支撑力量强，价格就会以横向震荡的方式来化解2148通道中的八爪线，相对应地，“回0轴爆发”动作大多就会出现在120分级上，而日级上的MACD指标在死叉回0轴一半的时候，就会“悬空(金叉)而起”，不会继续回0轴。这种情况看似很强势，但也在技术上潜藏着一个危机——更容易出现“顶背离”。因此，这种120分级上的“回0轴爆发”，价格创短线新高后，必须持续而上，不可再打回来。打回来，“顶背离”就成立了。

而当价格在日级上回撤时，2148通道还是持续保持时，另一种价格回撤

动作就不是横向震荡了，而是向下震荡。在这种价格回撤的情况下，其“回0轴爆发”动作很难在120分级上形成，而只会在日级自身上出现。“回0轴爆发”出现在日级上，也同时说明了所有分钟级别上的短期强势结束了。

下一次分级级别上的短期强势出现(注意！就是新的一轮循环)，就在日级上的“回0轴爆发”时，而在分钟级别上，系统重新扭转而起+指标上0轴动作,主要看15分级。因为15分级上的技术动作，相比1分级和5分级，稳定性更强一些，而且，15分级也是分钟级别中的“分水岭级别”，绝大多数分钟级别里的某个技术动作的形成和诞生，都可以用15分级来确定。因为，只要15分级上能够表现出来的技术动作，通常在日级上都可以找到其踪迹。

当价格在日级上回撤，造成2148通道死叉封闭时——日级上的MACD指标就会下破0轴(这是标准情况，如果有些个股，指标不下破0轴，是好事，说明指标不确认通道的死叉动作，价格还会重新走强起来)。那么，这种情况下的“回0轴爆发”，就会在周级上形成。但由于在周级上，此时面对的技术变化点，是510通道的死叉与指标的死叉问题，因此，有时周级上也会出现510通道死叉+指标死叉回0轴，或者510通道死叉+指标不死叉(不破爆发)，或者510通道不死叉+指标死叉但“悬空(金叉)而起”这些不同情况，具体个股要具体分析，从而确定博弈的机会。

要注意一点：周级上“回0轴爆发”动作的形成，与日级上2148通道死叉+指标下破0轴，和周级上的510通道死叉+指标死叉的关系并不直接。比较直接的技术对应关系是日级上价格回落到89144通道中+周级上价格回落到2148通道里时，周级上通常会进入“回0轴爆发”的动作中。

那么，如果此时，要在分钟级别上寻找对应的级别时，相比日级“回0轴爆发”+15分级系统扭转而起+指标上0轴，当周级上“回0轴爆发”时，就是30分级上系统重新扭转而起+指标上0轴。但是，绝大部分个股并不是一飞冲天，所以，在30分级上，当系统扭转、指标上0轴后，都会有一个震荡过程，而在此过程中，30分级上就会出现一个绝佳的介入良机——“回0轴爆发”。

可能有人问：那月级上的“回0轴爆发”对应的是哪个级别呢？月级周级循环涵盖的时间长，因此，月级上出现的“回0轴爆发”通常都与新的一波中期趋势行情密切相关。因此，日级上必然就会重新经历“低位构筑”——“低位扭转”——“爆发启动”等等这些阶段，那就从日级上的低位扭转开始，重新按照“爆发点技术”上的“12个爆发点”，寻找博弈机会来做就可以了。

终既是始，始既是终，万物循环有始有终，无始无终！

“不破爆发属最强”的意思是，在“上0轴爆发、回0轴爆发、不破爆发”这“三个指标爆发点”中，“不破爆发”是攻击力量最强的一种。

可能有人也会认为“上0轴爆发”也是很强啊！但是，“上0轴爆发”时，价格与指标都是向上延伸攻击的，所以，同步、同顺势，在做判断上，没有什么难度，只要顺势操作就可以。

但“不破爆发”的动作中则不同。“不破爆发”动作，是价格回撤动作遇到强大的资金支撑力量情况下的一种爆发动作。其本来是清洗动作，但这个清洗动作却表现得很强势，因为资金在清洗中，也存在一定的“争抢筹码”动作，而导致价格只能靠短时间的刺探动作来达到清洗的目的。所以，就会造成在清洗中，该死叉的通道没有死叉，或者通道死叉但MACD指标却不死叉，说明指标不确认通道这个死叉动作。这种通道与指标不同步的现象，恰恰是资金对价格的支撑力量、对筹码的吸纳力量强大的一种表现。

“上0轴爆发”类似于顺风跑，看似强，但其中存在一定的攻击惯性。“回0轴爆发”类似于绝地反击，是一种“先卸力，再打力”的反击动作。“不破爆发”则类似于逆风而行，看似有阻力阻挡，仍然能够逆风而上，是资金推动力量强大才能够形成的爆发动作。

因此，“不破爆发属最强”。特别是当价格临近“突破水平颈线”附近时的“不破爆发”动作，通常都是最佳的介入良机。

看个股实例。

图6-068中，海利生物有“上0轴”（但没有产生爆发）、有“回0轴爆发”，还有两个“不破爆发”的动作，但不是说，所有的“不破爆发”机会都很好，就像图中第一次出现的“不破爆发”动作，虽然价格猛涨了两天，但随后就打回来，陷入震荡中。

在实战交易中，很多人可能都吃过这种“乐后又悲”的苦。而解决的一个好办法是——当价格临近“突破水平颈线”时，出现的“不破爆发”动作，通常是最佳的介入博弈良机，抓这种“不破爆发”动作，常常能够捕捉到一飞冲天的强势股。

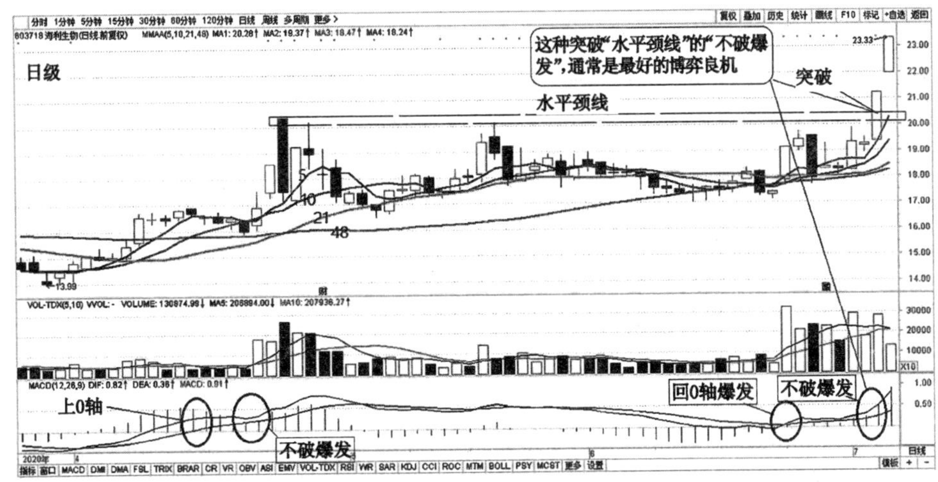

图6-068

该股的第二次“不破爆发”正是发生在价格“突破水平颈线”之时，其价格爆发起来后，直到截图时，还在沿着5日线上攻不止，从“突破水平颈线”时的20.35元，经过16天时间，已连续上攻到46元，涨幅已超1.2倍。

所以，“不破爆发”的动作，出现的位置、时机不同，所产生的博弈机会也不同，有时差异还很大。

任何一个技术动作的博弈机会，都存在这种情况——同样一个技术动作，所发生的位置、时机不同，所产生的博弈机会就不同，并且，差异还很大。所以，使用技术工具，要找到发挥其最佳博弈机会的“闪光点”。

在找到“闪光点”之前，不要轻易否定任何一个技术工具。工具用得好不好、妙不妙，不在工具，而在人，在于拨亮智慧的灯芯！

(十)打空聚拢牛铃线，唯有缓攻是霸王

“打空聚拢牛铃线，唯有缓攻是霸王”是指“均线爆发点”中的“打空扭转爆发、多线聚拢爆发、牛铃启动爆发、缓攻加速爆发”这几个爆发动作中，“缓攻加速爆发”的攻击力道是最强的。

“化解脱线爆发、化解八爪爆发”两个属于上攻途中的爆发动作，更关注短线价格细节与技术细节上的爆发机会。

其他几个爆发动作，也许价格的爆发力量更猛烈、更强劲，但正因为如此，攻击能量释放得比较快，技术上也更容易出现多层级的八爪线乖离，所以，其攻击的持续性都差一些。为了延长其攻击的趋势延展，上攻途中都需要不断地调整攻击角度、强度，以及进行相应的震荡、清洗动作。“缓攻加速爆发”由于其攻击之势保持着相对稳定的攻击速率、攻击角度、攻击强度，因此，其攻击能量的释放就自然会拖长，延续性比较好。

那么，“缓攻加速爆发”价格进入上攻路径中，主力资金对短线跟风筹码和各周期获利筹码的清洗动作如何进行呢？主要是两种手法：一种，是“磨破手法”；一种，是“跳摔手法”。

“磨破手法”是利用持筹者在获利之后，都会产生“保利心理”。先用“磨”的方式，使价格形成遇阻滞涨的假象，然后在变盘敏感处，以快速破位的方式造成短线持筹者心理恐慌使其采取保利措施，而达到清洗的目的。这也是主力资金常用的清洗手法之一。

但由于这种破位动作持续时间比较短，不会造成“缓攻通道”被破坏(只是价格破坏动作)，所以，也就不会影响技术上攻击状态的延续性。比如，常见的“价破线不破(价破通道不死叉)”就是其中一种。其实，有时即使通道死叉一下，由于死叉的通道都属于小周期层级的通道(比如日级上的510通道或者周级上的510通道)，并不会影响该股的整体缓攻状态。

“跳摔手法”是指“先跳起来、再摔下来”的手法。这种清洗手法，也是主力资金的常用清洗手法之一。先加速拉一下价格，使其远离最短均线的支撑(就是脱离开5日线或5周线或5月线，形成“脱线”)，然后在大家期待进一步加速上攻、盈利增加之时，再把价格“摔下来”，造成价格攻击遇阻、冲高回落，以及出现技术上的短线见顶信号，迫使获利盘主动撤离。

如果大部分获利筹码没有主动撤离时，由于价格先拉起来了，自然就会将最短通道(比如510通道)中的两条均线拉开、拉散(这就形成了八爪线)，然后借助两条均线要走向死叉，就会有一个时间和空间的过程这一“有利时机”，在短时间里把价格向下往极端打(可以测算出这个打下来的空间幅度，如果这个空间充足，也可以打一个极端的跌停板夹杂在其中，增加获利筹码的恐慌，逼其离场)。如果还没有达到清洗目的，可以再加上一个“(价格)破位”动作，价格回撤幅度增大，稍有反弹动作，获利筹码就会匆忙择机离场。

注意，在这个手法中，有三个细节阶段：先拉起价格、再打下(包括加一个破位动作)、再弹起。通常情况下，大部分跟风盘和1月内的获利筹码都会主动或被迫离场。关键是，由于短期技术上，价格先起后下，就有了一定的空间和时间来做这件事，这种清洗手法，不用破坏整体的攻击状态，而注重于价格在细节上的波动动作调控，就可以达到清洗的目的，比把整体技术攻击状态破坏掉来进行清洗的手法更为厉害。很多人身处其中，很容易被打蒙而离场，但又会在离场之后，价格重新创出新高时，才醒悟过来。

有没有什么好办法来应对呢？看大放小，重线不重价。

意思是，在“缓攻”过程中时，不要太注重价格在细节上的波动动作，而是抓住大级别上的“缓攻通道”的延续动作。这样，可以最大化地稳定住持仓心理。而在后期“加速”动作出现后，再将关注重点转移到价格与最短通道、最短均线之间的技术关系上来，这样，可以比较敏锐地发现价格冲击见顶和顶部形成时的技术信号。

由于“缓攻加速爆发”运行到后期价格见顶前，大多数都会有一个价格加速的动作，而这种价格加速，与前面讲的“跳摔手法”是一样的，区别主要在价格跳涨起来的力量更大一些，摔下来的力量也会更大一些。对于很多人来讲，可能难以准确认识这种区别。因此，也可以配合RSI这个敏感指标的“顶背离”现象，以及15分级、30分级系统高位扭转动作综合判定。

从多年实战经验归纳来看，大多数中长线运行的强势股，均与“缓攻通道”的运行状态密不可分。特别是月级上的价格依托510通道攻击、周级上依托1021通道攻击以及周级上依托510通道攻击(不算最多，但也不少)、日级上依托2148通道攻击以及日级上依托510通道攻击都属于“缓攻加速爆发”的典型攻击路径。

前面讲过的周级上依托1021通道攻击的，在月级上就是依托510通道攻击；日级上依托2148通道攻击的，在周级上就是依托510通道攻击。

在做这类个股时，切记“抓大(级别)、放松(小级别)上的监控”，直到大级别上出现价格加速动作时，再调整到小级别上来监控。这样才能够做好“缓攻加速爆发”的个股。

涨的快、攻的猛，不一定就是最好的。最好的往往是能够持续的、不急不慢、一直上涨的品种。因为，最终的累积涨幅通常都很大。

慢，就是快；稳，就是大。

再看几只不同级别上的“缓攻加速”个股实例。

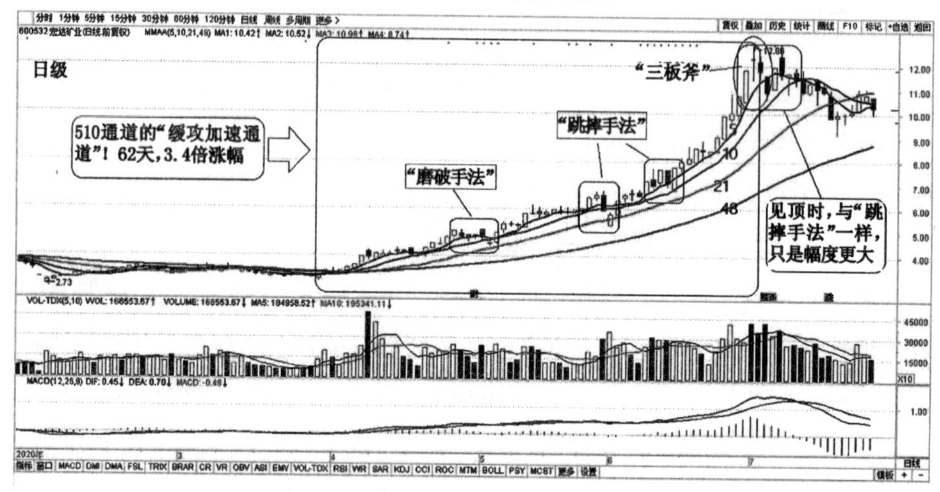

图6-069

图6-069中，宏达矿业为日级上510通道的“缓攻通道”个股。在62天时间里，只有9个涨停板，平均7天才会出现一次涨停，可见价格涨速并不快，但累积涨幅却达到3.4倍。关键一点，就是价格的攻击强度和技术上510通道的攻击强度合为一体了，这才是强的轨迹。

在上攻途中，清洗的手法主要就是“磨破手法、跳摔手法”两种，看来清洗效果不错，否则这种最短通道难以持续，主力资金不得不用破坏掉短期510通道来进行清洗。既然最短通道没有被主力资金破坏掉，就说明上攻中的清洗目的基本达到了。

再看个股实例。

图6-070中，亚士创能是周级上510通道的“缓攻通道”个股。该股攻击得也比较缓慢，41周时间，累积涨幅4.6倍。周级上，在上攻途中几次运用了“跳摔手法”进行清洗，这说明该股的跟风筹码不太好被清洗，因此，主力资金就几次采用了清洗幅度比较大，但又不破坏技术攻击状态的“跳摔手法”，

其间也结合了“磨破手法”。

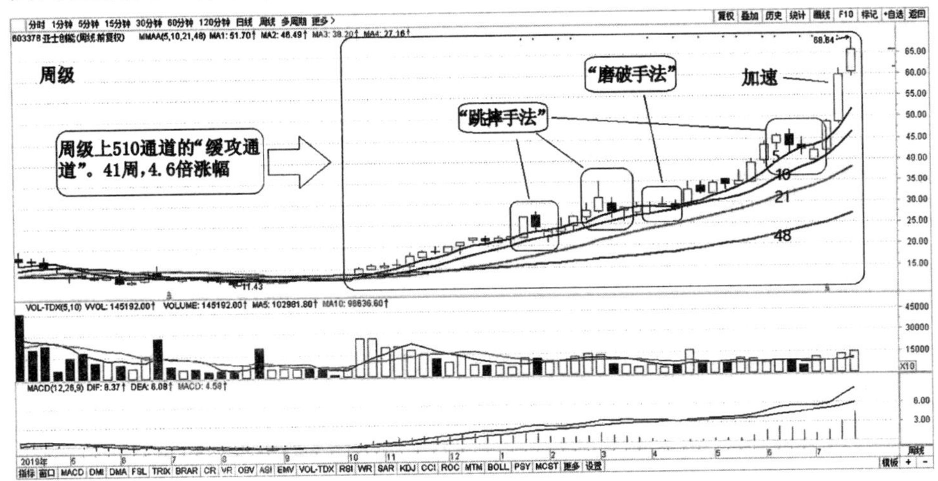

图6-070

一般来讲，周级上510通道能够保持“缓攻通道”的个股，在月级上必然是价格沿着5月线“贴线攻击”。这种攻击走势的个股，很容易吸引跟风资金，所以，很多主力资金并不是很愿意保持住周级上的510通道——最根本原因是限制了清洗时的价格波动空间和技术变化空间，不利于清洗动作的展开和彻底完成。所以，这种周级上510通道能够持续很长时间的个股现象比较少，而主要是以1021通道的保持来“代替”510通道的保持。

因为周级上1021通道的持续保持，也可以维护住月级上510通道的持续性强势状态，却扩展了周级和日级上价格波动的腾挪空间，更有利于主力资金对价格和筹码的调控。因此，有很多个股，都是以保持住周级上的1021通道(也就是保持住月级上的510通道)，来形成更长时间的“缓攻通道”状态。

下面的个股实例就是如此。

见图6-071，山东药玻周级上的1021通道，保持了86周的“缓攻通道”，一个台阶一个台阶地逐步加速。可以看到其间对“磨破手法”和“跳摔手法”的使用。

这种“缓攻”路径，在月级上是510通道保持的“缓攻通道”。因此，实战中，在价格缓攻后期加速之前，就以月级上的510通道缓攻保持来跟踪监控持股。

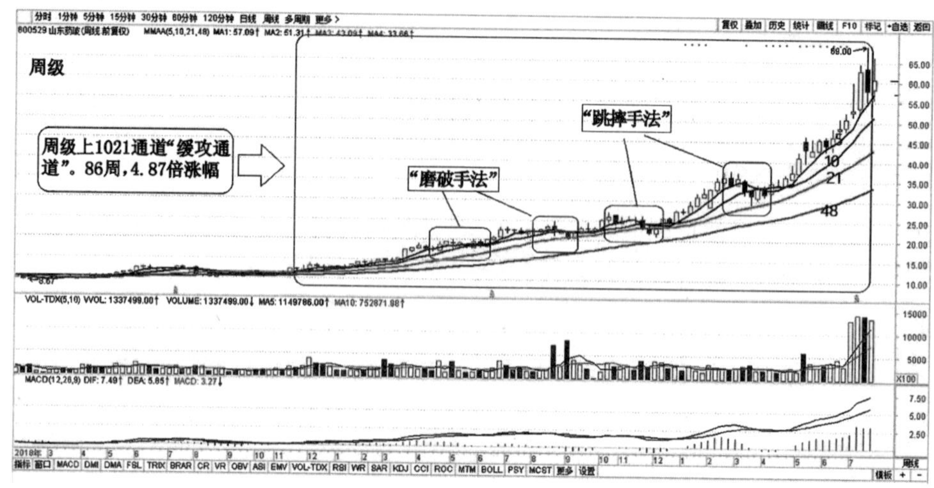

图6-071

在后期价格加速攻击展开后，再转移到周、日级别上来跟踪监控价格冲顶，以及顶部成立的技术信号。

再看个股实例。

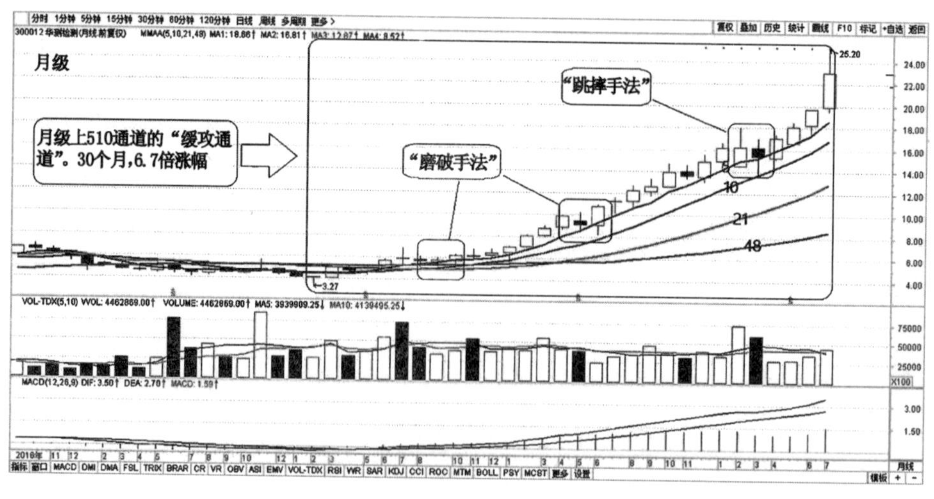

图6-072

图6-072中，华测检测就是典型并常见的月级上510通道的"缓攻通道"

个股。该股在30个月的时间里，累积涨幅达到6.7倍。

从图中可以看到，月级上的“磨破手法”和“跳摔手法”中，价格主要是以下破5月线支撑来进行清洗的。如果这样的幅度还不能够达到清洗的目的，还可以将价格的清洗打击幅度再扩大到下破10月线来进行，这并不影响月级上510通道的“缓攻”状态。但在小级别上，价格最低可以下跌到89144通道中，甚至短时间里都可以刺穿144线的支撑。关键是，这些价格清洗动作都不会影响月级上510通道保持状态的延续。

所以，在实战中，一定要注意大小级别上，在时间和空间上的层级区别和差异性。也许，在月级上只是一根下影线，整体还是那么“风平浪静、不瘟不火”；但在日级上，对很多人来说，却可能刚刚经历了一场“痛苦磨难”。

万事万物，本就分层、分级、循环运行着；精妙之处，不在于知道，而在于如何去利用。